Management- und Projekt-Methoden

# Georg Winkelhofer

# Management- und Projekt-Methoden

Ein Leitfaden für IT, Organisation und Unternehmensentwicklung

Dritte, vollständig überarbeitete Auflage

Mit 112 Abbildungen und 64 Tabellen

Dr. Georg Winkelhofer
Projektmanagement-Akademie Stuttgart GmbH
Gaisburgstraße 37
70182 Stuttgart
winkelhofer@pm-akademie.net

ARIS® ist eingetragenes Warenzeichen der IDS Scheer AG.
FIPS® ist eingetragenes Warenzeichen der Projektmanagement-Akademie Stuttgart GmbH.
Infothek® ist eingetragenes Warenzeichen der Projektmanagement-Akademie Stuttgart GmbH.
MindMap$^{TM}$ ist Warenzeichen von Tony Buzan.
Bei allen Nennungen dieser Begriffe innerhalb des Buches wird jedoch auf das Warenzeichen verzichtet.
Alle Angaben in diesem Buch wurden sorgfältig geprüft. Dennoch kann für diese Angaben vom Autor und vom Verlag keine Gewähr übernommen werden.

Ursprünglich erschienen unter dem Titel:
Methoden für Management und Projekte

ISBN 3-540-22912-4 Springer Berlin Heidelberg New York
ISBN 3-540-65570-0 2. Auflage Springer Berlin Heidelberg New York

Bibliografische Information Der Deutschen Bibliothek
Die Deutsche Bibliothek verzeichnet diese Publikation in der Deutschen Nationalbibliografie; detaillierte bibliografische Daten sind im Internet über <http://dnb.ddb.de> abrufbar.

Dieses Werk ist urheberrechtlich geschützt. Die dadurch begründeten Rechte, insbesondere die der Übersetzung, des Nachdrucks, des Vortrags, der Entnahme von Abbildungen und Tabellen, der Funksendung, der Mikroverfilmung oder der Vervielfältigung auf anderen Wegen und der Speicherung in Datenverarbeitungsanlagen, bleiben, auch bei nur auszugsweiser Verwertung, vorbehalten. Eine Vervielfältigung dieses Werkes oder von Teilen dieses Werkes ist auch im Einzelfall nur in den Grenzen der gesetzlichen Bestimmungen des Urheberrechtsgesetzes der Bundesrepublik Deutschland vom 9. September 1965 in der jeweils geltenden Fassung zulässig. Sie ist grundsätzlich vergütungspflichtig. Zuwiderhandlungen unterliegen den Strafbestimmungen des Urheberrechtsgesetzes.

Springer. Ein Unternehmen von Springer Science+Business Media

springer.de

© Springer-Verlag Berlin Heidelberg 1997, 1999, 2005
Printed in Germany

Die Wiedergabe von Gebrauchsnamen, Handelsnamen, Warenbezeichnungen usw. in diesem Werk berechtigt auch ohne besondere Kennzeichnung nicht zu der Annahme, dass solche Namen im Sinne der Warenzeichen- und Markenschutz-Gesetzgebung als frei zu betrachten wären und daher von jedermann benutzt werden dürften.

SPIN 11315315    43/3130/DK-5  4 3 2 1 0 – Gedruckt auf säurefreiem Papier

# Vorwort zur 3. Auflage

Die Resonanz auf die zweite Auflage dieses Buches war ausgesprochen positiv. Die fast tagtägliche Anwendung einzelner Methoden, Arbeitsschritte, Projektphasen oder noch größerer Umfänge des Vorgehensmodells in der Beratungspraxis bestätigte die Nützlichkeit dieses Werkes als Arbeitsbuch, Seminarunterlage und als Nachschlagewerk bei einer Vielzahl von Projekten in ganz unterschiedlichen Branchen.

Viele Seminarteilnehmer haben die in diesem Buch vorgestellten Arbeitsschritte und Methoden eins zu eins in ihre Aufgaben und Projekte übernommen und berichteten in den Folgeseminaren von einer erheblichen Zeitoptimierung und Steigerung der Qualität in der Dokumentation und in Projektteilergebnissen.

Aus diesen Gründen wurde der Kern der Arbeitsmethoden und des Leitfadens – „roter Faden für die Projektarbeit" – beibehalten; die aufgeführten Methoden jedoch kritisch und gleichzeitig konstruktiv überarbeitet und um praktische Erfahrungen ergänzt. Methoden, die seltener Anwendung gefunden haben, wurden herausgenommen. Weiter wurde die Anzahl der beschriebenen Kreativitätsmethoden reduziert und ein eigenständiges Werk mit über 80 Kreativitätsmethoden für Ende 2004 geplant. Die Methoden für die Projektführung wurden ebenso aus diesem Buch herausgenommen und werden in einem neuen Buch umfassender bis Anfang 2005 zusammengestellt. Damit wurde der Fokus auf einen handlichen Leitfaden für Management- und Projektaufgaben in IT, Organisation und Unternehmensentwicklung erheblich geschärft.

Mit der dritten Auflage wurden auch alle Texte inhaltlich und formal überarbeitet; die meisten Abbildungen wurden verbessert. Die Literaturhinweise wurden auf den neuesten Stand gebracht; veraltete Literaturhinweise wurden entfernt.

Für Interessenten, die das Buch im Lehrbetrieb verwenden wollen, halten wir einen Foliensatz aller Abbildungen im Format Powerpoint auf CD bereit. Kontaktieren Sie hierfür Herrn Stefan Tuda über die E-Mail-Adresse folien@pm-akademie.net.

Danken will ich an dieser Stelle

- unseren Seminarteilnehmern, die bereit waren, sich auf diese Vorgehensweise einzulassen und diese kennen zu lernen, in ihre Projekte zu integrieren und über ihre Erfahrungen zu berichten,
- unseren Kunden für die oft langjährige Zusammenarbeit, für die Wertschätzung unserer Kompetenz in Sachen Methoden-Beratung, Projektunterstützung, Projektarbeit und Projektführung,

- meinen Mitarbeitern für die Weiterentwicklung einzelner Arbeitsschritte und Methoden in den Beratungsaufträgen sowie für die sehr kompetente und angenehme tägliche Zusammenarbeit,
- Herrn Stefan Tuda für die kritische und gleichzeitig konstruktive Überarbeitung dieses Buches und
- allen Lesern der ersten, zweiten und natürlich der vorliegenden dritten Auflage.

Selbstverständlich bin ich allen Lesern auch weiterhin für Anregungen, Hinweise und Vorschläge zur Struktur und zum Inhalt des Buches jederzeit dankbar.

August 2004                                      Georg Winkelhofer, Stuttgart

# Vorwort zur 2. Auflage

Die große Resonanz, die „Methoden für Management und Projekte – Ein Arbeitsbuch für Unternehmensentwicklung, Organisation und EDV" erfahren hat, machte bereits nach rund einem Jahr eine Neuauflage erforderlich.

Auch wenn die Grundkonzeption des Buches in seiner bewährten Struktur beibehalten wird, enthält die zweite Auflage zahlreiche textliche und grafische Änderungen. Dies resultiert zum einen daraus, dass wertvolle Anregungen von Lesern, Seminarteilnehmern und Beraterkollegen integriert werden konnten, zum anderen daraus, das für Projekt- und Beratungspraxis einzelne Stellen, einige Begrifflichkeiten präzisiert werden konnten.

Die mit dem Buch verfolgten Ziele sind unverändert von den in der ersten Auflage beschriebenen. Die bisherige ausschließlich positive Resonanz der Leser und der Rezensenten lässt auf eine gute Zielerreichung schließen.

Stuttgart, im März 1999                                  Georg Winkelhofer

# Vorwort zur 1. Auflage

Kaum eine andere Arbeitsform hat in den vergangenen Jahren eine so große Bedeutung erlangt wie Projektmanagement. Ob öffentliche Verwaltung, mittelständische oder Großunternehmen, Projektmanagement ist die Basis für jede Art von Veränderungs- und Erneuerungsprozessen.

Dieses Handbuch zum Projektmanagement entwickelt ein ganzheitliches Vorgehensmodell und eine Methodik für Unternehmensentwicklung, Organisation und EDV. Es behandelt sowohl die konzeptionelle Führung und Steuerung (also eine idealtypische Vorgehensweise für alle Projekte) als auch die operative Führung und Steuerung (also die Vorgehensweise für ein konkretes Projekt). Ferner behandelt es praxisnah und übersichtlich die gängigen Methoden für das Management von Planungs-, Überwachungs-, Steuerungs- und Führungsprozessen.

- Vorständen, Geschäftsführern und Führungskräften in allen Branchen vermittelt das Buch einen Überblick über die Vielzahl von Methoden und deren Einordnung in einer praxiserprobten Vorgehensweise.
- Methodenexperten, Unternehmensplaner und -controller erhalten konkrete Vorschläge für die Konzeption, Entwicklung und Implementierung von Projektmanagement, Projekt-Controlling, Veränderungsprozessen und Projektmanagement-Handbüchern.
- Projektleiter und Projektteammitglieder können aus der Darstellung des Vorgehensmodells, der Phasen und Arbeitsschritte und der rund 100 Methoden zusätzliche Handlungsmöglichkeiten für ihre tägliche Arbeit ableiten.

Das vorliegende Werk baut auf dem Konzept FIPS (Projektmanagement = Führung, Information, Prozess, System) auf. Das Konzept FIPS basiert auf mehrjährigen Erfahrungen des Autors als Projektleiter und Projektteammitglied, als Methodenfachmann und Projektcontroller, als Berater und Trainer in unterschiedlichen Branchen, Fachbereichen und Unternehmensgrößen. Dieses Konzept und die Vorgehensweise wurden in vielen Beratungsprojekten eingesetzt und weiterentwickelt. Seminare in Industrie, Handel, Banken, Dienstleistungsunternehmen und öffentlichen Verwaltungen brachten zusätzliche Anregungen.

Frau Susanne Immel und Herr Stefan Tuda haben mich beim Schreiben und Gestalten dieses Buches mit sehr großem Engagement unterstützt. Darüber hinaus hat Frau Susanne Immel Vorarbeiten zu einzelnen Abschnitten geleistet. Ich danke ihnen für ihren großen und exzellenten Einsatz.

Stuttgart, im Sommer 1997　　　Georg Winkelhofer

# Inhaltsverzeichnis

1 Einführung und Zielsetzung ..................................................................... 1
  1.1 Einführung ........................................................................................... 1
  1.2 Zielsetzung dieses Buches ................................................................... 2
  1.3 Quickstart zu den Methoden ................................................................ 5
  1.4 Thematische Verknüpfungen ............................................................... 9

2 Projektphasen und Arbeitsschritte ........................................................ 11
  2.1 Zentrales Ziel und Ziel des Projektmanagements .............................. 11
  2.2 Projektphasen und Arbeitsschritte im Überblick ............................... 12
  2.3 Phase Projektvorbereitung ................................................................. 18
    2.3.1 Planung der Projektvorbereitung ............................................... 21
    2.3.2 Problembeschreibung ................................................................ 22
    2.3.3 Entwicklungstrends ................................................................... 24
    2.3.4 Geschäftsprozessmodell und Einzelzieldefinition ..................... 25
    2.3.5 Projektaufgabe mit Projektzielen und Bedingungen ................. 27
    2.3.6 Lösungsansätze ......................................................................... 29
    2.3.7 Projektgrenzen .......................................................................... 30
    2.3.8 Wirtschaftlichkeitsbetrachtung ................................................. 31
    2.3.9 Gesamtprojektplanung .............................................................. 33
    2.3.10 Projektorganisation und Projektdokumentation ...................... 34
    2.3.11 Konzeptionsplanung ................................................................ 35
    2.3.12 Risikominimierung .................................................................. 37
    2.3.13 Präsentation des Projektauftrages ............................................ 39
    2.3.14 Beauftragung von Projektleitung und Projektteam ................. 41
  2.4 Phase Konzeption .............................................................................. 41
    2.4.1 Konzeptionsvorbereitung .......................................................... 44
    2.4.2 Kick-Off-Workshop .................................................................. 45
    2.4.3 Ist-Analyse ................................................................................ 46
    2.4.4 Entwicklungstrends ................................................................... 51
    2.4.5 Anforderungskatalog ................................................................. 52
    2.4.6 Lösungssuche ............................................................................ 54
    2.4.7 Lösungsentwürfe ....................................................................... 56
    2.4.8 Lösungskonzept ......................................................................... 57
    2.4.9 Wirtschaftlichkeitsprüfungen .................................................... 58
    2.4.10 Make-or-buy-Entscheidung ..................................................... 59
    2.4.11 Gesamtprojektplanung ............................................................ 61
    2.4.12 Spezifikationsplanung ............................................................. 62
    2.4.13 Risikominimierung .................................................................. 63

2.4.14 Konzeptionsabnahme ..................................................................... 64
2.5 Phase Spezifikation ............................................................................... 65
   2.5.1 Spezifikationsvorbereitung ............................................................. 66
   2.5.2 Spezifikationsanalyse ...................................................................... 68
   2.5.3 Anforderungsdefinition und Qualitätsziele ..................................... 69
   2.5.4 Systemarchitektur ............................................................................ 71
   2.5.5 Neuentwicklungsbedarf ................................................................... 71
   2.5.6 Änderungsbedarf .............................................................................. 72
   2.5.7 Testspezifikation .............................................................................. 74
   2.5.8 Angebotseinholung .......................................................................... 74
   2.5.9 Angebotsauswertung ....................................................................... 75
   2.5.10 Wirtschaftlichkeitsprüfung ............................................................ 75
   2.5.11 Gesamtprojektplanung .................................................................. 77
   2.5.12 Realisierungsplanung .................................................................... 78
   2.5.13 Risikominimierung ........................................................................ 79
   2.5.14 Spezifikationsabnahme und Beauftragung ................................... 80
2.6 Phase Realisierung ................................................................................ 81
   2.6.1 Realisierungsvorbereitung .............................................................. 82
   2.6.2 Realisierungsanalyse ....................................................................... 83
   2.6.3 Realisierungsdesign ........................................................................ 84
   2.6.4 Leistungsentwicklung und -erstellung ............................................ 85
   2.6.5 Qualitätskontrolle und Einzeltest .................................................... 86
   2.6.6 Systemtest ........................................................................................ 87
   2.6.7 Systemdokumentation ..................................................................... 87
   2.6.8 Projektnutzenüberprüfungsplanung ................................................ 88
   2.6.9 Einführungsplanung ........................................................................ 88
   2.6.10 Systemabnahme ............................................................................ 90
2.7 Phase Implementierung ........................................................................ 90
   2.7.1 Einführungsvorbereitung ................................................................. 92
   2.7.2 Übernahme, Verteilung und Installation ........................................ 93
   2.7.3 Schulung und Information .............................................................. 94
   2.7.4 Parallelbetrieb .................................................................................. 96
   2.7.5 Organisationsveränderung ............................................................... 97
   2.7.6 Test und Abnahme .......................................................................... 98
   2.7.7 Nutzenüberprüfung .......................................................................... 99
   2.7.8 Projektkostenabrechnung .............................................................. 100
   2.7.9 Projektauswertung ......................................................................... 101
   2.7.10 Entlastung von Projektgruppe und Projektleitung ..................... 102
2.8 Phase Systemoptimierung .................................................................. 104
   2.8.1 Betreuung ....................................................................................... 105
   2.8.2 Nachschulung ................................................................................ 105
   2.8.3 Wartung und Systempflege ........................................................... 106
   2.8.4 Verfahrensoptimierung ................................................................. 108
2.9 Zum Praxistransfer ............................................................................. 110

## 3 Methoden der Projektplanung ........ 113
   3.1 Einführung .......... 113
   3.2 Auftragsanalyse und Auftragsabnahme ........ 113
      3.2.1 Auftragsanalyse ........ 113
      3.2.2 Auftragsabnahme ........ 115
   3.3 Ausschreibungsvorbereitung und Angebotsauswertung ........ 117
      3.3.1 Ausschreibungsvorbereitung ........ 117
      3.3.2 Angebotsauswertung ........ 119
   3.4 Projektaufgabendefinition ........ 122
      3.4.1 Projektzieldefinition ........ 122
      3.4.2 Bedingungsdefinition ........ 127
      3.4.3 Zielbeziehungsanalyse ........ 128
      3.4.4 Projektaufgabenbeschreibung ........ 131
   3.5 Bewertungsmethoden ........ 132
      3.5.1 ABC-Analyse ........ 132
      3.5.2 Stärken-Schwächen-Analyse ........ 135
      3.5.3 Chancen-Risiko-Analyse ........ 136
      3.5.4 Nutzwertanalyse ........ 140
      3.5.5 Kennzahlenanalyse ........ 144
   3.6 Projektplanung ........ 147
      3.6.1 Projektstruktur- und Arbeitspaketplanung ........ 148
      3.6.2 Termin- und Meilensteinplanung ........ 152
      3.6.3 Kapazitätsplanung ........ 157
      3.6.4 Personalplanung ........ 158
      3.6.5 Hilfsmittelplanung ........ 161
      3.6.6 Kostenplanung ........ 163
   3.7 Teilprojektbildung und Strategisches Projektmanagement ........ 164
      3.7.1 Teilprojektbildung ........ 164
      3.7.2 Strategisches Projektmanagement ........ 167
   3.8 Projektorganisation ........ 171
      3.8.1 Organisationsmodell ........ 171
      3.8.2 Kompetenzmatrix ........ 176
   3.9 Projektdokumentation und Berichtswesen ........ 179
      3.9.1 Projektordner/-akte ........ 179
      3.9.2 Berichtswesen/Projektstatusbericht ........ 184
   3.10 Rentabilitätsanalyse ........ 188
   3.11 Projekt-Controlling ........ 191
      3.11.1 Operatives Controlling und Ergebnis-Controlling ........ 192
      3.11.2 Ziel-Controlling ........ 195
      3.11.3 Qualitatives Controlling ........ 198

## 4 Methoden für IT, Organisation und Unternehmensentwicklung ........ 201
   4.1 Einführung ........ 201
   4.2 Analyse- und Designmethoden für IT ........ 201
      4.2.1 Ereignisprozesskette (EPK) ........ 202

4.2.2 Strukturierte Analyse (SA) .................................................................. 208
 4.2.3 Bedingungsanalyse/Entscheidungstabelle ......................................... 215
 4.2.4 Funktionsanalyse ............................................................................... 219
 4.2.5 Entity-Relationship-Modellierung (ERM) ........................................ 222
4.3 Analyse- und Designmethoden für Organisation ........................................ 227
 4.3.1 Situationsanalyse ............................................................................... 227
 4.3.2 Problemanalyse ................................................................................. 229
 4.3.3 Prozesskettenanalyse ......................................................................... 231
 4.3.4 Ablaufanalyse .................................................................................... 235
 4.3.5 Informationsbedarfsanalyse .............................................................. 238
4.4 Analyse- und Designmethoden für Unternehmensentwicklung ................. 241
 4.4.1 Umweltanalyse .................................................................................. 241
 4.4.2 Kundenanalyse .................................................................................. 245
 4.4.3 Produktanalyse .................................................................................. 247
 4.4.4 Portfolioanalyse ................................................................................ 251
4.5 Sonstige Dokumentations- und Darstellungsmethoden .............................. 255
 4.5.1 Freier Text ......................................................................................... 255
 4.5.2 Strukturierter Text ............................................................................. 257
 4.5.3 Graphische Darstellungstechniken .................................................... 258
 4.5.4 Blockdiagramm ................................................................................. 260
 4.5.5 Mind-Mapping .................................................................................. 262
4.6 Kreativitätsmethoden ................................................................................... 264
 4.6.1 Brainstorming ................................................................................... 265
 4.6.2 Methode 635 ..................................................................................... 267
4.7 Aufwandschätzungsmethoden ..................................................................... 270
 4.7.1 Expertenschätzung ............................................................................ 270
 4.7.2 Analogieverfahren ............................................................................. 271
 4.7.3 Prozentsatzverfahren ......................................................................... 272
4.8 Test- und Abnahmemethoden ...................................................................... 274
 4.8.1 Testplanung ....................................................................................... 274
 4.8.2 Abnahmeverfahren ............................................................................ 279
4.9 Aufnahme- und Erhebungsmethoden .......................................................... 282
 4.9.1 Befragung .......................................................................................... 283
 4.9.2 Beobachtung ...................................................................................... 288
 4.9.3 Selbstaufschreibung .......................................................................... 291
 4.9.4 Multimoment-Aufnahme ................................................................... 293
4.10 Qualitätssicherungsmethode ...................................................................... 295
 4.10.1 Qualitätssicherungsplanung ............................................................ 295
 4.10.2 Fehlermöglichkeits- und -einflussanalyse (FMEA) ....................... 299

**5 Zusammenfassung und Ausblick ................................................................ 305**

**Literatur .............................................................................................................. 309**

**Stichwortverzeichnis ......................................................................................... 319**

# 1 Einführung und Zielsetzung

## 1.1 Einführung

Gesellschaft und Wirtschaft sind im Wandel. Die Geschwindigkeit und Häufigkeit dieses Wandels hat heute ein Maß erreicht, dessen Steigerung für uns kaum noch vorstellbar ist. In der Wirtschaft vollzieht sich dieser Wandel von der Neuverteilung der Märkte über die Konzentration auf das Kerngeschäft bis hin zum einzelnen Arbeitsplatz. Das Denken in festen Strukturen und Abläufen muss immer häufiger kurzfristigem und provisorischem Denken weichen. Die Bedeutung der traditionellen Fachkompetenz bei den Mitarbeitern und dem Management rückt in den Hintergrund. Der Wandel erfordert sowohl vom Management als auch von den Mitarbeitern Gestaltungskompetenz, d. h. die Arbeitsorganisation an die veränderten Märkte, Produkte oder strategischen Positionierungen anzupassen. Nur der sichere Umgang mit der Gestaltungskompetenz versetzt Management und Mitarbeiter in die Lage, den Wandel aktiv mitzugestalten.

Die Mitgestaltung dieses Wandels ist heute den einen systematischen Einsatz von Methoden, Techniken und Tools nicht mehr denkbar. Der Einsatz von Methoden kann zum einen an einfachen, wiederkehrenden, bereichsinternen Aufgaben oder zum anderen an einmaligen, neuartigen, komplexen, bereichsübergreifenden Aufgaben mit begrenzten Ressourcen (Zeit, Kapazität, Budget) erfolgen. Im ersten Fall können diese Methoden ganz allgemein als Management-Methoden bezeichnet werden, im zweiten Fall als Projektmanagement-Methoden. Beiden Arten von Aufgaben wird dabei unterstellt, dass sie ein definiertes Ziel unter vorgegebenen Bedingungen verfolgen. Lediglich bei der Ausführung setzt die zweite Art (Projektmanagement) in aller Regel ein (Projekt-)Team voraus, wobei dies bei der ersten Art nicht notwendig ist.

All diese Methoden helfen, Modelle über einen bestimmten Sachverhalt zu entwickeln. Diese Modelle bilden nicht die Realität ab bzw. das, was wir als Realität für unser tägliches Geschäftsleben definiert haben, sondern lediglich einen Ausschnitt. Für eine Problemlösung ist es daher notwendig, die Modelle (z. B. Prozessablauf oder Informationsstruktur) zu analysieren, zu konzipieren oder zu spezifizieren, die das Ziel bestmöglich abbilden. Oder anders ausgedrückt: Abhängig von der Zielsetzung der zu lösenden Aufgabe ist eine oder mehrere dieser prozessunterstützenden Methoden auszuwählen und einzusetzen. Da diese Art von Leistung täglich mehr oder weniger systematisch strukturiert durchgeführt wird, wurde im vorliegenden Buch eine in der Praxis vielfach bewährte Vorgehensweise mit den dafür geeigneten Methoden zusammengestellt. Sie ermöglicht sowohl dem Berater als auch dem Manager, Projektleiter, Experten und den übrigen Beteiligten, eine mögliche Vorgehensweise kennen zu lernen und auf ihre betriebliche oder verwaltungstechnische Praxis anzupassen.

Da die Veränderungsprozesse sehr vielfältig sein können und mit zunehmender Konkretisierung von Lösungen eine Vielzahl von Modellen über die zukünftige Realität erstellt werden kann, wurde in einer fortgeschrittenen Problemlösungsphase (ab Projektphase Spezifikation) eine Eingrenzung auf Methoden in der IT, Organisation und Unternehmensentwicklung gemacht. Dagegen kann in frühen Abschnitten der Problemlösung (Projektvorbereitung und Konzeption) diese Vorgehensweise weitgehend bereichsunabhängig eingesetzt werden. Selbst im Freizeitbereich lässt sich damit eine Expedition oder ein Fest genauso gut vorbereiten und konzipieren wie eine Geschäftsprozessoptimierung oder eine Produktneuentwicklung.

## 1.2 Zielsetzung dieses Buches

Dieses Buch soll den Beteiligten und Betroffenen von Veränderungsprozessen aus dem Linienmanagement und dem Projektmanagement (Projektauftraggeber, Projektausschuss und Multiprojektmanager) ein Handbuch für die tägliche Praxis an die Hand geben, das ihnen hilft, Veränderungsprozesse anhand eines Vorgehensmodells schneller und qualitativ hochwertiger gestalten zu können.

Ein weiteres Ziel dieses Buches ist es, dem Praktiker, sprich Projektleiter, Projektteammitglied, Projekt-Controller, Methoden-Experten und Berater eine idealtypische Vorgehensweise mit definierten (Projekt-)Phasen und Arbeitsschritten (Abb. 1.1.) vorzustellen (Kap. 2). Diesen Arbeitsschritten sind Methoden (Kap. 3 und 4) zugeordnet, die helfen, die Schritte möglichst systematisch und professionell zu bearbeiten. Der Leser und Anwender dieses Konzepts soll damit einen „roten Faden" in die Hand bekommen, der es ihm ermöglicht,

- mehr Klarheit in und über Problemlösungsprozesse zu erhalten,
- bewusster Problemlösungsprozesse mit oder ohne Projektmanagement gestalten zu können,
- den Aufwand für die Strukturierung und Planung eines Problemlösungsprozesses zu reduzieren,
- die Qualität (konstruktive und analytische) der Problemlösung zu erhöhen und nicht zuletzt
- das Kosten-Nutzen-Verhältnis für die Vorbereitung und Durchführung von Projekten oder projekthaften Aufgaben zu optimieren.

Weiter wird mit diesem Buch das Ziel verfolgt, dem Leser ein Nachschlagewerk für die am häufigsten in der Praxis eingesetzten Methoden und Techniken im Management und Projektmanagement zu geben. Dabei wurden die Methoden in die klassischen drei Ebenen unterteilt: Methoden der IT, Organisation und Unternehmensentwicklung (Kap. 4) und Methoden der Projektplanung (Kap. 3).

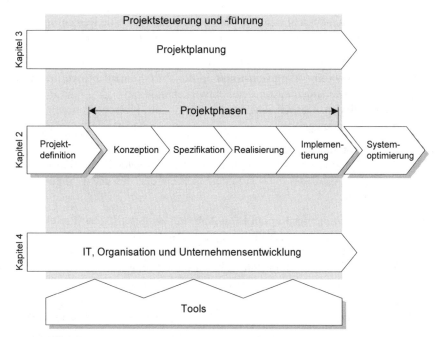

**Abb. 1.1.** Übersicht zur Struktur der Methoden für Projekt und Management

Um keine falschen Erwartungen zu wecken, soll an dieser Stelle erwähnt werden, dass jede Aufgabe (und jedes Vorhaben) aufgrund

- ihres Aufgabeninhalts bzw. -gegenstands,
- ihrer Zielsetzung und Bedingungen,
- ihrer Abgrenzung gegenüber der Umwelt,
- ihrer technischen Möglichkeiten,
- ihrer Ressourcen (Zeit, Kapazitäten und Kosten) sowie
- ihrer Risiken

einer individuellen Anpassung bedarf. Das vorliegende Buch kann somit als ein Rahmen für die Problemlösung bei Projekten und bei projektähnlichen Aufgaben, also Management-Aufgaben, verwendet werden.

Dieses Buch kann auf folgende vier Arten für die praktische Arbeit genutzt werden:

1. Durchgang entlang des Inhaltsverzeichnisses von vorne nach hinten.
   Der Leser wird entlang eines Leitfadens und von den einzelnen Phasen des Projektmanagements bzw. des projekthaften Arbeitens über die einzelnen Arbeitsschritte der Phasen sowie die unterstützenden Methoden geführt.

2. Betrachtung einer Methode in sich.
   Der Leser lernt die Geschlossenheit einer Methode kennen bzw. wird darauf aufmerksam gemacht. Ihm werden dabei gleichzeitig die Verbindungsstellen

zwischen den Arbeitsschritten und Methoden ersichtlich. Die Reihenfolge kann der Leser dabei mit seinen spezifischen Interessen selbst bestimmen.

3. Reflexion einer oder mehrerer Methoden.
Der Leser kann seine Vorgehensweise in der Praxis darauf prüfen, inwieweit die einzelnen Methoden ausreichend entwickelt sind bzw. ganz oder in wichtigen Teilen fehlen. Das Gleiche kann auch für die Überbetonung einer oder mehrerer Methoden gelten.

4. Durchgang von hinten nach vorne.
Die Art des Lesens erweitert dem Interessierten das methodische Gerüst. Dabei lernt er zum Abschluss das Zusammenwirken der einzelnen Methoden in Kap. 2 kennen.

Aufbau und Beziehung der Kapitel ist in Abb. 1.2. dargestellt. Die (Projekt-)Phasen, Schritte und Verweise auf die geeigneten Methoden sind in Kap. 2 zusammengefasst. In Kap. 3 sind die Methoden der Projektplanung, in Kap. 4 die Methoden für IT, Organisation und Unternehmensentwicklung aufgeführt.

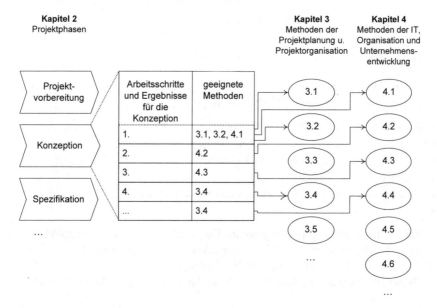

**Abb. 1.2.** Aufbau und Zusammenhang der Kapitel

## 1.3 Quickstart zu den Methoden

Ergänzend zum Inhalts- und Stichwortverzeichnis hat der Autor über vierzig typische Aufgabenstellungen zusammengestellt und dazu einen Methodenvorschlag vorbereitet, der es dem Leser ermöglicht, schnell einen passenden Lösungsweg für seine Fragen zu finden (Tabelle 1.1.). Für die meisten Aufgabenstellungen wurden zwei bis vier Methoden empfohlen, die sich als Methodenkette ergänzen.

Ein Beispiel soll dies verdeutlichen: Die Aufgabenstellung „Arbeitsergebnisse sichern" kann auf der operativen Ebene bedeuten, die Ergebnisse sind möglichst schnell in einer akzeptablen und anschaulichen Form zu dokumentieren (Dokumentations- und Darstellungstechniken). Darüber hinaus kann es notwendig sein, dass die Ergebnisse oder Teile daraus für eine Präsentation aufzubereiten sind und anschließend dem Auftraggeber und dem Projektausschuss zu präsentieren sind (Präsentationstechniken). Sind die Ergebnisse in einem Workshop erstellt und erarbeitet worden, ist es oft ratsam, die Zusammenarbeit und die Produktivität im Workshop in Form einer Prozessreflexion auszuwerten (Reflexion und Auswertung von Workshop und Seminar).

**Tabelle 1.1.** Methoden-Vorschlag für typische Management-Aufgaben

| Aufgabenstellung | Methoden | Kapitel |
|---|---|---|
| Arbeitsergebnisse sichern. | • Dokumentations- und Darstellungstechniken | 4.5 |
| Arbeitspakete eindeutig abgrenzen. | • Projektstruktur- und Arbeitspaketplanung | 3.6.1 |
| | • Teilprojektbildung | 3.7.1 |
| | • Kompetenzmatrix | 3.8.2 |
| Arbeitsumgebung attraktiv gestalten. | • Strategisches Projektmanagement | 3.7.2 |
| Aufgabenstellung auf die Projektorganisation abstimmen. | • Projektorganisation | 3.8 |
| | • Teilprojektbildung | 3.7.1 |
| Aufgabenstellung eindeutig formulieren. | • Projektzieldefinition | 3.4.1 |
| | • Bedingungsdefinition | 3.4.2 |
| | • Projektbeschreibung | 3.4.4 |
| Auswahl von verschiedenen Lösungsmöglichkeiten vorbereiten und begründen. | • Projektzieldefinition | 3.4.1 |
| | • Bedingungsdefinition | 3.4.2 |
| | • Sonstige Dokumentations- und Darstellungstechniken | 4.5 |
| | • Bewertungsmethoden | 3.5 |

**Forts. Tabelle 1.1.** Methoden-Vorschlag für typische Management-Aufgaben

| Aufgabe | Methoden | Abschnitt |
|---|---|---|
| Berichtswesen organisieren. | • Projektordner/-akte<br>• Berichtswesen/Projektstatusbericht<br>• Kompetenzmatrix | 3.9.1<br>3.9.2<br>3.8.2 |
| Budget ausreichend kalkulieren. | • Projektplanung mit allen sechs Unterplanungen | 3.6 |
| Budgetbedarf im Vorfeld klären. | • Ziel-Controlling<br>• Rentabilitätsanalyse | 3.11.2<br>3.10 |
| Dokumentation und Präsentation auf einheitlichen Stand bringen. | • Sonstige Dokumentations- und Darstellungsmethoden<br>• Analyse- und Designmethoden | 4.5<br>4.2–4.4 |
| Entscheidungen treffen. | • Auftragsabnahme<br>• Abnahmeverfahren<br>• Bewertungsmethoden | 3.2.2<br>4.8.2<br>3.5 |
| Entscheidungen vorbereiten. | • Projektzieldefinition<br>• Bedingungsdefinition<br>• Stärken-Schwächen-Analyse<br>• Chancen-Risiko-Analyse | 3.4.1<br>3.4.2<br>3.5.2<br>3.5.3 |
| Erfolge ermitteln. | • Ziel-Controlling<br>• Operatives Controlling und Ergebnis-Controlling | 3.11.2<br>3.11.1 |
| Fehlersuche und Fehlerbehebung erfolgreich durchführen. | • Qualitätssicherungsplanung<br>• Fehlermöglichkeits- und -einflussanalyse (FMEA)<br>• Abnahmeverfahren | 4.10.1<br>4.10.2<br>4.8.2 |
| Fremdfirmen beauftragen. | • Auftragsanalyse<br>• Auftragsabnahme | 3.2.1<br>3.2.2 |
| Ideen suchen. | • Kreativitätsmethoden<br>• Sonstige Dokumentations- und Darstellungsmethoden | 4.6<br>4.5 |
| Infrastruktur (wie z. B. Rechnerkapazitäten, Räumlichkeiten, Telefonanlage, etc.) festlegen. | • Projektplanung mit allen sechs Unterplanungen<br>• Analyse- und Designmethoden für IT | 3.6<br>4.2 |
| Kommunikations- und Interaktionsfluss auf horizontaler und vertikaler Ebene herstellen. | • Projektorganisation<br>• Berichtswesen/Projektstatusbericht | 3.8<br>3.9.2 |
| Kommunikationsfluss sicherstellen. | • Projektdokumentation und Berichtswesen | 3.9 |

**Forts. Tabelle 1.1.** Methoden-Vorschlag für typische Management-Aufgaben

| | | |
|---|---|---|
| Kompetenzverteilung klären. | • Projektplanung mit allen sechs Unterplanungen<br>• Projektorganisation<br>• Kompetenzmatrix | 3.6<br>3.8<br>3.8.2 |
| Konzeption ausarbeiten. | • Phase Projektvorbereitung<br>• (Projekt-)Phase Konzeption<br>• Analyse- und Designmethoden | 2.3<br>2.4<br>4.2–4.4 |
| Koordination mehrerer Projekte organisieren. | • Strategisches Projektmanagement<br>• Teilprojektbildung | 3.7.2<br>3.7.1 |
| Kostenaufteilung zwischen den Teilprojekten erstellen. | • Projektplanung mit allen sechs Unterplanungen<br>• Teilprojektbildung | 3.6<br>3.7.1 |
| Personalaufwand für die Projektarbeit im Vorfeld klären. | • Phase Projektvorbereitung<br>• Projektplanung mit allen sechs Unterplanungen<br>• Chancen-Risiko-Analyse | 2.3<br>3.6<br>3.5.3 |
| Personelle Kapazitäten sicherstellen. | • Projektorganisation<br>• Kompetenzmatrix | 3.8<br>3.8.2 |
| Planungshorizont in der Vorgehensweise berücksichtigen. | • Strategisches Projektmanagement<br>• Phase Projektvorbereitung | 3.7.2<br>2.3 |
| Präsentationen vorbereiten. | • Sonstige Dokumentations- und Darstellungsmethoden | 4.5 |
| Probleme transparent machen. | • Situationsanalyse<br>• Problemanalyse | 4.3.1<br>4.3.2 |
| Projekte in die Unternehmensstruktur integrieren. | • Strategisches Projektmanagement<br>• Teilprojektbildung | 3.7.2<br>3.7.1 |
| Projekte umfassend steuern und führen. | • Projektzieldefinition<br>• Bedingungsdefinition | 3.4.1<br>3.4.2 |
| Projektphasen klar abgrenzen. | • Phase Projektvorbereitung<br>• Projektplanung mit allen sechs Unterplanungen<br>• Auftragsanalyse | 2.3<br>3.6<br>3.2.1 |
| Projektverlauf im Auge behalten. | • Ziel-Controlling | 3.11.2 |

**Forts. Tabelle 1.1.** Methoden-Vorschlag für typische Management-Aufgaben

| | | |
|---|---|---|
| Projektziele mit den strategischen Unternehmenszielen in Einklang bringen. | • Projektzieldefinition<br>• Bedingungsdefinition<br>• Strategisches Projektmanagement | 3.4.1<br>3.4.2<br>3.7.2 |
| Projektziele überprüfen und Bedingungen eindeutig definieren. | • Projektzieldefinition<br>• Bedingungsdefinition<br>• Ziel-Controlling<br>• Zielbeziehungsanalyse | 3.4.1<br>3.4.2<br>3.11.2<br>3.4.3 |
| Risiken reduzieren. | • Chancen-Risiko-Analyse<br>• Stärken-Schwächen-Analyse<br>• Projektstruktur- und Arbeitspaketplanung | 3.5.3<br>3.5.2<br>3.6.1 |
| Sinn einer Zielsetzung aufzeigen. | • Strategisches Projektmanagement<br>• Projektzieldefinition<br>• Bedingungsdefinition | 3.7.2<br>3.4.1<br>3.4.2 |
| Situation innerhalb und außerhalb des Projektteams klären. | • Situationsanalyse<br>• Problemanalyse | 4.3.1<br>4.3.2 |
| Teilprojekte bilden. | • Phase Projektvorbereitung<br>• Teilprojektbildung<br>• Multiprojektmanagement | 2.3<br>3.7.1<br>3.7.2 |
| Terminplan aufstellen und einhalten. | • Termin- und Meilensteinplanung<br>• Chancen-Risiko-Analyse | 3.6.2<br>3.5.3 |
| Umfeld im Vorfeld der Projektdefinition klar durchleuchten. | • Auftragsanalyse<br>• Situationsanalyse<br>• Stärken-Schwächen-Analyse<br>• Chancen-Risiko-Analyse | 3.2.1<br>4.3.1<br>3.5.2<br>3.5.3 |
| Unvorhergesehene Ereignisse berücksichtigen. | • Chancen-Risiko-Analyse | 3.5.3 |
| Weisungsbefugnis klären (Projektleiter/Linienvorgesetzter). | • Projektorganisation<br>• Kompetenzmatrix | 3.8<br>3.8.2 |
| Zieldefinition in regelmäßigen Abständen überprüfen. | • Ziel-Controlling<br>• Operatives Controlling | 3.11.2<br>3.11.1 |
| Ziele definieren. | • Projektzieldefinition<br>• Bedingungsdefinition<br>• Zielbeziehungsanalyse | 3.4.1<br>3.4.2<br>3.4.3 |
| Zielvereinbarungen abschließen. | • Projektzieldefinition<br>• Bedingungsdefinition | 3.4.1<br>3.4.2 |

## 1.4 Thematische Verknüpfungen

Dieses Buch versteht sich als ein Teil einer Reihe zu Management- und Projektaufgaben (Abb. 1.3.) aus

1. dem hier vorliegendem Buch „Management und Projekt-Methoden – Ein Leitfaden für IT, Organisation und Unternehmensentwicklung",
2. Keßler/Winkelhofer: „Projektmanagement – Leitfaden zur Steuerung und Führung" aus demselben Verlag sowie
3. Keßler/Hönle: „Karriere im Projektmanagement" ebenfalls im Springer-Verlag erschienen.

Jedes dieser drei Bücher behandelt ein Spezialthema daraus. Gleichzeitig werden wichtige Begriffe/Schlüsselbegriffe einheitlich verwendet und an den Berührungspunkten auf die weiterführenden Bücher verwiesen.

**Abb. 1.3.** Reihe zum Projektmanagement – Thematische Verknüpfungen zu weiteren Büchern des Autors und Co-Autor

# 2 Projektphasen und Arbeitsschritte

## 2.1 Zentrales Ziel und Ziel des Projektmanagements

Das zentrale Ziel des Projektmanagements (PM) drückt sich in der permanenten Suche nach einer Antwort auf die folgende Frage aus:

**Wie komme ich mit dem kleinstmöglichen Aufwand und so schnell wie möglich von einem IST zu einem SOLL?**

Die Erfolgsfaktoren des Projektmanagements (Abb. 2.1), oder anders ausgedrückt, die Ziele eines jeden Projektes und damit auch das Management eines Projektes sind:

1. Das Erreichen der definierten Ziele (werden vor dem Projektstart definiert) und
2. Die Einhaltung der geplanten Ressourcen (Termine, Mitarbeiter-Kapazitäten und Projekt-Budgets) (werden vor dem Projektstart geplant).

Dabei liegt der Schwerpunkt der ganzen Arbeit auf Punkt 1 (Erreichen der definierten Projektziele). Ohne das Erreichen der Projektziele ist kein Aufwand (Punkt 2) gerechtfertigt.

Bei den Erfolgsfaktoren für Projektmanagement wird zwischen

- der Führung und Steuerung aller Projekte, also den übergeordneten Instrumenten und Methoden, Haltungen und Verhaltensweisen, und
- der Führung und Steuerung eines Projektes, also den projektspezifischen Instrumenten und Methoden, Haltungen und Verhaltensweisen,

unterschieden.

In diesem Buch werden die Instrumente und Methoden für die Steuerung und Führung eines Projektes in den folgenden Kapiteln detailliert vorgestellt und erläutert. Dabei wird vor allem auf:

- PM als Problemlösungsprozess
- PM als Methodik
- PM als Tool- und Werkzeug-Box
- PM als Methoden-Mix
- PM als Projekt-Controlling
- PM als Informationsmanagement

  eingegangen.

Die weitergehende Beschreibung über die Haltungen und Verhaltensweisen eines Projektes sowie die Instrumente und Methoden, Haltungen und Verhaltensweisen aller Projekte sind in Keßler u. Winkelhofer (2004) beschrieben.

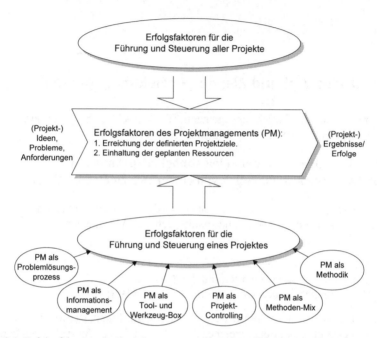

**Abb. 2.1.** Erfolgsfaktoren des Projektmanagements (vgl. Keßler u. Winkelhofer 2004, S. 14)

Projektmanagement als Problemlösungsprozess, als Methodik, als Tool- und Werkzeug-Box sowie als Methoden-Mix wird im Anschluss in diesem Kapitel beschrieben. Projektmanagement als Projekt-Controlling, als Informationsmanagement und Risikomanagement wird in den Kapiteln 3 und 4 anhand von konkreten (Arbeits-) Methoden erläutert.

## 2.2 Projektphasen und Arbeitsschritte im Überblick

Das hier verwendete Vorgehensmodell unterteilt Vorhaben, Projekte und projekthafte Aufgaben in die vier Phasen Konzeption, Spezifikation, Realisierung und Implementierung. Die Vorbereitung von Vorhaben, Projekten und projekthaften Aufgaben erfolgt in der Projektvorbereitung; die Pflege, Wartung und Weiterentwicklung des Systems im Abschnitt Systemoptimierung (Abb. 2.2.).

## 2.2 Projektphasen und Arbeitsschritte im Überblick 13

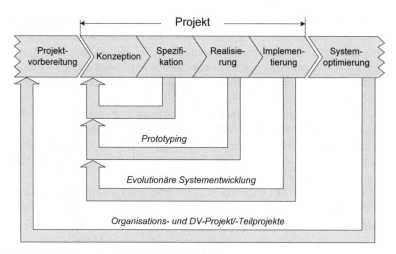

**Abb. 2.2.** Projektphasen und Vorgehensphilosophien

Mit diesem Phasenmodell kann die Vorgehensweise gestrafft, die Zahl von Entscheidungspunkten am Phasenende reduziert, die Verantwortung ins Projektteam delegiert und der Dokumentationsaufwand verringert werden.

Je nach Vollständigkeit kann bei den Phasen Konzeption und Realisierung mit diesem Vorgehensmodell ein Prototyping-Ansatz, bei den Phasen Realisierung und Implementierung ein evolutionärer Ansatz oder bei den Phasen Implementierung und Systemoptimierung ein teilprojektorientierter Ansatz unterstützt werden.

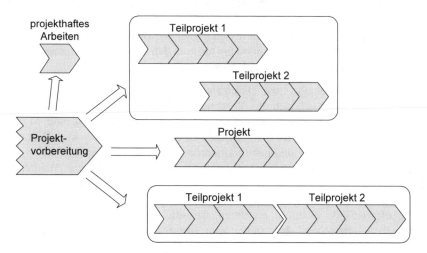

**Abb. 2.3.** Bildung von Projekten, Teilprojekten und projekthaften Aufgaben

Das Vorgehensmodell beschreibt und regelt den Ablauf und die Abwicklung von Projekten oder projekthaften Aufgaben. Weiter definiert das Vorgehensmodell den idealtypischen Ablauf hinsichtlich der zeitlichen und inhaltlichen Zuordnung von Aufgaben zu einzelnen Phasen. Die Durchführung wird bei umfangreichen Aufgaben in einem Projekt oder in mehreren Teilprojekten organisiert, bei kleineren Aufgaben in Form von projekthaftem Arbeiten (Abb. 2.3.).

Die Unterteilung eines Projektablaufs in verschiedene Phasen baut ganz bewusst Zäsuren in den Ablauf ein. Diese sollen einerseits Anlass geben, über die Weiterführung eines Projekts und weitere Entwicklungsrichtlinien zu entscheiden, andererseits soll sichergestellt werden, dass die Arbeiten einer Folgephase auf bereinigten und genehmigten Zwischendokumenten aufbauen.

Jede Phase innerhalb des Projekts führt zu einem konkreten Endprodukt. Diese Endprodukte können aus Teilendprodukten – die in einzelnen Arbeitsschritten bzw. Aktivitäten erstellt werden – zusammengeführt werden. Für jede Phase sind die zu erarbeitenden Endprodukte und Teilendprodukte umfassend beschrieben.

Da die Teilendprodukte häufig von vorausgehenden Ergebnissen abhängen, sind die Aktivitäten innerhalb einer Phase in zeitlicher Abfolge vorbestimmt. Mit der Aufteilung der Gesamtaufgabe in Projektvor- und Projektnachbereitung (Projektvorbereitung und Systemoptimierung) sowie in Projektphasen (Konzeption, Spezifikation, Realisierung und Implementierung) werden folgende Ziele verfolgt:

- Reduzierung der Komplexität aus sachlicher und problemtechnischer Sicht,
- Verbesserung der Zielorientierung bei der Aufgabenlösung,
- Verbesserung der Planbarkeit von komplexen, übergreifenden, einmaligen und neuartigen Aufgaben,
- Verbesserung der Kontrollierbarkeit durch das Projektteam, die -leitung und den Auftraggeber,
- Erhöhung der Transparenz für alle Beteiligten und Betroffenen vom Linienmanager über die Projektorganisation bis hin zum den Schnittstellenmanagement (vgl. Keßler u. Winkelhofer 2004, S. 69).

Die Ergebnisse der einzelnen Phasen sind in Abb. 2.4. dargestellt.

Ähnlich wie die Methoden das Vorgehensmodell unterstützen, unterstützen die Tools (Softwareprogramme) die Methoden bei der Dokumentation ihrer Modelle und Ergebnisse. Auf sie wird bei der Beschreibung der Aktivitäten kurz Bezug genommen. Für die Erarbeitung der Teilendprodukte werden in Kapitel 3 und 4 rund 60 Methoden aufgeführt und beschrieben. Sie sollen das systematische Arbeiten mit dem Vorgehensmodell weiter professionalisieren und damit zu einer möglichst hohen Qualität der Ergebnisse beitragen.

An dieser Stelle bleibt zu erwähnen, dass die einzelnen Methoden durchweg mehrfach an unterschiedlichen Stellen zum Einsatz kommen. So wird z. B. die Methode Projektplanung in der Projektvorbereitung bis zu dreimal eingesetzt:

1. Zur Planung der Projektvorbereitung.
2. Zur Planung des Gesamtprojektes (Grobplanung).
3. Zur Planung der ersten Projektphase Konzeption (Detailplanung).

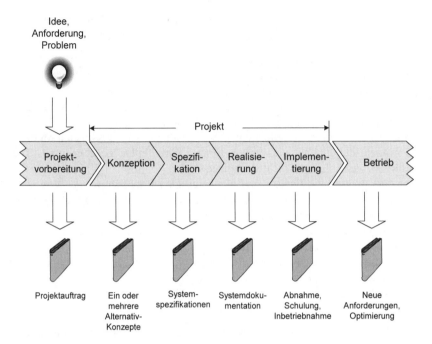

**Abb. 2.4.** Ergebnisse der Projektphasen

Das gleiche gilt auch für den Einsatz von Tools (Abb. 2.5.). Mit Tools werden an dieser Stelle bestimmte Anwendungsprogramme zur Erfassung von Texten, zur Erstellung von Grafiken, zur Erstellung von Tabellen oder zur Dokumentation von formalen Projektplanungen bezeichnet.

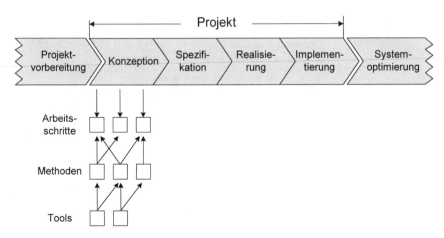

**Abb. 2.5.** Zusammenwirken von Projektphasen, Arbeitsschritten, Methoden und Tools

Um die in diesem Buch vorgeschlagene Vorgehensweise in der Praxis möglichst effektiv und effizient anzuwenden, wird folgender Ablauf vorgeschlagen:

1. Mit der Phase Projektvorbereitung (Abb. 2.5.) ist das zu bearbeitende Objekt (Abläufe und Prozesse, Funktionen, Informationen und Daten, Produkte und Kunden, etc.) einer ersten groben Analyse zu unterziehen.
2. Aus den angebotenen Arbeitsschritten (Kap. 2.3) die Schritte auswählen, mit dem das Problem effektiv und effizient gelöst werden kann.
3. Entsprechend dem zu optimierenden Sachverhalt die dafür geeigneten Methoden auswählen und für den praktischen Einsatz vorbereiten; gegebenenfalls Tools besorgen, wenn sie noch nicht vorhanden sind.
4. Vor dem praktischen Einsatz sind alle beteiligten Personen mit der Vorgehensweise, den Methoden und der Ausgangssituation vertraut zu machen. Die Zusammenarbeit ist vorzubereiten.
5. Bearbeitung der ausgewählten Schritte und Einsatz der favorisierten Methoden sowie Dokumentation der Ergebnisse.
6. Überprüfung der Ergebnisse auf Richtigkeit, Vollständigkeit, Korrektheit, Klarheit, Zielerreichung, etc.
7. Abnahme der Phasenergebnisse durch den Auftragnehmer vornehmen lassen.
8. Schritte 1 bis 7 für die nächste Phase wiederholen.

Grundsätzlich werden die im vorliegenden Buch beschriebenen Methoden in drei Bereiche unterteilt (Abb. 2.6.):

1. Methoden für die Steuerung des Projektes.
2. Methoden für die formale Projektplanung und
3. Methoden für die inhaltliche Planung (IT, Organisation und Unternehmensentwicklung)

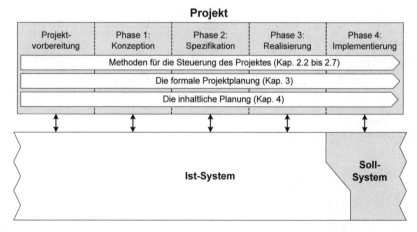

**Abb. 2.6.** Ebenen des Projektmanagements

Die Ausgestaltung der einzelnen Projektphasen bezüglich der einzelnen Arbeitsschritte ist in der Praxis an die jeweiligen Gegebenheiten anzupassen (siehe Kap. 1.2).

Auf der Sachebene wird der Projektgegenstand von der Projektdefinition bis zur Realisierung und Implementierung von Phase zu Phase weiter verfeinert. Dies ist in Abb. 2.7. am Beispiel der Haupt- und Teilprozesse, der Funktionen und Elementarfunktionen dargestellt.

In den nachfolgenden Kapiteln werden die Aktivitäten der einzelnen Phasen systematisch dargestellt. Weiter werden den Aktivitäten Methoden und Techniken zugeordnet. Sie sind eine Auswahl aus einem breiten Spektrum von IT-, Organisations-, Unternehmensentwicklungs-, Projektplanungsmethoden.

In jeder Phase müssen die bereits erarbeiteten Ergebnisse in Form von Abschlußberichten dokumentiert und beurteilt werden. Die vollständige Dokumentation ist wichtig zur Sicherung der gemachten Erfahrungen für nachfolgende Projekte. Außerdem bildet dieser Bericht die Grundlage für die Präsentation der Ergebnisse. Diese Informationen ermöglichen dem Auftraggeber zu prüfen, ob das Projekt wirtschaftlich noch vertretbar ist und ob es weitergeführt werden soll. Die nächste Phase ist erst freizugeben, wenn die Bewertung der vorangegangenen Phasen positiv ausgefallen ist (vgl. Litke 1991, S. 20 ff.).

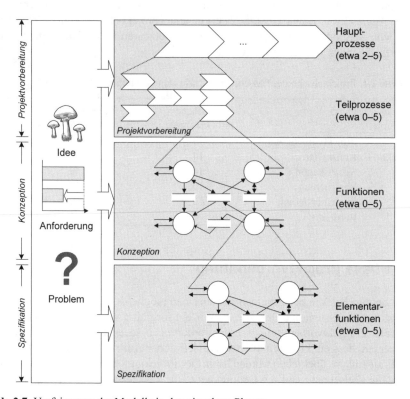

**Abb. 2.7.** Verfeinerung der Modelle in den einzelnen Phasen

Durch die Phasenbildung lassen sich systemtechnische Vorteile erzielen, die realisiert werden sollten (vgl. Aggteleky u. Bajna 1992, S. 21):

- Transparenz der Planungsarbeiten, der Aufgabenteilung und des Planungsfortschritts.
- Bildung von Schnittstellen, die eine Rückkopplung und Variantenreduktion als wichtige Elemente der Optimierung durch dazwischen liegende Bereiche ermöglichen.
- Klar definierte Zwischenziele der Planungsarbeiten und Beurteilungsmöglichkeiten der Zwischenergebnisse.
- Ansatzpunkte für Zwischenentscheidungen, Einflussnahme auf den weiteren Projektablauf.
- Bilden von Zwischenebenen, die für die weitere Planungsarbeit als bereinigte Grundlage dienen.

Eine besondere Bedeutung kommt der frühzeitigen Ermittlung der Entscheidungsgrundlagen zu. Das gleiche gilt auch für die stufenweise Entscheidungsfindung.

Jede Projektphase hat ihre eigene systemtechnische Zielsetzung. Damit soll sichergestellt werden, dass die nachfolgenden Phasen auf den Ergebnissen der vorangehenden aufbauen und keine weiteren, neuen Grundsatzvarianten entstehen (vgl. Aggteleky u. Bajna 1992, S. 21). Für jede (Projekt-)Phase können eine Vielzahl von Methoden eingesetzt werden. Die einsetzbaren Methoden können häufig mehrfach genutzt werden (Tabelle 2.1.)

**Tabelle 2.1.** Projektabschnitte, Phasen, Arbeitsschritte und Methoden im Überblick

| Projektabschnitt | Phase | vorgesehene Arbeitsschritte | geeignete Methoden (grobe Angabe) |
|---|---|---|---|
|  | Projektvorbereitung | 14 | 30 |
| Projekt | Konzeption | 14 | 40 |
|  | Spezifikation | 14 | 30 |
|  | Realisierung | 10 | 20 |
|  | Implementierung | 10 | 10 |
|  | Betrieb | 4 | 5 |

## 2.3 Phase Projektvorbereitung

Um unnötige Risiken zu vermeiden und um einen möglichst erfolgreichen Projektverlauf zu gewährleisten, sind Projekte im Vorfeld sorgfältig vorzubereiten. Das primäre Ziel der Projektvorbereitung ist es, Anforderungen, Ideen und Probleme so zu konkretisieren, dass ein klar formulierter und definierter Auftrag der Projektleitung und den Projektteams übergeben werden kann. Der Projektauftrag sollte die Problemstellung, die Zielsetzung und die Bedingungen, die Lösungsansätze, die Aufgabenabgrenzung, den Vorgehensrahmen sowie die Ressourcen Zeit, Kapazität und Kosten beschreiben und quantifizieren.

**Tabelle 2.2.** Arbeitsschritte und Methoden für die Projektvorbereitung

| Arbeitsschritte und Ergebnisse für die Projektvorbereitung | geeignete Methoden | Kapitel |
|---|---|---|
| 1. Projektvorbereitungsplanung | • Auftragsanalyse<br>• Projektplanung | 3.2.1<br>3.6 |
| 2. Problembeschreibung | • Situationsanalyse<br>• Problemanalyse<br>• (Problemlösungsbesprechung) | 4.3.1<br>4.3.2 |
| 3. Entwicklungstrends | • Umweltanalyse | 4.4.1 |
| 4. Geschäftsprozessmodell und Einzelzieldefinition | • Prozesskettenanalyse<br>• Ziel-Controlling<br>• Projektzieldefinition<br>• Bedingungsdefinition | 4.3.3<br>3.11.2<br>3.4.1<br>3.4.2 |
| 5. Projektaufgaben mit Projektzielen und Bedingungen | • Projektzieldefinition<br>• Zielbeziehungsanalyse<br>• Bedingungsdefinition<br>• Projektbeschreibung | 3.4.1<br>3.4.3<br>3.4.2<br>3.4.4 |
| 6. Lösungsansätze | • Analyse- und Designmethoden | 4.2–4.4 |
| 7. Projektgrenzen | • Strategisches Projektmanagement<br>• Teilprojektbildung<br>• Kontextdiagramm aus der Methode Strukturierte Analyse | 3.7.2<br>3.7.1<br>4.2.2 |
| 8. Wirtschaftlichkeitsbetrachtung | • Ziel-Controlling<br>• Rentabilitätsanalyse | 3.11.2<br>3.10 |
| 9. Gesamtprojektplanung | • Projektplanung<br>• Aufwandschätzungsmethoden | 3.6<br>4.7 |
| 10. Projektorganisation und Projektdokumentation | • Organisationsmodell<br>• Kompetenzmatrix<br>• Projektdokumentation und Berichtswesen | 3.8.1<br>3.8.2<br>3.9 |
| 11. Konzeptionsplanung | • Projektplanung<br>• Aufwandschätzungsmethoden | 3.6<br>4.7 |
| 12. Risikominimierung | • Chancen-Risiko-Analyse | 3.5.3 |
| 13. Präsentation des Projektauftrages | • (Präsentationstechniken)<br>• (Moderation) | |
| 14. Beauftragung von Projektleitung und Projektteam | • Teilprojektbildung<br>• Strategisches Projektmanagement | 3.7.1<br>3.7.2 |

Die Projektvorbereitung wird vom favorisierten Projektleiter oder einer anderen Person erstellt. Bei sehr großen Vorhaben kann auch ein Vorprojekt mit einem Projektteam gebildet werden. Grundsätzlich sollte bei Beginn der Projektdefinition der Projektleiter nicht für die gesamte Projektdauer bestimmt worden sein. Die Erstellung der Projektdefinition macht erst das benötigte Qualifikationsprofil des Projektleiters sichtbar.

Die Arbeitsschritte und geeigneten Methoden für die Projektvorbereitung sind in Tabelle 2.2. dargestellt. Darüber hinaus können folgende Methoden für alle Arbeitsschritte der Projektdefinition angewendet werden:

- Sonstige Dokumentations- und Darstellungsmethoden (Kap. 4.5)
- Kreativitätsmethoden (Kap. 4.6)

Die in Klammern aufgeführten Methoden sind nicht in diesem Buch beschrieben (vgl. Winkelhofer 2004 u. 2005).

Der grobe zeitliche Ablauf der Projektvorbereitung ist in Abb. 2.8. festgehalten. Je nach Problemstellung können zwischen zwei und fünf Meilensteine in der Projektvorbereitung festgelegt werden. Sie geben Gelegenheit, Teilergebnisse möglichst frühzeitig zu analysieren und zu reflektieren.

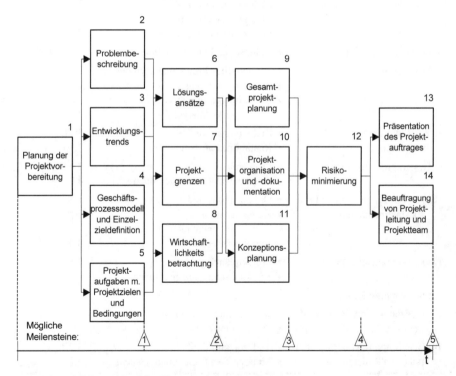

**Abb. 2.8.** Zeitlicher Ablauf der Phase Projektvorbereitung

> Anmerkung: Diese Vorgehensweise eignet sich nicht nur für Mittel- und Großvorhaben. Auch kleine Aufgaben im Umfang von 2 Stunden bis 1 Woche für einen Mitarbeiter können auf diesem Weg vorbereitet werden. In diesem Fall sind nur drei, vier oder fünf Schritte, abhängig von der Aufgabenstellung, von Bedeutung. Sie schärft die drei Aspekte:
> - Was soll sich fachlich/sachlich ändern?
> - Welche Lösung wird angestrebt bzw. wie soll das System danach aussehen?
> - Wie kann der Weg aussehen?

Die Projektvorbereitung ist die Projektdefinition und endet in einem möglichst klaren und eindeutigen Projektauftrag für den Projektleiter und das Projektteam.

### 2.3.1 Planung der Projektvorbereitung

Die Projektvorbereitung beginnt mit der Planung ihres eigenen Ablaufs („Planung der Planung"). Dazu ist es angebracht, den Auftrag im Hinblick auf den Inhalt der Projektvorbereitung und den Umfang zu präzisieren. Gegenstand der Planung sind die Arbeitsschritte 2 bis 14 der Projektvorbereitung. Ein Planungsrahmen für die Planung der Projektvorbereitung ist in Tabelle 2.3. vorbereitet.

**Tabelle 2.3.** Planungsrahmen für die Planung der Projektvorbereitung

| Arbeitsschritt Nr. | Arbeitsschritt der Projektvorbereitung | Dauer von | bis | Kapazität BT | Personen | Hilfsmittel | Kosten Personalkosten | Sachkosten |
|---|---|---|---|---|---|---|---|---|
| 2 | Problembeschreibung | | | | | | | |
| 3 | Entwicklungstrends | | | | | | | |
| 4 | Geschäftsprozessmodell und Einzelziele | | | | | | | |
| 5 | … | | | | | | | |
| Summe | | | | | | | | |

Bei größeren Projekten ist die Planung häufig in einer eigenen Vorstudie, Machbarkeitsstudie oder einem eigenen Vorprojekt vorzubereiten. In diesem Fall wird meist auch eine Projektorganisation für die Projektvorbereitung festgelegt.

Mit der Auftragsanalyse wird der Gegenstand des Projekts beleuchtet. Weiter können die „Vorder- und Hintermänner", die vom Projekt später betroffen oder tangiert sind, präzisiert werden.

Die Planung der Projektvorbereitung bzw. der Arbeitsschritte sollte folgende Fragen beantworten:

- Was soll mit der Projektvorbereitung entschieden werden?
- Wovor soll die Projektvorbereitung das Unternehmen schützen?
- Welche Aktivitäten sind für die Vorbereitung eines Projekts notwendig?
- Welcher Zeitrahmen wird benötigt?
- Wann muss die Projektvorbereitung vollständig abgeschlossen sein?
- Müssen aufgrund der Größe Teilprojekte gebildet bzw. angestrebt werden?
- Welche bereichsspezifischen Kapazitäten sind mit welchen Personen für eine qualifizierte Projektvorbereitung notwendig?
- Werden Hilfsmittel benötigt?
- Mit welchen Kosten ist bei der Durchführung der Projektvorbereitung zu rechnen?
- Kann der Ablauf der Projektvorbereitung bezüglich Zeit, personeller Kapazität und/oder Kosten noch optimiert werden?
- Reichen die Informationen aus, um die Projektvorbereitung zu planen oder ist dafür eine eigene kleinere Vorbereitung bzw. Vorstudie notwendig?

*Methoden*

- Auftragsanalyse (Kap. 3.2.1)
- Projektplanung (Kap. 3.6)

*Art und Umfang*

- matrixförmige Darstellung der Arbeitsschritte für die Projektvorbereitung und der Planungskomponenten (Arbeitspakete, Dauer, Zeit, Kapazitäten, Personen, Hilfsmittel und Kosten)
- Umfang etwa 1 bis 2 Seiten

*Tools*

- Textverarbeitung
- Projektplanung

## 2.3.2 Problembeschreibung

Damit ein bestimmter Sachverhalt als Projekt oder projektähnliche Aufgabe in einer Projektvorbereitung zu einer separaten Betrachtung kommt, muss eine Anforderung, eine Idee, ein Problem, eine Anregung, eine Strategie etc. vorliegen. Dieser Einfluss auf den jetzigen Ist-Zustand ist im Hinblick auf das, was verändert werden soll, zu beschreiben.

Es kommt je nach Ausgangssituation eine Vielzahl von Methoden in Betracht. Entsprechend des Themas kann man die Problembeschreibung erarbeiten. Oft reichen eine Situationsanalyse mit anschließender Situationsstrukturierung und eine Problemanalyse mit einer anschließenden Problemstrukturierung aus (Abb. 2.9).

Besteht nur ein sehr vager Anhaltspunkt über mögliche Probleme, so können mit einer Problemlösungsbesprechung die einzelnen Zusammenhänge graphisch aufbereitet werden.

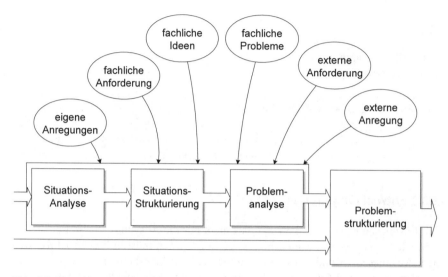

**Abb. 2.9.** Situations- und Problemanalyse

In der Projektvorbereitung ist die Beschreibung des Problems sehr grob und wird in den Projektphasen Konzeption (Ist-Analyse, Soll-Anforderungen, Lösungskonzept usw.) und Spezifikation verfeinert.

Die Problembeschreibung sollte auf folgende Fragen eine Antwort geben:

- Welche Informationen, Daten und Fakten gelten?
- Welche Meinungen gibt es?
- Welche Probleme sind erkennbar?
- Was wird als Problem, Idee, Anforderung etc. betrachtet?
- Welche Probleme, Ideen, Anforderungen, Stärken oder Schwächen sind vorfindbar?
- Was sind die Ursachen für das Problem?
- Welche Wirkungen gehen vom Problem aus?
- Wo ist was zu verändern?
- Welche Aufgaben, Abläufe, Techniken, Technologien sind angesprochen?
- Wo liegen die Prioritäten?
- Was ist das Hauptproblem?

### *Methoden*

- Situationsanalyse (Kap. 4.3.1)
- Problemanalyse (Kap. 4.3.2)

## Art und Umfang

- graphische Darstellung und/oder textliche Beschreibung
- etwa 0,5 bis 5 Seiten

## Tools

- Grafikprogramm
- Textverarbeitung

Anmerkung: Drehen wir das Problem um 180°, so haben wir in aller Regel das Projektziel vor Augen. D.h., schauen wir uns die Probleme, die wir lösen wollen, nicht genau an, können wir auch nicht sagen, ob wir die richtigen Projektziele definieren und umsetzen.

### 2.3.3 Entwicklungstrends

Ein Lösungsentwurf bzw. -konzept darf nicht nur die Ausgangssituation darstellen. Veränderungen, die anstehen und „in der Luft" liegen müssen berücksichtigt werden. Aus diesem Grunde ist es sowohl bei der Projektvorbereitung als auch in der Konzeption (Kap. 2.4.4) notwendig, die zukünftige Entwicklung auf ihre Gestaltungsmöglichkeiten hin zu betrachten.

Dies umfasst hier nicht nur die technische und technologische Entwicklung, sondern auch die Absatz-/Verkaufs- und Marketingentwicklung, die unternehmenspolitischen und unternehmensstrategischen Entwicklungen, die Entwicklung in der DV-Technik und Software, die logistische Entwicklung, die theoretischen Entwicklungen der relevanten Wissenschaften (Betriebswirtschaft, Informatik) etc. (Abb. 2.10.).

Mögliche Fragen, die bei der Abschätzung der zukünftigen Entwicklung helfen können, sind:

- Wo geht die Entwicklung im Umfeld hin?
- Wo geht die Entwicklung in der Technik/Technologie hin?
- Sind gravierende oder geringe Veränderungen zu erwarten?
- Welche zukünftigen Entwicklungen muss die Lösung bzw. das Lösungskonzept berücksichtigen?
- Wie hoch ist die Wahrscheinlichkeit einer Entwicklung?
- Sind wir die Ersten bzw. gehören wir zu den Ersten oder bestehen im Einsatz der neuen Techniken/ Technologien bereits ausreichend Erfahrungen?
- Ist eine Machbarkeitsstudie notwendig?

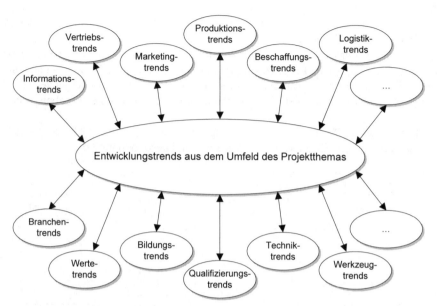

**Abb. 2.10.** Auswahl möglicher Entwicklungstrends, die Einfluss auf das Projekt haben können

### Methoden

- Umweltanalyse (Kap. 4.4.1)

### Art und Umfang

- Textartige und gegebenenfalls graphische Darstellung
- etwa 0,5 bis 5 Seiten

### Tools

- Textverarbeitung
- Grafikprogramm

Anmerkung: Dieser Arbeitsschritt soll sicherstellen, dass sich während der Projektdurchführung die Projektumgebung nicht so verändert hat, dass das Projektergebnis hinfällig ist.

### 2.3.4 Geschäftsprozessmodell und Einzelzieldefinition

Mit der Geschäftsprozessanalyse werden die Probleme aus der vorausgehenden Aktivität der betrieblichen (Produktions- oder Dienstleistung-) Prozesskette zugeordnet.

Unter einer Prozesskette wird die logische Abfolge von zwei oder mehreren Prozessen verstanden. Ein Prozess beschreibt einen in sich geschlossenen Vorgang in einem System mit einer Folge von (Verarbeitungs-) Funktionen und definierten Eingangs- und Ausgangszuständen.

(Geschäfts-) Prozessketten werden üblicherweise in Haupt- und Teilprozesse unterteilt. Die Haupt- und Teilprozesse sind um die Beschreibung der Input- und Output-Informationen der gesamten Prozesskette sowie der Prozessübergänge zu ergänzen. Weitere Inputs und Outputs können Daten, Dokumente, Ergebnisse etc. sein.

Die Prozesse, für die eine Veränderung vorgesehen ist, sind nach Möglichkeit als quantifizierbare Einzelziele bzw. Nutzenpotentiale zu definieren.

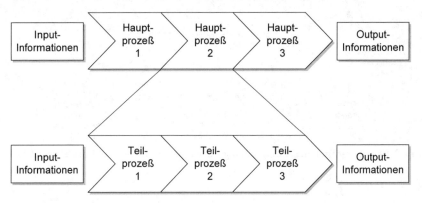

**Abb. 2.11.** Haupt- und Teilprozesskette

**Tabelle 2.4.** Grobbeschreibung des Geschäftsprozessmodells

|  | Hauptprozess … 1 | Hauptprozess … 2 | Hauptprozess … n |
|---|---|---|---|
| Name: | | | |
| Beschreibung des Prozesses: | | | |
| Derzeitige Probleme | | | |
| Derzeitige DV-Unterstützung | | | |
| Ideen | | | |
| Handlungsbedarf | | | |

Bei der graphischen und textlichen Dokumentation (Tabelle 2.4.) empfiehlt es sich, folgende Informationen grob zu berücksichtigen:

- Name des Haupt- und Teilprozesses
- Kurze Beschreibung
- Derzeitiges Problem in diesem Prozess

- Ideen für die Problemlösung
- Derzeitige DV-Systemunterstützung für Prozess

Die Methoden Ziel-Controlling, Projektzieldefinition und Bedingungsdefinition helfen, die Ziele und Bedingungen für die einzelnen Haupt- und Teilprozesse systematisch zu entwickeln.

Fragen für die Erstellung eines Geschäftsprozessmodells und für die Einzelzieldefinition sind:

- Um welche Prozesskette geht es?
- Was geht als Input in die Prozesskette ein?
- Was kommt als Output aus der Prozesskette heraus?
- In welche zwei bis fünf Hauptprozesse kann die Prozesskette aufgeteilt werden?
- Welche Hauptprozesse sind so wichtig, dass sie in Teilprozesse unterteilt werden müssen bzw. sollten?
- Wie können die Teilprozesse definiert werden?
- In welchen Haupt- und Teilprozessen stecken Verbesserungspotentiale?
- Welche Einzelziele können bereits definiert werden?

### *Methoden*

- Prozesskettenanalyse (Kap. 4.3.3)
- Ziel-Controlling (Kap. 3.11.2)
- Projektzieldefinition (Kap. 3.4.1)
- Bedingungsdefinition (Kap. 3.4.2)

### *Art und Umfang*

- Grafische Darstellung der Prozesskette
- Textartige Beschreibung der Haupt- und Teilprozesse
- Zusammenstellung der Einzelziele
- etwa 2 bis 10 Seiten

### *Tools*

- Grafikprogramm
- Textverarbeitung

### 2.3.5 Projektaufgabe mit Projektzielen und Bedingungen

Die Projektaufgabe umfasst in der Regel die verbale Beschreibung der zu optimierenden Objekte (technischer und/oder organisatorischer Systeme, eines Ablaufs, einer Baugruppe oder eines Einzelteils) mit den bedeutendsten Zielsetzungen und Bedingungen. Dies setzt voraus, dass zunächst über die Projektziele und -bedingungen Klarheit gewonnen wird.

Da sich Projektziele häufig gegenseitig beeinflussen, sind die Beziehungen und die Prioritäten untereinander zu analysieren und festzuschreiben. Setzt sich das Kostenziel z. B. aus mehreren Einzelzielen zusammen, so sind auch die Einzelziele aus den Haupt- und Teilprozessen zu bestimmen.

Vorteilhaft ist es, an dieser Stelle noch nicht von Projektnutzen zu sprechen, sondern von Nutzenpotentialen, die mit dem Projekt realisiert werden sollen. Dies hat den Grund, dass oft die Analysen noch zu undetailliert sind und der Widerstand bei den „Nutzenerbringern" damit unbewusst verstärkt wird.

Folgende Fragen sollten in diesem Arbeitsschritt eindeutig beantwortet werden:

- Welche Ziele werden mit diesem Projekt verfolgt?
- Wie präzise kann das Ziel bzw. die Ziele quantifiziert werden?
- Besteht eine Abhängigkeit zwischen den Zielen? Wenn ja, welche?
- Wie sieht die Priorität der einzelnen Ziele aus?
- Welche Bedingungen sind einzuhalten?
- Wie lautet die Aufgabenstellung mit den wichtigsten Zielen und Bedingungen?
- Inwieweit haben die Beteiligten unterschiedliche Ziele?
- Wer verfolgt welche Ziele?

### *Methoden*

- Projektzieldefinition (Kap. 3.4.1)
- Bedingungsdefinition (Kap. 3.4.2)
- Zielbeziehungsanalyse (Kap. 3.4.3)
- Projektbeschreibung (Kap. 3.4.4)

### *Art und Umfang*

- Textliche Beschreibung
- etwa 0,5 bis 3 Seiten

### *Tools*

- Textverarbeitung

| | |
|---|---|
| Anmerkung: | Wenn keine klaren und eindeutigen Ziele definiert werden, kann das Projekt auch nicht zielorientiert gesteuert und geführt werden. Wonach will der Projektleiter das Projekt dann steuern? Nach Harmonie im Projektteam oder den aktuellen Machtstrukturen um das Projekt? |

## 2.3.6 Lösungsansätze

Ohne die bisher diskutierten und angedachten Lösungsmöglichkeiten dokumentiert zu haben, wurde die Projektaufgabendefinition mit den Projektzielen und Bedingungen festgeschrieben. Da Ziele meist auf vielfältige Weise erreicht werden können und die Lösungsmöglichkeiten durch die Bedingungen eingeengt werden, sind sie erst nach der Zieldefinition zu präzisieren und dokumentieren.

In diesem frühen Stadium reichen oft eine oder mehrere Grafiken mit einer stichwortartigen Beschreibung für die Dokumentation der Lösungsmöglichkeiten aus.

Da Projekte bzw. Teilprojekte oder Projektstufen eine Maximaldauer von ein bis zwei Jahren und eine Maximalgröße von sechs bis acht Personen in der Regel nicht überschreiten sollten, ist bei Großvorhaben an dieser Stelle bereits an eine Aufteilung in Teilprojekte oder Projektstufen zu denken. Sind mehrere Projekte oder ein Gesamtprojekt mit mehreren Teilprojekten angedacht, so sind die Lösungsansätze und Lösungskomponenten den vorgesehenen Projekten oder Teilprojekten zuzuordnen.

Die Dokumentation der Lösungsansätze sollte diese Fragen beantworten:

- Welche Lösungen/Lösungsansätze wurden bisher diskutiert?
- Was sind die Vor- und Nachteile der einzelnen Lösungsansätze?
- Welche Chancen und Risiken eröffnen die Lösungsansätze?
- Wie werden die Lösungen/Lösungsansätze priorisiert?
- Kann oder sollte die Projektaufgabe in zwei oder mehrere Aufgaben unterteilt werden?
- Wo müssen zur Minimierung der Risiken noch Informationen eingeholt werden?
- Kann für die Aufgabenstellung auch Standard-Software eingesetzt werden?
- Welche Rechner- und Datensatz-Plattform ist vorgesehen?
- Welche Programmiersprache ist vorgesehen?

*Methoden*

- Analyse- und Designmethoden für IT (Kap. 4.2)

*Art und Umfang*

- Grafische Darstellung ergänzt mit textlicher Beschreibung
- etwa 1 bis 5 Seiten

*Tools*

- Grafikprogramm
- Textverarbeitung

Anmerkung: Die Ausarbeitung der Lösungsansätze bzw. des Lösungsansatzes hat nichts mit der Gesamtprojektplanung (Arbeitsschritt 9) zu tun. Vorsicht: Hier also keine formale Projektplanung erstellen.

## 2.3.7 Projektgrenzen

Jede Projektaufgabe ist in die Unternehmensorganisation eingebunden. Die Einbindung erfolgt hierarchisch (Aufbauorganisation), prozessspezifisch (Ablauforganisation) und dv-technisch (Schnittstellen zu Anwendungssystemen). Je nach Festlegung des Untersuchungsrahmens der Projektaufgabe kann sich der Projektaufwand sehr stark verändern. In der Regel ist die Liste bzw. Aufzählung dessen, was nicht betroffen ist, kürzer als die Aufzählung dessen, was vom Projekt nicht erfasst wird. Tabelle 2.5. zeigt eine mögliche Darstellungsform für die Dokumentation der Projektgrenzen.

Für die Abgrenzung des Projektrahmens können folgende Fragen behilflich sein:

- Wo liegen die Grenzen des Projekts?
- Welche Prozesse sind Gegenstand des Projekts? Welche nicht mehr?
- Welche Bereiche sind betroffen? Welche nicht?
- Zu welchen Techniken und/oder DV-Systemen sind Schnittstellen zu berücksichtigen? Zu welchen nicht?
- Welche Informationen müssen ausgetauscht werden? In welche Richtung?
- Wer ist der Informationseigentümer?
- Was bedeutet die dv-technische Schnittstelle für den Datenschutz und die Datensicherheit?

**Tabelle 2.5.** Mögliche Definition der Projektgrenzen

|  | Was gehört zum Projekt? | Was gehört nicht zum Projekt? |
|---|---|---|
| Aufbauorganisation<br>• Bereiche<br>• Abteilungen<br>etc. |  |  |
| Ablauforganisation<br>• Hauptprozesse<br>• Teilprozesse<br>etc. |  |  |
| DV-Schnittstellen<br>• Anwendungssysteme<br>• Netze<br>etc. |  |  |
| ... |  |  |

## *Methoden*

- Strategisches Projektmanagement (Kap. 3.7.2)
- Teilprojektbildung (Kap. 3.7.1)
- Kontextdiagramm aus der Methode Strukturierte Analyse (Kap. 4.2.2)

## Art und Umfang

- Grafische Darstellung und gegebenenfalls textliche Beschreibung
- etwa 1 bis 3 Seiten

## Tools

- Grafikprogramm
- Textverarbeitung

> Anmerkung: Über nicht oder nicht genau definierte Projektgrenzen gibt es in vielen Projekten aber der Spezifikations- und Realisierungsphase oft lange und zu lange Projekt-Meetings.

### 2.3.8 Wirtschaftlichkeitsbetrachtung

Je nach Vorgehensweise (induktive Planung oder deduktive Planung) wird die Wirtschaftlichkeitsrechnung vor oder nach der Projektplanung (Arbeitsschritte 9 bis 11) durchgeführt.

Die deduktive Planung legt auf Basis von Nutzenpotentials und der Amortisationsvorgaben den maximalen Projektkostenrahmen für eine interessante Projektinvestition fest. Die induktive Planung entwickelt ihren Kostenrahmen aus der Summe der Einzelaufwände anhand der Projektplanung.

In dieser Vorgehensweise wird die deduktive Kostenplanung präferiert.

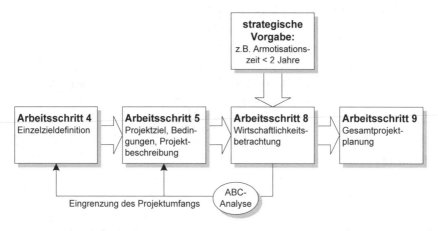

**Abb. 2.12.** Wirtschaftlichkeitsbetrachtung

Die Einzelziele mit ihren betriebswirtschaftlichen Nutzenpotentialen werden zu einem Gesamtprojektnutzen zusammengefasst. Daraus wird der Maximalaufwand bestimmt. Kann zu diesem Aufwand das Projekt bzw. die Aufgabe nicht durchgeführt werden, so ist z. B. mit einer ABC-Analyse der Aufgabenumfang auf A- und B-Potentiale oder nur auf A-Potentiale zu begrenzen (Abb. 2.12.).

Die in diesem Arbeitsschritt zu beantwortenden Fragen sind:

- Welcher Nutzen wird in Form von Projekt- und/oder Einzelzielen anvisiert?
- Wird durch die Kostenbetrachtung und -verfolgung eher eine induktive oder eher eine deduktive Vorgehensweise angestrebt?
- Mit welchen Projektkosten ist aus jetziger Sicht zu rechnen?
- Kann das Projekt aufgrund der Wirtschaftlichkeitsbetrachtung in Stufen (Stufe 1: Realisierung von A-Nutzen, Stufe 2: Realisierung von B-Nutzen, Stufe 3: Realisierung von C-Nutzen) aufgeteilt werden?

Bei der ersten Frage kann hier bereits mit einem systematischen Ziel-Controlling begonnen werden, indem die obersten vier Zeilen und die ersten zwei Spalten der Tabelle 2.6. für jeden Haupt- und Teilprozess mit seinem Einsparungspotential bearbeitet wird.

**Tabelle 2.6.** Nutzenbewertung in der Projektvorbereitung

| | | | | | | |
|---|---|---|---|---|---|---|
| Wie kann die Kennzahl bezeichnet werden? | | | | | | |
| Formel zur Erreichung des Kennzahlenwerts | | | | | | |
| Quantitative Beschreibung der einzelnen Messgrößen | | | | | | |
| quantitativer Wert der Kennzahl | | | | | | |
| Anteil Kostenstelle 1 | | | | | | |
| Anteil Kostenstelle 2 | | | | | | |
| Anteil Kostenstelle n | | | | | | |
| | Ist bei Projektdefinition | Soll nach Implementierung | Soll mit vorliegender Konzeption | Soll mit vorliegender Spezifikation | Ist nach Implementierung | Delta Ist vor/ Ist nach |

## *Methoden*

- Ziel-Controlling (Kap. 3.11.2)
- Rentabilitätsanalyse (Kap. 3.10)

## *Art und Umfang*

- Tabellarische und textartige Darstellung
- etwa 1 bis 2 Seiten

*Tools*

- Textverarbeitung

## 2.3.9 Gesamtprojektplanung

Nachdem die inhaltliche Projektplanung das Problem skizziert, die Aufgabenstellung definiert, die Lösungsvorstellungen dokumentiert, der Rahmen der Projektaufgabe abgesteckt und die Wirtschaftlichkeit betrachtet wurde, kann die formale Planung des Gesamtprojektablaufs, der Projektorganisation und des Berichtswesens erfolgen.

Innerhalb des Projektablaufs sind Arbeitspakete (in Phasen, Arbeitsschritte bzw. Aktivitäten und Teilarbeitsschritte bzw. Teilaktivitäten), Termine, Kapazitäten, Personal, Betriebs- und Hilfsmittel sowie Kosten zu planen.

In der Aktivität „Gesamtprojektplanung" sind folgende Fragen zu beantworten:

- In welche Phasen wird das Gesamtprojekt für die Bearbeitung unterteilt?
- Können Teilprojekte gebildet werden? Wenn ja, wie sehen die Schnittstellen zwischen den Teilprojekten aus?
- Welcher Zeitrahmen ist für die einzelnen Phasen vorgesehen?
- Welcher Zeitrahmen ist für die Phasenübergänge und für die Entscheidungen vom Auftraggeber bzw. Management vorgesehen?
- Welche Kapazitäten werden in den einzelnen Phasen und Arbeitsschritten von welchen Bereichen benötigt?
- Wer hat die notwendige Qualifikation für die Mitarbeit?
- Welche Hilfsmittel/Sachmittel sind für die Projektdurchführung notwendig?
- Wie teilen sich die Projektkosten auf die Phasen auf?
- Wie teilen sich die Projektkosten in Personal- und Sachkosten auf?
- Welche Projektorganisation wird schwerpunktmäßig ausgewählt?
- Welche Personen bilden das Projektteam und die Projektleitung?
- Wer hat welche Verantwortung, Kompetenzen und Aufgaben?
- Gibt es einen eindeutigen Auftraggeber/Sponsor oder Steuerkreis?
- Wie häufig und in welcher Form wird der Auftraggeber, Sponsor oder Steuerkreis informiert?

Die Aggregation der Informationen kann wieder in einer Tabelle, wie Tabelle 2.7., erfolgen. Natürlich ersetzt diese tabellarische Übersicht kein Balkendiagramm, kein Kapazitätsdiagramm, keine Personaleinsatzplanung und sicher keinen detaillierten Kostenplan. Für eine Zusammenfassung der wesentlichen Planungsinformation ist sie ein gutes Instrument.

**Tabelle 2.7.** Planungsrahmen für die Gesamtprojektplanung

| Projekt-phase Nr. | Projektphase | Dauer von | bis | Kapazität BT | Personen | Hilfsmittel | Kosten Personalkosten | Sachkosten |
|---|---|---|---|---|---|---|---|---|
| 1 | Konzeption | | | | | | | |
| 2 | Spezifikation | | | | | | | |
| 3 | Realisierung | | | | | | | |
| 4 | Implementierung | | | | | | | |
| Summe | | | | | | | | |

### Methoden

- Projektplanung (Kap. 3.6)
- Aufwandschätzungsmethoden (Kap. 4.7)

### Art und Umfang

- Grafische und textartige Darstellung der einzelnen Punkte
- etwa 1 bis 5 Seiten

### Tools

- Projektplanung
- Grafikprogramm
- Textverarbeitung

Anmerkung: Die hier erstellte Gesamtprojektplanung wird gegebenenfalls nach der Konzeptionsplanung (Arbeitsschritt 11) für die Projektphase Konzeption angepasst.

## 2.3.10 Projektorganisation und Projektdokumentation

Ein Projekt ist ein zeitlich befristetes und bereichsübergreifendes Vorhaben, das in Zusammenarbeit unterschiedlicher fachlicher Kompetenzen also Bereiche organisiert und koordiniert wird. Da die traditionelle Linienorganisation hierfür wenig geeignet ist, wurden für die Projektorganisation drei klassische Grundformen entwickelt. Dies ist das Einfluss-Projektmanagement, das Matrix-Projektmanagement sowie das Reine Projektmanagement.

Die zentralen Fragestellungen für die Projektorganisation, die Projektdokumentation und das Berichtswesen lauten:

- Welche Projektorganisation muss aufgrund der sachlichen Anforderungen gewählt werden?

- Ist diese Projektorganisation aufgrund der formalen Projektvorgehensweise sinnvoll und praktikabel?
- Wie kann das Projektteam möglichst klein gehalten werden?
- Welche Projektergebnisse und Vorgehensweisen sind zu dokumentieren?
- Wer erstellt die Dokumentationen?
- Ist der Aufwand für die Projektdokumentation in der Planung berücksichtigt und ausreichend?
- Wer muss von welchem Sachverhalt informiert werden?
- Wie häufig hat diese Information zu erfolgen?
- Wer ist verantwortlich für diese Information?

Die Anforderungen bzw. möglichen Anforderungen an die Projektbeteiligten in einem aktuellen Projekt sind in Keßler u. Winkelhofer (2004, S. 80 ff.) differenziert nach

- Auftraggebern von Projekten,
- Projektausschussmitgliedern,
- Multiprojektmanagern,
- Projektleitern und
- Projektmitarbeitern.

### Methoden

- Organisationsmodell (Kap. 3.8.1)
- Kompetenzmatrix (Kap. 3.8.2)
- Projektdokumentation und Berichtswesen (Kap. 3.9)

### Art und Umfang

- Grafische und textartige Darstellung und Beschreibung
- etwa 1 bis 5 Seiten

### Tools

- Grafikprogramm
- Textverarbeitung

Anmerkung: Eine offene Informationspolitik von Projektteilergebnissen reduziert vor allem bei Reorganisationsprojekten Ängste und Widerstände der Betroffenen.

## 2.3.11 Konzeptionsplanung

In der Konzeptionsplanung wird nur die Phase „Konzeption" hinsichtlich Aktivitäten, Teilaktivitäten, eingesetzten Methoden, Terminen, personellen Kapazitäten,

Personal, Betriebsmitteln und Kosten geplant. Im Einzelfall ist zu prüfen, inwieweit die Projektteams die Zusammensetzung der Anforderungen der Konzeptionsphase abändern müssen.

Die zentralen Fragestellungen der Konzeptionsplanung lauten:

- In welche Aktivitäten wird die erste Projektphase – Konzeption – unterteilt bzw. welche Aktivitäten sind für die Lösung der konkreten Projektaufgabe erforderlich?
- Müssen die Aktivitäten noch weiter in Teilaktivitäten unterteilt werden? Wenn ja, welche?
- Wie kann der Zeitrahmen der Konzeption auf die einzelnen Aktivitäten der Konzeption aufgeteilt werden?
- Welche bereichsspezifischen Kapazitäten werden für die Bearbeitung der einzelnen Aktivitäten benötigt?
- Welche Personen verfügen über die geforderten Qualifikationen, um die Aktivitäten zu bearbeiten?
- Wer übernimmt für die Konzeptionsphase welche Aktivitäten?
- Ist noch eine Qualifikationsplanung bzw. Weiterbildung notwendig?
- Welche Hilfsmittel/Sachmittel werden für die Durchführung der ersten Projektphase benötigt?
- Wie teilen sich die Personal- und Sachkosten auf die einzelnen Aktivitäten auf?
- Sind für die Konzeptionsphase Qualitätssicherungs-Meilensteine erforderlich? Wenn ja, wie viele?
- Wie kann die Konzeptionsphase hinsichtlich der Dauer optimiert werden?

Auch hier ist ein Planungsrahmen für die Planung der Konzeptionsphase in Tabelle 2.8. vorbereitet.

**Tabelle 2.8.** Planungsrahmen für die Planung der Konzeption

| Arbeits-schritt Nr. | Arbeitsschritt der Konzeption | Dauer von | bis | Kapazität BT | Personen | Hilfsmittel | Kosten Personalkosten | Sachkosten |
|---|---|---|---|---|---|---|---|---|
| 1 | Konzeptionsvorbereitung | | | | | | | |
| 2 | Kick-Off-Workshop | | | | | | | |
| 3 | Ist-Analyse | | | | | | | |
| 4 | ... | | | | | | | |
| Summe | | | | | | | | |

Je nach Projektgröße sind hier auch

- Projekt-Kick-Off-Veranstaltungen sowie
- Projekt-Workshops für Vorgehensmodell- und Methodenschulung

zu berücksichtigen.

*Methoden*

- Projektplanung (Kap. 3.6)
- Aufwandschätzungsmethoden (Kap. 4.7)

*Art und Umfang*

- Grafische und textartige Darstellung und Beschreibung
- etwa 1 bis 5 Seiten

*Tools*

- Projektplanung
- Grafikprogramm
- Textverarbeitung

Anmerkung: Bitte beachten Sie bei der realen Planung unbedingt Kap. 2.4 (Arbeitsschritte zur Konzeption).
Wer die späteren Aufgabenträger in die Planung der Konzeptionsphase mit einbezieht, kann zeitraubende Erläuterungen und Missverständnisse bereits hier ausräumen.

### 2.3.12 Risikominimierung

Aufgaben mit den Merkmalen einmalig, komplex, neuartig, bereichsübergreifend und begrenzte Ressourcen sowie eindeutige Zielsetzung führen nicht unbedingt zum Erfolg. Grundsätzlich kann unterschieden werden zwischen (Abb. 2.13.):

- Investitionsprojekten:
  Vorhaben, die nach einer zuvor definierten Amortisationszeit einen betriebswirtschaftlichen Beitrag zum Unternehmenserfolg leisten,
- strategischen Projekten:
  Vorhaben, die einen Beitrag zur strategischen Neupositionierung des Unternehmens leisten, und
- Risikoprojekten:
  Vorhaben, die einen hohen Unsicherheitsfaktor für einen Investitionserfolg oder für einen strategischen Erfolg beinhalten.

In Projekten können zwei Arten von Risiken auftreten: Zur ersten Art von Risiken können projektübergreifende Risiken gezählt werden, wie z. B. fehlendes Projektmanagement- und Methoden-Know-how, Ängste der Betroffenen, unklare Entscheidungswege, zu geringe Projekterfahrungen bei der Projektleitung und im Projektteam. Zur zweiten Art von Risiken können projektspezifische Risiken gezählt werden, wie z. B. komplexe Algorithmen und Schnittstellen, unerprobte Technik und fehlendes Spezialwissen. Für die erste Art von Risiken findet der Leser bei der Methode Chancen-Risiko-Analyse eine erste Checkliste mit über dreißig Risikovariablen. Für die zweite Art von Risiken ist für das jeweilige Projekt eine projektspezifische Analyse vorzunehmen.

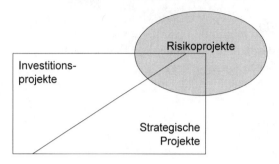

**Abb. 2.13.** Risikoprojekte

Um Unsicherheiten frühzeitig zu minimieren und in die Projektsteuerung mit einzubeziehen, sind die Risikofaktoren zu ermitteln und zu bewerten. Hohe Risiken sind durch die Einleitung von Maßnahmen zu reduzieren oder verstärkt zu beobachten.

Maßnahmen für die Reduzierung der Projektrisiken können vielfältiger Art sein. Zu den eher einfacheren kann die Abänderung der Projektbeschreibung, des Aufgabenumfangs oder die Aufteilung in mehrere Teilprojekte gezählt werden. Deutlich schwieriger ist es dagegen, hohe Risiken situativ steuern zu wollen (Abb. 2.14.).

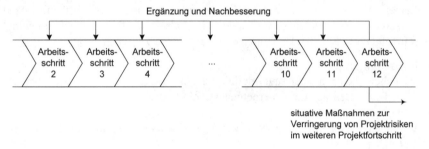

**Abb. 2.14.** Risiko-Management in der Projektvorbereitung

Wichtige Fragen im Rahmen der Risikominimierung sind:

- Welche sachlichen Risiken beinhaltet das Projekt?
- Welche methodischen Risiken beinhaltet das Projekt?
- Welche sozialen Risiken beinhaltet das Projekt?
- In welche Komponenten können die Projektrisiken unterteilt werden?
- Wie hängen die Risiken untereinander zusammen?
- Welche Risiken sind wie hoch?
- Wie können hohe Risiken minimiert werden? Mit welchen Maßnahmen?

- Wer (Projektleiter, Projektteam, Auftraggeber) sieht in den einzelnen Risikofaktoren, wo, welche Unterschiede?
- Ist das Projekt in der Summe eher ein Investitionsprojekt oder eher ein Risikoprojekt?
- Wenn das Projekt ein Risikoprojekt ist, ist dies auch dem Auftraggeber bewusst?
- Wie bzw. mit welchen Maßnahmen werden hohe Risiken minimiert?
- Sind eine oder mehrere Aktivitäten der Projektvorbereitung zur Reduzierung des Gesamtprojektrisikos zu überarbeiten?

*Methoden*

- Chancen-Risiko-Analyse (Kap. 3.5.3)

*Art und Umfang*

- Tabellarische und/oder textartige Darstellung
- etwa 1 bis 3 Seiten

*Tools*

- Textverarbeitung

Anmerkung: Jedes Projekt beinhaltet Risiken. Oft hindert uns nur die „Betriebsblindheit" oder das fehlende Experten-Wissen, diese Risiken zu erkennen und wahrzunehmen.

### 2.3.13 Präsentation des Projektauftrages

Dieser Arbeitsschritt fasst die Ergebnisse der Arbeitsschritte 2 bis 12 je Projekt oder Teilprojekt in der Regel in zwei Dokumenten zusammen (Abb. 2.15.). Dies ist zum einen die Detailausarbeitung der Einzelergebnisse (Langfassung) aus diesen Arbeitsschritten und den angewendeten bzw. eingesetzten Methoden. Zum anderen ist dies eine Präsentationsunterlage, die zur Vorstellung (Kurzfassung) der Idee beim Projektauftraggeber und/oder in einem Projektausschuss dient.

Grundsätzlich ist es ratsam, das Ergebnis der Projektvorbereitung einer Abnahme zu unterziehen. An einer solchen Abnahme sollten Auftraggeber und Sponsor, beteiligte Bereiche, zukünftige Projektleitung und ausgewählte Personen des zukünftigen Projektteams mitwirken.

Eine abgeschlossene Projektvorbereitung zu einem konkreten Vorhaben wird häufig, wenn sie nicht gleich in die Konzeption geht, in einem Projektportfolio eingestellt. Das Projektportfolio hat die Aufgabe, die projektspezifische Budgetverteilung zu systematisieren und transparent zu machen.

Für den Abschluss der Projektvorbereitung sollten folgende Fragen geklärt sein:

- Sind alle relevanten Aspekte für diese Aufgabenstellung abgedeckt?
- Fehlt noch Transparenz für die Vorbereitung des Projekts?
- Ist der Projektauftrag klar und eindeutig? Ist der Projektauftrag auch klar und eindeutig für die Entscheider?
- Sind die Beteiligten und Betroffenen ausreichend informiert?
- Sind dem Auftraggeber auch die Risiken des Projektes bekannt?

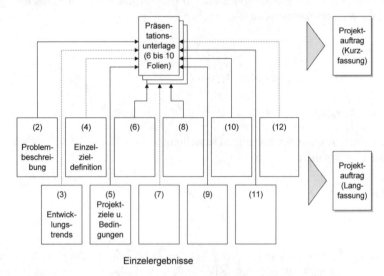

**Abb. 2.15.** Dokumentation und Präsentation des Projektauftrags

## Methoden

- (Präsentationstechniken)

## Art und Umfang

- Zusammenstellung der Arbeitsergebnisse der Arbeitsschritte 2 bis 11 zu einer Projektdefinition (Langfassung)
- etwa 3 bis 100 Seiten
- Vorbereitung einer möglichst schriftlichen Beauftragung der Projektleitung und des Projektteams durch den Auftraggeber/Sponsor
- Zusammenfassung der Projektdefinition (Langfassung) zu einer Präsentationsunterlage vor Projektauftraggeber und gegebenenfalls Projektausschuss und zu einer Projektdefinition (Kurzfassung)
- bei Aufteilung in mehrere Projekte bzw. Teilprojekte ist für jedes Projekt bzw. Teilprojekt ein Projektauftrag zu erstellen

*Tools*

- Textverarbeitung
- Grafikprogramm

Anmerkung: Die Dokumentation der Teilergebnisse ist von Anfang an so aufzubauen, dass Präsentationen vor Lenkungsausschüssen und Projektauftraggebern, Berichte für externes Projekt-Controlling keinen großen Aufwand darstellen (vgl. Keßler u. Winkelhofer 2004, S. 265 ff.).

### 2.3.14 Beauftragung von Projektleitung und Projektteam

Die Beauftragung von Projektleitung und Projektteam erfolgt offiziell durch den Projektauftraggeber. Sind mehrere Bereiche in etwa gleicher Intensität von der Projektaufgabe betroffen, kann anstelle eines personifizierbaren Auftraggebers ein Projektausschuss definiert werden.

*Methoden*

- Strategisches Projektmanagement (Kap. 3.7.2)
- Teilprojektbildung (Kap. 3.7.1)

*Art und Umfang*

- Richtet sich nach den Teilergebnissen der vorausgehenden Arbeitsschritte.

*Tools*

- Textverarbeitung

Anmerkung: Ohne klaren Projektauftrag sollte kein Projektleiter starten. Es sollten auch der Umgang mit „unangenehmen" Themenfeldern wie der Ablauf von Entscheidungsprozessen, Umgang mit neuen Risiken etc. geklärt worden sein.

## 2.4 Phase Konzeption

Unter Konzeption versteht man die grobe Strukturierung und Planung einer Sache, die neu erstellt oder verändert werden soll. Das Konzept ist auch etwas Vorläufiges, das nach Gebrauch oft wieder weggeworfen wird (Konzeptpapier). Und trotzdem wird es benötigt, um sich einen gewissen Überblick über ein Vorhaben zu verschaffen. Weiter ist es eine Orientierungsrichtlinie, die allen Beteiligten und Betroffenen hilft, ihr Vorhaben und ihre Arbeit durchzuführen, indem es eine gewisse Sicherheit vermittelt. Ein Konzept bzw. eine Konzeption ist damit keine starre Vorgabe, sondern erlaubt durchaus Abweichungen.

Konzepte und Konzeptionen werden in allen wissenschaftlichen Fachrichtungen, allen wirtschaftlichen Branchen, allen verwaltungstechnischen Bereichen etc. erstellt.

Ein Konzept kann unterteilt werden in:

- einen sachlichen/inhaltlichen Teil,
- einen systemtechnischen Teil und
- einen formalen Teil.

Der Konzeption kommen damit folgende Aufgaben zu:

- einen Grobentwurf mit allem Wichtigen (Zielen) und Notwendigen (Anforderungen) für die Ist-Situation darzustellen,
- Lösungsideen und -alternativen zu entwickeln,
- Lösungsalternativen konzeptionell aufzubereiten und
- eine Entscheidung zugunsten eines Lösungsentwurfes für die weitere Spezifikation und Realisierung zu treffen.

Die Arbeitsschritte und geeigneten Methoden für die Projektphase Konzeption sind in Tabelle 2.9. aufgeführt. Darüber hinaus können folgende Methoden für alle Arbeitsschritte der Konzeption angewendet werden:

- Sonstige Dokumentations- und Darstellungsmethoden (Kap. 4.5)
- Kreativitätsmethoden (Kap. 4.6)

Der zeitliche Ablauf der Konzeption ist in Abb. 2.16. aufgezeigt. Je nach Sachverhalt können zwischen ein und fünf Meilensteine für die Qualitätssicherung der Grobkonzeption festgelegt werden.

Die Arbeitsschritte eins (Konzeptionsvorbereitung) und zwei (Kick-Off-Workshop) dienen zur Vorbereitung, Planung und Herstellung der Arbeitsfähigkeit des Projektteams als Ganzes und der Projektteammitglieder als Individuen.

Die Arbeitsschritte sechs (Ideensuche) und sieben (Lösungsalternativen) setzen gezielt auf einen Kreativitätsprozess für die Nutzung des kreativen Potentials der Mitarbeiter.

Im Mittelpunkt der Projektarbeit steht die Analyse, die Entwicklung, das Design, die Abstimmung von Strukturen in irgendeiner Art, z. B. Funktionsstrukturen, Prozessstrukturen, Informationsstrukturen, Kommunikationsstrukturen, Kundenstrukturen, Produktstrukturen, Lieferstrukturen, Vertriebs- und Werbestrukturen, etc.

Wird anstelle einer Eigenentwicklung der Lösung eine Fremdlösung gekauft, so hat dies auch Auswirkungen auf die Soll-Strukturen. In aller Regel sind dann Fremdstrukturen einzuführen, anzupassen und zu implementieren. Dies gilt insbesondere für die Einführung von Standard-Software oder die Integration von Systemkomponenten, d. h. diese Fremdstrukturen (dies können Schnittstellen-Formen, bestimmte Steuerungsmethoden und -verfahren, Datenbeziehungen, Funktionsaufteilungen, Teilkomponenten, etc. sein) sind im Rahmen der Konzeption zu erkennen und lösungstechnisch zu konzipieren.

**Tabelle 2.9.** Arbeitsschritte und Methoden für die Konzeption

| Arbeitsschritte und Ergebnisse für die Konzeption | geeignete Methoden | Kapitel |
|---|---|---|
| 1. Konzeptionsvorbereitung | • Auftragsanalyse<br>• Projektplanung | 3.2.1<br>3.6 |
| 2. Kick-Off-Workshop | • (Teambildung)<br>• (Teamentwicklung)<br>• (Spielregeln, Keßler u. Winkelhofer 2004, S. 108 f.)<br>• (Projekt-kick-off)<br>• (Seminar- und Workshop-Gestaltung) | |
| 3. Ist-Analyse | • Analyse- und Designmethoden | 4.2–4.4 |
| 4. Entwicklungstrends | • Analyse- und Designmethoden für Unternehmensentwicklung | 4.4 |
| 5. Anforderungskatalog | • Analyse- und Designmethoden<br>• Qualitätssicherungsplanung<br>• Projektzieldefinition<br>• Bedingungsdefinition | 4.2–4.4<br>4.10.1<br>3.4.1<br>3.4.2 |
| 6. Lösungssuche | • Kreativitätsmethoden | 4.6 |
| 7. Lösungsentwürfe | • Kreativitätsmethoden<br>• Analyse- und Designmethoden | 4.6<br>4.2–4.4 |
| 8. Lösungskonzept | • Analyse- und Designmethoden<br>• Bewertungsmethoden | 4.2–4.4<br>3.5 |
| 9. Wirtschaftlichkeitsprüfung | • Ziel-Controlling<br>• Bewertungsmethoden<br>• Rentabilitätsanalyse | 3.11.2<br>3.5<br>3.10 |
| 10. Make-or-buy-Entscheidung | • Ziel-Controlling<br>• Bewertungsmethoden | 3.11.2<br>3.5 |
| 11. Gesamtprojektplanung | • Projektplanung<br>• Aufwandschätzungsmethoden<br>• Organisationsmodell<br>• Kompetenzmatrix | 3.6<br>4.7<br>3.8.1<br>3.8.2 |
| 12. Spezifikationsplanung | • Projektplanung<br>• Aufwandschätzungsmethoden<br>• Kompetenzmatrix | 3.6<br>4.7<br>3.8.2 |
| 13. Risikominimierung | • Chancen-Risiko-Analyse | 3.5.3 |
| 14. Konzeptionsabnahme | • Abnahmeverfahren<br>• Auftragsabnahme | 4.8.2<br>3.2.2 |

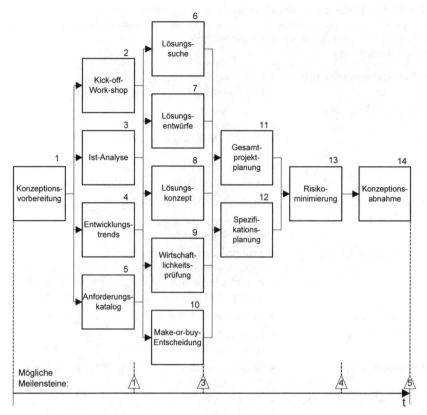

**Abb. 2.16.** Zeitlicher Ablauf der Phase Konzeption

## 2.4.1 Konzeptionsvorbereitung

In der Konzeptionsvorbereitung sind die Ergebnisse der Projektvorbereitung zu überprüfen und die daraus resultierende Konzeptionsplanung gegebenenfalls zu ergänzen oder zu detaillieren. Im Mittelpunkt steht die Optimierung der Zusammenarbeit der Beteiligten: vom (Projekt-)Auftraggeber über den Projektausschuss/ Steuerkreis, Projektleitung und Projektteam bis hin zum externen Dienstleister.

Da in der Zusammenarbeit von mehreren Personen vor allem in den Anfangsphasen Meinungsunterschiede, unterschiedliche Zielsetzungen, unklare Rollenverteilung, versteckte Machtstrukturen ganz natürliche Phänomene sind, ist es angebracht, die Zusammenarbeit in späteren Teams auch auf der Beziehungsebene vorzubereiten und zu planen.

Mögliche Fragen können sein:

- Wie groß bzw. wie eng ist der Gestaltungsraum für die Projektarbeit und die Projektleitung?

- Ist die Tiefe der Konzeptionsplanung ausreichend?
- Welche Modelle sind zu erstellen?
- Wie stehen die Modelle im Zusammenhang?
- Wie wird die Teamentwicklung und Gruppendynamik ablaufen?
- Können Konflikte auftreten? Wenn ja, welche?
- Wie können die Konflikte beschleunigt werden?
- Ist den Projektteammitgliedern die Vorgehensweise in der Konzeption bekannt?
- Hat der Projektablauf aufgrund der Bedeutung der Projektaufgabe offiziell vom Auftraggeber zu erfolgen?
- Wird eine Kick-Off-Veranstaltung durchgeführt? Wenn ja, wie?
- Wer ist im Rahmen des Projekts für welche Entscheidung zuständig?
- Wer muss/will wann über was informiert werden?

*Methoden*

- Auftragsanalyse (Kap. 3.2.1)
- Projektplanung (Kap. 3.6)

*Art und Umfang*

- Textartige Beschreibung
- etwa 0,5 bis 3 Seiten

*Tools*

- Textverarbeitung
- Projektplanung

### 2.4.2 Kick-Off-Workshop

Für den offiziellen Startschuss des Projekts ist es bei anspruchsvollen Projekten ratsam, dies in einer eigenständigen Veranstaltung zu tun. Anspruchsvoll heißt in diesem Zusammenhang nicht unbedingt Überschreitung einer bestimmten Projektkostengrenze, sondern eher, dass ein Ziel in Ausmaß und Reichweite nicht zum „Kleinkram" gerechnet werden kann.

Wichtige Fragen für die Vorbereitung eines Kick-Off-Workshops sind:

- Wie konfliktgeladen ist die Projektaufgabe, die Projektgruppe, das Projektumfeld etc.?
- Wie viel Vorinformationen, Vorwissen und Vorerfahrungen sind vorhanden?
- Welche?
- Wie kann eine Situation und Atmosphäre geschaffen werden, von der alle positiv überrascht sind?
- Wie können verborgene Konflikte möglichst spielerisch ans Tageslicht gebracht werden, ohne dass die Zusammenarbeit in der Sache gestört wird?

## Methoden

- (Teambildung)
- (Teamentwicklung)
- (Spielregeln, Keßler u. Winkelhofer 2004, S. 108 f.)
- (Projekt-kick-off)
- (Seminar- und Workshop-Gestaltung)

## Art und Umfang

- 2 Stunden bis 5 Tage
- Inhouse oder extern
- Spannweite von einer Präsentation der Projektdefinition über die methodische und thematische Einführung bis zu einem Event-Wochenende

## Tools

- keine

### 2.4.3 Ist-Analyse

Durch eine Analyse des gegenwärtigen Informationsstandes wird in der Ist-Analyse die Ausgangssituation dargestellt (vgl. Zentrum Wertanalyse 1995, S. 104). Abhängig von der Zielsetzung der Aufgabenstellung ist der Hauptgegenstand des Vorhabens (z. B. die Ablaufstruktur, die Informationsstruktur, die Funktionsstruktur oder die Qualitätsstruktur) mit Hilfe von bestimmten Analysemethoden in einem oder in mehreren Modellen zu entwickeln (Abb. 2.17.).

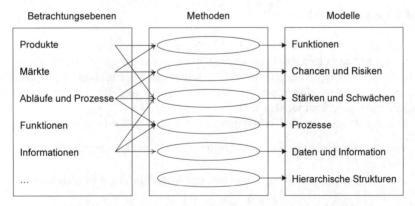

**Abb. 2.17.** Zusammensetzung von Analyse-Gegenständen, Methoden und Modellen

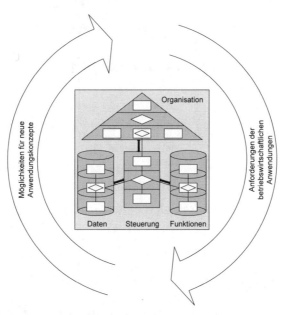

**Abb. 2.18.** Modelle für die Architektur integrierter Informationssysteme (ARIS) (vgl. Scheer 1991, S. 18)

Anmerkung: Die Auswahl der passenden Modelle für Analyse und Design zählt mit zu den schwierigsten Aufgaben bei Projekten und projekthaften Arbeiten. Eine wichtige Orientierung sollten dabei die Projektziele und Projektbedingungen sein. Denn wenn zielorientiert gearbeitet werden soll, sind der Ist-Zustand und der Soll-Zustand mit den zielrelevanten Kennzahlen abzubilden.

Für die Entwicklung integrierter Anwendungssysteme hat Scheer in ARIS (vgl. Scheer 1991, S. VII) die vier Typen Organisationsmodelle, Vorgangs- und Funktionsmodelle, Datenmodelle und Steuermodelle zu einer Einheit integriert. Jedes Modell ergänzt das Wissen um eine spezifische Sichtweise. Die Modelle untereinander müssen fähig sein, Teilinformationen eines anderen Modells nutzen zu können.

Für Kostenziele eignen sich Funktionsbäume mit der Kostenverteilung auf die einzelnen Funktionen (Abb. 2.20.). Bei Zeitzielen sind an dieser Stelle die Prozesskette oder der Dokumentenablauf mit einem Balkendiagramm oder einem Nutzenplan zu ergänzen. Ebenso ist für die Beschleunigung von Informationsflüssen mit einem Balkendiagramm oder Netzplan das Zeitverhalten zu modellieren (Abb. 2.21.). Etwas schwieriger wird es dagegen bei Qualitätszielen. Hier ist bereits bei der Projektdefinition die Qualität näher zu präzisieren, z. B. auf Vollständigkeit, Richtigkeit, Aussagefähigkeit oder Informationsschwund.

**Abb. 2.19.** Ablauf der Ist-Analyse

Die Ist-Analyse kann in sieben Teilschritte unterteilt werden (vgl. Abb. 2.19):

1. Sammeln der möglichen Ist-Analysen
   Zu jedem Projektthema kann eine Vielzahl von Ist-Analysen aus unterschiedlichen Fachrichtungen und Sichtweisen erstellt werden, doch nicht alle sind von Relevanz.
2. Auswählen und Priorisieren von Ist-Analysen
   D.h., wo und in welchen Ist-Analysen liegt der höchste Informationsgehalt? Hier gilt auch das Prinzip: „Nicht so viel wie möglich, sondern so viel wie nötig."
3. Sammeln von Informationen
   bezüglich der Schwachstellen, Funktionen, Informationsflüsse, Speicher und Objekte, Bedingungen/Prämissen sowie Ideen.
4. Ordnen und Darstellen der Informationen
   Dies kann z. B. mittels der Strukturierten Analyse (Kap. 4.2.1) erfolgen. Sie unterstützt Begriffe, Elemente, Funktionen, Speicher, Informationsflüsse, Über- und Untersysteme, Umgebungen etc. darzustellen, abzugrenzen und transparent zu machen.
5. Verdichten der Funktionen und Informationen
   Die Betrachtungstiefe wird beschränkt, ohne gleichzeitig den Betrachtungshorizont zu begrenzen. Hier ist zu unterscheiden, ob eher eine Grobkonzeption für das Prüfen und Abwägen von Lösungsalternativen oder eine Feinkonzeption mit detaillierter Beschreibung bis auf Elementarfunktionsebene erwünscht wird.
6. Unnötige und unerwünschte Funktionen und/oder Informationen kennzeichnen.
   Hierzu können Fragestellungen hilfreich sein:
   - Sind die Funktionen und/oder Informationen erforderlich?
   - Sind die Funktionen und/oder Informationen die verursachenden Kosten wert?

7. Lösungsbedingte Vorgaben/Bedingungen auf Vollständigkeit überprüfen
   - Welche Bedingungen (Gesetze, Vorschriften etc.) sind einzuhalten?
   - Welche Schnittstellen z. B. Datenaustauschsysteme sind fest?
   - Welche Datenmengen sind zu erwarten?
8. Abhängig vom Projektziel sind Kalkulationsunterlagen (Kostenziel) oder andere zielrelevante Kennzahlen (Zeitziele, Qualitätsziele, etc.) zu beschaffen.
   - Welche Funktionen und/oder Informationen verursachen welche Kosten bzw. Aufwendungen?
   - Welche Kennzahlen können entwickelt bzw. angewandt werden?
   - Welche Schwachstellen verursachen welche Kosten bzw. Aufwendungen?
9. Zielrelevante Kennzahlen den Funktionen zuordnen und/oder Schwachstellen bewerten. Der letzte Schritt beinhaltet eine zielgerichtete Aufarbeitung der Ist-Analyse:
   - Kostenziele in einen Funktionsbaum (Abb. 2.20.)
   - Zeitziele in ein Balkendiagramm oder Netzplan (Abb. 2.21.)
   - zusätzliche Funktionsziele in einen Funktionsbaum
   - bei Qualitätszielen ist der Qualitätsbegriff zu operationalisieren und anschließend in entsprechende Kennzahlen zu quantifizieren.

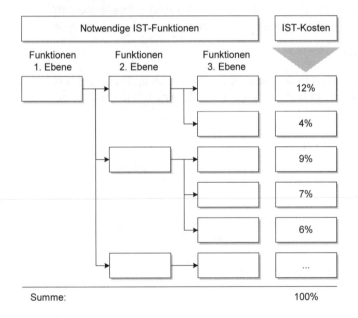

**Abb. 2.20.** Ist-Analyse für Kostenziele

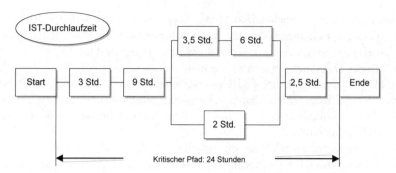

**Abb. 2.21.** Ist-Analyse für Zeitziele

Fragen für die Erstellung der Ist-Analyse sind:

- Was ist das Ziel?
- Wie kann die Zielveränderung dargestellt werden (Tabelle, Ablauf, Baum, etc.)?
- Was ist die geeignetste Methode für die Zieldarstellung?
- Wie kann der Untersuchungsumfang am besten und schnellsten in einem Ist-Modell dargestellt werden?
- Wie kann die Zielveränderung zum Ausdruck gebracht werden?
- Welche Bedingungen gelten für den Ist-Zustand bzw. -Situation?

### Methoden

- Analyse- und Designmethode je nach Richtung (IT, Organisation, Unternehmensentwicklung) oder gegebenenfalls eine Kombination dieser Methoden (Kap. 4.2 bis 4.2).

### Art und Umfang

- graphische Darstellung des zu optimierenden Objektes
- etwa 1 bis 25 Seiten

### Tools

- CASE-Tool mit den entsprechenden Methoden-Modellen
- Textverarbeitung
- Grafikprogramm

> Anmerkung: Eine Ist-Analyse kann man sich nie ersparen. Sogar bei einem neuen Themenbereich. Hier kann der Ist-Zustand mit seinen Problemfeldern oder ungelösten Zuständen dargestellt werden.
>
> In der Praxis hat sich vielfach gezeigt, dass, wer denkt, er würde alle Informationen kennen und sich daher die Ist-Analyse sparen können, schließlich die Diskussion über den Ist-Zustand doch noch unbewusst bei der Definition des Anforderungskatalogs oder beim Lösungskonzept führt.

### 2.4.4 Entwicklungstrends

Für den Arbeitsschritt „Entwicklungstrends" gilt dasselbe wie in der Phase „Projektvorbereitung (Kap. 2.2.3)

Ein Lösungsentwurf bzw. -konzept darf nicht nur die Ausgangssituation darstellen. Anstehende oder in der Luft liegende Veränderungen müssen berücksichtigt werden. Aus diesem Grunde ist bei der Konzeption die zukünftige Entwicklung auf ihre Gestaltungsmöglichkeiten hin zu betrachten.

Dies umfasst hier nicht nur die technische und technologische Entwicklung, sondern auch die Absatz-/Verkaufs- und Marketingentwicklung, die unternehmenspolitischen und unternehmensstrategischen Entwicklungen, die Entwicklung in der DV-Technik und Software, die logistische Entwicklung und die theoretischen Entwicklungen der relevanten Wissenschaften (Betriebswirtschaft, Informatik) etc (vgl. Abb. 2.9.).

Mögliche Fragen, die bei der Abschätzung der zukünftigen Entwicklung helfen können, sind:

- Wo geht die Entwicklung im Umfeld hin?
- Wo geht die Entwicklung in der Technik/Technologie hin?
- Sind gravierende oder geringe Veränderungen zu erwarten?
- Welche zukünftigen Entwicklungen muss die Lösung bzw. das Lösungskonzept berücksichtigen?
- Wie hoch ist die Wahrscheinlichkeit für Entwicklungen?
- Sind wir die Ersten bzw. gehören wir zu den Ersten oder bestehen im Einsatz der neuen Techniken/Technologien bereits ausreichend Erfahrungen?
- Welche Veränderungen sind bei uns – im Unternehmen – geplant?
- Ist eine Machbarkeitsstudie notwendig?

#### *Methoden*

- Analyse- und Designmethode der Unternehmensentwicklung (Kap. 4.4)

#### *Art und Umfang*

- Textartige und gegebenenfalls graphische Darstellung

- etwa 0,5 bis 5 Seiten

**Tools**

- Textverarbeitung
- Grafikprogramm

### 2.4.5 Anforderungskatalog

Der Anforderungskatalog formuliert den Soll-Zustand, welcher sich aufgrund erkannter Bedürfnisse aus einer gestellten Aufgabe und unter Berücksichtigung gegebener Kriterien ableiten lässt.

Es ist zu unterscheiden zwischen logischem und physikalischem Soll-Zustand. Der logische Soll-Zustand beschreibt den Wunschzustand technikneutral und funktionsbezogen. Der physikalische Soll-Zustand beschreibt den Wunschzustand mit Einsatz konkreter Technikkomponenten.

Für das kreative Suchen von Lösungsideen (Arbeitsschritt 6) ist der logische Soll-Zustand völlig ausreichend, wenn nicht sogar von Vorteil.

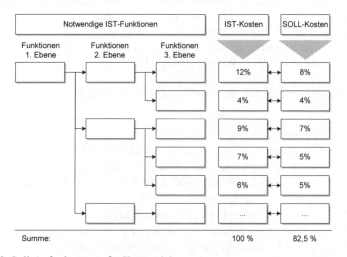

**Abb. 2.22.** Soll-Anforderungen für Kostenziele

Ein Anforderungskatalog wird in vier Teilschritten erstellt:

1. Funktionen, Informationen, Prozesse etc. auf ihre Notwendigkeit hin prüfen.
   Der Informationsbedarf bezeichnet die Art, Menge und Qualität jenes Wissens, das zur Erfüllung einer Aufgabe durch eine Person oder Organisationseinheit erforderlich ist. Auf die Informationsbedarfsanalyse wird im Methodenteil näher eingegangen.

2. Soll-Anforderungen bzgl. Funktionen, Informationen, Prozesse etc. formulieren. Dazu können folgende Fragen hilfreich sein:
   - Ist die Information erforderlich?
   - Wie kann die Durchlaufzeit beschleunigt werden?
   - Wie kann der Wert erhöht werden?
   - Wo lässt sich der Aufwand niedrig halten?
3. Lösungsbedingte Vorgaben bzw. Bedingungen auf Gültigkeit für den Soll-Zustand prüfen und gegebenenfalls ergänzen, wenn neue hinzukommen.
4. Soll-Anforderungen mit Kostenzielen (Abb. 2.22.), mit Zeitzielen (Abb. 2.23.) oder sonstigen zielrelevanten Kennzahlen quantifizieren.

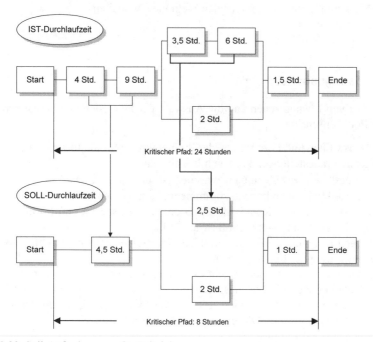

**Abb. 2.23.** Soll-Anforderungen für Zeitziele

## Methoden

- Analyse- und Designmethoden je nach Richtung (IT, Organisation oder Unternehmensentwicklung) oder gegebenenfalls eine Kombination dieser Methoden (Kap. 4.2 bis 4.4).
- Qualitätssicherungsplanung (Kap. 4.10.1)
- Projektzieldefinition (Kap. 3.4.1)
- Bedingungsdefinition (Kap. 3.4.2)

## Art und Umfang

- graphische Darstellung der zuvor definierten Modelle (z. B. Informationsflüsse, Speicher, Systemzusammenhänge, etc.)
- textuelle Beschreibung der Modelle (z. B. Funktionen, Prozesse, etc.)
- je nach Aufgabenstellung, Vorgehensweise (Auswahl und Definition von Arbeitsschritten) und Systemgröße kann ein Anforderungskatalog etwa 5 bis 50 Seiten umfassen

## Tools

- CASE-Tool mit den entsprechenden Methoden-Modellen
- Textverarbeitung
- Grafikprogramm

### 2.4.6 Lösungssuche

Die Suche von Lösungsideen und die Auswahl der favorisierten Alternativen beinhalten fünf Teilschritte:

1. Das Auswählen und Formulieren der Problemkreise für die Ideensuche.
   Folgende Fragestellungen können hilfreich sein:
   - Wo bestehen Abweichungen zwischen Ist- und Soll-Zustand?
   - Welche Funktionen können zusammengefasst werden?
2. Das Auswählen einer Kreativitätsmethode, die das Suchen von Lösungsalternativen, Ideen etc. unterstützen soll (Kap. 4.6).
3. Die Ideensuche mittels der ausgewählten Kreativitätsmethode durchführen.
4. Die Bewertung der Lösungsideen.
   Bei der Bewertung der Ideen geht es darum, die „Spreu vom Weizen" zu trennen. Dabei können die Lösungsideen und -ansätze mit unterschiedlichen Bewertungsschemen bewertet werden. Ein mögliches Schema kann die Differenzierung in Kategorien sein. Diese können z. B. wie folgt aussehen:
   - Ideen sind sofort umsetzbar
   - Ideen bedürfen einer Erprobung
   - Ideen bedürfen einer zusätzlichen Betrachtungsweise des Problems
   - Ideen werden zurückgestellt
   - Ideen sind unbrauchbar
   
   Alternativ kann auch mit Symbolen gearbeitet werden (Abb. 2.24.).
5. Die Strukturierung der Lösungsideen mittels Morphologischem Kasten.
   Die Lösungsideen können mittels Morphologischem Kasten strukturiert werden. Der Morphologische Kasten ist eine Matrixdarstellung, die die Lösungsmöglichkeiten und Problemsegmente beinhaltet. Die Problemsegmente werden in der Kopfzeile dargestellt. Die einzelnen Lösungsmöglichkeiten bzw. -ideen werden den Problemzeilen zugeordnet (Tabelle 2.10.).

Abb. 2.24. Symbole für die Ideenbewertung

**Tabelle 2.10.** Ideenauswahl mit der morphologischen Matrix

|  | Lösungsmöglichkeiten | | | | | | | |
|---|---|---|---|---|---|---|---|---|
|  | 1 | 2 | 3 | 4 | 5 | 6 | 7 | 8 |
| 1. Problem: | | | | | | | | |
| 2. Problem: | | | | | | | | |
| 3. Problem: | | | | | | | | |
| 4. Problem: | | | | | | | | |
| 5. ... | | | | | | | | |
| 6. ... | | | | | | | | |
| 7. ... | | | | | | | | |

## *Methoden*

- Kreativitätsmethoden (Kap. 4.6)

## *Art und Umfang*

- Abhängig von den eingesetzten Kreativitätstechniken können unterschiedliche Medien eingesetzt werden.
- Mit der Methode 635 können in relativ kurzer Zeit 100 bis 200 Ideen entwickelt werden.
- Für die Entwicklung von mehreren Lösungsansätzen sind meist 10 bis 20 brauchbare Ideen ausreichend.

## *Tools*

- Textverarbeitung

Anmerkung: In den meisten Projekten werden für eine Vielzahl verhältnismäßig kleiner Themen oder Probleme praktikable Lösungen gesucht. Hierfür eignet sich eine sporadisch zusammen gesetzte Gruppe von Personen für die kreative Ideensuche besonders gut.

## 2.4.7 Lösungsentwürfe

Im Rahmen der Ideensuche wird meist das Aufgabenfeld in mehrere Teile oder Komponenten aufgeteilt und für jedes Teil oder jede Komponente nach neuen und einfacheren Lösungsideen gesucht. In diesem Arbeitsschritt sind aus Ideen alternative Konzepte zusammenzustellen und zu entwickeln.

**Tabelle 2.11.** Entwicklung von Lösungsalternativen mit der morphologischen Matrix

| | Lösungsmöglichkeiten | | | | | | | |
|---|---|---|---|---|---|---|---|---|
| | 1 | 2 | 3 | 4 | 5 | 6 | 7 | 8 |
| 1. Problem: | 1.1 | 1.2 | 1.3 | 1.4 | 1.5 | 1.6 | | |
| 2. Problem: | 2.1 | 2.2 | 2.3 | 2.4 | 2.5 | | | |
| 3. Problem: | 3.1 | 3.2 | 3.3 | | | | | |
| 4. Problem: | 4.1 | 4.2 | 4.3 | 4.4 | 4.5 | 4.6 | 4.7 | 4.8 |
| 5. ... | | | | | | | | |
| 6. ... | | | | | | | | |

Legende: ☐ Lösungsalternative 1   ▓ Lösungsalternative 2

Dafür eignet sich die morphologische Matrix in der die als interessant bewerteten Ideen (in Tabelle 2.11.) zusammengeführt werden. Dies kann in folgenden Schritten erfolgen:

1. Es ist zur ersten Idee aus Problem 1 eine möglichst gut passende Idee aus Problem 2 zu suchen.
2. Für die zwei Ideen zur Problem 1 und 2 ist eine möglichst gut passende Idee aus Problem 3 zu suchen.
3. Die Ideenkette ist dann mit möglichst gut passenden Ideen aus den restlichen Problemen zu ergänzen.
4. Diese drei Schritte können dann für die zweite Idee, die dritte usw. aus Problem 1 wiederholt werden. Jede Ideenkette entspricht einer Lösungsalternative.
Wichtig: Es sollten mindestens zwei bis drei Ideenketten entwickelt werden.
5. Oft sind einzelne Lösungsalternativen noch weiter auf die Machbarkeit zu untersuchen. In diesem Fall wäre zum Abschluss einer Alternativenentwicklung die Machbarkeitsstudie oder -prüfung zu initiieren und zu beauftragen.

### *Methoden*

- Kreativitätsmethoden (Kap. 4.6)
- Analyse- und Designmethoden (Kap. 4.2 bis 4.4)

### *Art und Umfang*

- Tabellarische Darstellung der Matrix
- etwa 2 bis 5 Seiten

*Tools*

- Textverarbeitung

> Anmerkung: Die Vorgabe vom Management zwei oder drei Konzepte zu entwickeln, führt dazu, dass das Projektteam sich nicht mit der erst besten „Idee" bzw. dem erst besten Konzept zufrieden geben kann.

### 2.4.8 Lösungskonzept

Die Gesamtfunktionalität des Problembereichs wird fachlich orientiert beschrieben und in Teilbereiche (primäre Funktionalitäten) gegliedert. Teilfunktionen sowie deren Beziehungen untereinander werden definiert und benannt. Außenbeziehungen werden festgelegt.

Relevant für die Betrachtungen sind Informationen. Dabei sind neue wie bestehende Aspekte zu berücksichtigen. Materialflüsse sind nur sekundär relevant, nämlich als Verursacher von Informationsflüssen. Die Eigenschaften des zu erstellenden (ändernden) Anwendungssystems werden zwischen dem Auftraggeber und der DV-Organisation grob abgestimmt. Es wird festgelegt, welche wesentlichen Eigenschaften der Anwender von der Anwendung erwartet.

Beschrieben werden Funktionen, Außenwelten, Datenflüsse und Datenspeicher sowie die Beziehungen zwischen diesen Objekten. Die Methode der funktionalen Zerlegung arbeitet nach dem top-down-Prinzip. Sie geht prozessorientiert vom System als Ganzes aus und verfeinert jede Funktion schrittweise. Danach werden diese Funktionen durch Datenflüsse miteinander verbunden.

Logisch zusammenhängende Funktionen können anschließend anhand gleicher Schnittstellen identifiziert und entsprechend gruppiert werden. Daraus entstehen dann die *Teilsysteme*.

Im globalen Datenmodell ist die grobe Datenstruktur des Problembereichs darzustellen. Es wird festgestellt und festgelegt, welche Entitätstypen, Beziehungstypen und wichtige Attribute die Problembereiche des Anwendungssystems umfassen. Es ist meist bereits die Darstellung des Soll-Zustands (Anwendungsdatenmodell).

*Methoden*

- Analyse- und Designmethoden je nach Richtung (IT, Organisation oder Unternehmensentwicklung) oder ggf. eine Kombination dieser Methoden (Kap. 4.2 bis 4.4).
- Bewertungsmethoden (Kap. 3.5), wenn mehrere Lösungskonzepte ausgearbeitet wurden.

## Art und Umfang

- Graphische Darstellung und textuelle Beschreibungen der ausgewählten Methoden und damit Modelle.
- Die Abgrenzung des Anwendungsbereichs und des Problemraums wird erstmals in den Lösungsansätzen der Projektvorbereitung festgelegt. Darin sind die Zielsetzungen des Projekts und die Gesamtfunktionalität des Problembereichs beschrieben.
- etwa 1 bis 10 Seiten

## Tools

- CASE-Tool mit den entsprechenden Methoden-Modellen
- Textverarbeitung
- Grafikprogramm

### 2.4.9 Wirtschaftlichkeitsprüfungen

Wenn wir in der Projektvorbereitung bereits eine Wirtschaftlichkeitsbetrachtung erstellt haben, ist an dieser Stelle das entwickelte Konzept auf seine Wirtschaftlichkeit zu prüfen. In der Wirtschaftlichkeitsprüfung ist der Projektnutzen den Investitions- und Projektkosten weiter zu detaillieren und gegenüberzustellen.

Dazu ist zunächst der Nutzen für das entwickelte Konzept bzw. bei mehreren für die entwickelten Konzepte auf die Unterstützung der Prozesskette und die Zielerreichung mit den bereits definierten Kennzahlen zu bewerten. Hier kann mit der Methode Ziel-Controlling die dritte Spalte in Tabelle 2.12. vervollständigt werden.

**Tabelle 2.12.** Nutzenbewertung in der Konzeption

| | | | | | | |
|---|---|---|---|---|---|---|
| Wie kann die Kennzahl bezeichnet werden? | | | | | | |
| Formel zur Erreichung des Kennzahlenwerts | | | | | | |
| Quantitative Beschreibung der einzelnen Messgrößen | | | | | | |
| quantitativer Wert der Kennzahl | | | | | | |
| Anteil Kostenstelle 1 | | | | | | |
| Anteil Kostenstelle 2 | | | | | | |
| Anteil Kostenstelle n | | | | | | |
| | Ist bei Projektdefinition | Soll nach Implementierung | Soll mit vorliegender Konzeption | Soll mit vorliegender Spezifikation | Ist nach Implementierung | Delta Ist vor/ Ist nach |

Zum Abschluss sind die ermittelten konkretisierten Nutzenpotentiale über alle Haupt- und Teilprozesse aufzuaddieren und den Einzelzielen aus der Projektvorbereitung gegenüberzustellen.

Für die Ermittlung der Projektkosten sind bei Bedarf die primäre Systemfunktionalität und das globale Datenmodell hinsichtlich der optimalen Zielerreichung weiter zu optimieren.

Die Projektkosten werden meist mit einer Expertenschätzung (alternativ Function-Point-Verfahren, Prozentwertverfahren oder Analogieverfahren) ermittelt. In manchen Fällen ist es auch angebracht, zunächst die Gesamtprojektplanung zu erstellen und danach für die Aktivitäten und Teilaktivitäten den Aufwand zu schätzen (induktive Vorgehensweise).

Mögliche Fragen bei dieser Aktivität sind:

- Ist die Lösung klar erkennbar?
- In welche (System-)Komponenten kann die Lösung aufgeteilt werden?
- Welcher Aufwand entsteht für die Realisierung der Lösung?
- Wie können die geschätzten Kosten möglichst transparent in Personalkosten, Sachkosten und Investitionen aufgeteilt werden?
- Wo liegen in der Aufwandschätzung die größten Unsicherheiten?
- Kann die Wirtschaftlichkeit des Projekts erhöht werden, wenn Systemkomponenten mit geringem Nutzen (C-Potentiale) nicht realisiert werden?

*Methoden*

- Ziel-Controlling (Kap. 3.11.2)
- Bewertungsmethoden (Kap. 3.5)
- Rentabilitätsanalyse (Kap. 3.10)

*Art und Umfang*

- nach Möglichkeit die vorausgehende Tabelle für die Ermittlung der Teilnutzen und Einzelnutzen verwenden (schraffierte Spalten ergänzen).
- tabellarische Darstellung der Kosten- und Nutzenbestandteile
- etwa 2 bis 5 Seiten

*Tools*

- Textverarbeitung

### 2.4.10 Make-or-buy-Entscheidung

Die Make-or-buy-Entscheidung hat die Aufgabe, zu prüfen, inwieweit

- eine Eigenentwicklung der Lösung anzustreben ist oder
- eine Fremdlösung gekauft, eingeführt und angepasst wird.

**Tabelle 2.13.** Mögliche Bewertungskriterien für eine Nutzwertanalyse

| | |
|---|---|
| Betriebswirtschaftliche Kriterien | – Funktionalität<br>– Anschaffungskosten/laufende Kosten |
| Organisatorische Kriterien | – Systemarchitektur<br>– Schnittstellen<br>– Datenträgersystem |
| Softwaretechnische Kriterien | – Zuverlässigkeit<br>– Benutzerfreundlichkeit<br>– Qualität |
| Implementierungskriterien | – Anpassungsaufwand<br>– Schulung<br>– Unterstützung<br>– Wartung<br>– Dokumentation<br>– Erfahrungen |
| Beschaffungskriterien | – Vertragsbedingungen<br>– Entwicklungs-/Lieferzeit<br>– Wartungsaufwand<br>– Garantie/Gewährleistung |
| Anbieterkriterien | – Qualifikation<br>– Referenz<br>– Zukunftschancen<br>– geografische Nähe<br>– Unternehmensgröße |

Meist kommen dabei neben dem Nutzen und den Kosten noch weitere Faktoren zum Tragen. Mögliche Kriterien für die Bewertung z. B. von Individual-Lösung und Standardsoftware-Lösung sind in Tabelle 2.13. aufgeführt.

## Methoden

- Ziel-Controlling (Kap. 3.11.2)
- Bewertungsmethoden (Kap. 3.5)

## Art und Umfang

- tabellarischer Vergleich der Lösungsentwürfe
- etwa 1 bis 3 Seiten
- bei sehr umfangreichen Aufgabenstellungen können auch mehrere untergeordnete Nutzwertanalysen (z. B. für Funktionalität, für Kosten, für Qualitätskriterien usw.) erstellt werden, die in eine aggregierte Nutzwertanalyse einfließen.

*Tools*

- Textverarbeitung

## 2.4.11 Gesamtprojektplanung

Nach dem die „Grob"-Konzeption inhaltlich erstellt wurde, kann die formale Planung des Gesamtprojektablaufs, der Projektorganisation und das Berichtswesen erfolgen. Innerhalb des Projektablaufs sind Arbeitspakete, Termine, Kapazitäten, Personal, Betriebsmittel und Kosten zu planen.

In der Aktivität „Gesamtprojektplanung" sind die nachfolgenden Fragen zu beantworten:

- In welche Phasen wird das Gesamtprojekt für die Bearbeitung unterteilt?
- Können Teilprojekte gebildet werden?
- Wenn ja, wie sehen die Schnittstellen zwischen den Teilprojekten aus?
- Welcher Zeitrahmen ist für die einzelnen Phasen vorgesehen?
- Welcher Zeitrahmen ist für die Phasenübergänge und für die Entscheidungen vom Auftraggeber bzw. Management vorgesehen?
- Welche Kapazitäten werden in den einzelnen Phasen von welchen Bereichen benötigt?
- Wer hat die notwendige Qualifikation für die Mitarbeit?
- Welche Hilfsmittel/Sachmittel sind für die Projektdurchführung notwendig?
- Wie teilen sich die Projektkosten auf die Phasen auf?
- Wie teilen sich die Projektkosten in Personal- und Sachkosten auf?
- Welche Projektorganisation wird schwerpunktmäßig ausgewählt?
- Aus welchen Personen setzen sich das Projektteam und die Projektleitung zusammen?
- Wer hat welche Verantwortung, Kompetenzen und Aufgaben?
- Gibt es einen eindeutigen Auftraggeber/Sponsor oder Steuerkreis?
- Wie häufig und in welcher Form wird der Auftraggeber, Sponsor oder Steuerkreis informiert?

*Methoden*

- Projektplanung (Kap. 3.6)
- Aufwandschätzungsmethoden (Kap. 4.7)
- Organisationsmodell (Kap. 3.8.1)
- Kompetenzmatrix (Kap. 3.8.2)

*Art und Umfang*

- Grafische und textartige Darstellung der einzelnen Punkte
- etwa 1 bis 5 Seiten

*Tools*

- Projektplanung
- Textverarbeitung
- Grafikprogramm

### 2.4.12 Spezifikationsplanung

Die Spezifikationsplanung ist vom Aufbau her mit der Konzeptionsplanung identisch. In der Spezifikationsplanung wird die Phase „Spezifikation" hinsichtlich Aktivitäten, Teilaktivitäten, eingesetzten Methoden, Terminen, personellen Kapazitäten, Personal, Betriebsmitteln und Kosten geplant. Im Einzelfall ist zu prüfen, inwieweit die Projektteams die Zusammensetzung der Anforderungen der Spezifikationsphase abändern müssen.

Die zentralen Fragestellungen der Spezifikationsplanung lauten:

- In welche Arbeitsschritte wird die zweite Projektphase – Spezifikation – unterteilt bzw. welche Aktivitäten sind für die Lösung der konkreten Projektaufgabe erforderlich?
- Müssen die Aktivitäten noch weiter in Teilaktivitäten unterteilt werden? Wenn ja, in welche?
- Wie kann der Zeitrahmen der Spezifikation auf die einzelnen Aktivitäten der Spezifikation aufgeteilt werden?
- Welche bereichsspezifischen Kapazitäten werden für die Bearbeitung der einzelnen Aktivitäten benötigt?
- Welche Personen verfügen über die geforderten Qualifikationen, um die Aktivitäten zu bearbeiten?
- Wer übernimmt für die Spezifikationsphase welche Aktivitäten?
- Ist noch eine Qualifikationsplanung bzw. Weiterbildung notwendig?
- Welche Hilfsmittel/Sachmittel werden für die Durchführung der zweiten Projektphase benötigt?
- Wie teilen sich die Personal- und Sachkosten auf die einzelnen Aktivitäten auf?
- Sind für die Spezifikationsphase Qualitätssicherungs-Meilensteine erforderlich? Wenn ja, wie viele?
- Wie kann die Spezifikationsphase hinsichtlich der Dauer optimiert werden?

*Methoden*

- Projektplanung (Kap. 3.6)
- Aufwandsschätzung (Kap. 4.7)
- Kompetenzmatrix (Kap. 3.8.2)

*Art und Umfang*

- Grafische und textartige Darstellung und Beschreibung
- etwa 1 bis 10 Seiten

*Tools*

- Projektplanung
- Textverarbeitung

Anmerkung: Auch hier sind die Arbeitsschritte der Spezifikation genau zu studieren und auf das aktuelle Projekt anzupassen.

### 2.4.13 Risikominimierung

Die Maßnahmen für die Reduzierung der Projektrisiken können in der Konzeption vielfältiger als in der Projektvorbereitung eingesetzt werden. Zu den eher einfacheren kann die Abänderung der Aufgabenstellung, des Aufgabenumfangs oder die Auflistung in mehrere Teilprojekte gezählt werden. Deutlich schwieriger dagegen ist es, hohe Risiken situativ steuern zu wollen.

Wichtige Fragen im Rahmen des Risiko-Managements sind:

- In welche Komponenten können die Projektrisiken unterteilt werden?
- Welche sachlichen Risiken beinhaltet das Projekt?
- Welche methodischen Risiken beinhaltet das Projekt?
- Welche sozialen Risiken beinhaltet das Projekt?
- Welche Risiken sind wie hoch?
- Wie hängen die Risiken untereinander zusammen?
- Wie können hohe Risiken minimiert werden? Mit welchen Maßnahmen?
- Wer (Projektleiter, Projektteam, Auftraggeber) sieht in den einzelnen Risikofaktoren? Wo? Welche Unterschiede in der Wahrnehmung sind erkennbar?
- Ist das Projekt in der Summe eher ein Investitionsprojekt oder eher ein Risikoprojekt?
- Wenn das Projekt ein Risikoprojekt ist, ist dies auch dem Auftraggeber bewusst?
- Sind eine oder mehrere Aktivitäten der Konzeption zur Reduzierung des Gesamtprojektrisikos zu überarbeiten?

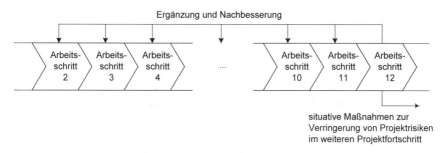

**Abb. 2.25.** Risiko-Management in der Konzeption

## Methoden

- Chancen-Risiko-Analyse (Kap. 3.5.3)

## Art und Umfang

- Tabellarische und/oder textartige Darstellung
- etwa 1 bis 3 Seiten

## Tools

- Textverarbeitung

Anmerkung: Wenn keine detaillierte Projektvorbereitung durchgeführt wurde, sind an dieser Stelle auch die Ausführungen von Arbeitsschritt 7 der Projektvorbereitung (Projektgrenzen) zu berücksichtigen.

### 2.4.14 Konzeptionsabnahme

Der Arbeitsschritt Konzeptionsabnahme hat das Ziel, die systemrelevanten Teilergebnisse zusammenzufassen, damit der Auftraggeber/Sponsor die Gedankenmodelle prüfen und gegebenenfalls für die Realisierung freigeben kann. Je nach Größe des Projekts, Art des Projekts (eher Organisationsprojekt oder eher Informatikprojekt), Aufgabenstellung etc. fließen die Teilergebnisse der Aktivitäten zwei bis sechs vollständig, teilweise oder zusammengefasst in die Gesamtkonzeption ein.

Die Gesamtkonzeption darf nicht mit einem Pflichtenheft für externe Anbieter gleichgesetzt werden. Die Konzeption umfasst unternehmensrelevante Informationen wie Budgets, Nutzenpotentiale, interne Prozesse und Strukturen sowie die Informationen, die für die Realisierung einer Leistung von einem Dritten notwendig sind (Pflichtenheft). Das Pflichtenheft ist ein Auszug aus der Konzeption von den Teilen, die für einen externen Dienstleister von Bedeutung sind. Am Ende der Konzeption erfolgt eine Abnahme in Form eines Qualitätssicherungsmeetings (QSM).

## Methoden

- Abnahmeverfahren (Kap. 4.8.2)
- Auftragsabnahme (Kap. 3.2.2)

## Art und Umfang

Eine Konzeption in der hier beschriebenen Form kann einen Umfang von 10 bis 20 Seiten bei projektähnlichen Aufgaben, mehrere hundert Seiten bei mittelgroßen Projekten und mehrere tausend Seiten bei Großprojekten haben.

## Tools

- Textverarbeitung

## 2.5 Phase Spezifikation

Bei der Spezifikation und inhaltlichen Detailplanung steht die Erfüllung der folgenden Prämissen im Vordergrund:

1. Funktionstüchtigkeit und Leistungserbringung der Teilsysteme und Einheiten. Diese werden durch sorgfältig ausgearbeitete Spezifikationen und deren systematische Koordinierung und Kontrolle sichergestellt.
2. Budgetgerechte Realisierung und Vermeidung von Budgetüberschreitungen. Dies setzt eine projektgerechte Budgetierung und eine systematische Überwachung und Steuerung der Ausgaben voraus.
3. Termingerechte Projektabwicklung und Vermeidung von Terminüberschreitungen. Hierzu ist ein systematischer Ablauf der Terminplanung und die Sicherstellung der erforderlichen Kapazitäten sowie eine laufende Terminverfolgung und Terminsteuerung bzw. Termindurchsetzung notwendig.

Die Spezifikation hat das Ziel

- die geforderte fachliche Funktionalität in ausreichender Tiefe zu beschreiben,
- die notwendige (System-)Qualität festzulegen und zu beschreiben sowie
- die Wirtschaftlichkeit der Investition sicherzustellen.

Methoden und Werkzeuge zur Unterstützung der Detailspezifikation stehen sich teilweise ergänzend, teilweise miteinander konkurrierend zur Verfügung.

Die Arbeitsschritte und die geeigneten Methoden für Spezifikation sind in Tabelle 2.14. zusammengefasst.

Auch hier können folgende zwei Methoden für alle Arbeitsschritte eingesetzt werden:

- Sonstige Dokumentations- und Darstellungsmethoden (Kap. 4.5)
- Kreativitätsmethoden (Kap. 4.6)

Je nach Aufgabenumfang können zwischen 1 und 5 Meilensteine für die Qualitätssicherung festgelegt werden.

**Tabelle 2.14.** Arbeitsschritte und Methoden für die Spezifikation

| Arbeitsschritte und Ergebnisse für die Spezifikation | Methoden | Kapitel |
|---|---|---|
| 1. Spezifikationsvorbereitung | • Auftragsanalyse<br>• Projektplanung | 3.2.1<br>3.6 |
| 2. Spezifikationsanalyse | • Analyse- und Designmethoden | 4.2–4.4 |
| 3. Anforderungsdefinition und Qualitätsziele | • Qualitätssicherungsplanung | 4.10.1 |
| 4. Systemarchitektur | • Analyse- und Designmethoden für IT | 4.2 |
| 5. Neuentwicklungsbedarf | • Analyse- und Designmethoden für IT | 4.2 |
| 6. Änderungsbedarf | • Analyse- und Designmethoden für Organisation | 4.3 |
| 7. Testspezifikation | • Qualitätssicherungsplanung<br>• Testplanung | 4.10.1<br>4.8.1 |
| 8. Angebotseinholung | • Ausschreibungsvorbereitung | 3.3.1 |
| 9. Angebotsauswertung | • Angebotsauswertung | 3.3.2 |
| 10. Wirtschaftlichkeitsprüfung | • Ziel-Controlling<br>• Aufwandschätzungsmethoden<br>• Bewertungsmethoden<br>• Rentabilitätsanalyse | 3.11.2<br>4.7<br>3.5<br>3.10 |
| 11. Gesamtprojektplanung | • Projektplanung<br>• Aufwandschätzungsmethoden<br>• Kompetenzmatrix | 3.6<br>4.7<br>3.8.2 |
| 12. Realisierungsplanung | • Projektplanung<br>• Aufwandschätzungsmethoden<br>• Kompetenzmatrix | 3.6<br>4.7<br>3.8.2 |
| 13. Risikominimierung | • Chancen-Risiko-Analyse | 3.5.3 |
| 14. Spezifikationsabnahme und Beauftragung | • Abnahmeverfahren<br>• Auftragsabnahme | 4.8.2<br>3.2.2 |

## 2.5.1 Spezifikationsvorbereitung

Die Spezifikationsvorbereitung überprüft und ergänzt die Planungen aus der Konzeption. Im Mittelpunkt steht die Optimierung der Zusammenarbeit von Sponsor/ Hauptverantwortlichen, Lenkungsausschuss/Steuerkreis, Projektleitung und Projektteam und zum externen Dienstleister.

Da in der Zusammenarbeit von mehreren Personen vor allem in den Anfangsphasen Meinungsunterschiede, unterschiedliche Zielsetzungen, unklare Rollenverteilung, versteckte Machtstrukturen ganz natürliche Phänomene sind, ist es angebracht, die Zusammenarbeit in späteren Teams auch auf der Beziehungsebene vorzubereiten und zu planen. Dazu können die Methoden Teamentwicklung und Gruppendynamik einen guten Beitrag leisten.

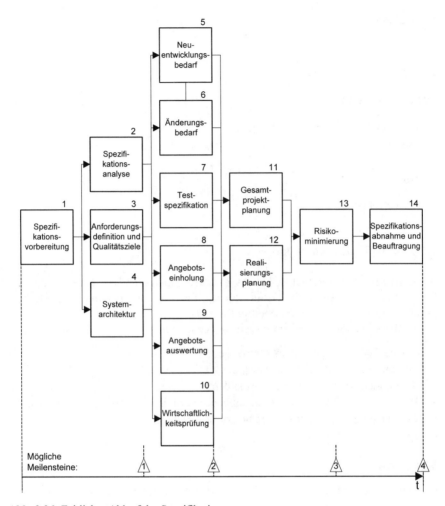

**Abb. 2.26.** Zeitlicher Ablauf der Spezifikation

Mögliche Fragen können sein:

- Ist die Tiefe der Spezifikationsplanung ausreichend?
- Wie wird die Teamentwicklung und Gruppendynamik ablaufen?
- Wo können Konflikte auftreten?
- Ist den Projektteammitgliedern die Vorgehensweise in der Spezifikation bekannt?
- Wird eine Kick-Off-Veranstaltung durchgeführt? Wenn ja, wie?
- Wer ist im Rahmen des Projekts für welche Entscheidung zuständig?
- Wer muss/will wann worüber informiert werden?

*Methoden*

- Auftragsanalyse (Kap. 3.2.1)
- Projektplanung (Kap. 3.6)

*Art und Umfang*

- textartige Beschreibung
- etwa 0,5 bis 3 Seiten

*Tools*

- Textverarbeitung

### 2.5.2 Spezifikationsanalyse

Auch die Spezifikationsanalyse hat das Ziel, den Umfang und die Teile der Spezifikation näher zu bestimmen. Damit soll der Prozess der Spezifikationserstellung (Arbeitsschritte 3 bis 9) weiter optimiert werden.

Die Spezifikationsanalyse untersucht folgende Fragen:

- Welche Teile müssen neu erstellt werden?
- Wo können wir auf bereits bestehendes zurückgreifen?
- Wie können wir Parallelarbeit vermeiden?
- Welche Teilergebnisse wurden in ähnlicher Form bereits erstellt oder erbracht?
- Auf welche Erfahrungen können wir zurückgreifen?
- Wer kann uns helfen?

*Methoden*

- Analyse- und Designmethoden, je nach Richtung (IT, Organisation oder Unternehmensentwicklung) oder ggf. eine Kombination dieser Methoden (Kap. 4.2 bis 4.4)

*Art und Umfang*

- textliche Beschreibung
- etwa 0,5 bis 5 Seiten

*Tools*

- Textverarbeitung
- CASE-Tool mit den entsprechenden Methoden-Modulen

## 2.5.3 Anforderungsdefinition und Qualitätsziele

Qualität ist nach DIN 55350, Teil 11: „die Gesamtheit von Eigenschaften und Merkmalen eines Produkts oder einer Tätigkeit, die sich auf deren Eignung zur Erfüllung gegebener Erfordernisse bezieht"

Qualitätssicherung ist nach Reifer 1985: „ein System aus Methoden und Verfahren, das dazu benutzt wird, damit ein Software-Produkt die gestellten Anforderungen erfüllt. Das System umfasst die Planung, die Messung und die Überwachung von Entwicklungsaktivitäten, die unabhängig von den Entwicklern durchgeführt werden." (Reifer, 1985).

Das Qualitätssicherungssystem kann in Qualitätspolitik, Qualitätsmodell, Qualitätsplanung, Qualitätslenkung und Qualitätsprüfung unterteilt werden. Wallmüller (1990, S. 52ff) hat die Qualitätskriterien nach der Relevanz für Designer, Programmierer, Benutzer und Betreiber von Software-Produkten zusammengefasst (s. Abb. 2.27.).

In dieser Aktivität sind Qualitätsziele zu definieren, die in späteren Aktivitäten detailliert in die Leistungsbeschreibungen mit einfließen. Die Definition von Qualitätszielen lässt sich in folgende Schritte zerlegen.

1. Auswählen der systembezogenen Qualitätskriterien.
2. Priorisierung der Qualitätskriterien nach großer Bedeutung, mittlerer Bedeutung, geringer/keiner Bedeutung.
3. Klassifizierung der Kriterien in Qualitätsbündel.
4. Abschätzung der Auswirkung auf Spezifikation, Realisierung, Einführung und Betrieb hinsichtlich Kosten und Nutzen.

Dieser Schritt ist vor allem deshalb wichtig, weil einzelne Qualitätskriterien ganz erhebliche Auswirkung auf die Systemarchitektur, auf die Teilkomponenten, auf das Zusammenspiel der Teilkomponenten, auf die Anzahl der Teilkomponenten, auf den Neuentwicklungsumfang und den Änderungsbedarf haben.

*Methoden*

- Qualitätssicherungsplanung (Kap. 4.10.1)

*Art und Umfang*

- tabellarische Aufzählung, Gewichtung und Beschreibung der einzelnen Qualitätskriterien
- etwa 2 bis 10 Seiten je Projekt bzw. Teilprojekt

*Tools*

- Textverarbeitung
- CASE-Tool mit den entsprechenden Methoden-Modulen

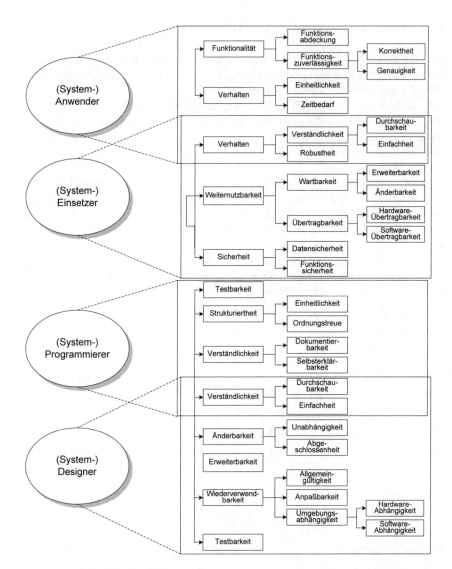

**Abb. 2.27.** Qualitätseigenschaften für Informationssysteme (vgl. Wallmüller 1990, S. 52 ff.)

Anmerkung: Viele Projekte sind an der Bedingung „Qualität so gut wie möglich" gescheitert. Daher ist es ratsam, die Konzentration in der Spezifikation und Realisierung auf „so gut wie nötig" zu richten.

## 2.5.4 Systemarchitektur

Die Systemarchitektur beschreibt den grundsätzlichen Aufbau des Anwendungssystems im Hinblick auf die Aufteilung der Funktionalität, der Daten, der dv-technischen Schnittstellen zu anderen Anwendungssystemen, der Rechner- und Netzkonzeption, der Benutzeroberflächen, der Datensicherheit und des Datenschutzes.

Weiter sollten Softwarestandards und Designanforderungen an Programme und Module, Festlegungen an das Betriebssystem, Datenbank-Software, Kommunikationssoftware, Programmiersprache, Hilfsprogramme, Hardwareperipherie und Kommunikationsanschlüsse berücksichtigt werden.

### *Methoden*

- Analyse- und Designmethoden für IT (Kap. 4.2)

### *Art und Umfang*

- meist gewünschte Darstellung zwischen Grafik und Beschreibung
- etwa 2 bis 15 Seiten
- bei Komponenten wie Mandantenfähigkeit, Historisierung der Datenhaltung, Workflow-Management sind dies eigenständige Teilkonzepte.

### *Tools*

- Grafikprogramm
- Textverarbeitung

## 2.5.5 Neuentwicklungsbedarf

Die detaillierte Systemfunktionalität entspricht der funktionalen Feinkonzeption oder Spezifikation der Systemanforderungen. Hier sind die in der Konzeption gewählten Methoden und Modelle bis zur Elementarebene zu beschreiben.

Funktionsmodell:
Es sind alle Ebenen in einer Strukturierten Analyse bis zur Elementarebene zu beschreiben (s. Kap. 4.2.2).
Datenmodell:
Es sind alle Attribute, Schlüssel-Attribute, Datengruppen, Entitätstypen, Beziehungstypen vollständig zu beschreiben.
Ereignismodell:
Alle Funktionen des Funktionsmodells sind in der Ereignisprozesskette ablauftechnisch zu beschreiben, einschließlich der Auslöse- und Verteiler-Bedingungen.

Die einzelnen Schritte sind neben den verwendeten Methoden auch von den jeweiligen Werkzeugen (CASE-Tools) abhängig. Sie bestimmen im Detail die Vorgehensweise der Modellerstellung.

Während in der Konzeption noch Grafik- und Textverarbeitungsprogramme für die Dokumentation der Modelle eingesetzt werden können, ist für die Spezifikation davon eher abzuraten. In Grafik- und Textverarbeitungsprogrammen fehlt eine Konsistenzprüfung der Daten und der Modelle. Die kann die Qualität dieses Arbeitsschrittes ganz wesentlich beeinflussen.

*Methoden*

- Analyse- und Designmethoden der IT (Kap. 4.2)

*Art und Umfang*

- Grafische (mit DFD) und textartige Beschreibung (Minispezifikation, Data Dictionary) der Elementarfunktionen
- etwa 5 bis 50 Seiten
- Grafische (mit ERM) und textartige Beschreibung (Data Dictionary) der Daten, der Datenbeziehungen und der Datenelemente
- etwa 5 bis 50 Seiten

*Tools*

- Textverarbeitung
- CASE-Tool mit entsprechenden Methoden-Modulen

### 2.5.6 Änderungsbedarf

Der Änderungsbedarf umfasst die systemtechnischen Änderungen des Ist-Systems und die Änderung der heutigen Arbeitsweise. Ein Teil des Ist-Zustandes fällt meist nach dem Projekt weg. Ein neuer Teil kommt dazu (Abb. 2.28.) Beide Teile sind im Projektablauf zu berücksichtigen. Der Teil, der vom Ist-Zustand nicht mehr benötigt wird, ist hier zu dokumentieren.

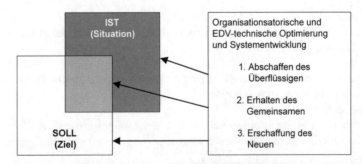

**Abb. 2.28.** Handlungsrahmen bei IT- und Organisationsprojekten (Keßler u. Winkelhofer 2004, S. 67)

Häufig ist mit Einführung eines neuen Anwendungssystems auch der organisatorische Ablauf der Informationen oder des Materials (Logistik) vor Ort zu verändern. Wird diese Ablaufänderung vor allem bei komplexen Veränderungen nicht ausreichend dokumentiert, kommt der Systemnutzen häufig nicht zur Wirkung oder diese Gedankenarbeit muss von den späteren Nutzern wiederholt werden. Eine mögliche Dokumentationsform zeigt Abb. 2.29.

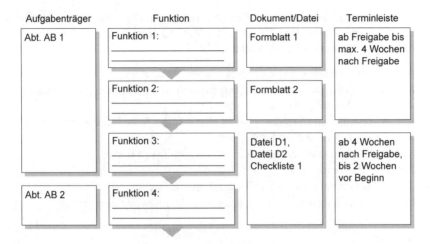

**Abb. 2.29.** Beispiel für die Beschreibung der Arbeitsweisen

Die Detaillierungstiefe ist je nach Funktionsbedeutung für die Veränderung bei der Dokumentation festzulegen.
  Fragen für diese Vorgehensweise sind:

- Um welche Funktionen geht es?
- In welchem Zeitablauf sind die Funktionen angeordnet?
- Wer sind die Aufgabenträger der einzelnen Funktionen?
- Welche Dokumente und Dateien unterstützen die Ausführung der Funktionen?
- In welchem zeitlichen Rahmen folgen die Funktionen auf einander?

## *Methoden*

- Analyse- und Designmethoden für Organisation (Kap. 4.3)

## *Art und Umfang*

- Infothek für das ablauf- und aufbauorganisatorische Informationsmanagement
- Grafische Darstellung der neuen Arbeitsweisen. Häufig hat diese Darstellung zur tatsächlich späteren Arbeitsweise nur eine Überdeckung von 60 bis 80 %.
- etwa 10 bis 50 Seiten

## Tools

- Textverarbeitung
- Grafikprogramm

### 2.5.7 Testspezifikation

Innerhalb der Spezifikation ist die Testspezifikation für die Systemfunktionalität zu erstellen. Ein mögliches Vorgehen ist in der Methode Testplanung dokumentiert.
Relevante Fragen in dieser Aktivität sind:

- Wie wird der Systemtest von der Ablaufseite gestaltet?
- Welche Testfälle und Testdaten haben eine sehr hohe Bedeutung und müssen unbedingt vollständig überprüft werden?
- Welche Testfälle und Testdaten haben eine weniger hohe Bedeutung und sind stichprobenartig zu überprüfen?
- Welche Testfälle und Testdaten können vernachlässigt werden?
- Wer führt die Tests durch?
- Welche Hilfsmittel sind für die Durchführung notwendig?
- Welche Fehler haben auf den Systemeinsatz die größten Auswirkungen?

## Methoden

- Qualitätssicherungsplanung (Kap. 4.10.1)
- Testplanung (Kap. 4.8.1)

## Art und Umfang

- Beschreibung der Testfunktionen erfolgt häufig an den Systemfunktionen.
- etwa 5 bis 40 Seiten

## Tools

- Textverarbeitung
- spezielle Software zur Protokollierung von Datenbankaktionen, Nachrichten, Dateneingaben- und -ausgaben.

### 2.5.8 Angebotseinholung

Dieser Arbeitsschritt sieht vor, bei externer Realisierung die Ausschreibung vorzubereiten, mögliche Realisierer auszuwählen, Leistungsbeschreibungen bzw. Pflichtenhefte den in Frage kommenden Realisierern zuzusenden sowie Realisierungsangebote auszuwerten.

Dieser und der folgende Arbeitsschritt können bereits zum Einsatz kommen, wenn die Spezifikation durch eine Beratungsfirma oder ein Softwarehaus erstellt wird.

*Methoden*

- Ausschreibungsvorbereitung (Kap. 3.3.1)

*Art und Umfang*

- Textliche Beschreibung des Ausschreibungs- und Leistungsumfangs
- Umfang von drei bis mehrere hundert Seiten

*Tools*

- Textverarbeitung

### 2.5.9 Angebotsauswertung

Eine Angebotsauswertung wird notwendig, wenn mindestens zwei Angebote, besser drei bis fünf, vorliegen. Die Vorgehensweise kann der Methode Angebotsauswertung entnommen werden.

*Methoden*

- Angebotsauswertung (Kap. 3.3.2)

*Art und Umfang*

- Tabellarische Auswertung der Angebote
- etwa 3 bis 20 Seiten

*Tools*

- Textverarbeitung

### 2.5.10 Wirtschaftlichkeitsprüfung

In der Wirtschaftlichkeitsprüfung sind die gesamten Investitions- und Projektkosten dem Projektnutzen gegenüberzustellen.

Dazu ist zunächst der Nutzen der entwickelten Spezifikation bzw. bei mehreren der entwickelten Spezifikationen auf die Unterstützung der Prozesskette und die Zielerreichung mit den bereits definierten Kennzahlen zu bewerten. Ausgangspunkt für die Aktualisierung und Fortschreitung des Nutzenpotentials (schraffierte Spalte) ist Tabelle 2.15.

**Tabelle 2.15.** Nutzenbewertung in der Spezifikation

| | Ist bei Projekt-definition | Soll nach Imple-mentierung | Soll mit vorlie-gender Konzep-tion | Soll mit vorlie-gender Spezi-fikation | Ist nach Imple-mentierung | Delta Ist vor/ Ist nach |
|---|---|---|---|---|---|---|
| Wie kann die Kennzahl bezeichnet werden? | | | | | | |
| Formel zur Erreichung des Kennzahlenwerts | | | | | | |
| Quantitative Beschreibung der einzelnen Messgrößen | | | | | | |
| Quantitativer Wert der Kennzahl | | | | | | |
| Anteil Kostenstelle 1 | | | | | | |
| Anteil Kostenstelle 2 | | | | | | |
| Anteil Kostenstelle n | | | | | | |

Zum Abschluss sind die ermittelten konkretisierten Nutzenpotentiale über alle Haupt- und Teilprozesse aufzuaddieren und den Einzelzielen aus der Projektvorbereitung und der Konzeption gegenüberzustellen.

Bei Bedarf kann versucht werden, die primäre Systemfunktionalität und das globale Datenmodell hinsichtlich der Zielerreichung weiter zu optimieren.

Die Projektkosten werden meist mit einer Expertenschätzung (alternativ Function-Point-, Prozentwert- oder Analogieverfahren) ermittelt. In manchen Fällen ist es angebracht, erst die Gesamtprojektplanung zu erstellen und dann für die Aktivitäten und Teilaktivitäten den Aufwand zu schätzen (induktive Vorgehensweise).

Mögliche Fragen bei dieser Aktivität sind:

- Ist die Lösung klar erkennbar?
- In welche (System-)Komponenten kann die Lösung aufgeteilt werden?
- Welcher Aufwand entsteht für die Realisierung der Lösung?
- Wie können die geschätzten Kosten möglichst transparent in Personalkosten, Sachkosten und Investitionen aufgeteilt werden?
- Wo liegen in der Aufwandschätzung die größten Unsicherheiten?
- Kann die Wirtschaftlichkeit des Projekts erhöht werden, wenn Systemkomponenten mit geringem Nutzen (C-Potentiale) nicht realisiert werden?

### *Methoden*

- Ziel-Controlling (Kap. 3.11.2)
- Aufwandschätzungsmethoden (Kap. 4.7)
- Bewertungsmethoden (Kap. 3.5)
- Rentabilitätsanalyse (Kap. 3.10)

## Art und Umfang

- nach Möglichkeit die vorausgehende Tabelle für die Ermittlung der Teilnutzen/ Einzelnutzen verwenden.
- etwa 2 bis 5 Seiten
- tabellarische Darstellung der Kosten- und Nutzenbestandteile
- etwa 2 bis 5 Seiten

## Tools

- Textverarbeitung

### 2.5.11 Gesamtprojektplanung

Nach dem die Spezifikation inhaltlich erstellt wurde, kann die formale Planung des Gesamtprojektablaufs, der Projektorganisation und das Berichtswesen aktualisiert werden. Innerhalb des Projektablaufs sind Arbeitspakete, Termine, Kapazitäten, Personal, Hilfsmittel und Kosten zu auf ihre weitere Gültigkeit zu prüfen.

In der Aktivität „Gesamtprojektplanung" sind die nachfolgenden Fragen zu beantworten:

- Inwieweit kann die bisherige Gesamtprojektplanung beibehalten werden? muss sie geändert werden?
- Wenn ja, welcher Zeitrahmen ist für die einzelne Phase vorgesehen?
- Welcher Zeitrahmen ist für die Phasenübergänge und für die Entscheidungen vom Auftraggeber bzw. Management vorgesehen?
- Welche Kapazitäten werden in den einzelnen Phasen/Aktivitäten von welchen Bereichen benötigt?
- Wer hat die notwendige Qualifikation für die Mitarbeit?
- Welche Hilfsmittel/Sachmittel sind für die Projektdurchführung notwendig?
- Wie teilen sich die Projektkosten auf die Phasen auf?
- Wie teilen sich die Projektkosten in Personal- und Sachkosten auf?
- Welche Projektorganisation wird schwerpunktmäßig ausgewählt?
- Aus welchen Personen setzen sich das Projektteam und die Projektleitung zusammen?
- Wer hat welche Verantwortung, Kompetenzen und Aufgaben?
- Gibt es einen eindeutigen Auftraggeber, Sponsor oder Steuerkreis?
- Wie häufig und in welcher Form wird der Auftraggeber, Sponsor oder Steuerkreis informiert?

## Methoden

- Projektplanung (Kap. 3.6)
- Aufwandschätzungsmethoden (Kap. 4.7)
- Kompetenzmatrix (Kap. 3.8.2)

## Art und Umfang

- Grafische und textartige Darstellung der einzelnen Punkte
- etwa 1 bis 5 Seiten

## Tools

- Projektplanung
- Textverarbeitung
- Grafikprogramm

### 2.5.12 Realisierungsplanung

In der Realisierungsplanung wird nur die Phase „Realisierung", auch Umsetzung, Entwicklung, Programmierung und Test genannt, hinsichtlich Aktivitäten, Teilaktivitäten, eingesetzter Methoden, Termine, personeller Kapazitäten, Personal, Betriebsmittel und Kosten geplant. Im Einzelfall ist zu prüfen, inwieweit die Projektteams die Zusammensetzung der Anforderungen der Realisierungsphase abändern müssen. Je nach Projektgröße sind hier auch

- Projekt-Kick-Off-Veranstaltungen sowie
- Projekt-Workshops für Vorgehensmodell- und Methodenschulung zu berücksichtigen.

Die zentralen Fragestellungen der Realisierungsplanung lauten:
- In welche Aktivitäten wird die dritte Projektphase „Realisierung" unterteilt bzw. welche Aktivitäten sind für die Lösung der konkreten Projektaufgabe erforderlich?
- Müssen die Aktivitäten noch weiter in Teilaktivitäten unterteilt werden?
- Wenn ja, welche?
- Wie kann der Zeitrahmen der Realisierung auf die einzelnen Aktivitäten der Realisierung aufgeteilt werden?
- Welche bereichsspezifischen Kapazitäten werden für die Bearbeitung der einzelnen Aktivitäten benötigt?
- Welche Personen verfügen über die geforderten Qualifikationen, um die Aktivitäten zu bearbeiten?
- Wer übernimmt für die Realisierungsphase welche Aktivitäten?
- Ist noch eine Qualifikationsplanung bzw. Weiterbildung notwendig?
- Welche Hilfsmittel/Sachmittel werden für die Durchführung der dritten Projektphase benötigt?
- Wie teilen sich die Personal- und Sachkosten auf die einzelnen Aktivitäten auf?
- Sind für die Realisierungsphase Qualitätssicherungs-Meilensteine erforderlich?
- Wenn ja, wie viele?
- Wie kann die Realisierungsphase hinsichtlich der Dauer optimiert werden?

*Methoden*

- Projektplanung (Kap. 3.6)
- Aufwandschätzungsmethoden (Kap. 4.7)
- Kompetenzmatrix (Kap. 3.8.2)

*Art und Umfang*

- Grafische und textartige Darstellung und Beschreibung
- etwa 1 bis 5 Seiten

*Tools*

- Projektplanung
- Grafikprogramm
- Textverarbeitung

### 2.5.13 Risikominimierung

In aller Regel nehmen die Risiken in Projekten bzw. das Risikopotential von Projekten mit zunehmendem Projektfortschritt ab. Das heißt aber noch nicht, dass am Ende der Spezifikationsphase alle Faktoren bekannt sind. Deshalb sollten auch an dieser Stelle noch einmal die erstellten Teilergebnisse und die beabsichtigten Wege für die Projektphasen „Realisierung" und „Einführung" hinsichtlich möglicher Gefahren betrachtet werden.

Wichtige Fragen im Rahmen des Risiko-Managements sind:

- In welche Komponenten können die Projektrisiken unterteilt werden?
- Welche sachlichen Risiken beinhaltet das Projekt?
- Welche methodischen Risiken beinhaltet das Projekt?
- Welche sozialen Risiken beinhaltet das Projekt?
- Welche Risiken sind wie hoch?
- Wie hängen die Risiken untereinander zusammen?
- Wie können hohe Risiken minimiert werden? Mit welchen Maßnahmen?
- Wer (Projektleiter, Projektteam, Auftraggeber) sieht in den einzelnen Risikofaktoren, wo, welche Unterschiede?
- Ist das Projekt in der Summe eher ein Investitionsprojekt oder eher ein Risikoprojekt?
- Wenn das Projekt ein Risikoprojekt ist, ist dies auch dem Auftraggeber bewusst?
- Sind eine oder mehrere Aktivitäten der Konzeption zur Reduzierung des Gesamtprojektrisikos zu überarbeiten?

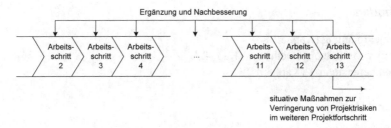

**Abb. 2.30.** Risiko-Management in der Spezifikation

*Methoden*

- Chancen-Risiko-Analyse (Kap. 3.5.3)

*Art und Umfang*

- Tabellarische und/oder textartige Darstellung
- etwa 1 bis 3 Seiten

*Tools*

- Textverarbeitung

### 2.5.14 Spezifikationsabnahme und Beauftragung

Die Aktivität Spezifikationsabnahme hat das Ziel, die systemrelevanten Teilergebnisse zusammenzufassen, damit der Auftraggeber oder Sponsor den Leistungsumfang des Projekts prüfen und gegebenenfalls für die Realisierung freigeben kann. Je nach Größe des Projekts, Art des Projekts (eher Organisationsprojekt oder eher Informatikprojekt), Aufgabenstellung etc. fließen die Teilergebnisse der Aktivitäten 3 bis 7 vollständig, teilweise oder zusammengefasst in die Leistungsbeschreibung ein.

Die Gesamtspezifikation – wie die Gesamtkonzeption auch – darf nicht mit einem Pflichtenheft für externe Anbieter gleichgesetzt werden. Das Pflichtenheft ist ein Auszug aus der Spezifikation mit den Teilen, die für einen externen Dienstleister von Bedeutung sind.

*Methoden*

- Abnahmeverfahren (Kap. 4.8.2)
- Auftragsabnahme (Kap. 3.2.2)

*Art und Umfang*

- Eine Spezifikation kann einen Umfang von 10 bis 20 Seiten bei projektähnlichen Aufgaben, mehrere hundert Seiten bei mittelgroßen Projekten und mehrere tausend Seiten bei Großprojekten haben.

*Tools*

- Textverarbeitung

## 2.6 Phase Realisierung

In der Realisierung erfolgt die eigentliche Erstellung der Leistung und der durch die Aufgabenstellung verlangten Produkte. Bei der Reorganisation einer Abteilung, eines Betriebes oder einer Unternehmenseinheit werden in der Realisierung die Betriebsmittel erstellt und gegebenenfalls angepasst. Bei der Entwicklung von Anwendungssystemen handelt es sich um Designs für Masken und Listen, Programme und Module, Programmvorgaben sowie um Programm- und Datenbanktests. Daran anschließend können Datenbanken, Programme und Module entwickelt und getestet werden. Des Weiteren umfasst die Realisierung den Systemtest, die Erstellung der Systemdokumentation, die Nutzenverifizierung sowie die Einführungsplanung.

**Tabelle 2.16.** Arbeitsschritte und Methoden für die Realisierung

| Arbeitsschritte und Ergebnisse für die Realisierung | Geeignete Methoden | Kapitel |
|---|---|---|
| 1. Realisierungsvorbereitung | • Auftragsanalyse<br>• Projektplanung<br>• (Gruppendynamik)<br>• (Teamentwicklung) | 3.2.1<br>3.6 |
| 2. Realisierungsanalyse | • Analyse- und Designmethoden für IT | 4.2 |
| 3. Realisierungsdesign | • Analyse- und Designmethoden für IT | 4.2 |
| 4. Leistungsentwicklung und -erstellung | • Analyse- und Designmethoden für IT<br>• Analyse- und Designmethoden für Organisation | 4.2<br><br>4.3 |
| 5. Qualitätskontrolle und Einzeltest | • Qualitätssicherungsplanung | 4.10.1 |
| 6. Systemtest | • Qualitätssicherungsplanung<br>• Testplanung | 4.10.1<br>4.8.1 |
| 7. Systemdokumentation | • Analyse- und Designmethoden für Organisation | 4.3 |
| 8. Nutzenüberprüfungsplanung | • Ziel-Controlling<br>• Bewertungsmethoden | 3.11.2<br>3.5 |
| 9. Einführungsplanung | • Projektplanung<br>• Aufwandschätzungsmethoden<br>• Kompetenzmatrix | 3.6<br>4.7<br>3.8.2 |
| 10. Systemabnahme | • Abnahmeverfahren | 4.8.2 |

Die Arbeitsschritte bzw. Aktivitäten und geeigneten Methoden für die Realisierung sind in Tabelle 2.16. dokumentiert. Darüber hinaus können auch hier Methoden für alle Arbeitsschritte mehr oder weniger intensiv eingesetzt werden Dies sind:

- sonstige Dokumentations- und Darstellungstechniken (Kap. 4.5)
- Kreativitätsmethoden (Kap. 4.6)

Der Ablauf der Arbeitsschritte ist in Abb. 2.31. dargestellt. Für die dv-technische Realisierung können je nach Umfang ein bis sechs Meilensteine zur Qualitätssicherung definiert werden.

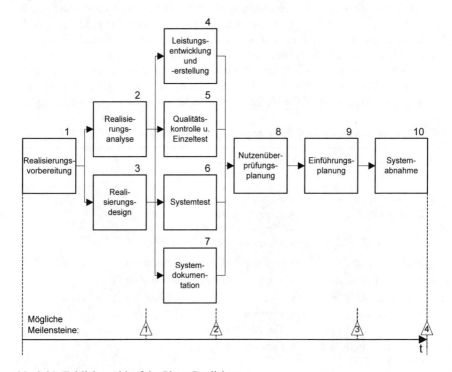

**Abb. 2.31.** Zeitlicher Ablauf der Phase Realisierung

## 2.6.1 Realisierungsvorbereitung

Die Realisierungsphase wird im Rahmen der Projektarbeit heute häufig zu Teilen oder ganz fremdvergeben. Bei Fremdvergabe der Realisierung umfasst die Realisierungsvorbereitung die Detailplanung des Auftragnehmers.
Mögliche Fragen in diesem Arbeitsschritt können sein:

- Ist die Projekttiefe der Realisierungsplanung ausreichend?
- Wie wird die Teamentwicklung und Gruppendynamik ablaufen?

- Wo können Konflikte auftreten?
- Ist den Projektteammitgliedern die Vorgehensweise in der Realisierung bekannt?
- Wer ist im Rahmen des Projekts für welche Entscheidung zuständig?
- Wer muss/will wann worüber informiert werden?

*Methoden*

- Auftragsanalyse (Kap. 3.2.1)
- Projektplanung (Kap. 3.6)
- (Gruppendynamik)
- (Teamentwicklung)

*Art und Umfang*

- Textartige Beschreibung
- etwa 0,5 bis 3 Seiten

*Tools*

- Textverarbeitung

### 2.6.2 Realisierungsanalyse

Dieser Schritt soll helfen, möglichst viel aus Bestehendem zu übernehmen und möglichst wenig neu erstellen zu müssen. Dies ist nur möglich, wenn auf bestehendem aufgebaut wird. Werden neue Technologien, Verfahren, Methoden, Entwicklungsumgebungen eingesetzt, dann sind Infrastruktur-Arbeiten notwendig.

Fragen für die Realisierungsanalyse sind:

- Inwieweit kann auf Vorhandenes (Komponenten, Module, Teillösungen, etc.) zurückgegriffen werden?
- Was muss tatsächlich im Detail neu erstellt werden?
- Auf welche Erfahrungen kann zurückgegriffen werden?
- Was muss bestellt oder anderweitig beschafft werden?
- Wie sieht der Zeitplan dazu aus?

*Methoden*

- Analyse- und Designmethoden für IT (Kap. 4.2)

*Art und Umfang*

- Grafische Darstellung soweit möglich
- Textliche Beschreibung

*Tools*

- Textverarbeitung

### 2.6.3 Realisierungsdesign

Die Programmvorgaben umfassen die Dokumentation des dv-technischen Umfelds für das neu zu entwickelnde Anwendungssystem.
Typische Fragen dieser Aktivität sind:

- Welche Programm- und Modulrahmen sind zu verwenden?
- Welche Unterprogramme oder Klassenbibliotheken sind einzusetzen?
- Welche Fehlerbehandlungsart und Systemkommentare sind zu integrieren?
- Welche Unternehmens-Standards (Oberflächen) sind einzusetzen?
- Wie stark ist ein Programm im Modul zu strukturieren?
- Welche Qualitätskennzahlen sind einzuhalten (Antwortzeiten, Plattenzugriffszeiten etc.)?
- Für welche Funktionsgruppen gelten welche Qualitätskennzahlen?

Das Masken- und Listendesign definiert die Schnittstelle zwischen Anwendungssystem und Benutzer. Es umfasst

- das Design von Dialoganwendungen mit Ein-/Ausgabemasken und Maskenabfolge,
- das Design von Drucklayouts,
- die Optimierung der Datenzugriffswege auf das Datenträgersystem,
- den Zugriffsschutz mit Benutzergruppen und Zugriffsverwaltung,
- die Fehlerbehandlung,
- das Help-System,
- das Mandanten-System,
- das Workflow-Management System,
- die Historisierung der Datenbestände,
- die Mehrsprachigkeit usw.

Bei der Entwicklung von Anwendungen werden relativ früh und häufig Prototypen zur Erprobung von Benutzeroberflächen, zur Klärung von Design-Ideen, zur Demonstration von zukünftigen Funktionsumfängen, zur Abwägung der Machbarkeit oder zur Performance-Untersuchung bei kritischen Systemen entwickelt.

Das Programm- und Moduldesign modelliert die später zu programmierenden Programme und Module mit ihrer Kommunikation und den Datenbankzugriffen. Methodische Unterstützung leistet hier vor allem das Structure Design. Die Methode Strukturiertes Design (nicht im Buch) setzt auf den Ergebnissen der Strukturierten Analyse und dem Entity-Relationship-Modell auf. Das Zusammenwirken der Methodenergebnisse zeigt Abb. 2.32.

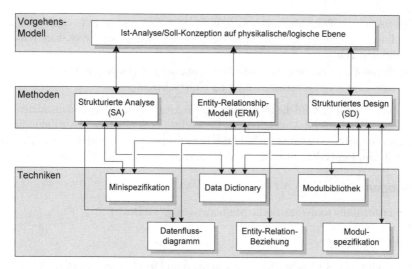

**Abb. 2.32.** Zusammenwirken der Methoden Strukturierte Analyse, Entity-Relationship-Modell und Structure Design

## Methoden

- Analyse- und Designmethoden für IT (Kap. 4.2)

## Art und Umfang

- Grafische und textartige Beschreibung der Programm- und Modulstruktur, der Kommunikation zwischen Programmen und Modulen und der Steuerung zwischen Programmen und Modulen.
- etwa 5 bis 50 Seiten

## Tools

- CASE-Tools mit Structure Design (SD)
- Textverarbeitung
- Grafikprogramm

### 2.6.4 Leistungsentwicklung und -erstellung

In dieser Aktivität sind die Programme und Module entsprechend dem Programm- und Moduldesign zu codieren, kompilieren und zu testen. Für die Code-Strukturierung können weitere Methoden, wie die Strukturierte Programmierung in Form von Struktogrammen, Pseudocodes oder Programmablaufplänen verwendet werden.

Die Elemente der Strukturierten Programmierung sind

- Sequenz als Abfolge von Verarbeitungsschritten

- Interaktion als Wiederholung von Anweisungen (Interaktion mit vorhergehender Bedingungsprüfung, nachfolgender Bedingungsprüfung oder konstanter Wiederholungszahl)
- Selektion als Auswahlmöglichkeit von Anweisungen (Bedingte Ausführung ohne Alternative, mit Alternative oder Fallunterscheidung)

In dieser Aktivität wird die logische Datenstruktur bzw. das Anwendungsdatenmodell in der Datenbank implementiert. Die Definition der Schlüssel und Attribute sind in der Data Description Language (DDL) des Datenbank-Systems zu definieren. Zusammen mit dem Entity-Relationship-Modell kann die Datenbank generiert werden.

*Methoden*

- gegebenenfalls tool-spezifische Methoden (nicht im Buch)

*Art und Umfang*

- Erstellung von Structure Chart-Diagrammen und Modul-Spezifikationen

*Tools*

- Abhängig von der Art der Leistung und gegebenenfalls von der Entwicklungsumgebung

### 2.6.5 Qualitätskontrolle und Einzeltest

Die Testspezifikation hat das Ziel, den Programm- und Modultest bestmöglich vorzubereiten und zu unterstützen. Sie kann in folgende Schritte zerlegt werden:

1. Testfälle definieren und dokumentieren
2. Testdaten spezifizieren
3. Testablauf bestimmen und dokumentieren
4. Testprotokollierung vorbereiten

*Methoden*

- Qualitätssicherungsplanung (Kap. 4.10.1)

*Art und Umfang*

- Textartige Beschreibung
- etwa 3 bis 20 Seiten

*Tools*

- Textverarbeitung
- Programmiereditor

- Compiler

## 2.6.6 Systemtest

Diese Aktivität sieht den Systemtest nach Vorgaben der Testspezifikation (Phase, Spezifikation, Arbeitsschritt) vor. Der Systemtest umfasst den Programm- und Modultest, den Systemkomponententest des Entwicklers sowie den System- bzw. Anwendungstest des Nutzers. Grundlage für den Systemtest ist die Testspezifikation des Anwenders.

### Methoden

- Qualitätssicherungsplanung (Kap. 4.10.1)
- Testplanung (Kap. 4.8.1)

### Art und Umfang

- Dokumentation des Testumfangs und der Testergebnisse in Form eines Testprotokolls
- etwa 5 bis 50 Seiten

### Tools

- Textverarbeitung
- Testumgebung

## 2.6.7 Systemdokumentation

Eine vollständige Systemdokumentation setzt sich aus drei Teilen zusammen:

- Benutzerhandbuch
  Es beschreibt, wie der Benutzer das System aufruft, steuert und die Interaktionen ablaufen. Das Benutzerhandbuch kann in eine Einführung, generelle Systembeschreibung, Beschreibung der Dialogfunktionen, Beschreibung des Reports, Umgang mit besonderen Fällen und in Beispiele unterteilt werden.
- Rechenzentrumshandbuch
  Es beschreibt den Einsatz des Systems im Rechenzentrum oder im Fachbereich. Zielgruppe sind immer häufiger die DV-Koordinatoren vor Ort in der Fachabteilung.
- Schulungsunterlagen
  Sie beschreiben das neue Anwendungssystem, jedoch weniger unter dem Gesichtspunkt der Vollständigkeit, als vielmehr unter dem Lernaspekt der Schulungsteilnehmer.

*Methoden*

- Analyse- und Designmethoden für Organisation (Kap. 4.3)

*Art und Umfang*

- Textartige und graphische Beschreibung
- etwa 20 bis 200 Seiten

*Tools*

- Textverarbeitung
- Grafikprogramm

### 2.6.8 Projektnutzenüberprüfungsplanung

Die Aktivität „Projektnutzenüberprüfungsplanung" soll sicherstellen, dass das entwickelte Anwendungssystem tatsächlich den erwarteten Nutzen bringt. Dazu ist die Einzelzielmatrix (Tabelle 2.6. und Tabelle 2.12) für die in der Projektvorbereitung definierten Kennzahlen heranzuziehen und für die bereits realisierte Systemfunktion neu zu bewerten.

Folgende Fragen sind zu stellen:

- Wie kann die Einführung so gestaltet werden, dass der Systemnutzen möglichst hoch wird?
- Was ist dazu notwendig?

*Methoden*

- Ziel-Controlling (Kap. 3.11.2)
- Bewertungsmethoden (Kap. 3.5)

*Art und Umfang*

- Tabellarische Darstellung
- etwa 3 bis 5 Seiten

*Tools*

- Textverarbeitung
- Tabellenkalkulation

### 2.6.9 Einführungsplanung

Bei der Erstellung der Konzeption und Spezifikation wird festgelegt, wie das zu erstellende System sachlich/inhaltlich in die bestehenden Abläufe eingeführt werden soll.

Die Einführungsplanung hat das Ziel, die Einführung formal bezüglich der Arbeitspakete (Aktivität), Termine, Kapazitäten, Personen, Betriebsmittel und Kosten zu planen.

Es wird der Übergang auf die neue Anwendung aus IT-Sicht beschrieben. Wichtiger Teilaspekt ist z. B. die Datenkonversion. Es werden die Datenbestände identifiziert, die für die neue Anwendung konvertiert werden müssen. Neben der Konversion ist möglicherweise auch ein Eingabesystem vorzusehen, um die für die neue Applikation erforderlichen zusätzlichen Daten zu erfassen. Erforderliche Aktivitäten für die IT-seitige Integration werden festgehalten und zeitlich mit den betroffenen Stellen abgesprochen und geplant.

Änderungen im betrieblichen Ablauf werden beschrieben, abgestimmt und zeitlich geplant.

Wird ein Anwendungssystem an verschiedenen Orten eingeführt, so ist für jede Einführung ein Einführungsplan zu erstellen. Hier kann es auch notwendig werden, die einzelnen Einführungen mit ihren Eckwerten in einem Gesamteinführungsplan zusammenzufassen.

Fragen für die Einführungsplanung sind:

- Welche Besonderheit hat der zur Einführung anstehende Bereich?
- Welche Aktivitäten sind vorzusehen bzw. müssen berücksichtigt werden?
- Wer ist von der Einführung betroffen?
- Welche Kapazität wird von den Betroffenen benötigt?
- Werden Hilfsmittel benötigt?
- Werden Daten benötigt?
- Wenn ja, welche?
- Welche Kosten entstehen mit der Einführung?
- Was könnten mögliche Risiken bei der Einführung sein?
- Wie kann die Einführung optimiert werden?

### *Methoden*

- Projektplanung (Kap. 3.6)
- Aufwandschätzungsmethoden (Kap. 4.7)
- Kompetenzmatrix (Kap. 3.8.2)

### *Art und Umfang*

- Tabellarische Planung der Einführung
- etwa 1 bis 5 Seiten

### *Tools*

- Textverarbeitung
- Projektplanung

## 2.6.10 Systemabnahme

Die Systemabnahme kann in zwei Teilumfänge unterteilt werden:

1. Funktionelle Abnahme
   Sie dokumentiert, dass das Anwendungssystem die fachliche Funktionalität erfüllt.
2. Systemtechnische Abnahme
   Sie dokumentiert, dass das Anwendungssystem die hardwarespezifischen (Rechner- und Netzkonzept, Hardwareperipherie, Hardwareschnittstellen) und softwarespezifischen (Einhaltung von Standards, Methoden, Konventionen, Einhaltung von Softwarevorgaben, Schnittstellen, Programmvorgaben) Anforderungen erfüllt.

*Methoden*

- Abnahmeverfahren (Kap. 4.8.2)

*Art und Umfang*

- Protokollierung/Dokumentation der offenen bzw. nicht abgenommenen Umfänge
- etwa 1 bis 5 Seiten

*Tools*

- Textverarbeitung

## 2.7 Phase Implementierung

Nachdem das neue Anwendungssystem in den Phasen zuvor spezifiziert, entwickelt und getestet wurde, erfolgt in der Projektphase Implementierung die Systemimplementierung in den Produktionsprozess und Anpassung der Organisation an die systembedingten Veränderungen.

Grundsätzlich wird unter der Einführung die Piloteinführung verstanden. Nur relativ kleine und einfache Lösungen können ohne großes Risiko als Ganzes eingeführt werden. Bei großen und komplexen Systemen ist aufgrund der möglichen, nicht kalkulierbaren Nebenerscheinungen eine vollständige Einführung oft nicht ratsam. In diesem Fall ist eine stufenweise Einführung besser geeignet. Man geht zwar weiterhin vom Gesamtkonzept aus, macht aber die detaillierte Einführung weiterer Stufen von den ersten Einführungserfahrungen abhängig.

Nach der Installation steht ein Anwendungssystem im Allgemeinen noch nicht im vollen Umfang für den Betrieb zur Verfügung. Weitere Funktions-, Leistungs- und Integrationstests sollten durchgeführt werden. Wird ein Anwendungssystem schrittweise installiert, so ergibt sich daraus eine zunächst nur geringe, aber ständig wachsende Nutzung.

Neben der eigentlichen Systemimplementierung gehört in diese Phase auch der Projektabschluss mit der Überprüfung des Nutzens, der Abrechnung der Projektkosten, der Auswertung des Projekts sowie der Entlastung der Projektgruppe und Projektleitung.

Die Arbeitsschritte bzw. Aktivitäten und geeigneten Methoden für die Implementierung sind in Tabelle 2.17. dokumentiert. Darüber hinaus können auch hier Methoden für alle Arbeitsschritte mehr oder weniger intensiv eingesetzt werden. Dies sind:

- sonstige Dokumentations- und Darstellungstechniken (Kap. 4.5)

**Tabelle 2.17.** Arbeitsschritte und Methoden für die Implementierung

| Arbeitsschritte und Ergebnisse für die Implementierung | geeignete Methoden | Kapitel |
|---|---|---|
| 1. Einführungsvorbereitung | • Projektplanung | 3.6 |
| 2. Übernahme, Verteilung und Installation | • Analyse- und Designmethoden für IT | 4.2 |
| 3. Schulung und Information | • (Seminar- und Workshop-Gestaltung)<br>• (Seminar- und Workshop-Steuerung)<br>• (Seminar- und Workshop-Auswertung<br>(Seminar- und Workshop-Reflexion)) | |
| 4. Parallelbetrieb | • Analyse- und Designmethoden für IT | 4.2 |
| 5. Organisationsveränderung | • Analyse- und Designmethoden für Organisation | 4.3 |
| 6. Test und Abnahme | • Abnahmeverfahren<br>• Projektplanung | 4.8.2<br>3.6 |
| 7. Nutzenüberprüfung | • Ziel-Controlling | 3.11.2 |
| 8. Projektkostenabrechnung | • Projektplanung<br>• Operatives Controlling | 3.6<br>3.11.1 |
| 9. Projektauswertung | • (Seminar- und Workshop-Auswertung)<br>• (Seminar- und Workshop-Reflexion) | |
| 10. Entlastung von Projektgruppe und Projektleitung | • Keine | |

Ein möglicher zeitlicher Ablauf der einzelnen Arbeitsschritte ist in Abb. 2.33. dargestellt. Die Systemimplementierung kann je nach Aufgabenstellung bis zu vier Meilensteine enthalten.

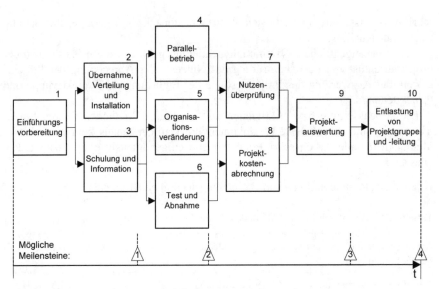

**Abb. 2.33.** Zeitlicher Ablauf der Einführung

## 2.7.1 Einführungsvorbereitung

Wie beim Start der vorausgehenden Projektphasen, ist auch beim Start in die Systemimplementierung die Phase im Detail zu planen. Auch hier kann wieder auf die drei Ebenen verwiesen werden:

- Sachebene,
- Formalebene sowie
- Kommunikations- und Interaktionsebene.

Es sollten folgende Fragen in der Einführungsvorbereitung beantwortet werden:

- Reichen die vorgesehenen Aktivitäten aus?
- Wie können die vorgesehenen Aktivitäten in Teilaktivitäten unterteilt werden?
- Wo liegen die Gefahren bei der Einführung?
- Wer kann noch zusätzlich Unterstützung leisten?
- Ist der Terminplan realistisch?
- Sind die Beteiligten und Betroffenen ausreichend informiert?
- Wie sieht die Integration der Projektgruppenmitglieder in der Linie aus?
- Muss eine Datenmigration geplant werden?
- Ist die Rückintegration des Projektteams in die Linie sichergestellt?
- Wurde die Planung der Anwenderschulung berücksichtigt?
- Welche Aktionen werden für die Steuerung und Führung dieser Phase benötigt?

*Methoden*

- Projektplanung (Kap. 3.6)

*Art und Umfang*

- textartige Beschreibung der Einführung, gegebenenfalls ergänzt und graphische Darstellung der Einführungsplanung
- etwa 1 bis 5 Seiten

*Tools*

- Textverarbeitung
- Projektplanung

### 2.7.2 Übernahme, Verteilung und Installation

Die Systemübernahme, -verteilung und -installation umfasst die Installation von Datenträgersystemen oder Datenbanken, Programmen, Modulen und gegebenenfalls Klassenbibliotheken.

Sind Daten aus Altsystemen zu übernehmen, so ist die Datenmigration im Anschluss an die Installation durchzuführen. Hierzu sind bei größeren Anwendungssystemen meist umfangreichere Vorbereitungsmaßnahmen in Form von Datenkonvertierung, -auswertung, -aggregierung etc. zu treffen.

Wird eine Abnahme der Systeminstallation vorgenommen, was eher bei der Zusammenarbeit mit externen Realisierern und Dienstleistern in Frage kommt, so ist es ratsam, folgende Fragen zu beantworten:

- Was oder welche Endprodukte wurden übernommen?
- Wo liegen die Quellprogramme, wo die Run-Time-Programme?
- Von wem ist die Übernahme erfolgt?
- Wann kann die Übernahme erfolgen?
- Welche Teile des realisierten Anwendungssystems wurden nicht übernommen?
- Aus welchen Gründen wurden welche Endprodukte nicht portiert bzw. übernommen?
- Wann werden die nichtportierten Endprodukte wieder portiert bzw. einer Abnahme unterzogen?

Besteht die Lösung aus einem organisatorischen Redesign einer Abteilung, eines Bereichs oder eines Unternehmens, so ist in diesem Schritt die Organisationsänderung durchzuführen; also das neue Organigramm in Kraft zu setzen, die Aufgaben-, Kompetenz- und Verantwortlichkeitsverteilung umzustellen, die Geschäftsvorfälle den neuen Prozessen (Haupt- und Teilprozessen) anzupassen, die Werkzeuge (Formulare, Checklisten, Programme etc.) zu installieren, die Planungs- und Steuerungsprozesse zu verändern etc.

## Methoden

- Analyse- und Designmethoden für IT (Kap. 4.2)

## Art und Umfang

- textartige Dokumentation des Ablaufs und Umfangs
- etwa 2 bis 20 Seiten

## Tools

- Textverarbeitung

### 2.7.3 Schulung und Information

Schulung und Information kann bei der Einführung eines DV-Systems eine Anwenderschulung sein, bei einer Änderung von Prozessen und Strukturen eine Information (-sveranstaltung) für die nachgeordneten Hierarchien einschließlich der Mitarbeiter.

Die organisatorischen und dv-technischen Anforderungen an eine Anwenderschulung sind:

- Die Anwendung und Nutzung des neuen und erweiterten Anwendungssystems sowie die organisatorischen Veränderungen zu unterstützen und mit zu gestalten – sofern notwendig.
- Die Systemanwender ermutigen, ihr neues Wissen und ihre neuen Fertigkeiten im Sinne von Multiplikatoren an Kollegen/Kolleginnen weiterzugeben.
- Geänderte Abläufe weiter hinterfragen. Wie kann das Arbeitsergebnis und der Prozess verbessert werden?

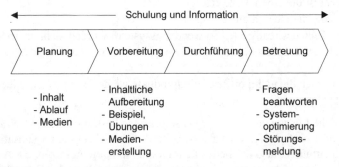

**Abb. 2.34.** Ablauf einer Schulungs- und Informationsveranstaltung

Schulung und Information kann entsprechend der nachfolgenden Schritte in diese Teilaktivitäten unterteilt werden:

1. Planung von Inhalt, Ablauf und Medien
2. Vorbereitung von Inhalten, Beispielen, Übungen und Medien
3. Durchführung des Trainings
4. Betreuung bei Fragen, Störungen und Systemoptimierung

Für die Vorbereitung und Durchführung einer Schulungs- und Informationsveranstaltung sind die in Abb. 2.35. dargestellten Grundsätze ein wichtiger Orientierungsrahmen.

### Methoden

- (Seminar- und Workshop-Gestaltung)
- (Seminar- und Workshop-Steuerung)
- (Seminar- und Workshop-Auswertung (Seminar- und Workshop-Reflexion))
- (Präsentationstechniken)

### Art und Umfang

- Grafische und textartige Darstellung der Schulungsinhalte
- tabellarische Beschreibung des Seminarablaufs, -design bzw. -leitfadens

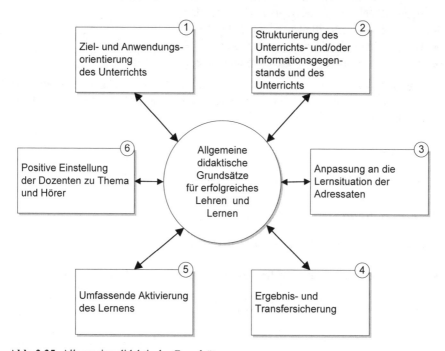

**Abb. 2.35.** Allgemeine didaktische Grundsätze

## Tools

- Grafikprogramm
- Textverarbeitung

### 2.7.4 Parallelbetrieb

In der Aktivität Parallelbetrieb geht das neue Anwendungssystem in den Echtbetrieb. Alle Änderungen von Daten, Beständen sind zu protokollieren. Ausgaben in Form von Listen, Protokollen und/oder Formularen sind mit dem Altsystem abzugleichen. Im Mittelpunkt steht das Erkennen und Nachvollziehen von Abweichungen zwischen Alt- und Neusystem, damit bei Abweichungen frühzeitig reagiert werden kann.

Die Dokumentation des Parallelbetriebs bzw. das Protokoll des Parallelbetriebs sollte auf folgende Fragen Antwort geben:

- Welche Systembestandteile wurden parallel betrieben?
- Wie lange lief der Parallelbetrieb?
- Wo gab es Unterschiede zwischen dem Alt- und Neusystem?
- Waren die Unterschiede geplant oder ungeplant?
- Wie und wer stellte die Unterschiede fest?
- Welche Unterschiede sind Systemfehler?
- Welche Maßnahmen erfolgten, um die Fehler zu beheben?

Dieser Arbeitsschritt macht nur Sinn, wenn das Projekt auf ein Datenverarbeitungs-System oder eine Datenverarbeitungs-Anwendung zielt. Im anderen Fall wäre der Aufwand zu groß.

## Methoden

- Analyse- und Designmethoden für IT (Kap. 4.2)

## Art und Umfang

- Die Dokumentation umfasst die Datenverarbeitung in Datenbanken, Dateien/Tabellen und Datenfelder.
- Die Dokumentation umfasst den Abgleich von Schnittstellen, Formularen, Listen und Protokollen.
- etwa fünf bis einige hundert Seiten

## Tools

- Textverarbeitung
- spezielle Systeme

## 2.7.5 Organisationsveränderung

Die Organisationsveränderung kann je nach Fokus in einer der vier Dokumentationen enden:

- Ablaufbeschreibung (für Soll-Zustand),
- Arbeitsweisenbeschreibung (für Soll-Zustand),
- ISO 9000-Ablaufbeschreibung oder
- explizit erstellte Organisationsveränderungsdokumentation

Primär wird die Organisationsveränderung in der Konzeption und insbesondere in der Spezifikation dokumentiert werden. Wichtig ist, dass die Veränderungen dokumentiert wurden. Das Dokumentationsmedium bzw. die Dokumentationsbeschreibung ist sekundär. Anhand dieser Unterlagen kann hier die betriebliche Veränderung vorgenommen werden.

Die Durchführung der Organisationsveränderung ist in der Systemabnahme zu protokollieren. Wichtige Fragen sind:

- Was wurde verändert? Was nicht? Warum?
- Wie ist die Veränderung erfolgt?
- Wer ist betroffen?
- Wer ist zu unterrichten?
- Wer kann für die Veränderung hinzugezogen werden?
- Wo ist sie vorzunehmen?
- Muss die Veränderung überwacht werden?
- Wird die Veränderung von den späteren Betroffenen akzeptiert?
- Kann die Veränderung gegebenenfalls von den Betroffenen selbst eingeleitet werden (z. B. durch Workshops)?
- Wie verändert sich die Aufgabenverteilung?
- Wie verändert sich der Zeitablauf bei den Aufgaben?

*Methoden*

- Analyse- und Designmethoden für Organisation (Kap. 4.3)

*Art und Umfang*

- Die Dokumentation von neuen Arbeitsweisen kann je nach Größe des betroffenen Bereichs etwa 10 bis 200 Seiten umfassen.
- Organisationsveränderungen können damit je nach Größe etwa 0,5 Tage bis 3 Monate dauern.

*Tools*

- Textverarbeitung
- Grafikprogramm

## 2.7.6 Test und Abnahme

Grundlage für die Abnahme sind die Teilergebnisse aus der Konzeption und Realisierung. Die Abnahme umfasst sowohl den organisatorischen Änderungsumfang, als auch den Umfang des neuen Anwendungssystems. Für die Zusammenarbeit mit einem externen Realisierer sind der Zeitpunkt der Abnahme und der Beginn der Gewährleistung des Realisierers zu bestimmen.

Ziel der Systemabnahme, wie auch aller vorausgegangenen Tests ist es, festzustellen, ob die erstellte Software „fehlerfrei" arbeitet und die geforderten Funktionalitäten und Eigenschaften erfüllt sind. Der Umfang des Systemtests sollte dabei unter wirtschaftlichen Gesichtspunkten gewählt werden. Ein weiteres Ziel der Systemabnahme ist es, den geforderten Lieferumfang auf Vollständigkeit zu prüfen. Dies umfasst alle geforderten Dokumente und falls erforderlich auch die Hardware.

Bei der Systemabnahme von Endprodukten unterscheidet man drei Abnahmearten:

1. Funktionelle Abnahme
   Dabei ist zu prüfen, ob das System die fachlichen dokumentierten Anforderungen korrekt erfüllt. Das Endprodukt ist das funktionelle Abnahmeprotokoll, aus dem hervorgeht,
   - was abgenommen wurde,
   - von wem abgenommen wurde,
   - wann die Abnahme erfolgte,
   - wo Differenzen zum Pflichtenheft in welcher Art bestehen und
   - welche Maßnahmen bei Differenzen erfolgen.
2. Systemtechnische Abnahme
   Bei der systemtechnischen Abnahme sind die geforderten hard- und softwarespezifischen Sachverhalte auf ihre Korrektheit zu prüfen. Das Endprodukt ist das systemtechnische Abnahmeprotokoll, aus dem hervorgeht,
   - was abgenommen wurde,
   - von wem abgenommen wurde,
   - wann die Abnahme erfolgte,
   - wo Differenzen zum Pflichtenheft in welcher Art bestehen und
   - welche Maßnahmen bei Differenzen ergriffen werden.
3. Fachlich-organisatorische Abnahme
   Hierbei werden die Pilotinstallationen und die durchgeführten organisatorischen Maßnahmen am Pilotstandort auf Korrektheit geprüft und dokumentiert. Das Endprodukt ist das fachlich-organisatorische Abnahmeprotokoll, aus dem hervorgeht,
   - was abgenommen wurde,
   - von wem abgenommen wurde und
   - wann die Abnahme erfolgte.

### *Methoden*

- Abnahmeverfahren (Kap. 4.8.2)
- Projektplanung (Kap. 3.6)

## Art und Umfang

- textartige Beschreibung der obigen Fragen

## Tools

- Textverarbeitung

### 2.7.7 Nutzenüberprüfung

Für eine zielorientierte Projekt- und Managementarbeit ist nach der Einführung der Lösungen und Ergebnisse eine Nutzenüberprüfung durchzuführen. Dafür ist im Rahmen der Phase Realisierung in der Aktivität Projektnutzenüberprüfungsplanung ein Konzept zu erstellen. Dieses Konzept sollte beinhalten, inwieweit die ursprünglich gewählte Systematik des Ziel-Controllings beibehalten werden kann und wie die Nutzenüberprüfung formal abläuft.

Die letzten zwei Spalten der Tabelle 2.18. sind zu füllen.

Die Ergebnisse des Ziel-Controllings sind nicht nur für die betriebswirtschaftliche Erfolgsprüfung wichtig, sondern auch für die Projektauswertung. Nur so kann Projektmanagement sich immer wieder weiter entwickeln (vgl. Keßler u. Winkelhofer 2004, S. 273).

**Tabelle 2.18.** Abschluss des Ziel-Controlling

| | | | | | | |
|---|---|---|---|---|---|---|
| Welcher Systemnutzen kann unterstützt werden? | | | | | | |
| Wie kann die Kennzahl bezeichnet werden? | | | | | | |
| Formel zur Errechnung des Kennzahlenwertes | | | | | | |
| Quantitative Beschreibung der einzelnen Messgrößen (aus Formel) | | | | | | |
| Kennzahl | | | | | | |
| Anteil Kostenstelle 1 | | | | | | |
| Anteil Kostenstelle 2 | | | | | | |
| Anteil Kostenstelle n | | | | | | |
| | Ist bei Projektdefinition | Soll nach Implementierung | Soll mit vorliegender Konzeption | Soll mit vorliegender Spezifikation | Ist nach Implementierung | Delta Ist vor/ Ist nach |

## Methoden

- Ziel-Controlling (Kap. 3.11.2)

*Art und Umfang*

- nach Möglichkeit die vorausgehende Tabelle 2.14. für die Ermittlung des Teilnutzens/Einzelnutzens verwenden.
- etwa zwei bis zwanzig Seiten

*Tools*

- Textverarbeitung

### 2.7.8 Projektkostenabrechnung

Die gesamten Projektkosten sollten zum Projektende abgerechnet werden, unabhängig davon, ob eine eigene Projektkostenstelle existiert oder nicht.

Zur Abrechnung der Projektkosten gehören:

- Investitions- und Sachkosten für die Hardware, Software, Tools sowie für die Entwicklungs- und Testumgebung etc.
- Beratungskosten für interne und externe Experten
- Kosten der Projektvorbereitung
- Kosten des Projektkernteams
- Investitionskosten für die Produktionsumgebung
- Projektmanagement-Kosten
- Schulungs- und Informationskosten
- Budgetabschluss (für den Projektleiter)

*Methoden*

- Projektplanung (Kap. 3.6)
- Operatives Controlling (Kap. 3.11.1)

*Art und Umfang*

- Nach Möglichkeit sollten die Projektkosten nach Phasen, noch besser nach Arbeitsschritten aufgeschlüsselt werden.
- etwa 2 bis 10 Seiten

*Tools*

- Textverarbeitung

## 2.7.9 Projektauswertung

Die Projektauswertung hat das Ziel, den Lernprozess aus der Projektarbeit zu erhöhen (vgl. Keßler u. Winkelhofer 2004, S. 273). Dazu ist es angebracht, nach Systemeinführung und -abschluss den Projektverlauf aus der Sichtweise anderer Personen kennen zu lernen: den Zielgruppen der Projektauswertung Abb. 2.36.

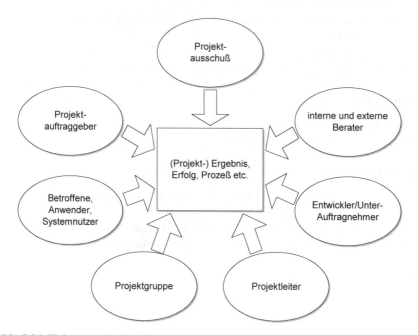

**Abb. 2.36.** Zielgruppen der Projektauswertung

Für die Auswertung des Projekterfolgs und Projektverlaufs sind folgende Fragen von besonderem Interesse:

- Wurden die Projektziele erreicht?
- Wurden die Projektbedingungen eingehalten?
- Wurden die Kosten und Termine eingehalten?
- Wurde die definierte Systemqualität erreicht?
- Was waren die Kernprobleme im Projektverlauf?
- Wie verliefen die einzelnen Phasen und Arbeitsschritte?
- Wo haben wir bewusst, wo unbewusst Abweichungen davon (vom Inhalt, von der Vorgehensweise etc.) gemacht?
- War die Projektdokumentation ausreichend?
- War die Projekterfahrung bei den Beteiligten ausreichend?
- War die Schulung und Information ausreichend?

- War die Projektorganisation (reines Projektmanagement/Matrixorganisation/ Einfluss-Projektmanagement, Lenkungsausschuss/Steuerkreis) aufgabengerecht gewählt?
- Welche Entscheidungen wurden im Team getroffen? Welche vom Auftraggeber? Welche vom Projektausschuss?
- Wie verlief die Zusammenarbeit im Team? Wie verlief die Zusammenarbeit mit den Betroffenen/Anwendern?
- Wie groß waren das Methodenbewusstsein und die Methodentreue?
- Was war gut?
- Was war weniger gut?
- Was würden Sie als Projektleiter beim nächsten Mal anders machen?

*Methoden*

- (Seminar- und Workshop-Auswertung)
- (Seminar- und Workshop-Reflexion)

*Art und Umfang*

- Die Durchführung der Projektauswertung kann je nach Projektgröße in einem oder mehreren Workshops erfolgen.
- Bei Kleinprojekten bzw. Kleinaufgaben kann an dieser Stelle auch ein mündliches Interview oder eine kurze schriftliche Befragung erfolgen.

*Tools*

- Textverarbeitung

### 2.7.10 Entlastung von Projektgruppe und Projektleitung

Die Entlastung von Projektleitung und Projektgruppe ist die letzte Aktivität im Vorgehensmodell. Sie ist – je nachdem, wer den Projektauftrag gegeben hat – vom Auftraggeber/Sponsor oder vom Projektausschuss vorzunehmen. In aller Regel ist die Projektlösung so weit eingeführt, dass der Projektnutzen sein Maximum erreicht hat bzw. kurz davor steht (Abb. 2.37.).

Die Entlastung von Projektleitung umfasst:

- die terminliche Entlastung,
- die budgetmäßige Entlastung,
- die fachliche Entlastung sowie
- die personelle Entlastung.

Die Entlastung der Projektgruppe umfasst:

- fachliche Entlastung.

Mit der Entlastung von Projektleitung und Projektgruppe sollten die nachfolgenden Fragen beantwortet werden:

- Welche positiven und negativen Terminabweichungen gab es?
- Welche positiven und negativen Budgetabweichungen gab es?
- Welche definierten Anforderungen wurden erfüllt, welche nicht?
- Welche personellen Veränderungen gab es im Projekt?
- Welche Ursachen haben zu diesen Abweichungen geführt?

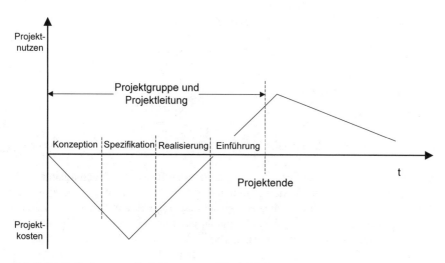

**Abb. 2.37.** Entlastung von Projektgruppe und Projektleitung

## *Methoden*

- keine expliziten

## *Art und Umfang*

- textartige Beantwortung der obigen Fragen
- etwa 1 bis 3 Seiten

## *Tools*

- Textverarbeitung

## 2.8 Phase Systemoptimierung

Nach Abschluss der Implementierung und des Projekts geht das System in den laufenden Betrieb. Dort steht es zu Beginn in der Regel noch nicht in vollem Umfang für den eigentlichen Gebrauch zur Verfügung. Organisatorische Strukturen, technisches System und Menschen müssen „zusammenwachsen" und optimieren (Abb. 2.38.).

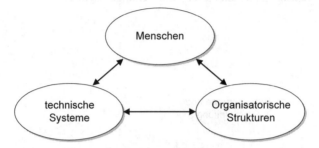

**Abb. 2.38.** Beispieldreieck Menschen – technische Systeme – organisatorische Strukturen

Das Auftreten und Beseitigen von Fehlern beeinflusst die Nutzungsintensität. Durch eine korrigierende Wartung können die Ursachen von Fehlern beseitigt und Maßnahmen ergriffen werden, die der Vermeidung von Fehlern dienen. Das Ziel der Systemoptimierung ist die volle Funktionsfähigkeit des (Projekt-) Ergebnisses, der Lösung und/oder des Anwendungssystems herzustellen, zu erhalten und auszubauen.

Je nach Größe des Unternehmens, der Problemstellung und Größe des Anwendungssystems kann der Betrieb von Informationssystemen ganz unterschiedlich ablaufen. Die Spannweite für die Systemoptimierung kann von einer extra dafür eingerichteten Arbeitsgruppe für den Systemeinsatz bzw. -optimierung über die Betreuung durch das Entwicklungsteam bis hin zu keinerlei Betreuung bzw. Optimierung reichen.

Die Arbeitsschritte, Ergebnisse und Methoden für die Systemoptimierung sind in Tabelle 2.19. zusammengefasst. Der mögliche Ablauf ist in Abb. 2.39. dargestellt.

**Tabelle 2.19.** Arbeitsschritte und Methoden für die Systemoptimierung

| Arbeitsschritte und Ergebnisse für die Systemoptimierung | geeignete Methoden | Kapitel |
| --- | --- | --- |
| 1. Betreuung | Kompetenzmatrix | 3.8.2 |
| | Fehler-Möglichkeits-Einfluss-Analyse (FMEA) | 4.10.2 |
| 2. Nachschulung | (Seminar- und Workshop-Gestaltung) | |
| 3. Wartung und Systempflege | Qualitätsprüfung | 4.10.1 |
| | Kompetenzmatrix | 3.8.2 |
| 4. Verfahrensoptimierung | Ziel-Controlling | 3.11.2 |

## 2.8 Phase Systemoptimierung

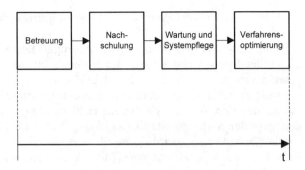

**Abb. 2.39.** Zeitlicher Ablauf der Systemoptimierung

### 2.8.1 Betreuung

Die Betreuung umfasst alle Aufgaben für die Aufrechterhaltung des laufenden Systembetriebs aus organisatorischer, technischer und systemtechnischer Sicht. Dazu kann gezählt werden:

- Verwaltung der Zugriffsberechtigung,
- Hotline bei Störungen und Fragen,
- Verwaltung der Datenbestände und -zustände,
- Betreuung des Datenaustausches mit anderen Systemen,
- Verwaltung und Betreuung der Datensicherung,
- Sicherstellung des systemspezifischen Datenschutzes und der Datensicherung.

*Methoden*

- Kompetenzmatrix (Kap. 3.8.2)
- Fehlermöglichkeits- und -einflussanalyse (FMEA) (Kap. 4.10.2)

*Art und Umfang*

- Organigramm für Systembetreuung

*Tools*

- Grafikprogramm
- Textverarbeitung

### 2.8.2 Nachschulung

Die Nachschulung umfasst zum einen die Erweiterung des Schulungskreises auf weitere Anwender und zum anderen die Aktualisierung der Schulungsinhalte im

Hinblick auf die Erfahrungen aus der Einführung und der Anpassung der Organisation an das System.

Die Nachschulung kann auch als Workshop für den optimalen Systemeinsatz nach Fertigstellung des Systems und Kennen der Systemfunktionen durchgeführt werden. Geht man davon aus, dass keine vollständige Konzeption und Spezifikation der organisatorischen Abläufe, der technischen und systemtechnischen Komponenten aufgrund des dafür notwendigen Zeitbedarfs erfolgen kann, so ist die Nachschulung für den optimalen Systemeinsatz eine zwingende Notwendigkeit.

Weiter kann die Nachschulung auch Impulse für eine weitere organisatorische und dv-technische Verfahrensoptimierung geben (übernächster Arbeitsschritt).

### *Methoden*

- (Seminar- und Workshop-Gestaltung)

### *Art und Umfang*

- bei Workshop-Charakter in Moderationsform
- Dauer ca. 2 Stunden bis 1 Tag

### *Tools*

- Textverarbeitung

### 2.8.3 Wartung und Systempflege

Unter Wartung wird die Fehlerbehebung, unter Pflege die Anpassung und Änderung verstanden (vgl. Balzert 1982, S. 16).

Die Hardware- und Software-Wartung sowie die Software-Pflege weisen folgende Merkmale auf (Abb. 2.40.; vgl. Balzert 1982, S. 476):

- sich wiederholende, langfristige Tätigkeiten,
- ereignisgesteuert, d. h. nicht vorhersehbar und daher schwer planbar und kontrollierbar.

Unter Hardware-Wartung versteht man die Instandsetzung (korrigierende Wartung) und die Instandhaltung (vorbeugende oder präventive Wartung) der einzelnen Maschinen und des Zubehörs eines Computersystems. Da man nicht voraussagen kann, wann einzelne Hardware-Komponenten ausfallen, sollten die Ziele für die Wartung wie folgt formuliert werden:

- möglichst lange Laufzeiten ohne Störung (große MTBF = Mean Time Between Failures) und
- möglichst kurze Reparaturzeiten (kurze MTTR = Mean Time To Repair).

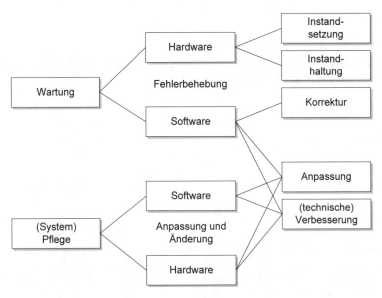

**Abb. 2.40.** Systemwartung und -pflege

Bei der Software-Wartung (oft auch Programmpflege genannt) werden folgende Arten unterschieden:

- Anpassungs-Wartung
- korrigierende Wartung
- Verbesserungs-Wartung

Die adaptive Software-Wartung bezeichnet die Anpassung an geänderte Gegebenheiten. Der Begriff wird meist für Änderungen verwendet, ohne die das System nicht mehr funktionieren würde. Dabei ist notwendigerweise die Einschränkung zu beachten, dass die Software nur unter definierten Bedingungen lauffähig sein muss.

Die korrigierende Software-Wartung ist das Suchen und Beheben von eigentlichen Fehlern.

Die perfektive Software-Wartung bedeutet technische Verbesserungen an der bestehenden Software, ohne den grundsätzlichen Aufbau des Systems zu verändern.

Ziele der Software-Wartung sind (vgl. Becker et al. 1990, S. 446 f.):

- Erhaltung der Kompatibilität mit der Hardware und der Organisation sowie
- schnelle Behebung von auftretenden Fehlern.

## *Methoden*

- Qualitätssicherungsplanung (Kap. 4.10.1)
- Kompetenzmatrix (Kap. 3.8.2) für die Definition der Zuständigkeiten für Wartung und Pflege

## Art und Umfang

- Es muss ein individueller Wartungsplan festgelegt werden. Darin muss enthalten sein, ob eine normale Wartung genügt oder ob für anwenderseitige Spitzenzeiten eine erweiterte Wartung notwendig ist.

## Tools

- Textverarbeitung

### 2.8.4 Verfahrensoptimierung

Die Verfahrensoptimierung hat das Ziel, ein Optimum zwischen Organisation, Technik und Anwendungssystem herzustellen. Dies kann zum einen die optimale Unterstützung der systemnutzenden Bereiche bei ihrer Zielerreichung sein (Output des Systems). Dazu sind die Bereichsziele qualitativ und quantitativ zu optimieren und zielorientiert durch Systemfunktionen zu unterstützen. Zum anderen kann der Betrieb des Anwendungssystems selbst optimiert werden. Hierzu können folgende Unterscheidungen gemacht werden:

1. Auflistung der teuersten laufenden Funktionen, die 50 % oder mehr der laufenden Systemkosten ausmacht. Dies kann in einer Grafik dargestellt werden (Abb. 2.41.):

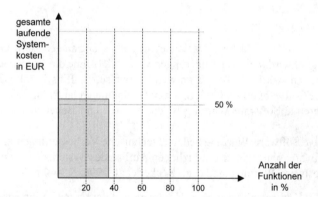

**Abb. 2.41.** Teuerste laufende Funktionen

2. Auflistung der wartungsintensivsten Funktion, die 50 % oder mehr der jährlichen Wartungskosten ausmacht. Dazu ist die vorausgehende Grafik entsprechend zu skalieren (Abb. 2.42.).

## 2.8 Phase Systemoptimierung

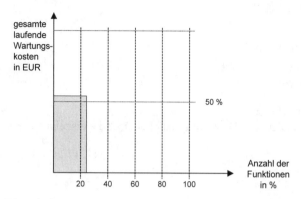

**Abb. 2.42.** Wartungsintensivste Funktion

Zeigt sich im Rahmen der Verfahrensoptimierung, dass das Nutzenpotential entsprechend hoch ist, kann die Beauftragung für eine neue Projektdefinition veranlasst werden (Abb. 2.43.). Im anderen Fall werden die Verfahrensoptimierungen im Rahmen der (System-)Pflege bearbeitet.

Die Systempflege erfolgt in Form von projekthaftem Arbeiten ohne ein festes Projektteam und mit einer deutlichen Reduzierung der vorgeschlagenen Vorgehensweise.

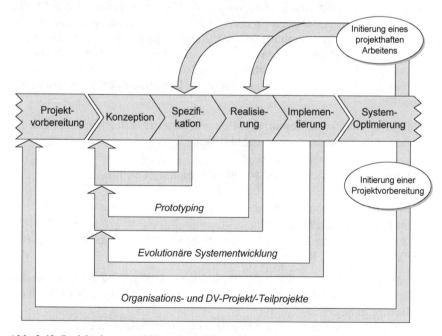

**Abb. 2.43.** Projektphasen und Vorgehensphilosophien

*Methoden*

- Ziel-Controlling (Kap. 3.11.2)

*Art und Umfang*

- Grafische Darstellung
- Ergänzt um tabellarische Detailinformationen über die einzelnen Mess- und Kennzahlen

*Tools*

- Grafikprogramm
- Textverarbeitung

## 2.9 Zum Praxistransfer

Die in diesem Kapitel vorgestellte Arbeitsweise ist der „rote Faden" für den Anwender und Leser dieser Methodik. Es bleibt jedoch, die Vorgehensweise an die konkrete Aufgabenstellung anzupassen.

Aus Sicht der Projektplanung ist das vorgestellte Vorgehensmodell mit den Arbeitsschritten und z. T. Unterschritten ein erster „Master-Projektstrukturplan", der auf jedes neue Vorhaben (Idee, Problem und/oder Anforderung) angepasst werden muss.

Der Autor schlägt dem Anwender für die Anpassung dieser Methodik und der später vorgestellten Methoden – abhängig von dem jeweiligen Stand im Phasenmodell – bei der Planung der jeweiligen Phase die Beantwortung der nachfolgenden Fragen vor:

- Welche Arbeitsschritte müssen, so wie sie sind, unmittelbar übernommen werden?
- Welche Arbeitsschritte werden nicht benötigt?
- Warum werden diese nicht benötigt?
- Müssen evtl. zusätzliche Arbeitsschritte aufgenommen werden?
- Warum werden diese zusätzlich benötigt?
- Welche Methoden werden für die einzelnen Arbeitsschritte benötigt?
- Warum werden diese benötigt?
- Was fällt dabei in die Zuständigkeit der Methodik und was in die Zuständigkeit der Methoden? (vgl. Keßler u. Winkelhofer 2004)

Für den Einsatz in einem konkreten Projekt hat es sich als sehr vorteilhaft erwiesen, die einzelnen Projektphasen mit Workshops (von je 2,5 bis 4 Tagen) durch externe Berater zu begleiten.

Diese Workshops finden zu Beginn jeder Phase statt und geben eine theoretische Einführung in die Phase und die Arbeitsschritte. Anschließend können die Methoden in Theorie und in Beispielen vorgestellt werden. Im nächsten Schritt können die Workshop-Teilnehmer das Gelernte für ihr konkretes Projekt oder ihre Management-Aufgabe anwenden. Nachdem eine einzelne Methode ansatzweise von den Teilnehmern angewendet wurde, kann der nächste Arbeitsschritt und die nächsten Methoden in gleicher Weise bearbeitet werden.

Diese Art der Vorgehensweise bringt dem Anwender betriebswirtschaftlich und qualitativ bzgl. der (Projekt-) Ergebnisse erheblichen Nutzen. Besonders zu erwähnen bleibt:

- Die Beratungskosten für die Definition der Aufgabe, für die Analyse und Konzeption können um bis zu 80–90% reduziert werden.
- Das Methoden-Know-how bleibt nicht bei den (externen) Beratern, sondern wird im eigenen Unternehmen entwickelt.
- Bei Fragen oder kleinen Anwendungsproblemen der einzelnen Arbeitsschritte und Methoden oder bei Unsicherheiten im Vorgehen steht während des Workshops und danach der Berater zu Verfügung.

Anmerkung: Diese Vorgehensweise liegt ganz eindeutig im Trend von „Lean-Consulting".

Für die Einführung dieser Vorgehensweise in Unternehmen oder Verwaltungen hat es sich bewährt, dass zu Beginn eine „Standortbestimmung für Projektmanagement" erstellt wird. Darauf aufbauend können dann gezielt die am schwächsten ausgebildeten Erfolgsfaktoren *für* Projektmanagement entwickelt werden (vgl. Keßler u. Winkelhofer 2004). Für so einen Prozess sind ein halbes bis ein Jahr anzusetzen.

# 3 Methoden der Projektplanung

## 3.1 Einführung

Die Methoden der formalen Projektplanung sind im vorliegenden Buch in zehn Unterthemen aufgeteilt. Jedes dieser Unterthemen enthält zwischen ein und sechs Methoden. Insgesamt umfasst dieses Kapitel 29 Methoden.

## 3.2 Auftragsanalyse und Auftragsabnahme

### 3.2.1 Auftragsanalyse

***Methodische Grundlagen***

Aufträge sind die konkrete Beschreibung einer Aufgabe mit

- einer klaren Problembeschreibung
- einer eindeutigen Zielsetzung
- eventuell mit einer Idee für die Umsetzung
- einer umfassenden Abgrenzung und
- einer definierten Vorgabe für Zeit, Aufwand und gegebenenfalls Kosten (vgl. Schmidt 1991a, S. 25).

Die Auftragsanalyse bietet sich einem Projektleiter oder Assistenten an, um systematisch und vollständig alle anfallenden Aufgaben in der notwendigen Gliederungstiefe zu ermitteln. Die Gliederungstiefe ergibt sich aus der Fragestellung.

Geht es nur um die Zuweisung von Aufgaben an entsprechende Aufgabenträger, genügt in der Regel eine weniger tiefe Gliederung. Wenn aber im Detail festzulegen ist, in welcher Reihenfolge einzelne Teilaufgaben zu erfüllen sind ist eine deutlich detailliertere Gliederungstiefe notwendig. Die Aufgaben der letzten Zerlegungsstufe werden auch Elementaraufgaben genannt.

Die Auftragsanalyse dient zur Ermittlung organisatorisch relevanter Elemente, d. h. es werden die wichtigsten Aufgaben mittels der Auftragsanalyse gesammelt. Die Aufgabenanalyse ist also die Zerlegung einer Aufgabe in ihre Verrichtungs- und/oder Objektkomponenten (vgl. Schmidt 1991a, S. 26).

## Ablauf

Die Auftragsanalyse soll Klarheit in die Aufgabe, das Umfeld und die dafür notwendigen Informationen bringen. Folgende Fragen sollten beantwortet werden können:

1. Was ist das eigentliche Problem? Was ist das Ziel?
2. Was sind die Bedingungen?
3. In welche Aufgaben, Teilaufgaben und Arbeitspakete bzw. Arbeitsschritte, Teilarbeitsschritte und Arbeitspakete kann der Auftrag strukturiert werden?
4. Wo liegen die Gestaltungsgrenzen?
5. Bis wann muss die Aufgabe gelöst sein?
6. Welcher Aufwand darf investiert bzw. wie viel Geld verbraucht werden?

## Regeln

Der Umfang der Auftragsanalyse ergibt sich aus den Arbeitsschritten und den Ergebnissen der jeweiligen Projektphase. Die Auftragsanalyse zu Beginn der Spezifikation prüft die Arbeitsschritte und Ergebnisse der Konzeption. Darüber hinaus ist zu prüfen, in wieweit sich wieder Änderungen aufgrund der verstrichenen Zeit seit der Konzepterstellung ergeben haben.

Eine Ausnahme bildet dabei der Beginn der Phase Projektvorbereitung. Hier ist es bei großen Projekten ratsam, einen Vorauftrag für die Projektdefinition zu erstellen.

## Einsatzmöglichkeiten, Chancen und Risiken

Die Auftragsanalyse sollte grundsätzlich bei jedem neuen Projektauftrag im Rahmen der Projektvorbereitung und gegebenenfalls beim Start einer weiteren Projektphase gründlich durchgeführt werden, um zu vermeiden, dass Aufgabenstellungen falsch oder unvollständig bearbeitet werden.

## Beispiel

Eine bestimmte, etwa für die Auftragsabwicklung zuständige Stelle, weist durch ihre Abteilungsbezeichnung die zu erfüllenden Aufgaben aus. Diese Information mag genügen, wenn z. B. Herr Buch die Frage zu entscheiden hat, ob Herr Abwick (Inhaber der Stelle Auftragsabwicklung) dem Vertrieb oder der Technik unterstellt werden soll. Dazu muss der Arbeitsablauf von Herrn Abwick untersucht und optimiert werden. Dies erfordert die Erhebung und Ordnung der anfallenden Aufgaben bei Herrn Abwick. Hierzu müssen die Aufgaben in einzelne Teilaufgaben und Oberaufgaben gegliedert werden, die als Summe dann das Ziel, nämlich die Aufgabenerfüllung bilden (vgl. Schmidt 1991a, S. 26).

## 3.2.2 Auftragsabnahme

### Methodische Grundlagen

In vielen Unternehmen wird nach Abschluss einer Projektphase und/oder Einführung eines neuen Systems gemeinsam von den Fachabteilungen und der Projektgruppe ein Abnahmeprotokoll erstellt. Mit der Erstellung des Abnahmeprotokolls wird die Anlaufphase abgeschlossen und die Restarbeit für die Projektgruppe festgehalten (vgl. Steinbuch 1990, S. 193).

Die korrekte Durchführung der Abnahmeprüfung ist sowohl aus betrieblichen als auch aus juristischen Gründen wichtig. Beim Werkvertrag, und um einen solchen handelt es sich bei der Erstellung einer Leistung, muss der Besteller das Werk nach § 640 I BGB abnehmen. Hierbei bedeutet Abnahme jedoch auch Anerkennung der vertragsmäßigen Herstellung. Mit der Abnahme geht die Gefahr nach § 644 BGB auf den Besteller über, dabei wird nach § 641 BGB die Vergütung fällig. Der Hersteller unterliegt keiner Mängelhaftung für Mängel des Werkes, die der Besteller bei der Abnahme kennt, wenn sich dieser seine Rechte nicht ausdrücklich vorbehält (§ 640 II BGB) (vgl. Gabler-Wirtschafts-Lexikon 1993, S. 19).

### Ablauf

1. Es empfiehlt sich, schon während der Realisierung, insbesondere im Rahmen der Einzel- und Systemtests, Funktionsproben durchzuführen und eventuelle Mängel unverzüglich zu beheben.
2. Nach Abschluss der Installation sind die Systemkomponenten und zusammenhängenden Teilsysteme einer Feinabstimmung zu unterziehen sowie ein Probebetrieb durchzuführen. Dabei sollen je nach Bedarf Vertreter des Lieferanten, der Montagefirma und der Benutzer zugezogen werden. Festgestellte Mängel sind unverzüglich zu beheben.
3. Die Erfüllung aller Leistungsverpflichtungen wird einer Kontrolle unterzogen und die Ergebnisse in einem Protokoll festgehalten.
4. Die Abnahmeprüfungen sind unter voller betrieblicher Belastung vorzunehmen.
5. Die Funktionsfähigkeit, die Funktionstüchtigkeit (störungsfreie Funktion) sowie Menge und Qualität der Leistung sind zu erfassen.
6. Parallel hierzu erfolgt die Einweisung des Bedienungs- und Instandhaltungspersonals.
7. Um die Inbetriebnahme nicht zu verzögern, besteht die Möglichkeit, die Systeme bzw. Anlagen trotz kleiner Mängel abzunehmen, die Mängel in einem Protokoll festzuhalten und für ihre Beseitigung einen verbindlichen Termin festzulegen. Dabei sind kostenlose Mängelbehebungen und eventuell Ergänzungsaufträge genau zu trennen (vgl. Aggteleky u. Bajna 1992, S. 283).
8. Nach erfolgreich durchgeführter Abnahmeprüfung findet der Gefahrenübergang vom Lieferanten auf den Auftraggeber und die Inbetriebnahme statt. Mit diesem Zeitpunkt beginnt die Garantiefrist.

9. In der abschließenden Realisierungsphase, parallel mit der Feinmontage, Einregulierung und Abnahmeprüfung, ist die Enddokumentation vorzubereiten (vgl. Aggteleky u. Bajna 1992, S. 284).

Für die Abnahme einer Projektphase sind die obigen Schritte entsprechend zu reduzieren.

### Regeln

- Bei der abschließenden Abnahmeprüfung und des Probebetriebes ist darauf zu achten, dass diese im schlüsselfertigen Zustand bei voller Belastung und unter betrieblichen Bedingungen durchgeführt werden. Nur so kann die Erfüllung der vertraglich festgelegten Anforderungen und Garantiebedingungen stichhaltig geprüft werden. Dies schließt jedoch nicht aus, dass einzelne Funktionsproben bereits früher vorgenommen werden (vgl. Aggteleky u. Bajna 1992, S. 283).
- Abnahmeprüfungen müssen mit einem ausgedehnten Probebetrieb verknüpft werden.
- Besonders bei größeren und komplexeren Anlagen erweist sich die Erstellung und Bereinigung der Endabwicklung als zeitraubende und arbeitsintensive Aufgabe, weil auf die Aktualisierung aller Pläne und auf die Vollständigkeit aller Unterlagen, inklusive der Bedingungs- und Instandhaltungsanleitungen, zu achten ist. Das gleiche gilt für die Verfügbarkeit der notwendigen Ersatzteile und Betriebsstoffe (vgl. Aggteleky u. Bajna 1992, S. 284).

### Einsatzmöglichkeiten, Chancen und Risiken

Vorteilhafter ist es, die Abnahmeprüfung und formelle Endabnahme für das ganze Projekt bzw. für größere Teilbereiche des Projektes, zeitgleich vorzunehmen. Auf diese Weise laufen auch die Garantiezeiten gleichzeitig ab. Eine solche Regelung erlaubt eine lückenlose und rationelle Nachprüfung der Garantieleistungen kurz vor Ablauf der Garantiezeit (vgl. Aggteleky u. Bajna 1992, S. 284).

### Beispiel

Im Rahmen der Projektorganisation und Projektdokumentation, der Gesamtprojektplanung der Phasenplanung sind die dafür notwendigen Dokumente und Informationen zu berücksichtigen und einzuplanen.

## 3.3 Ausschreibungsvorbereitung und Angebotsauswertung

### 3.3.1 Ausschreibungsvorbereitung

*Methodische Grundlagen*

Als Ausschreibung bezeichnet man die öffentliche Bekanntgabe von Bedingungen, zu denen ein Vertragsangebot erwartet wird. Die teilweise umfangreichen Bedingungen werden unter Umständen in einem Lastenheft zusammengefasst mit der Aufforderung an Interessenten, sich durch Vorlage von Offerten zu bewerben. Die Ausschreibenden müssen häufig durch eine Ausschreibungs- oder Bietungsgarantie gesichert werden, besonders wenn die sich bewerbende Firma fremd ist. Eine Bank übernimmt hierbei die Gewähr dafür, dass die Firma ein ernsthaftes Angebot macht und nicht zurücktritt, bevor der Vertrag zum Abschluss kommt. Die Haftung der Bank in der vereinbarten Höhe (meist fünf bis zehn Prozent des Offertpreises) gilt für die der ausschreibenden Stelle entstehenden Kosten und Nutzen (vgl. Gabler-Wirtschafts-Lexikon 1993, S. 289).

Bei staatlichen Auftraggebern beziehen sich die Ausschreibungen in der Regel auf richtungsweisende Standarddokumente des Landes oder der auftraggebenden Organisation, die sich der Anbieter im Bedarfsfall beschaffen muss (vgl. Madauss 1991, S. 342).

*Ablauf*

Der Ablauf kann grob in vier Punkte unterteilt werden:

1. Der Vergabe eines Projektauftrags geht in der Regel eine Angebotsphase zur Erlangung eines marktgerechten Angebots voraus, auf dessen Basis der Auftraggeber die günstigste Offerte auswählen kann. Die Angebotsphase basiert auf der Angebotsaufforderung des Auftraggebers, in der die Projektanforderungen und allgemeinen Bedingungen festgelegt sind.
2. Das Projekt durchläuft in der Regel mehrere Phasen, wie Konzeption, Spezifikation, Realisierung und Implementierung. In den Frühphasen muss der Auftraggeber sich das Wissen über das zukünftige, bisher nur auf dem Papier stehende Produkt langsam erarbeiten. In der Konzept- und Spezifikationsphase sind deshalb möglichst viele Systemstudien zur Untersuchung der wichtigsten technischen und wirtschaftlichen Einflussparameter durchzuführen.
3. Für jeden der Ausschreibungsvorgänge in den einzelnen Projektphasen ist vom Auftraggeber eine Angebotsaufforderung zu erstellen, die aus folgenden Elementen bestehen sollte: dem Ausschreibungsbrief (Anschreiben) und den Anlagen zum Brief, bestehend aus der Produktspezifikation, dem Leistungsverzeichnis, den Auswertungskriterien, den Vertragsbedingungen (gegebenenfalls Mustervertrag), den allgemeinen Ausschreibungsbedingungen und – bei internationalen staatlichen Vorhaben – den Bedingungen zum Mittelrückfluss.

4. Die Inhalte der einzelnen Ausschreibungspakte müssen sich voneinander unterscheiden. Das trifft besonders für das Leistungsverzeichnis zu, das für die einzelnen Phasen entsprechend der unterschiedlichen Aufgabenstellung aufzubauen ist (vgl. Madauss 1991, S. 340 ff.).

*Regeln*

Für die Ausschreibungsvorbereitung sollten folgende Punkte beachtet werden:

1. In den Ausschreibungsbedingungen legt der Auftraggeber die Vorraussetzung fest, nach denen die Ausschreibung erfolgen soll. Hierzu sollten im einzelnen gehören: Beteiligungserklärung des Anbieters, Abgabebedingungen, Instruktionen zur Angebotserstellung, Sprache, Preisgestaltung, Steuern und Zölle, Währung, Bindefrist, Angebotskosten, Fragen an den Auftraggeber sowie sonstige Bedingungen.
2. Es ist allgemein üblich, dass der Auftraggeber den Anbietern vorschreibt, innerhalb eines bestimmten Zeitraums anzuzeigen, dass sie sich an der Ausschreibung beteiligen möchten.
3. Die Abgabebedingungen schreiben den Abgabetag und die Uhrzeit der spätestmöglichen Abgabe, den Ort der Übergabe, die Anzahl der Kopien sowie die Verpackungs- und Versiegelungsmodalitäten vor.
4. Die Instruktion zur Angebotserstellung erstreckt sich in der Regel auf die Angebotsgliederung. Bei technischen Produkten ist es üblich, das Angebot in Bände bzw. Kapitel zu gliedern:

    Kapitel I:     Zusammenfassung
    Kapitel II:    Technisches Angebot
    Kapitel III:   Managementangebot
    Kapitel IV:   Kosten, Preis und Vertrag

Oftmals werden vom Auftraggeber auch die maximale Anzahl der Seiten, die zu verwendende Schrift und der Zeilenabstand explizit vorgeschrieben.
5. Bei internationalen Ausschreibungen spielt die zu verwendende Sprache eine wichtige Rolle. Viele Auftraggeber bestehen dabei auf Abfassung der Zusammenfassung (Kapitel I) und aller Vertragsunterlagen (Kapitel IV) in der eigenen Landessprache. Der technische und der Management-Teil (Kapitel II und III) werden dagegen häufig in englischer Sprache abgefasst.
6. Häufig schreibt der Auftraggeber auch bereits die erwartete Preisart, beispielsweise Festpreis oder Festpreis mit Preisgleitklausel (zur Berücksichtigung der erwarteten Inflation) vor.
7. Steuer- und Zollabgaben sowie die Währung sind in der Regel ebenfalls Bestandteil der Angebotsbedingungen. Darüber hinaus ist es besonders für den Angebotsersteller sinnvoll, jedes Preisangebot mit einer Bindefrist zu versehen.
8. Der Auftraggeber sollte darauf hinweisen, dass die mit der Angebotserstellung entstandenen Kosten vom Auftraggeber nicht erstattet werden (vgl. Madauss 1991, S. 342 f.).

## Einsatzmöglichkeiten, Chancen und Risiken

Eine Ausschreibungsvorbereitung sollte grundsätzlich vor jeder Ausschreibung erfolgen, unabhängig von der Größe des zu vergebenden Auftrags.

*Vorteile*
- Es können gezielt Informationen gesammelt werden.
- Es kann gezielt der geeignetste Anbieter ausgewählt werden.
- Es besteht die Möglichkeit, ein möglichst großes Spektrum an Fachwissen in das zukünftige Projekt einfließen zu lassen.
- Der Anbieter hat seinerseits die Möglichkeit, sich auf die neuen Aufgaben vorzubereiten und kann entsprechende Teams zur Lösung der Aufgaben zusammenstellen.

*Nachteile*
Wurde keine klare und eindeutige Ausschreibungsvorbereitung durchgeführt, so besteht die Gefahr, dass die Angebotseinholung und Auswertung nicht den eigentlichen Anforderungen der Aufgabe entspricht.

## Beispiel

Ein Beispiel, das die detaillierte Vorgehensweise der Ausschreibungsvorbereitung wiedergibt, würde den Rahmen dieses Buches sprengen. Deshalb wird an dieser Stelle auf ein Beispiel verzichtet.

### 3.3.2 Angebotsauswertung

## Methodische Grundlagen

Eine im Vorfeld systemgerechte Ausarbeitung der Spezifikation und der Anfragen ermöglichen ein rasches Auswerten der Angebote. Dies gilt sowohl qualitativ (Stichhaltigkeit der Auswertung) als auch quantitativ (zügige und rationelle Arbeitsabwicklung).

Die Beurteilungskriterien, die bei der Angebotsauswertung zu berücksichtigen sind, können sehr vielfältiger Natur sein und sich von Fall zu Fall unterscheiden. Es handelt sich um Beurteilungskriterien, deren Gewichtung nach Bedarf unterschiedlich sein kann. Dies ist auch der Grund, weshalb eine Angebotsauswertung prinzipiell in Teamarbeit erfolgen sollte.

Neben den Preisangaben und Terminzusagen sollten auch die sonstigen, für die Beurteilung wichtigen technischen Angaben und kaufmännischen Konditionen sowie Informationen über den Anbieter erfasst werden.

Grundsätzlich sollten in der Angebotsauswertung nur Angebote erfasst werden, die vollständig sind und den Anforderungen der Anfrage in allen wichtigen Aspekten entsprechen. Dort wo es angebracht erscheint, sollten für die stichhaltige Erfassung der Angaben Rückfragen bzw. Vorverhandlungen geführt werden.

Aufgrund der Angebotsauswertung wird eine engere Auswahl von 2 bis 3 Anbietern getroffen, mit denen man in Vergabeverhandlungen tritt. Diese Auswahl erfolgt im Projektteam, im Einverständnis mit dem Projektleiter, dem Projektbeauftragten des Auftraggebers und, wenn möglich, mit den zukünftigen Nutzern.

Die Absage an die sonstigen Anbieter erfolgt, wenn die Vergabeverhandlungen mit einem der Anbieter zufriedenstellend abgeschlossen wurden (vgl. Aggteleky u. Bajna 1992, S. 300 ff.).

*Ablauf*

Der Ablauf einer Angebotsauswertung und einer ausschließenden Beauftragung kann in folgenden Schritten erfolgen:

1. Die Angebote werden in dreifacher Ausfertigung verlangt und sollten direkt an den Auftraggeber oder an das Projektbüro gesandt werden. Die nötigen Mahnungen sollte der Projektleiter erledigen.
2. Das zur Auswertung der Angebote beauftragte Team sollte für jede Bestellung eine Angebotsauswertung in tabellarischer Form durchführen. Sie hat alle für die Entscheidung wichtigen technischen und kostenmäßigen Informationen zu enthalten. In dieser Aufstellung sollten auch bereits die Empfehlungen des Teams mit entsprechender Begründung festgehalten werden.
3. Die Angebotsauswertung wird von der Projektleitung der zuständigen Stelle des Auftraggebers vorgelegt, welche eine engere Auswahl trifft.
4. Die Vergabeverhandlungen mit der ausgewählten Firma sollte das Projektteam führen. Die Termine der wichtigen Besprechungen sollten den zuständigen Stellen rechtzeitig mitgeteilt werden, damit diese daran teilnehmen können.
5. Aufgrund dieser Besprechungen wird ein Vorschlag für die Auswahlentscheidung erarbeitet. Die Entscheidung trifft der Projektbeauftragte des Auftraggebers.
6. Ein Vorschlag für das Bestellformular und die Bestellnummerierung wird von der Projektleitung vorbereitet und zur Genehmigung vorgelegt.
7. Der Bestelltext sollte auf dem oben genannten Bestellformular durch das Team vorbereitet und an die Projektleitung weitergeleitet werden.
8. Die vom Auftraggeber freigegebenen Bestellungen werden gemäß geltender Regelung unterschrieben. Ein Durchschlag sollte an die für den Einkauf zuständigen Stellen des Auftraggebers gehen.
9. Die Auftragsbestätigung sollte durch die Unterzeichnung und Rücksendung der Auftragsannahme (Durchschlag der Bestellung) erfolgen.
10. Die erforderlichen Ausführungspläne sollten vom Lieferanten erstellt und an das Team zur Genehmigung vorgelegt werden. Die Ausführung kann erst nach erfolgter Freigabe begonnen werden. Zwischenprüfungen sind nach Bedarf zu vereinbaren (vgl. Aggteleky u. Bajna 1992, S. 237).

*Regeln*

Im Rahmen der Ausschreibungsvorbereitung bzw. bei der Vorbereitung einer Angebotsauswertung sind folgende Punkte zu beachten:

1. Gesamtleistung in mehrere (Auftrags-) Positionen aufteilen.
2. Als einzelne Positionen möglichst eigenständige Systemkomponenten oder Teilsystemkomponenten verwenden.
3. Die Abfrage von Einzelpreisen ermöglicht bei der Auswertung der Angebote eine weitere Kosten-Nutzen-Optimierung. Durch den Vergleich der einzelnen Positionen im Angebot erhält man Hinweise auf Ansatzpunkte für Verbesserungen und Preissenkungen bei den sich anschließenden technischen und preislichen Verhandlungen.
4. Zusätzlich können Alternativvorschläge, die mit der Anfrage etwa gleichwertig sind, aufgenommen werden.

Die Beurteilungskriterien, die bei der Angebotsauswertung zu berücksichtigen sind, können sehr vielfältig sein. Die häufigsten Kriterien sind (vgl. Aggteleky u. Bajna 1992, S. 301):

- Zielerfüllung: Funktionelle Eignung insgesamt und je Einheit, Qualität und Wirksamkeit.
- Ökonomische Vorteilhaftigkeit: Preis-Nutzen-Verhältnisse, Wirtschaftlichkeit, Zuverlässigkeit bzw. Verfügbarkeit und Nutzungsdauer
- Liefertermin im Vergleich zum Bedarfstermin
- Leistungsfähigkeit, Zuverlässigkeit und Bonität des Anbieters
- Zukünftige Serviceleistungen wie Ersatzteilbereitstellung, Kundendienst, Hotline, Garantieleistungen
- Weitere Konditionen der Auftragsabwicklung.

### *Einsatzmöglichkeiten, Chancen und Risiken*

*Vorteile*
- Die mit den Angeboten verfügbar gemachten und die zusätzlich beschafften und/oder bereits vorhandenen Informationen werden durch die Angebotsanalyse zur Auswahl des optimalen Angebots herangezogen.
- Durch ein systematisches Verfahren wird mit Hilfe zuvor bestimmter Bewertungskriterien eine objektivere Auswahl erreicht.
- Das Bewertungsergebnis kann nachvollziehbar analysiert und auf seine Zuverlässigkeit überprüft werden.

*Nachteile*
- Die Angebotsauswertung lässt viel Raum für unkontrollierte, subjektive Einflüsse.
- Zur Vorbereitung der Entscheidung über das optimale Angebot sollten alle Angebote dem Entscheidungsträger so präsentiert werden, dass der Bewertungsprozess transparent wird und die Bewertungsergebnisse nachvollziehbar sind. Dies beansprucht unter Umständen viel Zeit (vgl. Heinrich 1996, S. 163 f.).

## Beispiel

Ein bewährtes Mittel zur Angebotsauswertung ist die tabellarische Auswertung (Tabelle 3.1). Darin werden die für die Auswahlentscheidung maßgebenden Angaben und Informationen aufgeführt.

**Tabelle 3.1.** Angebotsauswertung (vgl. Aggteleky u. Bajna 1992, S. 300)

| Anbieter | A | B | C |
|---|---|---|---|
| Lieferfrist | 4 Wochen | 8 Wochen | 6 Wochen |
| genehmigte Schätzung: 11.000,– € | 11.505,– € | 9258,– € | 9936,– € |
| 1. Kompressoren <br> • Leistung $Nm^3/h$ <br> • Kühlungsart <br> • Preis € | <br> 100 <br> Wasser <br> 4500,– | <br> 60 <br> Luft <br> 3160,– | <br> 75 <br> Luft <br> 3492,– |
| 2. Elektromotoren <br> • Leistung kW <br> • Preis € | <br> 15 <br> 1430,– | <br> 10,5 <br> 1126,– | <br> 13 <br> 1290,– |
| 3. Druckbehälter <br> • Inhalt $m^3$ <br> • Preis € | <br> 2 <br> 1980,– | <br> 2 <br> 1780,– | <br> 2 <br> 1865,– |
| 4. Öl- und Wasserabscheider <br> • System <br> • Preis € | <br><br> Zyklon <br> 355,– | <br><br> Zyklon <br> 280,– | <br><br> Keramikkerzen <br> 346,– |
| 5. Steuerung € | 1645,– | 1432,– | 1293,– |
| 6. Montage € | 1595,– | 1480,– | 1650,– |
| Anmerkung: | Angefragt wurde bei fünf Firmen. Erhaltene Angebote 3. Die Anlage der Firma A ist zu groß und zu teuer (Wasserkühlung). Die Anlage der Firma B ist zu klein. | | |
| Empfehlung: | Firma C | | |
| Begründung: | Gute Referenzen und Servicedienste. Anlage entspricht dem vorgesehenen Bedarf. | | |

## 3.4 Projektaufgabendefinition

### 3.4.1 Projektzieldefinition

#### Methodische Grundlagen

Ziele sind Maßstäbe oder Soll-Vorgaben, an denen zukünftiges Handeln zu einem bestimmten Zeitpunkt und Ort gemessen werden kann. Sie werden benötigt, um zunächst die Gestaltungsrichtung zu erkennen, die Ideensuche zielgerichtet führen zu können, Problemlösungen entwickeln zu können und nach Einführung der Lösung die Erfolge bewerten zu können. Nur mit einem permanenten Soll-Ist-Vergleich kann ein Projektleiter sein Projekt steuern und führen.

Ziele können diesen Anspruch jedoch nur erfüllen, wenn sie vollständig definiert sind. Dazu sind folgende fünf Punkte detailliert zu klären:

1. Zielinhalt bzw. Zielvariable
   In erster Linie sind dies in Projekten quantifizierbare Ziele wie Kosten, Zeit und Qualität, daneben können auch nicht-quantifizierbare Zielvariablen, wie z. B. Prestige, Firmenimage, etc., von Interesse sein.
2. Zielausmaß bzw. Zielgröße
   Die Zielgröße sagt etwas darüber aus, was mit dem Zielinhalt geschehen soll. Minimierung und Maximierung sind die gebräuchlichsten Zielvorschriften. Eine Präzisierung mit Angabe einer Unter- oder Obergrenze oder die Fixierung auf einen Wert ist in der Praxis zu bevorzugen. Auch die Definition von mehreren Zielgrößen ist dabei möglich.
3. Zielzeitpunkt bzw. Zieldauer
   Der Zielzeitpunkt ist das Datum, an dem das Ziel voll erreicht sein soll. Die Zieldauer ist der Zeitraum, für den das Ziel gelten soll. Das können sowohl kurzfristige Zeiträume als auch langfristige sein. Bei generellen Zielen im Gegensatz zu fallweisen oder problembezogenen Zielen wird eine unbefristete, also eine extrem lange Zieldauer unterstellt, die erst mit dem Wegfall oder der Neufassung der Planungsprämissen beendet ist.
4. Zielort
   Der Zielort ist die Organisationseinheit, in der das Ziel erreicht werden soll, z. B. in einem bestimmten Werk oder in allen Werken, in einer bestimmten Abteilung oder in mehreren Abteilungen.
5. Zielpriorität
   Wird mehr als ein Hauptziel verfolgt, so sind die einzelnen Hauptziele zu priorisieren. Es kann nicht gleichzeitig die Reduzierung von Kosten und die Erhöhung von Qualität – ohne Konflikt – angestrebt werden.

Grundsätzlich bleibt ein Ziel mit den angegebenen Zieldefinitionen kompatibel, wenn der Anwendungsbereich auf ein engeres Planungs- und Entscheidungsfeld begrenzt wird (vgl. Mag 1995, S. 47 f.).

## *Ablauf*

Der Ablauf einer Projektzieldefinition kann nach zwei grundsätzlichen Vorgehensweisen erfolgen (Abb. 3.1.). Entweder werden die Projektziele als ganzes vom Management bzw. Projektauftraggeber vorgegeben und sind vom Projektleiter bzw. zukünftigen Projektleiter in konkreten Einzelzielen zu präzisieren, oder die Einzelziele werden aus Problemen abgeleitet und anschließend nach oben aggregiert.

Je nach gewählter Vorgehensweise spricht man dann in der Praxis von einem Top-Down- oder Bottom-Up-Vorgehen. Das Top-Down-Vorgehen bedient sich dazu überwiegend des Fragewortes „Wie?". Das Bottom-Up-Vorgehen nutzt das Fragewort „Warum?".

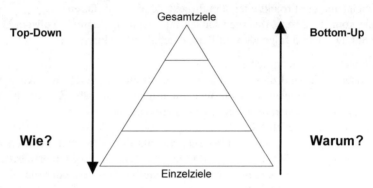

**Abb. 3.1.** Zielpyramide

Die „Bottom-Up-Vorgehensweise" kann sich in folgenden Schritten vollziehen:

1. Zielideen suchen
2. Zielkatalog aufstellen
3. Zielstruktur bilden
4. Ziele operationalisieren, d. h. Zielinhalte mit Ausmaß, Orte und Zeitpunkte zu versehen
5. Ziele priorisieren
6. Zielsystem dokumentieren
7. Zielbeziehungen analysieren
8. Ziele gewichten

## *Regeln*

Damit Projektzieldefinitionen voll zur Wirkung kommen, sind einige Regeln zu beachten:

- Projektziele sind keine Lösungen sind lösungsneutral zu formulieren (s. Anmerkung).
- Sie müssen vollständig, präzise, realistisch aber gleichzeitig anspruchsvoll für alle Projektbeteiligten sein.
- Projektziele sollten möglichst in absoluten oder relativen Werten quantifiziert werden; die absoluten Werte stellen in der Praxis meist eine höhere Anforderung dar. Nicht quantifizierte Ziele können später sehr schwer überprüft werden.
- Die Ziele des Projekts dürfen nicht der strategischen Planung des Unternehmens zuwiderlaufen.
- Zum Zeitpunkt der Zielerreichung darf dieses Ziel nicht als überflüssig, unsinnig und falsch angesehen werden. Das bedeutet, dass im Vorfeld eine sorgfältige Zielanalyse stattfinden und eventuell ein Rahmenplan erstellt werden muss.

## 3.4 Projektaufgabendefinition

- Es kann durchaus möglich sein, dass sich das formulierte Ziel während des Projektverlaufs ändert, weil sich z. B. neue Erkenntnisse, Technologien oder Projektbedingungen ergeben haben (vgl. Kupper 1986, S. 21 f.). Einer Änderung der Projektdefinition muss der Auftraggeber unbedingt zustimmen.

> Anmerkung: Mit der Umschreibung „Projektziele sind keine Lösung und sind lösungsneutral zu formulieren" wird darauf hingewiesen, dass es einen Unterschied zwischen einem Ziel und einer Aufgabendefinition gibt.
> 
> Ein Beispiel soll dies verdeutlichen. An einer bestimmten geographischen Stelle sollen in einer Stunde eine bestimmte Menge von z. B. 5000 Personen- und Lastkraftwagen ein Hindernis, z. B. ein Fluss oder eine Bahnlinie, überwinden. Diese sachliche Zieldefinition sagt nichts über die gewählte Lösungsalternative (Aufgabe) und spätere Lösung aus. Abhängig von der Entscheidung des Auftraggebers, bestimmt er die Lösungsalternative, in unseren Fall z. B. den Bau eines Tunnels. Damit lautet die die Aufgabenstellung bzw. -definition „Erstellung eines Straßentunnel an der Stelle XY".

Diese Trennung von klarer Zieldefinition und Aufgabendefinition hat zwei große Vorteile:

1. Das sachliche Ziel weitet den menschlichen Denkbereich und ermöglicht so mehr Lösungsalternativen zu finden.
2. Bei einer klaren sachlichen Zieldefinition können wir uns in der täglichen Projektarbeit oder auch bei jeder Aufgabe im Management einfacher Fragen: „Wie können wir dieses Ziel noch einfacher erreichen?"

Projektziele können in sachliche bzw. inhaltliche, in systemtechnische und in formale Projektziele unterteilt werden (Abb. 3.2.). Das gleiche gilt auch für Projektbedingungen und Projektkriterien (siehe Kap. 3.2.2).

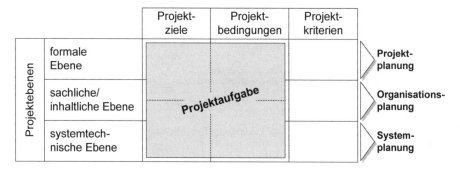

**Abb. 3.2.** Projektbedingungen, Projektziele und Projektkriterien

## Einsatzmöglichkeiten, Chancen und Risiken

Vor der Inangriffnahme eines jeden Projekts müssen die zu verfolgenden Ziele klar und eindeutig definiert werden. Die Vorteile, die sich daraus ergeben, sind fundamental für eine erfolgreiche Projektarbeit:

- Klare Ausrichtung und Steuerung des Projekts
- Entscheidungsgrundlage für die Auswahl und den Einsatz von Methoden und Werkzeugen
- Grundlage für ein projektinternes und projektexternes Projektzielcontrolling
- Verbesserung der unternehmerischen und/oder bereichsspezifischen Erfolgsfaktoren
- Motivation und psychologischer Anreiz für die Projektleitung und Projektmitarbeiter.

Bei fehlender Zielformulierung können negative Auswirkungen auftreten: mangelnde Problemerkennung, erschwerte Lösungssuche, fehlerhafte Alternativenbewertung, falsche Entscheidungen, lückenhafte Organisationsplanung, mangelnde Koordination, unzureichende Information und Kommunikation, unterdrückte Konfliktbewältigung, ungesteuerter Projektablauf, fehlende Qualitätssicherung, lückenhafte Kontrolle, wirkungslose Projektorganisation, orientierungsloses Vorgehen, fehlende Motivation und Akzeptanz oder unzufriedene Projektteammitglieder.

Die Offenlegung und Transparenz der Projektziel- und Bedingungsformulierung hat meist auf die Qualität und Intensität der Projektarbeit und der Projektergebnisse einen ganz erheblichen Einfluss (Abb. 3.3.).

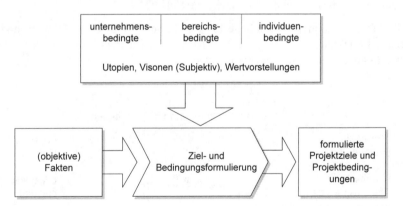

**Abb. 3.3.** Prozess der Projektziel- und Bedingungsformulierung (vgl. Haberfellner et al. 1994, S. 144)

## Beispiel

Das inhaltliche Projektziel ist die Beschreibung des Endzustands, der durch das Projekt zu erreichen ist (vgl. Tabelle 3.2)

**Tabelle 3.2.** Beispiel für eine Projektzieldefinition

| Inhalt | Ausmaß | Ort | Zeitpunkt | Priorität |
|---|---|---|---|---|
| Reduzierung der Betriebsunfälle | 30 % | unternehmensweit | ab 1.1.2004 (Basis 2004) | 1 |
| Kosteneinsparung im Controlling | 50% | Controlling | ab 1.1.2005 (Basis 2004) | 2 |
| Reduzierung der Informationsdurchlaufzeit für die Angebotserstellung | 80% | Vertrieb | ab 1.1.2005 | 3 |
| Reduzierung der Angebotserstellungskosten pro Angebot | von 478 € auf 250 € | Vertrieb | ab 1.1.2005 | 3 |

### 3.4.2 Bedingungsdefinition

*Methodische Grundlagen*

Unter Bedingungen, auch K.O.-Kriterien, Randbedingungen, Prämissen oder Muss-Ziele genannt, werden Festlegungen oder Vereinbarungen verstanden, die unter bestimmten Voraussetzungen gültig sind und das Lösungsfeld eingrenzen. Solche Festlegungen oder Vereinbarungen können Gesetze, Vorschriften, Einsatzbedingungen, Schnittstellen, Kennzahlen oder technische Gegebenheiten sein.

Dagegen stellen Kriterien unterscheidende Merkmale, Kennzeichen oder Gesichtspunkte dar. Typische Beispiele sind der Einsatz von Standardsoftware oder die Entwicklung von Individualsoftware.

Bedingungen setzen sich aus folgenden vier Elementen zusammen:

1. Bedingungsinhalt
2. Bedingungsausmaß
3. Bedingungszeitraum / Gültigkeitsdauer
4. Bedingungsort / Gültigkeitsraum

*Ablauf*

Die Bedingungsdefinition erfolgt zum ersten Mal in der Projektvorbereitung. Nach dem Projektstart wird die Bedingungsdefinition mit Arbeitsschritten wie Ist-Analyse oder Soll-Konzept ergänzt, reduziert oder geändert. Projektbesprechungen haben häufig die Diskussion von Kriterien zum Gegenstand. Wird eines der Kriterien akzeptiert, entsteht eine neue Bedingung.

*Regeln*

Bei der Formulierung und Definition der Bedingungen sollten folgende Grundsätze beachtet werden:

- Die Bedingungsdefinition soll Vorstellungen bereinigen, systematisch strukturieren und in einer verbindlichen Form festhalten.
- Bedingungen sind Muss-Ziele, deren Einhaltung als unbedingt erforderlich angesehen wird. Aus (Diskussions-) Kriterien wird erst nach einer Auseinandersetzung und abwägender Vor- und Nachteile von mehreren Lösungsalternativen mit der Entscheidung für eine Alternative eine neue Bedingung. Eine Lösung, die eine Bedingung bzw. ein Muss-Ziel nicht erfüllt, scheidet grundsätzlich aus.
- Bedingungen müssen so eindeutig formuliert oder quantifiziert werden, dass später ohne Zweifel festgestellt werden kann, ob sie erreicht sind oder nicht.
- Aus Kriterien erst Bedingungen machen, wenn es der Zeitpunkt erfordert. Zu früh definierte Bedingungen engen die kreative Lösungssuche und die Lösungsmöglichkeiten unnötig ein. Zu spät definierte Bedingungen geben dem Team unnötigen Diskussionsstoff.
- Bedingungen in einem separaten Dokument mit Daten und Grund verwalten, damit später in der Projektauswertung die Entwicklung reflektiert werden kann.

### *Einsatzmöglichkeiten, Chancen und Risiken*

Muss- und Kann-Ziele sind bei allen Projekten notwendig, da eine schnelle und effiziente Ergebniserreichung ansonsten nicht möglich ist.

Bei der Suche nach den Muss-Zielen besteht immer die Gefahr, dass kritische Ziele nicht erkannt werden, da die Identifikation der Ziele nicht genügend erfolgt ist, die Bedeutung der Ziele falsch verstanden wird und persönliche Ziele vorrangig behandelt oder falsch bewertet werden (vgl. Kupper 1986, S. 28).

### *Beispiel*

**Tabelle 3.3.** Beispiel für typische Bedingungsdefinitionen

| Inhalt | Ausmaß | Ort | Zeitraum |
|---|---|---|---|
| Einhaltung des Arbeitsrechts | | | |
| Einhaltung der ordnungsgemäßen Buchführung | | | |
| Schnittstellenprotokoll X.25 | | | |
| Tag- und Nachtbetrieb | | | |
| Vor-Ort-Service | | | |

### 3.4.3 Zielbeziehungsanalyse

### *Methodische Grundlagen*

In der Praxis werden in Projekten in der Regel mehrere Ziele gleichzeitig verfolgt. Zwischen ihnen können folgende Beziehungen bestehen:

- Identität, d. h. ein Ziel ersetzt ein anderes in seinen Wirkungen. Man spricht in diesem Zusammenhang auch von totaler Komplementarität, d. h. ein Ziel unterstützt in seinen Wirkungen ein anderes Ziel.
- Hat ein Ziel keinerlei Wirkungen auf ein anderes Ziel, so spricht man von Zielneutralität.
- Übt die Erreichung eines Ziels negative Wirkungen auf ein anderes Ziel aus, so spricht man von Zielkonkurrenz.
- Von Antinomie spricht man dann, wenn zwei Ziele sich in symmetrischer Konkurrenz gegenseitig ausschließen (vgl. Michel 1991, S. 334).

*Ablauf*

Um die Zielbeziehungen zu ermitteln, kann man diese miteinander vernetzen. Vernetzung bedeutet dabei: Wie stark beeinflusst jedes einzelne Ziel, charakterisiert durch seine wichtigsten Einflussfaktoren, jeweils alle anderen Ziele? Dies kann in folgender Reihenfolge erfolgen:

1. Zur Analyse des Zielsystems müssen zunächst alle Ziele identifiziert und in ihrer Struktur und Funktion voneinander abgegrenzt werden (vgl. Reibnitz von 1992, S. 30 ff.).
2. In einer Vernetzungsmatrix wird die Stärke der direkten Einflüsse der einzelnen Ziele aufeinander bezogen (Tabelle 3.4.). Jedes Matrixelement $v_{nm}$ (n = 1, ..., N; m = 1, ..., N; N = Anzahl der Ziele) gibt an, wie stark das Ziel n auf das Ziel m einwirkt, wobei die Einflussstärke gemäß einer vorzugebenden Skala zu bewerten ist.
0 = keine oder sehr geringe Wirkung
1 = schwache Wirkung
2 = mittlere Wirkung
3 = starke Wirkung (vgl. Götze 1990, S. 145 ff.)
3. Addiert man die Zeilensumme eines jeden Elements, so erhält man die Aktivsumme (vgl. von Reibnitz 1992, S. 36 ff.). Sie stellt die Stärke dar, mit der ein Ziel direkt auf alle anderen einwirkt. Die Spaltensumme, auch Passivsumme genannt, entspricht der Stärke der direkten Beeinflussung des Ziels durch alle anderen.
4. Durch die Multiplikation und Division der Aktiv- und Passivsumme eines Ziels lassen sich Kennzahlen ermitteln, die zur Analyse der Zielbeziehungen herangezogen werden können (vgl. Götze 1990, S. 145 ff.).

Höchster Quotient: Aktive Größe
Beeinflusst die anderen am stärksten und wird selbst am schwächsten beeinflusst.
Tiefster Quotient: Passive Größe
Beeinflusst die anderen am schwächsten und wird selbst am stärksten beeinflusst.
Höchstes Produkt: Kritische Größe
Beeinflusst stark und wird selbst auch stark beeinflusst.
Tiefstes Produkt: Träge Größe
Beeinflusst schwach und wird selbst auch schwach beeinflusst.

## Regeln

Für die Zielbeziehungsmatrix, auch Papiercomputer genannt, sollten die nachfolgenden Regeln beachtet werden:

- Die Anzahl von 10 Zielvariablen sollte möglichst nicht überschritten werden.
- Die Skala sollte bewusst sehr klein gewählt werden, da es sich um qualitative Aussagen handelt.

## Einsatzmöglichkeiten, Chancen und Risiken

Die Zielbeziehungsanalyse sollte zum Einsatz kommen, um die Einflüsse der einzelnen Zielelemente bzw. Teilziele zu ermitteln. Aufgrund der Auswertung der Analyse können dann gegebenenfalls Zielkorrekturen vorgenommen werden, sofern Ziele sich zu stark gegenseitig beeinflussen oder gar kompensieren.

## Beispiel

Zielelemente:  A = Ziel 1   C = Ziel 3   E = Ziel 5   G = Ziel 7
               B = Ziel 2   D = Ziel 4   F = Ziel 6
Einflussstärke: 0 = kein Einfluss
                1 = schwacher oder indirekter Einfluss
                2 = starker Einfluss (vgl. Reibnitz von 1992, S. 35)

**Tabelle 3.4.** Beziehungsanalyse für unterschiedliche Ziele

| Systemelement | A | B | C | D | E | F | G | Aktivsumme | Multiplikation |
|---|---|---|---|---|---|---|---|---|---|
| A | X | 2 | 2 | 2 | 2 | 1 | 2 | 11 | 22 |
| B | 1 | X | 1 | 1 | 0 | 0 | 0 | 3 | 30 |
| C | 0 | 2 | X | 2 | 2 | 1 | 2 | 9 | 54 |
| D | 0 | 2 | 2 | X | 2 | 1 | 1 | 8 | 48 |
| E | 0 | 2 | 0 | 1 | X | 0 | 0 | 3 | 24 |
| F | 0 | 1 | 0 | 0 | 2 | X | 0 | 3 | 9 |
| G | 1 | 1 | 1 | 0 | 0 | 0 | X | 3 | 15 |
| Passivsumme | 2 | 10 | 6 | 6 | 8 | 3 | 5 | 40 | |
| Division | 5,5 | 0,3 | 1,5 | 1,33 | 0,38 | 1,0 | 0,6 | 5,7 | |

Wie die Tabelle 3.4 zeigt, sind die am stärksten wirkenden Ziele Ziel A, Ziel C und Ziel D. Gleichzeitig zeigt diese Tabelle, dass die Ziele B und E am stärksten beeinflussbar sind.

### 3.4.4 Projektaufgabenbeschreibung

**Methodische Grundlagen**

Die Projektaufgabenbeschreibung beschreibt mit einer kurzen Einleitung das zu optimierende Objekt mit den wichtigsten Projektzielen und bedeutendsten Projektbedingungen. Sie umfasst etwa drei bis fünf Sätze

**Ablauf**

Die Projektaufgabendefinition fasst die Ergebnisse der vorausgehenden drei Methoden in einer verbalen Beschreibung zusammen. Damit ergibt sich auch der Ablauf:

1. Definition der Projektziele
2. Ermittlung und Definition der Projektbedingungen
3. Ggf. Zielabhängigkeiten ermitteln
4. Erstellung einer Aufgabendefinition

**Regeln**

Die Aufgabendefinition sollte folgenden Bedingungen genügen:

1. Sie sollte aufgrund der Formulierung eine Verbindlichkeit zum Ausdruck bringen bzw. assoziieren.
2. Sie sollte – soweit wie möglich – quantifizierte Projektziele in absoluter Form, d. h. konkreten Zahlenwerten der Kosten um 100.000 € pro Jahr beinhalten. Relative Zielquantifizierungen, z. B. Reduzierung um 10%, sind weniger wirksam und leichter zu umgehen.

**Einsatzmöglichkeiten, Chancen und Risiken**

Die Auftragsdefinition sollte grundsätzlich bei jedem neuen Projektauftrag gründlich durchgeführt werden, um zu vermeiden, dass Aufgabenstellungen falsch oder unvollständig bearbeitet werden.

Durch eine falsche oder unvollständige Aufgabendefinition können einzeln Unternehmen erhebliche Kosten, sowohl durch den Zeitverzug als auch durch die mangelnde Effizienz, entstehen.

**Beispiel**

„Das bei der Firma xy GmbH bestehende MAC-PAC PPS-System ist im Rahmen der Umstellung von der 36er Umgebung auf den native Mode der AS/400 durch ein noch zu bestimmendes neues AS/400 PPS-System zu ersetzen. Das System muss sowohl bei der Firma xy GmbH Frankfurt/M. als auch bei der Firma xz Madrid einsetzbar sein. Die Auswahl hat unter wirtschaftlichen Gesichtspunkten (Kosten-/Nutzenrelation) zu erfolgen."

## 3.5 Bewertungsmethoden

In der vorliegenden Methodensammlung sind für die Bewertung von verschiedenen Projektsituationen fünf Methoden ausgewählt worden (Abb. 3.4.).

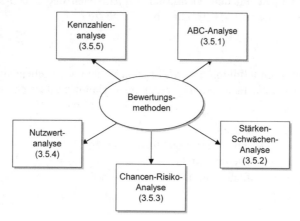

**Abb. 3.4.** Bewertungsmethoden im Überblick

### 3.5.1 ABC-Analyse

#### *Methodische Grundlagen*

Die ABC-Analyse ist die bekannteste Methode zur Datenauswertung. Sie ist ein Ordnungsverfahren nach statistischen Kriterien und klassifiziert eine größere Anzahl von Daten aufgrund der Häufigkeitsverteilung charakteristischer Eigenschaften (vgl. Aggteleky u. Bajna 1992, S. 67).

Die ABC-Analyse dient der Aufgabenanalyse und Prioritätensetzung, indem sie systematisch Aufgaben nach ihrer Wichtigkeit gliedert und dann die Anteile der Aufgaben am Gesamtwert und am Gesamtumfang misst (vgl. Hentze et al. 1993, S. 107).

Ziel der ABC-Methode ist es, aus einer größeren Menge von Informationen Schwerpunkte festzustellen. Dies erfolgt durch die Sammlung von Informationen, die einem bestimmten Arbeitsgebiet angehören. Mittels der Wahl von Parametern kann anschließend eine Zuordnung vorgenommen werden (vgl. Zentrum Wertanalyse 1995, S. 337 f.).

#### *Ablauf*

Die Erstellung einer ABC-Analyse kann in folgende vier Schritte unterteilt werden:

1. Zunächst ermittelt man für jeden Betrachtungsgegenstand einen geeigneten Parameter, z. B. Kosten/Aufwand, Umsatz etc.

2. Danach wird jedem Betrachtungsgegenstand eine Rangziffer entsprechend seiner Größe zugeteilt, z. B. höchster Umsatz wird eins, zweithöchster Umsatz wird zwei, usw.
3. Die Betrachtungsgegenstände werden nach ihrer Rangziffer geordnet und die kumulierten Prozentsätze des mengen- und wertmäßigen Umfangs errechnet.
4. Die Klassifizierung in A-, B- oder C-Teile hängt von der Festlegung der Grenzwerte ab. Oft ergeben sich anhand der Rangfolge Anhaltspunkte für eine sinnvolle Festlegung der Grenzwerte (Tabelle 3.5, Tabelle 3.6 und Abb. 3.5).

Die Ergebnisse der ABC-Analyse lassen sich nach erfolgter Auswertung graphisch entweder in Form einer Lorenzkurve oder als Balken- bzw. Blockdiagramm darstellen (vgl. Wöhe u. Döring 1993, S. 523 ff.).

### Regeln

Grundsätzlich gilt, dass der analysierte Betrachtungsgegenstand homogen sein muss. Je nachdem, welcher Zweck verfolgt wird, ist die Grundmenge zu definieren.

### Einsatzmöglichkeiten, Chancen und Risiken

Die ABC-Analyse ist in der Projektplanung ein wichtiges Hilfsmittel zur Ermittlung der repräsentativen Mehrheit, auf die der Schwerpunkt der Untersuchung und der Planung zu legen ist. Diese Schwerpunktbildung erlaubt eine wesentliche Rationalisierung der oftmals arbeitsintensiven und zeitaufwendigen Analyse komplexer Zusammenhänge, ohne dabei die Aussagefähigkeit der Ergebnisse zu beeinträchtigen (vgl. Aggteleky u. Bajna 1992, S. 67).

Weitere Anwendungsbereiche der ABC-Analyse sind die Materialwirtschaft, Absatz, Bedarfsermittlung innerhalb der Produktion etc.

### Beispiel 1

Die ABC-Analyse soll anhand der Zusammenhänge zwischen der Anzahl der Artikel und dem erwirtschafteten Umsatz erläutert werden.

**Tabelle 3.5.** Beispiel für eine ABC-Analyse der Artikel

| Artikel-Nr. | Anzahl | % | % kumuliert | Umsatz in € | % des Umsatzes | % kumuliert | Klasse |
|---|---|---|---|---|---|---|---|
| 1 | 30 | 6 | 6 | 50 000 | 50 | 50 | A |
| 5 | 50 | 10 | 16 | 25 000 | 25 | 75 | B |
| 8 | 100 | 20 | 36 | 15 000 | 15 | 90 | C |
| 2 | 320 | 64 | 100 | 10 000 | 10 | 100 | D |

Aus Tabelle 3.5. wird ersichtlich, welcher Artikel den größten Umsatz erwirtschaftet. Somit wird auch klar, für welchen Artikel ein hoher Aufwand gerechtfertigt ist und wofür nur ein geringer Aufwand betrieben werden sollte.

Die Tabelle 3.5. wird nun klassifiziert und die Artikel in die Klassen A, B und C eingeteilt (Tabelle 3.6.).

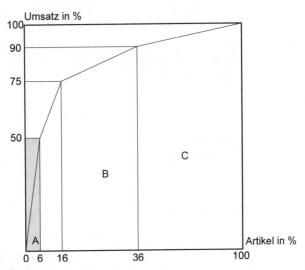

**Abb. 3.5.** Grafische Darstellung einer ABC-Analyse

**Tabelle 3.6.** Beispiel für eine A-, B- und C-Aufteilung

| Klasse | Einordnungskriterium |
| --- | --- |
| A | Mit 6 % der Artikel werden 50 % des Umsatzes erzielt. <br> ⇒ wichtigster Artikel |
| B | Mit 30 % (10 % + 20 %) der Artikel werden 40 % (25 % + 15 %) des Umsatzes erzielt. <br> ⇒ wichtige Artikel |
| C | Mit 64 % der Artikel werden 10 % des Umsatzes erzielt. <br> ⇒ weniger wichtige Artikel |

## *Beispiel 2*

Mit Hilfe einer ABC-Analyse lässt sich der Zusammenhang von Zeitaufwand und Bedeutung von Aufgaben untersuchen. Die ABC-Analyse unterscheidet die Aufgaben in A-Aufgaben, die „sehr wichtig", in B-Aufgaben, die „wichtig" sind, und in C-Aufgaben, die nur Nebensächlichkeiten darstellen. In der Praxis hat sich in der Vergangenheit jedoch gezeigt, dass der Zeitaufwand der Mitarbeiter – aufgrund vielfältiger Ursachen – selten der Wichtigkeit der Aufgaben entspricht (Abb. 3.6.).

Für die wichtigen A-Aufgaben sollen etwa 60 bis 65 % der Zeit, etwa 20 bis 25 % für die durchschnittlich wichtigen B-Aufgaben und 15 % für die unbedeutenden und delegierbaren C-Aufgaben verwendet werden (vgl. Hentze et al. 1993, S. 107).

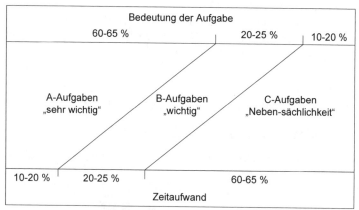

Abb. 3.6. Beispiel für eine ABC-Analyse

### 3.5.2 Stärken-Schwächen-Analyse

**Methodische Grundlagen**

Zur Erkennung von organisatorischen Stärken und Schwächen kann die Stärken-Schwächen-Analyse eingesetzt werden.

Zur Stärken-Schwächen-Betrachtung werden vornehmlich zwei Techniken eingesetzt: die Kennzahlenanalyse sowie die Checklisten (vgl. Steinbuch 1990, S. 38 f.).

Ziel der ist es, die internen Einflussfaktoren aufzuzeigen die augenblicklich günstig sind sowie diejenigen im Auge zu behalten, die zukünftige Entwicklungen gefährden könnten. Die Ergebnisse einer systematischen Stärken-Schwächen-Analyse können in einer Aufstellung erfasst sowie zyklisch aktualisiert und vervollständigt werden.

**Ablauf**

Der Ablauf kann sich wie folgt gestalten:

1. Bestandsaufnahme und Analyse der Stärken und Schwächen

2. Interpretation des Änderungspotentials der Umwelt, wie z. B. Werte- und Trendwandel in der Gesellschaft, technologische Entwicklungen etc.
3. Festlegen von Maßnahmen, um die für das Unternehmen und den Projektverlauf bestehenden Gefahren abzuwenden.
4. Aufstellen eines Maßnahmenkatalogs, der sich im Wesentlichen auf die beeinflussbaren Faktoren bezieht. Man spricht in diesem Zusammenhang auch von Lenkungsstrategien.
5. Im letzten Schritt werden die empfohlenen Maßnahmen mit den betriebs- oder projektspezifischen Stärken und Schwächen auf ihre Durchführbarkeit hin überprüft (vgl. Steinbuch 1990, S. 336).

### Regeln

Eine explizite Regelformulierung ist bei dieser Methode nicht sinnvoll.

### Einsatzmöglichkeiten, Chancen und Risiken

Der Einsatz der Stärken-Schwächen-Analyse empfiehlt sich im Anschluss an die Analyse der Problemsituation.

*Vorteile*
- Sie erfasst alle strategisch wichtigen internen und externen Einflussgrößen
- ganzheitliche Darstellung als Entscheidungsgrundlage
- leicht durchzuführen

*Nachteile*
- Interaktionen zwischen den einzelnen Stärken oder Schwächen bleiben unberücksichtigt
- konzentriert sich eventuell auf einige wenige, deutlich erkennbare Aspekte
- erfasst unter Umständen nur die Symptome (vgl. Steinbuch 1990, S. 336).

### Beispiel

Ein Beispiel für eine Stärken-Schwächen-Analyse zeigt Tabelle 3.7.

### 3.5.3 Chancen-Risiko-Analyse

### Methodische Grundlagen

Bei der Chancen-Risiko-Analyse wird davon ausgegangen, dass jede der gemachten Annahmen, Zielfaktoren und Maßnahmen hinsichtlich ihrer Gültigkeit, Erfüllbarkeit und Wirksamkeit mit Chancen, aber auch mit Risiken behaftet ist.

Im Gegensatz zur Stärken-Schwächen-Analyse, die die internen organisatorischen Faktoren prüft, analysiert die Chancen-Risiko-Analyse auch zukünftige und externe Faktoren.

Bei einer systematischen Chancen-Risiko-Analyse handelt es sich um ein Vorgehen, bei dem die jeweiligen Faktoren mit günstigen und ungünstigen Werten belegt werden. Auf diese Weise können sowohl die Sensibilität der einzelnen Faktoren als auch deren Folgen bezüglich des Zusammenwirkens ermittelt werden (vgl. Aggteleky u. Bajna 1992, S. 159).

**Tabelle 3.7.** Beispiel für die Analyse von Stärken und Schwächen einer Fluggesellschaft (vgl. Steinbuch 1990, S. 336)

| Gewählte Kriterien | Stärken | Schwächen |
|---|---|---|
| Finanzen | Außergewöhnliche Verbesserung der Geschäftsergebnisse. | Die allgemeine Stabsstelle trägt den Bedürfnissen der einzelnen Einheiten nicht immer Rechnung. |
| Technik | Gute Wartung. | |
| Organisation | | Äußerst langsame Entscheidungsprozesse. Die Hierarchien und Stabsstellen spielen eine zu große Rolle. Es herrscht eine zu geringe Koordinierung unter der Abteilungen. |
| Unternehmenskultur | Die Mitarbeiter stehen voll hinter den hohen Qualitätsstandards des Service-Angebots. | |
| Konjunkturabhängigkeit | | Wechselkursschwankungen ausländischer Währungen haben großen Einfluss auf die Geschäftsergebnisse. |
| Personal | Gute Ausbildung und eine günstige Arbeitsmarktlage. | |
| Forschung- und Entwicklung | Verstärkte Innovationstätigkeit im Hinblick auf die zusätzlichen Lösungen. | |

Die Chancen und Risiken müssen nicht ausschließlich zusammen analysiert und dargestellt werden, sondern können auch getrennt oder sogar einzeln in Form einer Projekt-Chancen-Analyse oder Projektrisikoanalyse durchgeführt werden.

## *Ablauf*

Eine Chancen-Risiko-Analyse kann in fünf Schritten erstellt werden (Abb. 3.7.):

1. Ermittlung und Analyse der derzeitigen Chancen und Risiken (Bestandsaufnahme).
2. Interpretation der Änderungspotentiale der Umwelt bezüglich Wertewandel, technologischer Entwicklungen, struktureller oder organisatorischer Veränderungen etc.

3. Berücksichtigung der möglichen Chancen und Risiken für die Machbarkeit und den Verlauf des geplanten Projekts.
4. Aufstellen eines Maßnahmenkatalogs, der sich schwerpunktmäßig auf die hohen Risiken sowie auf die beeinflussbaren Faktoren bezieht und Prüfen des Maßnahmenkatalogs auf seine Durchführbarkeit (vgl. Probst 1992, S. 336).
5. Durchführung der Maßnahmen zur Risikoreduzierung.

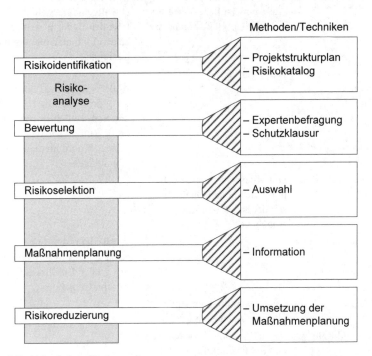

**Abb. 3.7.** Ablauf einer Risikoanalyse

## Regeln

Für die Anwendung der Chancen-Risiko-Analyse gelten folgende Grundsätze:

- Kalkulierbare Risiken mit geringen finanziellen Folgen können bewusst in Kauf genommen werden.
- Größere, schwer kalkulierbare Risiken müssen vermieden und die Zielerfüllung abgesichert werden.
- Risiken, die das Überleben des Unternehmens gefährden, müssen soweit wie möglich ausgeschlossen werden.

Besondere Chancen, die nur durch risikoreiche Maßnahmen erzielt werden können, müssen aus Risikokapital finanziert werden (vgl. Aggteleky u. Bajna 1992, S. 160)

## Einsatzmöglichkeiten, Chancen und Risiken

Der Einsatz einer Chancen-Risiko-Analyse empfiehlt sich vor allem bei Projekten mit zahlreichen Einflussfaktoren. Die potentiellen Risiken und Chancen sind in den einzelnen Projektphasen sehr unterschiedlich. So kann man beispielsweise davon ausgehen, dass in der Phase der Zielplanung das Risiko häufig am größten ist. Mögliche Risikoeinflüsse in der Konzeptplanung und Optimierung sind in der Regel weniger schwerwiegend, obwohl bei Nichterreichung der Planungsziele Nachteile in Kauf genommen werden müssen.

Die *Vor- und Nachteile* sind dabei:
- Die Ressourcen zur Projektentwicklung können analysiert und deren Einsatz bzw. Verwendung besser geplant werden.
- Das Projektrisiko kann verringert werden.
- Je langfristiger ein Projekt angelegt ist, desto schwieriger gestaltet sich die Planung und Entwicklung der entsprechenden Ressourcen.
- Die Abschätzung der benötigten Projektpotentiale ist häufig unzureichend.

## Beispiel

In Tabelle 3.8. sind die wichtigen Projektpotentiale in Form von Projektrisiken aufgeführt. Die Tabelle soll die Vorgehensweise beispielhaft verdeutlichen.

Tabelle 3.8. Beispiel zu einer Projekt-Risiko-Analyse

| Projektrisiken | Potentiale | | | Mögliche Risikoredu-zierungsmaßnahmen |
|---|---|---|---|---|
| | Gering | mittel | hoch | |
| Risiken der Aufgaben:<br>• Aufgabenumfang und -komplexität<br>• Datenumfang und -komplexität<br>• Schnittstellenarchitektur<br>• Absolute und relative Ergebnisse<br>• Erforderliche Anwendung<br>• Durchzuführende Maßnahmen<br>• Reaktionen von Führungskräften<br>• Reaktionen von Mitarbeitern | | | | |
| Fachliche Risiken:<br>• Entsprechendes fachbereichsspezifisches Fachwissen und -können<br>• Informatik<br>• BWL<br>• Umfeld | | | | |
| Risiken in der Projektarbeit:<br>• Methodenakzeptanz<br>• Methodentreue<br>• Methoden-Wissen und -Können | | | | |

**Forts. Tabelle 3.8.** Beispiel zu einer Projekt-Risiko-Analyse

| | | | | |
|---|---|---|---|---|
| Risiken im emotionalen Umfeld:<br>• Motivation<br>• Hoffnungen, Erwartungen<br>• Angst vor Folgen<br>• Lernerfordernisse<br>• Veränderungsbereitschaft | | | | |
| Risiken in der Person des Projektleiters:<br>• Projektleitererfahrung<br>• Akzeptanz<br>• Moderation<br>• Motivation | | | | |
| Sonstige Risiken:<br>• Information<br>• Bereitschaft zur Mitarbeit<br>• Verfügbare Kapazität<br>• Autorität, Kommunikations- und Kooperationsfähigkeit<br>• Methodensicherheit und -fähigkeit<br>• Aufgabenspezifisches Fachwissen | | | | |

### 3.5.4 Nutzwertanalyse

*Methodische Grundlagen*

Die Nutzwertanalyse ermittelt den in Zahlen ausgedrückten subjektiven Wert von Lösungen und/oder Maßnahmen in Bezug auf die Zielvorgaben. Durch diese Nutzenzuweisung können die verschiedenen Alternativen miteinander verglichen werden (vgl. Ehrmann 1995, S. 87).

Die Nutzwertanalyse wird allgemein definiert als „ein Bewertungsverfahren in Planungsabläufen, mit dem bei einer vorgegebenen Zielsetzung mehrere gegebene oder zu entwickelnde Handlungsalternativen in einem komplexen Feld von Bewertungskriterien bezüglich der Zielerreichung zu ordnen sind" (Hentze et al. 1993, S. 78).

Die bekannteste Klassifikation ist die Unterscheidung in eindimensionale und mehrdimensionale Bewertungsansätze, je nachdem ob ein Bewertungskriterium (Zielinhalt) oder mehrere Bewertungskriterien zugrunde gelegt werden. Die mehrdimensionalen Bewertungsansätze gehören dann zur Klasse der Scoring-Modelle, wenn die Berücksichtigung aller Bewertungskriterien durch Punktbewertungen mit anschließender Wertsynthese erfolgt. Das bekannteste Verfahren unter den mehrdimensionalen Ansätzen ist die Nutzwertanalyse (vgl. Mag 1995, S. 91).

## Ablauf

1. Formulierung des Zielsystems
   Dies erfolgt in der Regel zum Zeitpunkt der Projektdefinition.
2. Gewichtung der Zielkriterien
   Die zur Beurteilung bestimmten Zielkriterien sind auf ihre Anteile hin zu gewichten, so dass in der Summe die einzelnen Anteile zusammen 100 % ergeben.
3. Bewertung der Alternativen
   Die zur Wahl stehenden Alternativen sind zu bewerten. Diese Bewertung erfolgt für jedes Zielkriterium G mit der Höhe der Zielerreichung (von 0 % bis 100 %), auch Erfüllungsgrad W genannt. Das Produkt aus dem Zielkriterium und dem Erfüllungsgrad stellt den Teil-Netzwert TN dar.

$$TN_i = G_i \cdot W_i$$

   Die Bewertung kann mittels verschiedener Bewertungssysteme erfolgen:
   - Punktverfahren
   - Punktvergabe beispielsweise von 10 (sehr gut) bis 1 (schlecht)
   - Rangreihung
   - Reihung der Alternativen für jedes Zielkriterium (1. Platz bis n. Platz)
   
   Dabei ist zu beachten, dass die Gewichtung der Zielkriterien und die Bewertung der Alternativen gleich gewichtet sein müssen. In der Praxis sind dazu die einzelnen Bewertungsstufen im Vorfeld detailliert zu klassifizieren und zu beschreiben
4. Errechnung des Nutzwertes
   Aus der Multiplikation der Gewichtung $G_i$ jedes Zielkriteriums mit der entsprechenden Bewertung $W_i$ und der Addition aller Ergebnisse einer Alternative ergibt sich der Nutzwert $N_i$ für eine Alternative.

$$N_i = \sum_{i=1}^{n} G_i \cdot W_i$$

Somit ergibt sich für jede Alternative eine Summe als Nutzwert. Durch den Vergleich der Nutzwerte aller Alternativen kann eine Rangreihung vorgenommen werden. Aus der Differenz der Nutzwerte können Schlüsse auf die Gleichwertigkeit oder Ungleichwertigkeit von Alternativen gezogen werden (vgl. Steinbuch 1990, S. 113 ff.).

## Regeln

Kernpunkt der Nutzwertrechnung ist die Bestimmung der Bewertungskriterien. Folgende vier Hauptgruppen von Bewertungskriterien werden in der Regel verwendet:

- wirtschaftliche Kriterien
- technische Kriterien
- rechtliche Kriterien
- soziale Kriterien

Bei der Aufstellung einer Punkteskala sind folgende Grundsätze zu berücksichtigen (vgl. Ehrmann 1995, S. 87 f.):

- die Punkteskala muss für alle Kriterien gleich sein
- die Punkteskala sollte nicht bei 0 beginnen, damit extrem niedrige Punktwerte noch berücksichtigt werden können
- die Bewertungsrichtung muss bei allen Kriterien einheitlich sein
- die Punkteskala muss eine ausreichende Differenzierung ermöglichen
- die Punkteskala sollte möglichst wenig Bewertungssprünge enthalten
- die Punktwerte sollten in Prozentpunkte umgewandelt werden, um die Anschaulichkeit zu verbessern
- eine Transformationsmatrix, die die Regelung der Punktevergabe enthält, sollte verwendet werden.

### Einsatzmöglichkeiten, Chancen und Risiken

Der Einsatz der Nutzwertanalyse ist für klassische Bewertungen von Alternativen zweckmäßig, d. h. für Entscheidungssituationen, die sich dadurch auszeichnen, dass

- mehrere Zielsetzungen vorliegen, d. h. es handelt sich um ein multidimensionales oder multiples Zielsystem
- die Zielgröße quantitativer und/oder qualitativer Natur ist
- eine Anzahl von Alternativen zu vergleichen ist
- eine große Anzahl entscheidungsrelevanter Einflussgrößen zu beachten ist, deren Interdependenzen meist nicht angegeben werden können
- die persönliche, subjektive Einschätzung bzw. Beurteilung dieser Größen durch den Entscheidungsträger eine erhebliche Rolle spielt (vgl. Welge u. Al-Laham 1992, S. 375).

Die *Vorteile* der Nutzwertanalyse liegen auf verschiedenen Ebenen:
- Sie ermöglicht eine bessere Vergleichbarkeit, weil an alle Varianten die gleichen, gleich gewichteten Kriterien angelegt werden.
- Sie fördert die Transparenz, indem sie den Bewertungsvorgang nachvollziehbar macht.
- Sie fördert die Objektivität, wenn der Bewertungsvorgang von verschiedenen Beteiligten selbständig vorgenommen wird.

Als *Nachteile* der Nutzwertanalyse sind zu nennen (vgl. Schmidt 1991a, S. 257):
- Die Punktwerte können eine Scheingenauigkeit oder Scheinobjektivität vortäuschen. Absolute Objektivität und Genauigkeit kann es bei Bewertungsvorgängen nie geben. Bewertungen sind immer subjektiv.
- Für die nicht in Geldeinheiten quantifizierbaren Größen ist die Nutzwertanalyse sehr sinnvoll bzw. der subjektive Einfluss ist nicht zu unterschätzen.

## Beispiel

Dieses Beispiel soll stark vereinfacht die Einsatzmöglichkeiten der Nutzwertanalyse an drei Alternativen, z. B. bei der Einführung von Software, aufzeigen.

1. Formulierung des Zielsystems
   Aus der Definitionsphase sind folgende Ziele festgeschrieben:
   - Kostenreduzierung
   - Durchlaufzeiten-Reduzierung
   - Beibehaltung des jetzigen Personalbedarfs
   - Servicegraderhöhung
   - Imageverbesserung
2. Gewichtung der Zielkriterien (Tabelle 3.9)

**Tabelle 3.9.** Beispiel für Gewichtung der Zielkriterien

| Kriterien | Prozentbewertung |
|---|---|
| Kostenreduzierung | 35 % |
| Durchlaufzeiten-Reduzierung | 20 % |
| Beibehaltung des jetzigen Personalbedarfs | 25 % |
| Servicegraderhöhung | 15 % |
| Imageverbesserung | 5 % |

3. Bewertung der Alternativen und Errechnung des Nutzwertes (Tabelle 3.10)

**Tabelle 3.10.** Beispiel für Nutzwertanalyse (alle Angaben in %)

| Kriterien | Gewichtung | Lösungsentwürfe | | | | | |
|---|---|---|---|---|---|---|---|
| | | Lösungsalternative 1 | | Lösungsalternative 2 | | Lösungsalternative 3 | |
| $K_j$ | $G_j$ | $W_{1j}$ | $G_j * W_{1j}$ | $W_{2j}$ | $G_j * W_{2j}$ | $W_{3j}$ | $G_j * W_{3j}$ |
| Kostenreduzierung | 35 % | 80 | 28,0 | 60 | 21,0 | 50 | 17,5 |
| Durchlaufzeitenreduzierung | 20 % | 100 | 20,0 | 50 | 10,0 | 40 | 8,0 |
| Beibehaltung des jetzigen Personalbedarfs | 25 % | 100 | 25,0 | 50 | 12,5 | 90 | 22,5 |
| Servicegraderhöhung | 15 % | 80 | 12,0 | 10 | 15,0 | 10 | 1,5 |
| Imageverbesserung | 5 % | 80 | 4,0 | 100 | 5,0 | 60 | 3,0 |
| Summe | 100 % | | N1 = 89,0 % | | N2 = 63,5 % | | N3 = 52,5 % |

$K_j$: Kriterium, $G_j$: Gewichtung, $W_{ij}$: Erfüllungsgrad, $G_j * W_{ij}$: Teilnutzwert, $N_i$: Gesamtnutzwert

## 3.5.5 Kennzahlenanalyse

### Methodische Grundlagen

Kennzahlen sind Verhältniszahlen, die eine besondere Aussagefähigkeit bei der Beurteilung von Systemen bzw. Teilsystemen aus der Sicht der Planung, Nutzung oder Zielerfüllung haben. Um sie allgemein auswerten zu können ist es wichtig, dass sie auf einem möglichst breiten Gebiet von analogen oder ähnlichen Systemen Gültigkeit haben (z. B. Unabhängigkeit von den jeweiligen Systemgrößen).

Besondere Bedeutung kommt den Kennzahlen bei der Ist-Zustands- und Kostenanalyse bestehender Ist-Situationen (Funktionen, Abläufe, Prozesse, Daten etc.) und beim Soll-Ist-Vergleich für Verbesserungs- und Rationalisierungsstudien oder für die Umgestaltung vorhandener Zustände zu (vgl. Aggteleky u. Bajna 1992, S. 69).

### Ablauf

Bei der Anwendung der Kennzahlenanalyse (zur Beurteilung der Effizienz von Projekten) muss zwischen Produktivitätszahlen und den geldwertbezogenen, betriebswirtschaftlichen Kennzahlen unterschieden werden.

1. Kennzahlenanalyse der Produktivität

Die Kennzahlen der Produktivität sind mengenbezogene Verhältniszahlen, die über die Sparsamkeit eines Systems Auskunft geben, ohne dazu die äquivalenten Preise und Kosten bereits zu kennen ($\Rightarrow$ Input-Output-Relationen). Sie können als Indikatoren der Wirtschaftlichkeit betrachtet werden.

Operativ gesehen dient die Produktivität zur Messung und Beurteilung des technischen Leistungsgrades nach verschiedenen Kriterien. Sie ist eine Verhältniszahl zwischen einer physikalischen Leistung und einer Mengen- oder Zeiteinheit (z. B. Stück pro Stunde). Dabei kann die Produktivität für ein ganzes System, für Betriebsteile oder für spezielle Systemelemente ermittelt werden (z. B. Kennzahlenanalyse der Layoutplanung oder der Investitionsausgaben etc.).

2. Betriebswirtschaftliche Kennzahlenanalyse

Die betriebswirtschaftlichen Kennzahlen sind dagegen geldwertbezogene Verhältniszahlen, die überwiegend der Beurteilung der Wirtschaftlichkeit und Rentabilität dienen. Ihre Anwendung setzt eine fortgeschrittene Phase der Planung voraus, in der bereits Preis- und Kostenangebote für die Analyse zur Verfügung stehen (vgl. Aggteleky u. Bajna 1992, S. 86).

Die betriebswirtschaftliche Vorteilhaftigkeit von Projekten hängt von verschiedenen Zielkriterien ab. Diese sind zwar einzeln zu ermitteln, müssen aber insgesamt beurteilt werden.

Die wichtigsten Zielfaktoren sind:

- Kosten, d. h. Kostenoptimierung bzw. -minimierung
- Rentabilität, d. h. Erfolgsoptimierung des investierten Kapitals
- Kapitalwert, d. h. die Optimierung der diskontierten Überschüsse oder der Mehreinnahmen

- Annuität, d. h. der durchschnittlich, auf den Investitionszeitpunkt diskontierte Jahreseinnahmenüberschuss
- Interner Zinsfuß, d. h. der berechnete Zinsfuß des Kapitals bei Kapitalwert Null
- Cash-flow, d. h. der Einnahmenüberschuss (Gewinn + Abschreibungen)

Zu diesen erfolgsbezogenen Kriterien kommen sicherheitsbezogene Einflussgrößen hinzu:

- Liquidität, d. h. Sicherstellung der Zahlungsfähigkeit
- Risiko, d. h. die Begrenzung der Unsicherheiten bezogen auf die stochastischen Einflussfaktoren
- Amortisationszeit, d. h. die Wiedergewinnungszeit des investierten Kapitals als zeitliche Dauer des Investitionsrisikos.

Die genannten Zielfaktoren und Einflussgrößen können entweder im Zeitablauf miteinander verglichen werden, oder man vergleicht die Werte mit denen anderer Unternehmen, Bereiche, Abteilungen oder Projekte.

Bei der ökonomischen Optimierung von komplexen Projekten sind die richtige Gestaltung, Dimensionierung und Verrechnung der Hilfs- und Nebensysteme wichtig. Die Leistungen werden auf die verschiedenen „Verbraucher" mittels Verrechnungssätzen verteilt. Die Verrechnungssätze stellen Kennzahlen dar, die bei der Analyse und Optimierung der Hilfssysteme wichtig sind. Die Leistungen der Hilfssysteme werden nach dem Verursacherprinzip verrechnet. Dabei werden die variablen (proportionalen) Kostenteile direkt entsprechend dem Leistungsbezug verrechnet, wogegen die Fixkosten entsprechend dem jeweiligen Leistungsanteil, auf die verschiedenen Benutzer umgelegt werden (vgl. Aggteleky u. Bajna 1992, S. 86 ff.).

Die Kennzahlen stellen ein wichtiges Hilfsmittel der Projektplanung dar, solange sie in ihrem Gültigkeitsbereich angewandt werden. Wichtig ist, Sie auf ihre Aktualität zu überprüfen und sie gegebenenfalls richtig zu stellen.

### Regeln

Vorsicht: Bei vergleichenden Kennzahlen, z. B. prozentualer DV-Kosten-Anteil, ist nicht nur von den Datenverarbeitungskosten auszugehen, sondern auch von anderen wichtigen Variablen. Ein Beispiel macht dies deutlich:

Der prozentuale DV-Kosten-Anteil ist in einem stark eigenfertigenden Unternehmen mit großer Sicherheit höher als bei einem Unternehmen der gleichen Branche, das nur eine Endmontage besitzt.

### Einsatzmöglichkeiten, Chancen und Risiken

Die meistverwendeten Berechnungsmethoden der Kennzahlenanalyse sind (vgl. Aggteleky u. Bajna 1992, S. 89):

- Wirtschaftlichkeitsrechnungen ($\Rightarrow$ Kostenoptimierung, Konkurrenzfähigkeit)
- Kostenvergleichsrechnungen

- Dynamische Stückkostenermittlung
- Gewinnvergleichsrechnungen
- Rentabilitätsrechnung ($\Rightarrow$ Endvermögenmaximierung)
- Kapitalwertmethode
- Annuitätenmethode
- MAPI-Methode zur Ermittlung der relativen Rentabilität bei Ersatzinvestitionen
- Cash-flow ($\Rightarrow$ Risikobegrenzung)
- Statische Amortisationsrechnung
- Dynamische Amortisationsrechnung

Die Kennzahlenanalyse bildet die Grundlage für die Projektplanung. Sie besitzt meist in komprimierter und leicht überschaubarer Form Aussagekraft über die Zusammenhänge der Abläufe eines Projekts. Da es sich bei den Kennzahlen in aller Regel um Verhältniszahlen oder Durchschnittszahlen handelt, muss besonderer Wert auf ihre richtige Interpretation gelegt werden. Nur so können sie zu einer effektiven Planung beitragen und verfälschen nicht den Aussagegehalt. Eine wichtige Voraussetzung für die Berechnung der verschiedenen Kennzahlen und somit auch deren Analyse ist das Vorhandensein ausreichender und zuverlässiger Grunddaten (vgl. Hammer 1991, S. 72 f.).

Die Kennzahlenanalyse der Produktivität bezieht sich auf die jeweiligen Gegebenheiten des Projekts, z. B. F.u.E.-Projekte oder IT-Projekte und ist somit nicht allgemein gültig. Sie werden hauptsächlich für projektinterne Bewertungen (also Soll-Ist-Vergleiche, Gegenüberstellungen von Alternativen) und für Projektvergleiche (Gegenüberstellung von ähnlich gelagerten Projekten) verwandt.

Die betriebswirtschaftliche Kennzahlenanalyse zeichnet sich durch eine weitgehende Allgemeingültigkeit aus, die von der unterschiedlichen Art der Projekte weit weniger beeinflusst wird als die Kennzahlen der Produktivität. Außerdem stehen sie in engeren, mathematisch leicht formulierbaren Beziehungen und lassen sich zum Teil in Kennzahlensystemen zusammenfassen (vgl. Aggteleky u. Bajna 1992, S. 87).

*Beispiel*

In Abb. 3.8. soll ein Auszug aus einer ROI-(Return-on-Investment-)Kennzahlenanalyse wiedergegeben werden (vgl. Aggteleky u. Bajna 1992, S. 87).

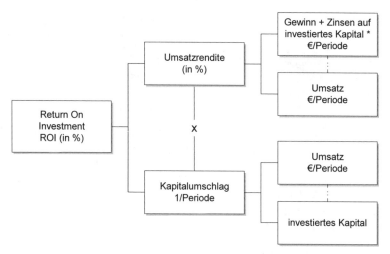

**Abb. 3.8.** Kennzahlenanalyse eines Return-on-Investment (ROI)

## 3.6 Projektplanung

Unter Projektplanung versteht Litke „die systematische Informationsgewinnung über den zukünftigen Ablauf des Projekts und die gedankliche Vorwegnahme des notwendigen Handelns im Projekt" (Litke 1991, S. 57).

Bei der Planung eines Projekts muss zunächst bestimmt werden, was durch das Projekt erreicht werden soll und welche zeitlichen, finanziellen und personellen Ressourcen dafür zur Verfügung stehen. Sie wird durch die Termin-, Kapazitäts-, Personal-, Hilfsmittel- und Kostenplanung präzisiert.

Ziel der Projektplanung ist die Ermittlung realistischer Sollvorgaben bezüglich der zu erbringenden Arbeitsleistung und deren Termine, Ressourceneinsatz und Kosten sowie die Festlegung von Einzelschritten der Projektdurchführung (Teilprojekte, Teilprodukte, Arbeitspakete etc.) im Rahmen der gegebenen Randbedingungen.

Ergebnisse der Projektplanung sind ferner Vorgaben für die Projektdurchführung, Projektüberwachung; sie führt Soll-Ist-Vergleiche durch und meldet Abweichungen an die Projektsteuerung. Die Projektsteuerung erarbeitet und leitet Maßnahmen ein, um Abweichungen in der Projektdurchführung zu korrigieren. Sollten die entsprechenden Regelmechanismen hierzu nicht ausreichen, schlägt sie Änderungen in der Projektplanung vor. Eine Änderung der Planung sollte gleichsam vorgenommen werden, wenn sich bestimmte Voraussetzungen und Annahmen geändert oder als unzutreffend erwiesen haben.

Eine grobe Gesamtübersicht der formalen Projektplanung mit den wichtigsten Schritten ist in Tabelle 3.11. zusammengestellt.

**Tabelle 3.11.** Gesamtübersicht über die formale Projektplanung

| Ablaufschritte der formalen Projektplanung | Namen der einzelnen Techniken |
|---|---|
| 1.1. Sammeln der Aufgaben, Teilaufgaben und Arbeitspakete (AP)<br>1.2. Strukturieren der Aufgaben etc.<br>1.3. Erstellen eines Projektstrukturplans<br>1.4. Beschreiben der einzelnen AP | 1. Projektstruktur- und Arbeitspaketplanung |
| ○ Dauer der AP ermitteln.<br>○ Projektdauer ermitteln.<br>○ Kritischen Pfad/Weg bestimmen<br>○ Meilensteine definieren | 2. Termin- und Meilensteinplanung |
| 3.1. Kapazitätsarten der AP bestimmen<br>3.2. Aufwände der AP bestimmen<br>3.3. Soll-Ist-Kapazitätsvergleich<br>3.4. Kapazitätsausgleich herstellen | 3. Kapazitätsplanung |
| 4.1. Benötigte Qualifikation je AP bestimmen<br>4.2. Mitarbeiterqualifikation bestimmen<br>4.3. Soll-Ist-Qualifikationsabgleich<br>4.4. Beauftragung der Mitarbeiter | 4. Personalplanung |
| 5.1. Sammeln der Hilfsmittel<br>5.2. Strukturieren der Hilfsmittel | 5. Hilfsmittelplanung |
| 6.1. Kosten für das Gesamtprojekt<br>6.2. Kosten für die Phasen<br>6.3. Personal- und Sachkosten | 6. Kostenplanung |

Die Projektplanung bildet folglich die Basis für die Steuerung des Projekts und die Kontrolle des Projektfortschritts (vgl. Litke 1991, S. 57 f.).

### 3.6.1 Projektstruktur- und Arbeitspaketplanung

*Methodische Grundlagen*

Um ein Projekt überschaubar zu machen, kann es in seine Teilprojekte, Projektphasen, Aufgaben, Arbeitsschritte, Teilaufgaben/Teilarbeitsschritte bzw. Arbeitspakete, etc. strukturiert werden. Das Projekt wird in seine Elemente zerlegt und die Beziehungen zwischen den Elementen werden festgestellt.

Um eine solche Strukturierung vornehmen zu können, muss ein Projektstrukturplan entworfen werden. Damit wird die Gesamtaufgabe des Projekts in sinnvolle, für sich bearbeitbare Teilaufgaben zerlegt. Dabei steuert der Projektstrukturplan die Arbeitsteilung sowie die Reintegration der Ergebnisse zum Ganzen. Das Ergebnis ist eine Aufgabenhierarchie, bestehend aus der Hauptaufgabe (Erreichen des Projektziels), Teilaufgaben, Arbeitspaketen und Planungseinheiten (vgl. Mees et al. 1993, S. 188 f.).

Eine nicht mehr zu teilende Aufgabe heißt Arbeitspaket. Ein Arbeitspaket umfasst normalerweise alle Tätigkeiten eines Projekts, die sachlich zusammengehören und in einer kleinen organisatorischen Einheit durchgeführt werden. Jedes Arbeitspaket stellt eine echte Aufgabe im Sinne von Arbeit dar.

Die Summe aller Arbeitspakete stellt den gesamten Leistungsumfang eines Projekts dar (vgl. Litke 1991, S. 66 f.).

## *Ablauf*

1. Sammeln von Aufgaben, Teilaufgaben und Arbeitspaketen.
2. Strukturierung der Aufgaben, Teilaufgaben und Arbeitspakete nach Projektphasen. Bei Großprojekten ist es ratsam, sehr früh in Teilprojekten zu denken und zu strukturieren. Bei mittelgroßen und kleineren Projekten sind vier Projektphasen meist eine gute Größe.
3. Erstellen eines Projektstrukturplans (PSP). Dies erfolgt mit der Differenzierung und Vervollständigung der Aufgaben-, Teilaufgaben und Arbeitspaket-Sammlung.
4. Beschreibung der einzelnen Arbeitspakete.

Zunächst sollte jede Aufgabe nach

- Funktionen (z. B. analysieren, entwerfen, programmieren etc.) oder
- Objekten (z. B. Schnittstellen, Dialogmasken, Datenbanken etc.) oder
- Gemischten Funktionen und Objekten oder
- Organisationen (z. B. Abteilung 1, Abteilung 2)

strukturiert werden.

**Tabelle 3.12.** Muster für eine Arbeitspaketbeschreibung

| Variable | Beschreibung |
|---|---|
| Arbeitspaket-Name: | |
| Arbeitspaket-Nummer: | |
| Inhalt: | |
| Aufwand: | |
| Kosten: | |
| Dauer: | |
| Laufzeit: | |
| Menge: | |
| Umfang: | |
| Ergebnis: | |
| Dokumente: | |
| Ausführende: | |
| Verantwortliche: | |

Anschließend werden die einzelnen Arbeitspakete bezüglich ihres Inhalts, ihres Aufwands und ihrer Kosten, der Dauer und Laufzeit, der Mengen oder Umfänge, der Ergebnisse und Dokumente sowie der Ausführenden und deren Verantwortlichkeiten beschrieben (Tabelle 3.12.).

Aufbauend auf die Arbeitspaketbeschreibung wird der Projektstrukturplan erstellt. Je nach Projektgröße ist ein Projekt in der ersten Ebene in Teilprojekte (sehr große Projekte) (Abb. 3.9.) oder in Phasen (mittlere und große Projekte) (Abb. 3.10.) oder in Arbeitspakete (kleine Projekte oder projekthafte Aufgaben) (Abb. 3.11.) zu unterteilen.

## *Regeln*

Der Freiheitsgrad der Arbeitspakete muss sich nach den im Rahmen des Projekts vereinbarten Verantwortungen und Kompetenzen richten. Dadurch kann der Umfang der Arbeitspakete sehr unterschiedlich ausfallen. Arbeitspakete reichen von einer bestimmten Tätigkeit einer Einzelperson bis hin zu einem ganzen Entwicklungsauftrag für einen internen bzw. externen Lieferanten. Im letzteren Fall ist eine tiefer gehende Strukturierung in die entsprechenden Verantwortungsbereiche notwendig (vgl. Litke 1991, S. 69 f.).

## *Einsatzmöglichkeiten, Chancen und Risiken*

Der Projektstruktur- und Arbeitspaketplanung kommt eine besonders große Bedeutung vor dem Start eines jeden Projekts zu. Zusammenfassend soll auf die Aspekte, aus denen sich der Nutzen einer solchen Vorgehensweise ableiten lässt, eingegangen werden:

- Der Projektstrukturplan zerlegt das gesamte Projekt stufenweise in abgestimmte Teilaufgaben und stellt damit sicher, dass alle notwendigen Arbeitspakete erfasst werden.
- Für die einzelnen Arbeitspakete können die jeweils zu erzielenden Ergebnisse sowie der Personal- und Materialeinsatz präzise ermittelt und während der Durchführung besser kontrolliert werden.
- Der Projektstrukturplan ist eine Hilfe für die Festlegung des Projektablaufplans, das heißt der Folge, in der die einzelnen Arbeitspakete logisch abgearbeitet werden müssen.
- Die Zerlegung des Projekts in seine Arbeitspakete ermöglicht die Vergabe dieser Pakete an die verschiedenen Organisationseinheiten (vgl. Litke 1991, S. 70).

## *Beispiel*

Die Abb. 3.9., Abb. 3.10. und Abb. 3.11. geben die Grundstrukturen eines Projektstrukturplans für unterschiedlich große Projekte wieder.

3.6 Projektplanung    151

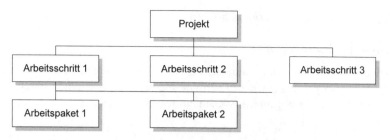

**Abb. 3.9.** Projektstrukturplan für Kleinprojekte. Das Projekt lässt sich direkt in Arbeitsschritte und Arbeitspakete aufteilen.

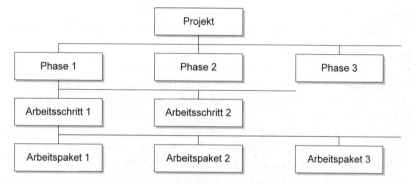

**Abb. 3.10.** Projektstrukturplan für mittelgroße Projekte. Das Projekt wird in Phasen aufgeteilt, die Arbeitsschritte und Arbeitspakete beinhalten.

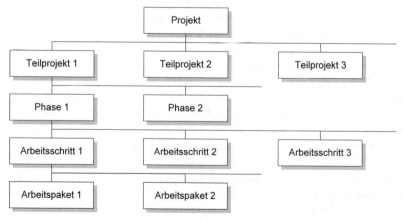

**Abb. 3.11.** Projektstrukturplanung für ein Großprojekt. Das Projekt wird in Teilprojekte mit jeweils mehreren Phasen gegliedert. In den Phasen werden die Arbeitsschritte und Arbeitspakete abgearbeitet.

## 3.6.2 Termin- und Meilensteinplanung

### Methodische Grundlagen

Aufbauend auf dem Projektstrukturplan und der Arbeitspaketbeschreibung werden der Abhängigkeitsplan sowie der Termin- und der Meilensteinplan erstellt.

Ein Termin ist ein Zeitpunkt. Im Rahmen des Projektmanagements kann man zwischen

- Anfangsterminen
- Endterminen
- Stichtagen (Termine der aktuellen Betrachtung, auch time-now-dates genannt) und
- Meilensteinen (Termineckpunkte, Stichtage für wesentliche Projektergebnisse)

unterscheiden.

Bei der Durchführung der Terminplanung geht es darum, für jedes Element des Planungsablaufs dessen Zeitdauer zu schätzen. Die Zeitdauer entspricht dem Zeitraum zwischen einem Anfangs- und Endtermin einer Tätigkeit.

Für eine realistische Schätzung muss zunächst für jedes Arbeitspaket der Arbeitsaufwand bestimmt werden. Die Ermittlung der Zeitdauer für jeden Arbeitsvorgang setzt eine genaue Beschreibung der jeweiligen Arbeitsumfänge und der zur Erledigung vorgesehenen Hilfsmittel voraus. Außerdem ist zu überlegen, wie viele Personen für ein Arbeitspaket eingesetzt werden müssen, inwieweit diese parallel arbeiten können oder auf Zwischenergebnisse innerhalb des Arbeitspaketes angewiesen sind.

Weiterhin ist abzuschätzen, mit welcher Kapazität diese Mitarbeiter dem Projekt zur Verfügung stehen und ob eventuell Wartezeiten oder Fristen bei der Abwicklung des Arbeitspaketes zu berücksichtigen sind.

Nach Ermittlung der Zeitdauer für alle Arbeitspakete kann die Terminsituation berechnet werden. Hierbei wird, ausgehend vom geplanten Starttermin des Projekts, zunächst eine Vorwärtsrechnung und dann, ausgehend vom geplanten Endtermin, eine Rückwärtsrechnung durchgeführt. Dadurch erhält man für jedes Arbeitspaket den frühest möglichen Anfangs- und Endtermin und den spätest möglichen Anfangs- und Endtermin. Somit wird für die einzelnen Arbeitspakete bekannt, wann sie durchgeführt werden können und wie viel Puffer existiert.

Unter einem Puffer versteht man eine Zeitspanne, um die die Lage eines Arbeitspaketes verändert werden kann, ohne dass sich dies auf den Endtermin auswirkt. Ist kein Puffer vorhanden, so handelt es sich um einen kritisches Arbeitspaket. Die Folge der kritischen Arbeitspakete bildet den kritischen Weg (vgl. Litke 1991, S. 74).

Mit der Terminplanung werden folgende Ziele verfolgt:

- Ermittlung der Projektdauer und damit des Endtermins
- Bestimmung der Anfangs- und Endtermine der einzelnen Arbeitspakete
- Ermittlung der Pufferzeiten
- Feststellung der kritischen Wege (vgl. Schmidt 1991a, S. 353).

Als Planungstechniken für die Terminplanung können folgende Techniken und Darstellungstechniken herangezogen werden (Abb. 3.12.):

- die Terminleiste,
- das Balkendiagramm sowie
- die Netzplantechnik.

**Abb. 3.12.** Terminplanungstechniken

Die Terminleiste ist eine einfache Auflistung aller Aktivitäten mit den geschätzten Zeiten und dem Start- und Endtermin für jedes Arbeitspaket (vgl. Litke 1991, S. 75).

Die einzelnen Projektteile werden in einer Liste gereiht. Die Dauer des jeweiligen Projektteils wird ausgewiesen. In Abhängigkeit von der Projektstruktur werden für die einzelnen Arbeitspakete die Anfangs- und Endtermine errechnet und eingetragen.

Das Balkendiagramm stellt die geplante Zeitdauer pro Arbeitspaket als Balken dar. Beim Balkendiagramm werden über eine Zeitachse die einzelnen Arbeitspakete abgetragen, wobei die Zeitdauer als Balken dargestellt wird.

Bei der Darstellung der Balken kann man beispielsweise den Bearbeitungsstand am Balken vermerken. In geringerem Maße kann auch die Verknüpfung der einzelnen Arbeitspakete untereinander kenntlich gemacht werden. Eine durchaus sinnvolle Erweiterung des Balkendiagramms ist die Qualifizierung und Quantifizierung des Balkens.

Die Netzplantechnik umfasst Verfahren zur Projektplanung und -steuerung, wobei der Netzplan die graphische Darstellung von Ablaufstrukturen ist, die die logische und zeitliche Aufeinanderfolge von Arbeitspaketen veranschaulichen.

Der Netzplan wird aus dem Projektstrukturplan entwickelt. Dabei werden die einzelnen Arbeitspakete der untersten Strukturebene in ihre einzelnen Arbeitspakete zerlegt. Anschließend werden die Aufgaben, die zeitlich nacheinander oder parallel verlaufen, in ihren Beziehungen zueinander so dargestellt, dass für jedes Arbeitspaket so genannte Teilnetze entstehen. Nach dieser analytischen Phase werden die einzelnen Teilnetze zu einem Gesamtnetzplan zusammengefügt (vgl. Litke 1991, S. 77 f.; Steinbuch 1990, S. 84 f.).

## *Ablauf*

1. Ermittlung der Dauer jedes Vorgangs (Tabelle 3.13.).

   Die Vorgangsdauer wird in der Regel in Tagen gemessen. Bei Aufgaben bis zu einer Woche empfiehlt es sich, diese in Stunden zu messen. Bei Projekten, die länger als ein halbes Jahr laufen, sind Wochen die geeignetste Zeiteinheit.

2. Bestimmen der frühesten zeitlichen Lage jedes Vorgangs (Start- und Endtermin).
   Die frühest möglichen Anfangszeitpunkte werden ermittelt, indem, beginnend mit dem Starttermin, vorwärts gerechnet wird. Dadurch ergibt sich automatisch auch das frühest mögliche Ende eines jeden Vorgangs.
3. Errechnung der Projektdauer.
4. Bestimmung der spätesten zeitlichen Lage jedes Vorgangs.
   Die späteste zeitliche Lage ergibt sich durch eine Rückrechnung, d. h. es werden vom Endtermin die Zeiten abgezogen, die die Vorgänge beanspruchen. Hat ein Vorgang zwei oder mehrere Vorgänge, dann ist der späteste Starttermin abhängig vom längsten Weg.
5. Errechnen der Zeitreserven je Vorgang (Puffer).
   Innerhalb dieser Zeitreserven kann ein Vorgang verschoben oder verlängert werden, ohne dass die Projektdauer gefährdet wird. Besonders wichtig ist die Gesamtpufferzeit. Sie sagt aus, um wie viele Zeiteinheiten ein Vorgang verlängert oder nach vorne verschoben werden kann, so dass der oder die Nachfolger gerade noch zum spätest erlaubten Anfangszeitpunkt beginnen können. Man errechnet die Gesamtpufferzeit eines Vorgangs, indem man vom spätesten Endzeitpunkt den frühesten Endzeitpunkt subtrahiert.
6. Ermittlung des kritischen Weges.
   Der kritische Weg ist der längste Weg des Projekts, d. h. der Weg, bei dem keine Zeitreserven mehr zur Verfügung stehen. Die Projektdauer ist identisch mit dem zeitlängsten Weg (vgl. Schmidt 1991a, S. 353 f.).
7. Meilensteine bzw. Termineckpunkte definieren.
   Hier wird die Qualität einer Projektphase von einem Aufgaben- oder Arbeitsschrittbündel überprüft und die Freigabe erteilt oder eine Nachbesserung vereinbart.

**Tabelle 3.13.** Arbeitspaketbeschreibung

| zusätzliche Variable | Beschreibung |
|---|---|
| Dauer: | |
| Anfangstermin: | |
| Endtermin: | |
| Pufferzeiten: | |

*Regeln*

Für die Terminplanung gelten folgende Bedingungen:

- Die Zeitdauer von ähnlichen Aktivitäten sollte soweit wie möglich an Aktivitäten früherer Projekte angelehnt werden (Ähnlichkeitsbildung).
- Die Schätzung sollte frei von Terminvorstellungen sein.
- Zuteilung mit unbegrenzter Kapazität. Es wird davon ausgegangen, dass genügend Kapazität zur Durchführung des Arbeitspakets vorhanden ist (vgl. Litke 1991, S. 75).
- Der Gesamtprojektumfang sollte überschaubar gehalten werden.

- Der Terminplan sollte in Form einer Terminleiste, eines Balkendiagramms oder eines Netzplans für den gesamten Projektablauf erstellt werden.
- Nach Möglichkeit sollte kein Projekt größer als ein Jahr geplant werden.
- Es sollten Teilprojekte in der Projektvorbereitung gebildet werden.
- Der zeitliche Aufwand sollte begrenzt werden.

Grundsätzlich sollte die Projektleitung die Zeitschätzung in Zusammenarbeit mit den Mitarbeitern, die die einzelnen Arbeitspakete bearbeiten sollen, vornehmen. Es muss darauf geachtet werden, dass die Zeitschätzung möglichst realistisch vorgenommen wird und keine Sicherheitszuschläge enthält.

### Einsatzmöglichkeiten, Chancen und Risiken

Die Terminierungstechniken und -ergebnisse dienen der Planung, aber auch der Überwachung und Steuerung der Projektdurchführung (Tabelle 3.14.).

**Tabelle 3.14.** Terminplanungstechniken im Vergleich:

|  | Terminleiste | Balkendiagramm | Netzplan |
|---|---|---|---|
| Anwendungsgebiete | Die Terminleiste findet vornehmlich Anwendung bei Projekten mit wenigen Projektteilen oder bei Abläufen ohne Vernetzung. | Die Planungsmethodik des Balkendiagramms findet Anwendung bei Projekten, deren Vorgänge wenig miteinander verknüpft sind. | Die Netzplantechnik wurde zur Terminplanung von Großprojekten entwickelt und eingesetzt, da in diesen Projekten die Tätigkeiten vorrangig voneinander abhängen und häufig mit hohem Zeitaufwand verbunden sind (vgl. Steinbuch 1990, S. 84 f.). |
| Vorteile | • keine speziellen Kenntnisse nötig<br>• einfach<br>• schnell zu erstellen | • weit verbreitet u. weitgehend verständlich<br>• sehr übersichtlich<br>• schnell zu erstellen<br>• geeignet für kleine bis große Projekte<br>• zeigt zeitliche Parallelen auf | • geeignet bei großen und sehr großen Projekten |
| Nachteile | • nicht geeignet für größere Projekte<br>• Darstellung von Abhängigkeiten nicht möglich<br>• schnell unübersichtlich | • Änderungsaufwand bei manueller Anwendung sehr groß<br>• Schulungsaufwand erforderlich | • hoher Schulungsaufwand und<br>• hoher Änderungs- und Betreuungsaufwand |

## Beispiel

In Tabelle 3.15., Abb. 3.13. und Abb. 3.14. ist je ein Beispiel zu den oben aufgeführten Terminplanungstechniken aufgeführt.

**Tabelle 3.15.** Beispiel für eine Terminleiste

| Arbeitspakete | Zeitdauer | Anfangstermin | Endtermin |
|---|---|---|---|
| Arbeitspaket 1 | 5 Tage | Tag 1 | Tag 5 |
| Arbeitspaket 2 | 10 Tage | Tag 6 | Tag 15 |
| Arbeitspaket 3 | 10 Tage | Tag 6 | Tag 15 |
| Arbeitspaket 4 | 20 Tage | Tag 16 | Tag 35 |

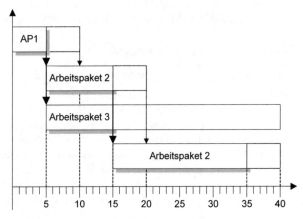

**Abb. 3.13.** Beispiel für ein Balkendiagramm

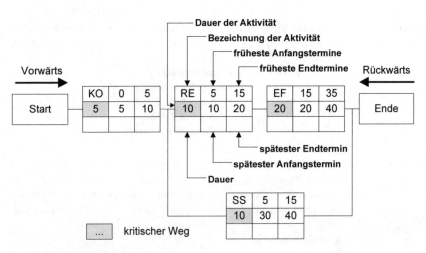

**Abb. 3.14.** Beispiel für einen Netzplan

## 3.6.3 Kapazitätsplanung

### Methodische Grundlagen

Die Kapazitätsplanung beruht auf der Ermittlung des personellen Aufwandes eines jeden einzelnen Arbeitspakets, einer Tätigkeit oder eines Vorgangs während der Projektdauer.

Die Kapazitätsplanung hat das Ziel, Kapazitätsengpässe, die z. B. durch die Bearbeitung mehrerer Projekte entstehen, im Vorfeld zu erkennen, um in der Vorbereitung eines Projekts Gegenmaßnahmen einleiten zu können. Darüber hinaus hat die Kapazitätsplanung die Aufgabe, die Auslastung der beteiligten Personen und/oder Einsatzmittel optimal zu planen, damit Spitzenbelastungen und/oder Unterbelastungen frühzeitig ausgeglichen werden können.

Wichtiges Einflusskriterium für die Kapazitätsermittlung bzw. -schätzung ist die geforderte Qualität und Quantität. Die graphische Darstellung der Kapazitätsplanung erfolgt in Form eines Kapazitäts- bzw. Belastungsdiagramms (Abb. 3.15.).

### Ablauf

1. Es wird definiert, welche Arbeitspakete des Projekts oder welche Vorgänge des Ablaufplans welche Kapazitätsarten verlangen.
2. Der zur Bearbeitung eines Arbeitspakets oder Vorgangs notwendige Kapazitätsbedarf wird geschätzt (s. Kap. 4.7).
3. Anschließend werden alle Kapazitätsanforderungen aufsummiert, um den Gesamtbedarf mit der vorhandenen Kapazität zu vergleichen. Dieser Soll-Ist-Vergleich führt in aller Regel zu der Erkenntnis, dass die geforderte Kapazität höher ist als die vorhandene, daher muss ein Kapazitätsausgleich vorgenommen werden.
4. Das Ziel eines solchen Ausgleichs ist es, einen akzeptablen Kompromiss zwischen geforderter Soll-Kapazität und vorhandener Ist-Kapazität zu erreichen. Für den Ausgleich der auftretenden Kapazitätsspitzen sind verschiedene Maßnahmen erforderlich:
   - Verschiebung und/oder zeitliche Dehnung von nicht kritischen Aktivitäten innerhalb der vorgegebenen Pufferzeiten,
   - Verschiebung und/oder zeitliche Dehnung von kritischen Aktivitäten unter Inkaufnahme einer Verschiebung des Endtermins,
   - Personalverschiebung innerhalb des Bereichs oder des Unternehmens,
   - Einstellung von neuem Personal und
   - Auftragsvergabe an Fremdfirmen.

### Regeln

Die Maßeinheiten, in denen die Kapazität gemessen wird, sind von Unternehmen zu Unternehmen unterschiedlich. Diese können z. B. sein:

- produktive Arbeitstage
- Maschinenstunden
- Volumen in Geldeinheiten
- Produkteinheiten
- Fertigungszeiten
- Bearbeitungsmonate, -wochen oder -tage

etc.

Die Fortschreibung von Vergangenheitswerten ist aber wenig zweckmäßig, wenn die Situationskriterien der Vergangenheit nicht für den Planungszeitraum gelten.

### Einsatzmöglichkeiten, Chancen und Risiken

Die Kapazitätsplanung ist bei allen Projekten einsetzbar.

### Beispiel

Abb. 3.15. zeigt ein Belastungsdiagramm mit einer Belastungsgrenze bei acht Leistungseinheiten. Spitzen oberhalb der Belastungsgrenze werden durch die zeitliche Verschiebung der entsprechenden Aktivitäten vermieden (Arbeitspaket H).

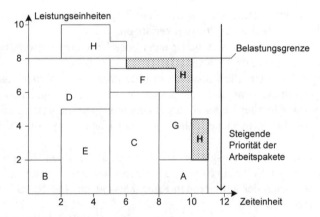

**Abb. 3.15.** Beispiel für ein Belastungsdiagramm

## 3.6.4 Personalplanung

### Methodische Grundlagen

Die Personalplanung wird auf die Planung von Personalbedarf und Personalkosten sowie auf die damit verbundenen Maßnahmen zur Personalbeschaffung, zum Personaleinsatz, zur Personalentwicklung und zum Personalabbau eingegrenzt (vgl. Weber u. Weinmann 1989, S. 209). Demnach beinhaltet Sie alle Überlegungen, die im Zusammenhang mit dem konkreten Einsatz der Mitarbeiter im Projektteam stehen (vgl. Litke 1991, S. 99).

Das Ziel der Personalplanung ist die optimale Nutzung der menschlichen Ressourcen im Hinblick auf die Unterstützung des Projektteams und des Projektergebnisses.

In idealer Weise beruht die Personalplanung auf der Kapazitätsplanung, und zwar in der Form, dass für jedes Arbeitspaket, jede Tätigkeit oder jeden Vorgang die benötigte Qualifikation ermittelt und ein Mitarbeiter zugeordnet wird, der die geforderte Qualifikation bestmöglich erfüllt.

Im Anschluss daran sind die einzelnen Projektmitarbeiter für die Arbeit im Projektteam zu beauftragen. Die Beauftragung umfasst die Aufgabenbeschreibung für den zu erbringenden Umfang, den Kapazitätsumfang, die Endtermine sowie die vorgesehenen Kosten.

Für die Qualifikationsdefizite, die aufgrund der Anforderungen aus den Aufgabenstellungen und dem Know-how des Mitarbeiters bei jedem Projektmitarbeiter mehr oder weniger vorliegen, sollten individuelle Aus- und Weiterbildungsmaßnahmen definiert werden. Wichtig dabei ist, dass der Qualifizierungsplan mit dem Aufgabenablauf abgestimmt wird, damit das neu erworbene Wissen und die Lernerfahrungen effizient in die Projektarbeit einfließen können.

**Tabelle 3.16.** Arbeitspaketbeschreibung

| Zusätzliche Variable | Beschreibung |
|---|---|
| Benötigte Qualifikationen: | |
| vorgesehener Mitarbeiter: | |
| Mitgebrachte Qualifikationen: | |
| Qualifikationsdefizite: | |
| Qualifikationsmaßnahmen: | |

## *Ablauf*

Die Personalplanung besteht aus folgenden Punkten (vgl. Tabelle 3.16.):

1. Ermittlung der benötigten Qualifikationen für jedes Arbeitspaket
2. Ermittlung des für das Arbeitspaket in Frage kommenden Mitarbeiters und dessen verfügbarer Kapazität sowie dessen Qualifikation. Der Projektleiter sollte die notwendigen Informationen in einem persönlichen Gespräch mit jedem Mitarbeiter in Erfahrung bringen.
3. Abgleichung von benötigten Qualifikationen und vorhandenen Qualifikationen. Qualifikationsdefizite festhalten.
4. Beauftragung des Mitarbeiters
   Die Beauftragung eines jeden Mitarbeiters mit den entsprechenden Aufgaben sollte in schriftlicher Form mittels einer so genannten Aktivitätenliste erfolgen. Sie kann folgende Punkte enthalten:
   - die zu lösende Aufgabe
   - die zur Verfügung stehenden Kapazitäten
   - die geplanten Kosten und

- den zu erreichenden Endtermin.

In diesem Zusammenhang erscheint es sinnvoll, die Aufgaben und Kapazitäten mit den einzelnen Mitarbeitern zu besprechen.

5. Aus- und Weiterbildungsplanung, bezogen auf die Projektaufgabe

   Der Mitarbeiter sollte an Aus- und Weiterbildungsveranstaltungen teilnehmen, um die im gemeinsamen Gespräch festgestellten Wissenslücken schließen zu können. Dafür wird ein Aus- und Weiterbildungsplan aufgestellt. Wichtig ist, dass das erforderliche Know-how zum benötigten Zeitpunkt zur Verfügung steht.

6. Laufbahnplanung

   Dieser Aspekt ist dann von besonderer Bedeutung, wenn ein Mitarbeiter über einen längeren Zeitraum hinweg ausschließlich für ein Projekt eingesetzt wird. Der Projektleiter hat die Aufgabe:
   - den Mitarbeiter zu beurteilen,
   - während des Projektverlaufs über Personalförderungsmaßnahmen auch für die Weiterentwicklung der Teammitglieder Sorge zu tragen und
   - zum Ende des Projekts Anregungen über den späteren Einsatz seiner Teammitglieder zu geben (vgl. Litke 1991, S. 99 f.).

*Regeln*

Mit der Personalplanung wird nur eine bessere betriebliche Zielkonzeption erreicht, sofern diese zusammen mit der Planung aller anderen Einzelaktivitäten (Linien- und Projektaufgaben) erfolgt. Dies bedingt die Integration der Personalplanung in das Planungssystem des Projekts. Diese Integration hat unterschiedliche Konsequenzen:

- Die Personalplanung ist von den Ergebnissen der Teilplanungen anderer Betriebsbereiche abhängig. Somit hat die Personalplanung derivativen Charakter.
- Allerdings besteht die Planabhängigkeit nicht ausschließlich in dieser Richtung. Vielmehr werden auch umgekehrt die übrigen Teilpläne von den Ergebnissen der Personalplanung beeinflusst. Insofern hat sie originären Charakter. Dies ist vor allem dann unumgänglich, wenn sich der Personalbereich als Engpassfaktor erweist. Der Engpassfaktor bestimmt dann die Gesamtplanung des Projekts (vgl. Berthel 1989, S. 107 ff.).

Für den Aufbau des Systems der Teilpläne gibt es zahlreiche Kriterien:

- Welche und wie viele Teilpläne in einem Unternehmen erstellt werden, hängt von verschiedenen Einflussgrößen, z. B. der Organisationsstruktur, ab.
- Gleichgültig, welche Anzahl und welche Arten von Teilplänen eine Unternehmung erstellt, sie muss immer darauf achten, dass sämtliche Teilbereiche berücksichtigt werden. Vernachlässigt man einzelne Teilbereiche, so wird eine ganzheitliche Planung unmöglich.
- Die einzelnen Pläne müssen miteinander abgestimmt werden. Die Abstimmung zwischen gleichgeordneten Plänen wird dabei als Koordination, die zwischen über- und untergeordneten als Integration bezeichnet. Diese Koordinations-

funktion wird vor allem durch die bereichs- bzw. funktionsübergreifenden sowie operativen Pläne erfüllt (vgl. Hammer 1991, S. 67 f.).

*Einsatzmöglichkeiten, Chancen und Risiken*

Grundsätzlich sollte vor jedem Projekt eine Planung erfolgen, die die Personalplanung beinhaltet. Im Zuge der Projektarbeit treten vor allem die Probleme der Personalentwicklung in den Vordergrund. Dies betrifft:

- Schulung und Ausbildung der Mitarbeiter:
Sie sollte sich nicht nur auf die rein fachliche Qualifikation beschränken, sondern sich auch auf den Bereich der Persönlichkeitsentwicklung erstrecken.
- Karriereplanung:
Sie beinhaltet alle Maßnahmen zur Beschaffung, Erhaltung, Förderung und optimalen Einsatz aller Führungskräfte (vgl. Hammer 1991, S. 66).

*Beispiel*

**Tabelle 3.17.** Beispiel für eine quantitative Personalplanung

|  | Mai | Jun | Jul | Aug | Sep | Okt |
|---|---|---|---|---|---|---|
| Mitarbeiter | 18 | 18 | 18 | 19 | 20 | 21 |
| Tage effektiv | 22 | 21 | 21 | 21 | 20 | 19 |
| Arbeitstage, brutto | 396 | 378 | 378 | 399 | 400 | 399 |
| Minuten-Faktor | 1,000 | 0,9000 | 0,8000 | 0,7000 | 0,6000 | 0,7000 |
| Arbeitstage, netto | 396 | 340 | 302 | 279 | 240 | 279 |
| Angeforderte Arbeitstage (Aufträge) | 200 | 300 | 300 | 250 | 200 | 100 |
| lt. Plan freie Kapazität | 196 | 40 | 2 | 29 | 40 | 179 |

### 3.6.5 Hilfsmittelplanung

*Methodische Grundlagen*

Die Hilfsmittelplanung umfasst die Planung der erforderlichen methodischen und arbeitstechnischen Hilfsmittel, die das Projektteam benötigt, um die gestellte Aufgabe möglichst effizient bewältigen zu können.

Zum Inhalt der Hilfsmittelplanung gehören die Raumplanung, die Planung der Arbeitsmittel, die Entwicklungsrechnerkapazitäten, die Testumgebungskapazitäten und die Produktionsumgebungskapazitäten (vgl. Litke 1991, S. 102).

Dagegen beinhaltet die Betriebsmittelplanung die notwendigen Betriebsmittel (z. B. Hardware, Software, Geräte, Räume, Gebäude etc.) für die Projektdurchführung. Die Art und der Umfang der Planung gehen aus der Arbeitspaketbeschreibung, -planung und Aufwandschätzung hervor (vgl. Heinrich u. Burgholzer 1988a, S. 134). Die Betriebsmittel sind nicht Gegenstand der Projektplanung, sondern der systemtechnischen Lösungsplanung oder der sachlichen/inhaltlichen Planung.

**Tabelle 3.18.** Arbeitspaketbeschreibung

| Zusätzliche Variable | Beschreibung |
|---|---|
| Hilfsmittelart: | |
| Hilfsmittelmenge: | |
| Hilfsmittelart: | |
| Hilfsmittelmenge: | |

### Ablauf

1. Sammeln der Hilfsmittel
2. Strukturieren der Hilfsmittel nach Gruppen oder Teilprojekten.

Die Hilfsmittel, die von den einzelnen Projekten benötigt werden, sollten in einer Matrix den einzelnen Trägern zugeordnet werden (vgl. Heinrich 1992, S. 244 ff.). Tabelle 3.19. zeigt exemplarisch, wie eine solche Matrix aussehen könnte.

**Tabelle 3.19.** Hilfsmittelplanung

| Hilfsmittel \ Träger | Verteiler/ Projektmitglied | Teilprojekt |
|---|---|---|
| Büroplanung | ... | ... |
| PKW-Planung | ... | ... |
| Entwicklungsumgebungsplanung | ... | ... |
| Testumgebungsplanung | ... | ... |
| Produktionsumgebungsplanung | ... | ... |

### Regeln

Hilfsmittel sind in Unternehmensentwicklungs-, Organisations- und IT-Projekten meist zu bedeutend, als dass sie vernachlässigt oder nur als ein Punkt in der Kostenplanung erscheinen dürfen.

### Einsatzmöglichkeiten, Chancen und Risiken

Die Hilfsmittelplanung kann in allen Projekten zum Einsatz kommen. Sie kann helfen, den organisatorischen Rahmen aufzubauen, um somit den Ablauf des Projekts zu unterstützen.

### Beispiel

Beispiele der Hilfsmittelplanung sind:

- Gebäude, Räume, Büroeinrichtungen etc.
- Hardware in Form von CPUs, Terminals, Drucker, sonstige Endgeräte
- Software in Form von Editoren, Software-Tools etc.
- Entwicklungs- und Testumgebungen bei Vorortentwicklungen
- Software-Werkzeuge für die Projektplanung und das Projektmanagement

## 3.6.6 Kostenplanung

*Methodische Grundlagen*

Die Aufgabe der Kostenplanung liegt in der Vorschau und Disposition der zur Erstellung geplanten notwendigen Kosten. In den Unternehmen werden in der Regel folgende Kostenpläne erstellt:

- Investitionskostenplan
- Sachkostenplan
- Personalkostenplan
- Projektteamkostenplan
- Projektmanagementkostenplan
- Projektunterstützungskostenplan
- Beratungskostenplan

Voraussetzung dafür ist das Vorhandensein der entsprechenden Teilpläne, der Kosten üblicher (Projekt-)Standards, der Ist-Zahlen der Vergangenheit und der Ergebnisse (Projektkostenabrechnungen) verschiedener vorausgehender Projekte (vgl. Hammer 1991, S. 65; Ehrmann 1995, S. 374 f.).

Grundsätzlich gibt es zwei Ansätze der Kostenplanung, auf die hier jedoch nicht näher eingegangen wird (vgl. Ewert u. Wagenhofer 1995, S. 595 ff.):

- statistische Methoden der Kostenplanung
- analytische Methoden der Kostenplanung

Bei Projekten, die nach betriebswirtschaftlichen Kriterien zu optimieren sind, nimmt die Kostenplanung eine zentrale Rolle ein. Ausgegangen wird von der Ermittlung und Quantifizierung der Kosten verursachenden Einflussfaktoren, die vorwiegend im Rahmen der Bereichsplanung (jährliche oder unterjährige Budgetplanung eines Unternehmensbereiches) ermittelt werden. Anschließend werden diese Faktoren auf Geldwerte bezogen und auf eine typische Zeitperiode umgerechnet (vgl. Aggteleky u. Bajna 1992, S. 218 f.).

*Ablauf*

1. Die Kosten für das Gesamtprojekt ermitteln und festlegen.
2. Die Kosten auf die einzelnen Phasen aufteilen.
3. Die gesamten Personal- und Sachkosten ermitteln.
4. Die Kosten in den einzelnen Phasen nach Personal- und Sachkosten aufteilen.
5. Die Kosten auf die anfallenden Kalenderjahre aufteilen.
6. Die Gegenfinanzierung der Projektkosten sicherstellen und in Punkt 5 aufnehmen.

*Regeln*

Bei der Aufstellung und Überprüfung der Kostenpläne ist vor allem darauf zu achten, dass die folgenden Grundsätze eingehalten werden:

- Wirtschaftlichkeit,
- Vollständigkeit,
- Kontinuität,
- Einmaligkeit der Verrechnung,
- Wahrheit,
- Übersichtlichkeit,
- Praktikabilität,
- Nachvollziehbarkeit und
- keine Kostenbewegung ohne Beleg.

Von ganz besonderer Wichtigkeit ist bei der Kostenplanung die Berücksichtigung von Kostenbestimmungsfaktoren, insbesondere die der Beschäftigung in den Projekten. Die Reaktion der Kosten auf Beschäftigungsänderungen in den Projekten muss deutlich erkennbar sein. Deshalb sind die Kosten getrennt nach fixen und variablen Bestandteilen zu planen (vgl. Ehrmann 1995, S. 374 f.).

*Einsatzmöglichkeiten, Chancen und Risiken*

Die Kostenplanung sollte in allen Projekten zum Einsatz kommen, die unter betriebswirtschaftlichen Gesichtspunkten effizient ablaufen sollen.

*Beispiel*

In aller Regel ist eine Kostenplanung bzgl. Investitions-, Personal-, Sachmittel- und Projektmanagement-Kosten aufgeteilt auf die Kalenderjahre ausreichend (Tabelle 3.20.)

## 3.7 Teilprojektbildung und Strategisches Projektmanagement

### 3.7.1 Teilprojektbildung

*Methodische Grundlagen*

Übersteigen Vorhaben im Rahmen einer Projektvorbereitung bestimmte Grenzen (z. B. die Dauer des Vorhabens ist größer als ein Jahr und das Team umfasst mehr als acht Personen), ist zu prüfen, ob das Vorhaben aufgrund des überproportional ansteigenden Kommunikationsaufwandes innerhalb des Teams und der Komplexität der Aufgabe nicht in zwei oder mehr Teile aufgeteilt werden kann.

In Mittel- und Großunternehmen sind abhängig von den unterschiedlichen Gegebenheiten Projektgrenzen in den Projekt- und Methoden-Handbüchern definiert. Übersteigt ein Projekt diese Grenzen, so sind mehrere Teilprojekte mit einem entsprechenden Teilprojektleiter und Teilprojektteam zu bilden (Abb. 3.16).

**Tabelle 3.20.** Beispiel für eine Kostenplanung

| Kostenarten | Planungsjahre | | |
|---|---|---|---|
| | 1.Jahr | 2. Jahr | 3. Jahr |
| Investitionskosten<br>• Systemkomponente 1<br>• Systemkomponente 2<br>• Systemkomponente 3<br>• etc. | | | |
| Personalkosten<br>• Phase 1: Konzeption<br>• Phase 2: Spezifikation<br>• etc. | | | |
| Sachkosten<br>• Bürokosten<br>• PKW- und Reisekosten<br>• etc. | | | |
| Projektmanagement-Kosten<br>• Projektleitungskosten<br>• Beratungskosten<br>• Projektmanagementunter-<br>  stützungskosten<br>• etc. | | | |

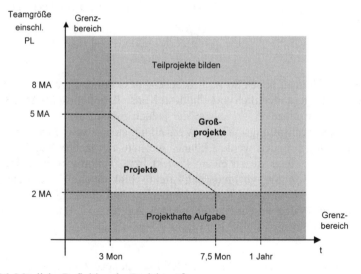

**Abb. 3.16.** Mögliche Definition der Projektgröße

Die praktische Konsequenz daraus ist ein Aufgaben- und Projektkatalog, der folgende Teile enthalten sollte (vgl. Abb. 3.16.):

- Projekte ohne Teilprojekte,
- Projekte mit parallelen oder versetzten, sich ergänzenden Teilprojekten,
- Projekte mit hintereinander ungeordneten, sich aufbauenden Teilprojekten und
- Aufgaben für projekthaftes Arbeiten.

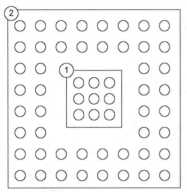 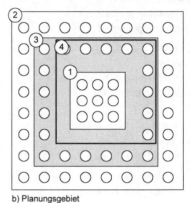

a) Zielfaktoren  b) Planungsgebiet

◯ = Zielfaktoren
① = Unbedingt geforderter Planungsbereich (Minimalforderung)
② = Erweiterter (extensiver) Planungsbereich (Maximalforderung)
③ = Grauzone der Zielvorstellungen
④ = Optimales Planungsgebiet aufgrund der Zwischenergebnisse der Planung

**Abb. 3.17.** Teilprojektbildung und -abgrenzung – Schematische Darstellung (vgl. Aggteleky u. Bajna 1992, S. 139).

## Ablauf

Teilprojektbildungen haben so zu geschehen, dass durch Ergänzungen und Abgrenzungen die gesamtheitlich vorteilhafteste Konstellation entsteht (Abb. 3.17.).

Verschiedene einzelne Vorhaben, die jedoch miteinander funktionell, planerisch oder nur realisierungsmäßig in Verbindung stehen, also einander nahe sind und gleichzeitig realisiert werden, können meistens rationeller ausgelegt und ausgeführt werden, wenn sie zu einem Projekt bzw. Teilprojekt zusammengefasst werden. Die erzielbaren synergetischen Effekte (funktionelle Vorteile und Einsparungen bei Investitionen und Kosten) können die Vorteilhaftigkeit der so ermöglichten Gesamtlösung wesentlich steigern (vgl. Aggteleky u. Bajna 1992, S. 140).

## Regeln

Folgende Regeln sind bei der Teilprojektbildung zu beachten:
- Die Teilprojekte sind so zu gestalten, dass durch Ergänzungen und Abgrenzungen die für das Projekt vorteilhafteste Konstellation entsteht.

- Vorhaben, die untereinander funktionell, planerisch oder nur realisierungsmäßig in Verbindung stehen, sollten ein Teilprojekt bilden.
- Es ist zu vermeiden, dass durch zu viele Teilprojekte das eigentliche Projekt unnötig aufgebläht wird.
- Die Aufteilung eines Projekts in Teilprojekte sollte im Interesse einer ganzheitlichen Optimierung nach der Terminplanung oder wenn möglich, erst nach der Konzeptplanung vorgenommen werden.
- Oberstes Ziel bei der Teilprojektbildung muss ein Maximum an Synergieeffekten sein.
- Es ist zu vermeiden, rentable Teilprojekte mit unwirtschaftlichen Zusatzforderungen, die nicht in direkten Zusammenhang mit dem eigentlichen Projekt stehen oder keine Synergien ergeben, aufzublähen (vgl. Aggteleky u. Bajna 1992, S. 140).

*Einsatzmöglichkeiten, Chancen und Risiken*

Der Einsatz von Teilprojekten ist vor allem dann empfehlenswert, wenn es sich um Projekte mit großem bis sehr großem Umfang handelt oder wenn zu erwarten ist, dass durch die Teilprojektbildung synergetische Effekte realisierbar sind.

*Vorteile*
- Erzielbare synergetische Effekte (funktionelle Vorteile und Einsparungen bei den Investitionen und Kosten).

*Nachteile*
- Gefahr des Aufblähens rentabler Projekte durch Teilprojektbildung.

*Beispiel*

In Abb. 3.16. ist die Aufteilung in Teilprojekte schematisch dargestellt.

### 3.7.2 Strategisches Projektmanagement

*Methodische Grundlagen*

Das Strategische Projektmanagement ist auf die Gestaltung des Unternehmens und seiner Beziehung zur Umwelt ausgerichtet. Die aus dieser Grundaufgabe abzuleitenden Einzelmaßnahmen richten sich auf die Modifikation von Strategien, die Gestaltung von Projekten, die Anpassung der Organisation sowie der übrigen Subsysteme des Unternehmens. Ursachen für die Herausbildung eines Projekts sind wiederum die Veränderungen der Unternehmensumwelt.

Die Veränderungen in den Beziehungen zwischen der Unternehmung und der Unternehmensumwelt erhöhen die Anforderungen an die Anpassungs- und Innovationsfähigkeit eines Unternehmens und lenken damit die Aufmerksamkeit auf so genannte „soft facts". Unter diesem Gesichtspunkt erlangen die Fähigkeiten des Personals, die Organisation, die Unternehmenskultur und die Information eine selbständige strategische Bedeutung. Daraus ist zu erkennen, dass bei einer strategischen Ausrichtung der Projekte nicht nur eine verbesserte Implementation von Strategien und Einzelmaßnahmen möglich ist, sondern auch die Qualität der Projektplanung erhöht werden kann (vgl. Bea u. Haas 1995, S. 7 ff.).

Der Ursprung von Strategischen Projekten kann in der periodischen strategischen Planung des Geschäftsbereichs oder in der periodischen strategischen Planung des Unternehmens liegen.

## *Ablauf*

Eine strategische Projektanalyse kann in vier Schritten durchgeführt werden:

1. Beschreibung von strategischen Projekten
   Die Projektvorhaben müssen zunächst von den Projektleitern bzw. -initiatoren beschrieben werden. Die Beschreibung besteht aus einer vollständigen Projektvorbereitung (s. Kap. 2.2 Phase Projektvorbereitung):
   – Ziele und Bedingungen für das Projekt
   – Projektstrukturplan,
   – Projektorganisation,
   – Projektablaufplan,
   – Aufwand- und Nutzenabschätzung.
2. Kategorisierung von Projekten
   Die aus dem Unternehmen heraus entwickelten Projekte werden in einer ersten Bewertung bzw. Kategorisierung auf ihre unternehmensstrategische Bedeutung hin überprüft.

   Abhängig vom Ergebnis der Bewertung werden die Projekte entweder als unternehmensstrategische Projekte oder als operative Projekte in den Bereichen behandelt.
3. Bewertung von Projekten im Portfolio
   Die Portfolioanalyse dient zur Priorisierung der strategischen Projekte.

   Die Portfolio-Matrix bietet dafür eine sehr transparente und verdichtete Übersicht über die strategischen Projekte im Unternehmen. Die Dimensionen der Matrix sind vertikal die Komplexität, d. h. der Schwierigkeitsgrad, und horizontal der relative Nutzenzuwachs, entsprechend dem im Bewertungsverfahren ermittelten Punktwertepaar für diese Projektkenngrößen (Abb. 3.18.).

   Die Matrix ist in beiden Achsen in drei klassifizierende Felder aufgeteilt. Dies ergibt neun Nennfelder in der Matrix. Die für das Unternehmen interessantesten Projekte haben einen hohen relativen Nutzenzuwachs und eine niedrige Komplexität. Folglich befinden sie sich im rechten oberen Feld. Projekte, die im linken unteren Feld liegen, dürfen an sich gar nicht begonnen oder müssen dahingehend untersucht werden, wie sie abgebrochen bzw. die Komplexität reduziert werden kann.
4. Abhängigkeitsmatrix erstellen
   Auf der Grundlage der jeweiligen Projektstruktur wird die Abhängigkeitsmatrix erstellt. In dieser symmetrischen Matrix werden alle strategischen Projekte einander in aktiven und passiven Beziehungen zugeordnet. Aktive Projektar-

beit heißt dabei, dass in dem betrachteten Projekt inhaltliche Aspekte in einem Teilpaket einem anderen Projekt zur Verfügung gestellt werden. Passive Projektarbeit heißt Koordinationsarbeit oder Übernahme von Methoden und Ergebnissen aus einem anderen Projekt. Die Abhängigkeitsmatrix liefert einen qualitativen Überblick darüber, wie stark das einzelne Projekt von anderen abhängig ist, d. h. auf die Übernahme von Ergebnissen und Methoden aus anderen Projekten angewiesen ist (vgl. hierzu Aggteleky u. Bajna, S. 105ff.).

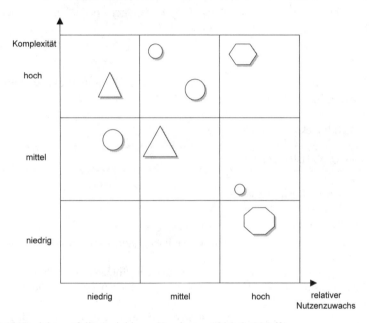

**Abb. 3.18.** Projektportfolio (vgl. hierzu Henderson 1995, S. 286 ff.)

## Regeln

Das Strategische Projektmanagement sollte Bestandteil des strategischen Managements eines Unternehmens sein und sollte somit, wie das strategische Management auch, in jedem Unternehmen oder Bereich, in dem mittels der Projektmethode gearbeitet wird, zum Einsatz kommen.

## Einsatzmöglichkeiten, Chancen und Risiken

*Vorteile*

- Die Komplexität wird reduziert und die ganzheitliche Betrachtungsweise im Unternehmen gefördert.
- Die Leistungsfähigkeit der einzelnen Projekte wird erhöht; das führt zu einer schnelleren und effizienteren Projektabwicklung.
- Die Produktlebenszyklen können verkürzt und neue Innovationen schneller durchgesetzt werden.

- Das Strategische Projektmanagement kann zur Personalentwicklung beitragen, da Lern- und Arbeitszeiten so konzipiert werden können, dass sie enger zusammenliegen.
- Die Flexibilität des Unternehmens wird erhöht.

*Nachteile*
- Die Kompetenzverteilungen in einzelnen Projekten sind zunächst noch unklar.
- Es können Machtkonflikte durch neue Weisungsstrukturen entstehen.
- Es besteht die Gefahr, dass sich das Projektmanagement im Unternehmen verselbständigt (vgl. Mees et al. 1993, S. 22 ff.).

**Beispiel**

Die Mindestanforderung an ein Projekt für eine erste strategische Bewertung ist die Projekt-Kurzbeschreibung (Tabelle 3.21.).

**Tabelle 3.21.** Projekt-Kurzbeschreibung

| Projekttitel: Qualitätsförderung | |
|---|---|
| Projektziel:<br>• Qualität sichern, Kosten senken<br>• Fehler reduzieren | |
| Grund/Notwendigkeit:<br>• Überlappen der Prüftätigkeiten beim Prüfwesen (statistische Kontrolle, Endprüfung) und Produktion (betriebliche Selbstprüfung) ⇒ Mehrfachprüfungen am gleichen Teil | Problemfelder:<br>• sehr hoher Prüfaufwand, um die Qualität zu erprüfen<br>• Grenzen des Prüfbaren sind nahezu erreicht<br>• Reibungsverluste zwischen Produktion und Prüfwesen<br>• Durch operative Tätigkeiten zu wenig Kapazitäten für Aufgaben wie Fehlerursachen ermitteln, abstellen, Maßnahmen zur Fehlervermeidung entwickeln. |
| Teilziele:<br>• Stärken der Eigenverantwortlichkeit in der Produktion<br>• Entlastung des Prüfwesens von operativen Aufgaben und stärken der Methodenarbeit | Bedingungen/Restriktionen:<br>• Anteil ungelernter Arbeiter von ...% in der Produktion<br>• unterschiedliche Arbeitswerte im Prüfwesen und Produktion<br>• Anteil Frauenarbeitsplätze und leistungsgewandelte Mitarbeiter |
| Schnittstellen zu anderen Projekten:<br>• Projekt Personalentwicklung<br>• Projekt Arbeitsorganisation | Risiken:<br>• Überforderung der Mitarbeiter<br>• Akzeptanzschwierigkeiten der neuen Qualitätsphilosophie ⇒ Qualitätsverbesserung/-einbruch |

## 3.8 Projektorganisation

Die Projektorganisation kann auf zwei Arten dargestellt werden: Zum einen über das Organisationsmodell oder zum andern durch eine Aufgaben-, Kompetenz- und Verantwortungsverteilung in der Kompetenzmatrix.

### 3.8.1 Organisationsmodell

*Methodische Grundlagen*

In einem Projekt ist meist eine intensive fachübergreifende Zusammenarbeit in neuartigen Aufgaben notwendig. Daraus ergeben sich Konflikte sowohl im sachlichen Bereich als auch im Führungsbereich. Um derartige Probleme möglichst auszuschließen, bietet sich die Schaffung einer speziellen Organisation für Projekte an, die so genannte Projektorganisation.

Unter einer Projektorganisation wird die mit der Durchführung eines Projekts beauftragte Organisation und ihre Eingliederung in die bestehende Firmenorganisation verstanden. Mit dieser Organisation wird der Ordnungsrahmen geschaffen, der

- das zielgerichtete Zusammenwirken der am Projekt Beteiligten (Projektleitung, Projektmitarbeiter, Kernteam, erweitertes Projektteam, etc.) und
- den reibungslosen Ablauf des Projekts sicherstellen soll.

Zur Sicherung des Zusammenwirkens zwischen dem Projekt und der Unternehmensorganisation (Linienorganisation) müssen die Zuständigkeiten, Verantwortungen und Kompetenzen festgelegt werden.

Bei der Gestaltung der Projektorganisation muss sowohl das Prinzip der Stabilität als auch das der Flexibilität in ausreichender Form beachtet werden. Dabei bedeutet Stabilität, dass so viele Projektaktivitäten wie möglich im Rahmen festgelegter Regelungen und Einrichtungen abgewickelt werden. Dadurch wird das Vorgehen in einem Projekt vereinheitlicht, transparent, besser kontrollierbar und effizienter. Flexibilität bedeutet in diesem Zusammenhang, dass es der Projektorganisation möglich sein muss, sich an schnell verändernde Anforderungen anzupassen (vgl. Litke 1991, S. 43 f.).

Die Planung der Projektorganisation, die vom Informationsmanagement projektübergreifend erfolgt, legt alle struktur- und ablauforganisatorischen Gesichtspunkte des Projektmanagements fest. Dazu gehören insbesondere (vgl. Heinrich 1992, S. 162 f.):

- die Form der Projektorganisation,
- die Beteiligung der vom Projekt Betroffenen und
- die Aufbauorganisation innerhalb der Projektgruppe.

172  3 Methoden der Projektplanung

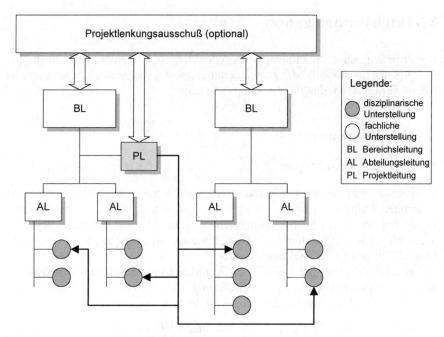

**Abb. 3.19.** Einfluss-Projektorganisation

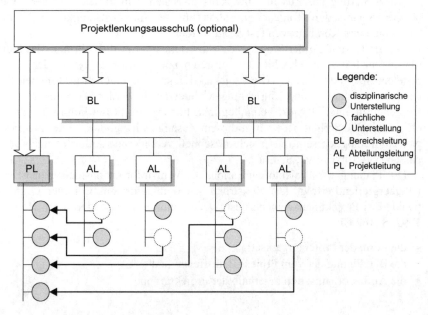

**Abb. 3.20.** Reine Projektorganisation

1. **Einfluss-Projektorganisation** (Abb. 3.19.)
- Die Projektmitarbeiter bleiben voll – funktionell und personell – den Linienvorgesetzten unterstellt. Der Projektleiter hat kein Weisungsrecht.
- Der Projektleiter übt beratende und berichtende Funktion aus.
- Der Projektleiter ist verantwortlich für den Informationsstand des Entscheiders sowie die Qualität der Entscheidungsvorlage.
- Der Projektleiter hat eine Stabsstelle.

2. **Reine Projektorganisation** (Abb. 3.20.)
- Mitarbeiter aus unterschiedlichen Abteilungen sind temporär, für die Dauer des Projekts fachlich und personell, dem Projektleiter unterstellt.
- Der Projektleiter hat in der Regel die Verfügungsgewalt über alle Projektressourcen (Sach-, Termin- und Kostenziele) und trägt dafür die Verantwortung.
- Das Projekt ist eine selbständige Einheit.

3. **Matrix-Projektorganisation** (Abb. 3.21)
- Die Mitarbeiter werden von der Linie in das Projekt delegiert und dem Projektleiter fachlich unterstellt. Personell bleiben sie beim Linienvorgesetzten.
- Der Projektleiter ist verantwortlich für Termine und Kosten. Die Projektmitglieder sind für die Sachinhalte verantwortlich.
- Der Projektleiter ist in der Linie integriert (vgl. Heinrich 1992, S. 162 ff.).

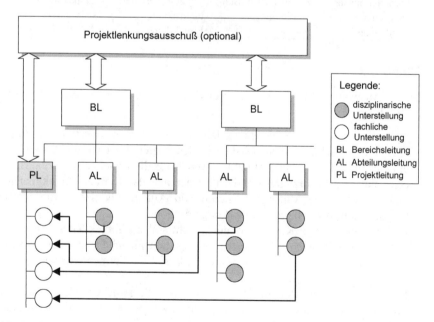

**Abb. 3.21.** Matrix-Projektorganisation

In der Praxis wird meist eine Mischung von zwei Organisationsformen gewählt. Häufig werden für die Definition einer Projektorganisation nicht nur die Projektanforderungen herangezogen, sondern auch die Anforderungen der Linienorganisation sowie die Betrachtung des Schnittstellenmanagements.

**Tabelle 3.22.** Kriterien zum Einsatz einer bestimmten Projektorganisation (vgl. Heinrich 1992, S. 166)

| Kriterien | Einfluss-Projektorganisation | Matrix-Projektorganisation | Reine Projektorganisation |
|---|---|---|---|
| Bedeutung für das Unternehmen | gering | groß | sehr groß |
| Umfang des Projekts | gering | groß | sehr groß |
| Unsicherheit der Zielerreichung | gering | groß | sehr groß |
| Technologie | Standard | Kompliziert | neu |
| Zeitdruck | gering | Mittel | hoch |
| Projektdauer | kurz | Mittel | lang |
| Komplexität | gering | Mittel | hoch |
| Bedürfnis nach zentraler Steuerung | mittel | groß | sehr groß |
| Mitarbeitereinsatz | nebenamtlich (Stab) | Teilzeit (variabel) | hauptamtlich |
| Projektleiterpersönlichkeit | wenig relevant | qualifizierter Projektleiter | sehr fähiger Projektleiter |

## *Ablauf*

Bei der Auswahl und Definition der Projektorganisation werden folgende Schritte vorgeschlagen:

1. Prüfen: gibt es ein favorisiertes Modell für die Aufbauorganisation von Projekten? Viele Großunternehmen haben in den letzten Jahren Projekthandbücher entwickelt und darin ein bestimmtes Modell für die Projektaufbauorganisation priorisiert. So bevorzugen Handelsunternehmen das Einfluss-Projektmanagement; Banken die Matrixorganisation und Automobilkonzerne die Matrix-Organisation sowie die reine Projektorganisation.
2. Klären: mit wie viel Kompetenz und Macht soll der Projektleiter ausgestattet werden? Wie die oben aufgeführten Organisationsmodelle zeigen, ist der Kompetenz- und Machtumfang in diesen drei klassischen Formen sehr unterschiedlich.
3. Definition der Projektorganisation für das aktuelle Projekt. D. h., das aus den drei oben aufgeführten Projektorganisationsmodellen ein Modell auszuwählen und auf das vorliegende Projekt anzupassen ist.
4. Spätestens hier sind die für die Projektteammitglieder, Experten, internen Berater etc. benötigten Kapazitäten mit den zuständigen Linienvorgesetzten abzu-

stimmen. In Zeiten knapper Mitarbeiterkapazitäten ist eine Lösung für den Kapazitätsausfall der Projektteammitglieder in den Linienbereichen, z. B. durch Fremdarbeitskräfte, zu finden und zu organisieren.
5. Dokumentation der Projektorganisation

## Einsatzmöglichkeiten, Chancen und Risiken

### 1. Einfluss-Projektorganisation
*Einsatzmöglichkeiten bei*
- kleineren und mittleren Projekten
- teamorientierten Führungsstrukturen

*Vorteile:*
- Flexibler Personaleinsatz, da das Personal ohne größere organisatorische Schwierigkeiten gleichzeitig in verschiedenen Projekten mitarbeiten kann.
- Organisatorische Umstellungen sind nicht erforderlich.

*Nachteile*:
- Es fühlt sich niemand für das Projekt voll verantwortlich.
- Die Reaktionsgeschwindigkeit bei Projektabweichungen ist gering.
- Das Bedürfnis der Mitarbeiter der Projektgruppe gegenüber, Schwierigkeiten über die Abteilungsgrenzen hinweg gemeinsam zu überwinden, ist gering.

### 2. Reine Projektorganisation
*Einsatzmöglichkeiten bei*
- Projekten mit hohem Risiko
- Full-Time-Projekte

*Vorteile:*
- Der einheitliche Wille durch die Linienautorität des Projektleiters.
- Die schnelle Reaktionsfähigkeit bei Projektabweichungen.
- Die Identifikation der Mitarbeiter gegenüber der Projektgruppe mit den Projektzielen.

*Nachteile*:
- Wiedereingliederung der Mitarbeiter nach Ablauf des Projekts in die Linie.

### 3. Matrix-Projektorganisation
*Einsatzmöglichkeiten bei*
- einer hohen Anzahl von laufenden Projekten
- stark abteilungsübergreifenden Projekten

*Vorteile:*
- Der Projektleiter und sein Stab fühlen sich für das Projekt voll verantwortlich.
- Es ist ein flexibler Personaleinsatz möglich.
- Spezialwissen und besondere Erfahrungen können gezielt eingesetzt werden.

*Nachteile:*
- Es kann zu Weisungskonflikten an den Schnittstellen zwischen den projektbezogenen und den funktionsbezogenen Weisungssystemen kommen (vgl. Heinrich 1992, S. 162 ff.).

*Beispiel*

### 3.8.2 Kompetenzmatrix

*Methodische Grundlagen*

Für die eindeutige Zuordnung von Aktivitäten zu den Aufgabenträgern der Projektorganisation und deren Handlungsrahmen, kann die Kompetenzmatrix eingesetzt werden. In der Kompetenzmatrix ist eindeutig festgehalten

- Wer für die Durchführung (D) bestimmter Aktivitäten zuständig ist
- Wer das Entscheidungsrecht (E) hat
- Wer ein Mitspracherecht (M) hat
- Wer ein Informationsrecht (I) hat

etc.

Die verwendeten Kompetenzen (Legende) richten sich nach den Anforderungen und der Gestaltung der Projektorganisation.

*Ablauf*

1. Hier sind für alle Aktivitäten die entsprechenden Aufgabenträger (z. B. MA1, MA2, ...) zu benennen.
2. Weiter ist ein Handlungsrahmen (z. B. D für Durchführung, E für Entscheidungsrecht, I für Informationsrecht) zu definieren (Tabelle 3.23.).
3. Jetzt sind für alle Aktivitäten die Aufgabenträger mit ihren Handlungsrahmen zu definieren.

*Regeln*

Bei der Erstellung einer Kompetenzmatrix sind zu beachten:

- Klare und eindeutige Formulierung der einzelnen Aktivitäten.
- Saubere Abgrenzung der einzelnen Aktivitäten zueinander.
- Die einzelnen Aktivitäten entsprechend den Kenntnissen und Fertigkeiten den Aufgabenträgern zuordnen.

## Einsatzmöglichkeiten, Chancen und Risiken

Der Einsatz einer Kompetenzmatrix sollte zu Beginn eines jeden Projekts in der Phase der Projektdefinition erfolgen, unabhängig davon, ob es sich dabei um die Projektdefinition des Gesamtprojekts oder um die Projektdefinition einzelner Teilprojekte handelt (Abb. 3.22.).

Die *Vorteile* der Kompetenzmatrix liegen in der Festlegung eines Handlungsrahmens für jeden Aufgabenträger sowie in der Festlegung der einzelnen Aufgaben innerhalb dieses Handlungsrahmens. Entscheidungsprozesse sind von Anfang an klar und eindeutig.

Der *Nachteil* ist: wer seine Macht und seinen Einfluss immer und um jeden Preis durchsetzen will, wird dagegen sein.

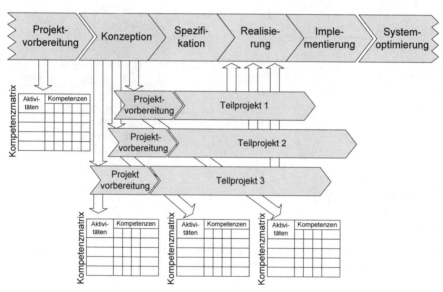

**Abb. 3.22.** Einsatz von Kompetenzmatrix in mehreren Teilprojekten

## Beispiel

Einen Auszug aus einer Kompetenzmatrix zeigt die Tabelle 3.23.

**Tabelle 3.23.** Beispiel für eine Kompetenzmatrix (Keßler u. Winkelhofer 2004, S. 43)

| Beteiligte / Tätigkeit | Projektauftraggeber | Projektleiter | Projektteam | Linienteammitglied | Linienvorgesetzter Fachaufg. | Projektausschuss |
|---|---|---|---|---|---|---|
| Projektauftrag | E | E/D | | I | I | M |
| Projektleiter Auswählen | E; D | | | | M | M |
| Gesamtprojektplan | A, E | D | M | I | | I, M |
| Berichtswesen | A, E | D | M | | I | I, D |
| Projektteam Benennen | I; M | E; D | | M | | M |
| Lastenheft | E | D | M | M, I | I | I, M |
| Projektplan (Zeit, Kosten, Kapazitäten) | E | D | M | M | I | I |
| Lösungsvarianten bewerten | E | D | M | | | M |
| Entscheidungen vorbereiten | | D | M | | | M; I |
| Pflichtenheft | E | D | M | | I | I, M |
| Erteilung von Unteraufträgen | M | E; D | M | | | I |
| Verfügung über Budget | | E; D | | I, M, wenn Budget in Linie | M, wenn Budget in Linie | |
| Klärung bei Konflikten | M; D | E; D; M | M | I | (M) | I; D |
| Weisungen gegenüber der Linie | A, E | D | M | I | | D; M |

E = Entscheidungsrecht, A = Anweisungsrecht, D = Durchführungspflicht, I = Informationsrecht, M = Mitspracherecht, (M)= nur dann, falls betroffen/direkt beteilig

## 3.9 Projektdokumentation und Berichtswesen

### 3.9.1 Projektordner/-akte

*Methodische Grundlagen*

Für die Information der Auftraggeber, des Projektbeauftragten und der sonstigen Betroffenen ist ein Informationsverfahren bzw. Informationsmanagement erforderlich. Die Grundlage des Informationsverfahrens bildet der Verteiler der Unterlagen. Im Verteiler wird von Beginn an festgelegt, welche der Planungsunterlagen welcher Stelle zur Kenntnisnahme oder zur Genehmigung vorzulegen sind.

Die zweite Säule ist die zentrale Projektdokumentation, die vom Projektsekretariat betreut wird. Es handelt sich dabei um eine offene, für alle Mitarbeiter zugängliche Ablage, in der alle projektbezogenen Dokumente enthalten sind – die Projektakte. Sie wird von den jeweils zuständigen Sachbearbeitern à jour gehalten. Die so abgelegten Originale dienen dabei nur zur Ansicht und dürfen nicht entnommen werden. Als Arbeitsexemplare sind grundsätzlich Kopien anzufertigen.

Diese offene zentrale Projektdokumentation dient zugleich der laufenden Koordinierung und Kontrolle.

Der Projektleiter sollte zusätzlich monatlich einen Bericht über den Stand der Arbeiten für den Auftraggeber erstellen (vgl. Aggteleky u. Bajna 1992, S. 242).

Schon in den frühen Projektphasen muss man sich Klarheit darüber verschaffen, welche Dokumente für die Projektabwicklung erforderlich sind und welche Bedeutung diese Dokumente für das Projekt haben. Außerdem ist festzulegen, wer für die Erstellung der jeweiligen Dokumente zuständig ist und wie das Freigabeverfahren funktionieren soll. Eine gründliche Planung dieser Vorgänge verhindert, dass wichtige Maßnahmen dem Zufall überlassen bleiben (vgl. Madauss 1991, S. 301).

*Ablauf*

1. Identifikation und Klassifikation der Projektdokumente
Eine erste wichtige Maßnahme zur Identifikation und Klassifikation der Projektdokumente in der Projektakte ist die Festlegung der verschiedenen Dokumentenarten. Damit wird eine grundsätzliche Übersicht über die Verschiedenartigkeit der Projektdokumente geschaffen. Typische Dokumentenarten sind beispielsweise Anforderungen, Vorschriften, Spezifikationen, Pläne, Prozeduren, Berichte, Abnahmedokumente, Handbücher, Vertragsunterlagen, Zeichnungen, Listen etc. (vgl. Keßler u. Winkelhofer 2004, S. 167 ff.).

Diese Dokumentenarten lassen sich weiter nach ihrem speziellen Verwendungszweck untergliedern. Dies kann z. B. folgendermaßen aussehen (vgl. Madauss 1991, S. 301 f.):

1. Spezifikation
   - Systemspezifikation
   - Entwurfsspezifikation

- Fertigungsspezifikation
- Test- und Abnahmespezifikation
- Nahtstellenspezifikation
- ...

2. Pläne
   - Projektplan
   - Controllingplan
   - Finanzplan
   - Entwicklungsplan
   - ...

In der Praxis hat sich die graphische Darstellung der Dokumentenarten (Dokumentationsbaum) bewährt, da sie den Projektmitarbeitern einen besseren Überblick verschafft (Abb. 3.23.).

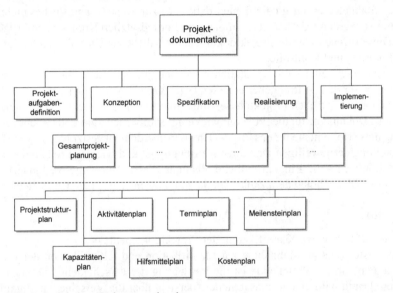

**Abb. 3.23.** Beispiel eines Dokumentationsbaums

2. Festlegung von Dokumentationsanforderungen
Die Festlegung der Dokumentationsanforderungen baut auf die Klassifikation aus Schritt 1 auf und ist in enger Zusammenarbeit mit dem Entwicklungsmanagement vorzunehmen. Für jedes im Projektstrukturplan definierte Projektelement ist die erforderliche Projektdokumentation zu bestimmen. In Zusammenarbeit mit dem jeweiligen Verantwortlichen ist also für ein Projektstrukturplan-Element oder ein Arbeitspaket festzulegen, welche Spezifikationen, Pläne, Zeichnungen etc. für seine Arbeit erforderlich sind.

Sind an dem Projekt außerdem mehrere Abteilungen oder Firmen beteiligt, so ist die Präzisierung der Dokumentationsanforderungen (Data Requirements) von besonderer Bedeutung.

Ein in der englischsprachigen Literatur als Data Requirement List (DRL) bekanntes praktisches Instrument zur Dokumentationserfassung ist die Dokumentations-Anforderungsliste. Sie sollte für jedes angeforderte Dokument die folgenden Vorgaben verzeichnen (vgl. Madauss 1991, S. 303):

1. Dokumentationsbezeichnung (Titel)
2. Dokumentationsnummer
3. Ersteller des Dokuments (Firma/Abteilung)
4. Geplantes Ausgabedatum (gegebenenfalls Meilenstein)
5. Geplanter Verteiler

In Ergänzung zu der Dokumentations-Anforderungsliste ist die Dokumentations-Anforderungsbeschreibung oder Data Requirements Description (DRD) zu sehen.

Ihre Erstellung ist für die Projektleitung von außerordentlicher Bedeutung. Durch sie wird sichergestellt, dass der Dokumentationsinhalt den Vorstellungen der Projektleitung entspricht.

Die Dokumentations-Anforderungsbeschreibung sollte für die geforderten Dokumente mindestens folgende inhaltliche/formale Vorgaben machen (vgl. Madauss 1991, S. 304):

1. Zweck des Dokuments
2. Verantwortliche Organisation
3. Bezugnahme zu anderen Plänen
4. Referenzen, wie z. B. Handbücher
5. Erstellungsinstruktionen

3. Dokumentations-Nummernsystem

Eine effiziente Dokumentationskontrolle setzt ein wirkungsvolles Ablage- und Suchsystem voraus – etwa ein Dokumentations-Nummernsystem. Es sollte mindestens drei Bedingungen erfüllen:

1. Schaffung eines Ordnungssystems
2. Einmalige Identifikation eines Dokuments
3. Identifikation des Dokumentationsstatus

Die Schaffung eines Ordnungssystems ist für die Festlegung von Suchkriterien der Projektdokumente besonders wichtig.

Die in der Praxis am häufigsten verwendeten Sortierkriterien lassen sich wie folgt zusammenfassen:

- Dokumentationsart
- Dokumentationsersteller
- PSP-Zuordnung

Die PSP-Zuordnung setzt nicht voraus, dass die volle Länge des Projektstrukturplans in die Dokumentationsnummer übernommen wird. Vielmehr sollte sich die PSP-Zuordnung nur auf die unbedingt notwendigen Ebenen des PSP beziehen. Meist reichen drei bis vier PSP-Ebenen für die Zuordnung aus.

Am Ende des Dokumentations-Nummernsystems ist der jeweilige Dokumentationsstatus anzuzeigen. In der Regel handelt es sich dabei um einen zweistelligen Code. Die erste Stelle gibt Auskunft über die Ausgabe, die zweite Stelle bezeichnet den Änderungszustand innerhalb einer Ausgabe.

Abschließend sei noch darauf verwiesen, dass das Dokumentations-Nummernsystem eines Projekts die bereits in der Firma vorhandenen Nummernsysteme oder andere Normungen nicht völlig außer Acht lassen sollte. Vielmehr ist eine Anpassung oder Fusion der Nummernsysteme Projekt/Firma erforderlich.

4. Dokumentationsfreigabe und -verteilung
Jedes offizielle und in der Projektakte geführte Dokument muss vor der Verteilung durch die Projektleitung freigegeben werden.

Die Bedeutung der einzelnen Dokumente ist im Dokumentationsbaum ihrer Hierarchie entsprechend festzulegen. Der Freigabemodus sollte sinnvollerweise an die Dokumentationshierarchie angepasst werden. D.h. man trifft Regelungen, nach denen festgelegt wird, welche Dokumentationsgruppe durch die Projektleitung und welche Dokumente durch nachgeschaltete Organisationseinheiten freigegeben werden. Dabei gilt folgender Grundsatz: Ruft eine Änderung eines untergeordneten Dokuments keine Änderungen eines übergeordneten Dokuments hervor, so ist die zuständige Organisationseinheit zur Freigabe des Dokuments befugt. Ergeben sich durch den Vorgang jedoch Änderungen eines übergeordneten Dokuments, so ist die übergeordnete Organisationseinheit einzuschalten.

Viele Dokumente müssen vor der Freigabe von mehreren Stellen geprüft werden. Der Prüfungs- und Freigabemodus ist für die einzelnen Dokumente detailliert und eindeutig festzulegen.

Neben den offiziellen Dokumenten gibt es meist noch eine Anzahl inoffizieller Projektdokumente, die nur Informationscharakter haben. Die Erstellung dieser nicht vorgeplanten Dokumente stellt eine sinnvolle Ergänzung dar. Sie haben den Sinn, bestimmte Vorgänge zu dokumentieren und sollten deshalb unbedingt durch das Dokumentations-Nummernsystem erfasst werden. Inoffizielle Dokumente bedürfen jedoch nicht der Freigabe und der Statuskontrolle.

Die Dokumentenabteilung des Projekts ist für die Festlegung des Verteilungsschlüssels, der in Abstimmung mit der Projektleitung erfolgen muss, zuständig. In der Praxis hat sich neben der individuellen Verteilung die Festlegung von Standard-Verteilerlisten bewährt. Zusätzlich sollte die Dokumentenabteilung die Verteilung von Dokumenten überwachen, so dass es jederzeit möglich ist, festzustellen wer welches Dokument erhalten hat (vgl. Madauss 1991, S. 306 f.).

5. Überwachung des Dokumentenstatus
Die Dokumentenabteilung sollte möglichst streng darüber wachen, dass nur die jeweils gültigen Dokumente im Umlauf sind.

Die Änderung eines bereits freigegebenen Dokuments sollte nur über einen Änderungsantrag vollzogen werden. Jede vorgenommene Änderung sollte über den Änderungsindex identifizierbar sein. Ist die Änderung einfacher Natur, so wird dies in der Änderungsmitteilung mitgeteilt. Bei Änderungen größeren Umfangs empfiehlt sich die Verteilung von Austauschblättern. In Fällen, wo Änderungen fast das ganze Dokument betreffen, kann die Neuausgabe des Dokuments angebracht sein.

In regelmäßigen Abständen sollte die Dokumentenabteilung die Dokumentations-Statusliste veröffentlichen, aus der der gerade gültige Dokumentations-Status für alle Projektmitarbeiter ersichtlich wird. Bei der Statusermittlung ist nach folgenden Situationen, in denen sich das Dokument gerade befindet, zu unterscheiden (vgl. Madauss 1991, S. 307 f.):

1. Vorhanden und im Gebrauch
2. In Vorbereitung
3. Wird gerade geprüft
4. Wird gerade geändert

### *Regeln*

Was muss und was soll in die Projektakte (vgl. Schlick 1996, S. 251)?

Muss:
1. Projektauftrag und Projektziel
2. Projektleiter und Projektmitglieder
3. Projektanfang und Projektende
4. Anzahl und Dauer der Zusammenkünfte
5. Zwischenergebnisse, Endergebnisse

Soll:
1. Ergebnisbegründung (Pro und Kontra der Lösung)
2. Welche Alternativen wurden untersucht? (Gründe warum verworfen?)
3. Welche Widerstände/Schwierigkeiten mussten wie überwunden werden? (Gründe des Gelingens)
4. Welche Vorschläge/Folgerungen ergeben sich über das Projekt hinaus?

Kann:
1. Bewertung alternativer Lösungen (qualitativ/quantitativ)
2. Aufwand-/Ergebnis-Betrachtung (Effizienz und Effektivität bei diesem Projekt)
3. Leistungsbeitrag der Team-Mitglieder

### *Einsatzmöglichkeiten, Chancen und Risiken*

Grundsätzlich sollte bei jedem Projektbeginn eine Projektakte angelegt und über die Dauer des Projekts gepflegt werden. Als besonders nützlich hat sich die Projektakte bei Forschungs- und Entwicklungsprojekten erwiesen.

*Vorteile*
- Der modulare Aufbau der Projektakte und der darin abgelegten Dokumente erleichtern die Einfügung von Änderungen.

- Durch die Nummerierung der Dokumente in der Projektakte wird sichergestellt, dass mehrfach erschienene Dokumente mit dem gleichen Ordnungssystem klar und eindeutig voneinander zu unterscheiden sind.
- Der Dokumentationsstatus kann leicht überwacht werden.
- Standardisieren und Rationalisieren der Projektberichte wird ermöglicht.

*Nachteile*
- Bei großen Gemeinschaftsprojekten lässt es sich aufgrund der verschiedenen firmeninternen Nummernsysteme oft nicht vermeiden, dass Projektdokumente einerseits eine einheitliche projektspezifische und gleichzeitig die firmeninterne Dokumentennummer erhalten (vgl. Madauss 1991, S. 306).

### Beispiel
Auf ein Beispiel wird an dieser Stelle aufgrund der detaillierten Ausführungen im Ablauf und in den Regeln verzichtet.

### 3.9.2 Berichtswesen/Projektstatusbericht

#### Methodische Grundlagen
Berichte enthalten nach bestimmten Aspekten gesammelte und geordnete Daten. In der Praxis wird der Begriff Bericht nicht einheitlich verwendet. Allgemein wird unter Berichtswesen die Erstellung und Weiterleitung von Unterlagen an das Management zum Zweck der Planung und Kontrolle verstanden (vgl. Ehrmann 1995, S. 46 f.).

Berichte können nach unterschiedlichen Kriterien eingeteilt werden. Mögliche Kriterien können beispielsweise sein:

- Sachgebiete (Material, Produktion, Absatz, Personal, Projekte, etc.)
- Berichtszeitpunkt (regelmäßig, sporadisch)
- Funktion (Dokumentation etc.)
- Grad der Verdichtung (Kennzahlen etc.)
- Art der Darstellung (Dokumentation, Präsentation, etc.)
- Empfänger (Auftraggeber, Projekt-Controlling etc.)

etc.

### Ablauf
Eine für den Zweck der Planung besonders gut geeignete Einteilung der Berichte ist die nach ihrer Eignung für die Planung und Kontrolle. Danach unterscheidet man:

1. Standardberichte
   - Detaillierte Darstellungen
   - Antworten auf Fragen, die sich aus einem klar definierten Informationsbedarf ergeben
   - Festgelegte Form und festgelegter Zeitpunkt der Berichterstattung

2. Abweichungsberichte
   - Bei Über- oder Unterschreitung bestimmter Vorgaben oder Sollwerte
   - Benötigt bei Einzelfallentscheidungen
3. Bedarfsberichte:
   - Ergänzung von Standard- oder Abweichungsberichten
   - Benötigt bei zusätzlichem Informationsbedarf (vgl. Ehrmann 1995, S. 47).

*Regeln*

Regeln für ein Berichtswesen sind von den Unternehmens- oder Verwaltungsanforderungen sowie der Projektorganisation abhängig.

*Einsatzmöglichkeiten, Chancen und Risiken*

Einsatzmöglichkeiten ergeben sich bei der Projektarbeit zur Planung und Überwachung des Projektfortschritts.

*Vorteile*
- eine übersichtliche und klare Darstellungen des derzeitigen Projektstands
- Kontrollmöglichkeiten für den Vergleich des Ist-Soll-Zustands
- Vorbereitung für das weitere Vorgehen.

*Nachteile* können sich ergeben, wenn
- die Berichte unvollständig und/oder nicht den Tatsachen entsprechen
- die Berichte nicht fristgerecht erstellt und vorgelegt werden.

*Beispiel*

Die nachfolgenden Beispiele – Mitteilung (Tabelle 3.24.), Besprechungsprotokoll (Tabelle 3.25.) und Statusbericht (Tabelle 3.26.) – zeigen eine mögliche Ausführungsform für ein systematisiertes Berichtswesen.

**Tabelle 3.24.** Beispiel für ein standardisiertes Mitteilungsschreiben

| Mitteilung | |
|---|---|
| von: | ... |
| an: | ... |
| Datum: | ... |
| Betr.: | ... |

**Tabelle 3.25.** Beispiel für ein standardisiertes Besprechungsprotokoll

| Besprechungsprotokoll | | | | |
|---|---|---|---|---|
| Gesprächsteilnehmer: | ... | | | |
| Besprechungsdatum: | ... | | | |
| Erstellt von: | ... | | | |
| Thema: | ... | | | |
| Lfd. Nr. | Stichwort | Text | zuständig Termine | Stat. |
| 1 | Pünktlichkeit | Die Pünktlichkeit aller Teilnehmer wurde angemahnt | alle | K |
| 2 | ... | ... | | |
| 3 | ... | ... | | |
| Legende: K = zur Kenntnis, B = Beschluss, A = Aktion | | | | |

**Tabelle 3.26.** Beispiel für einen standardisierten Statusbericht

| Statusbericht | | |
|---|---|---|
| Projekt: | ... | |
| Monat: | ... | |
| Verantwortliche Projektleiter: | ... | |
| Verantwortliche Fachbereiche: | ... | |
| Mitarbeiter: | ... | |
| Erstellungsdatum: | ... | |

**Überblick**

| Thema | J/N | Begründung |
|---|---|---|
| Terminüberschreitung | | |
| Absehbare Terminüberschreitung | | |
| Aufwandsüberschreitung | | |
| nicht geplanter Aufwand | | |
| Personalanforderungen | | |
| freiwerdende Mitarbeiter | | |
| voraussehbare Risiken | | |
| zusätzlicher Abstimmungsbedarf | | |
| zusätzlicher Aufwand/Verzögerungen mit/durch den Fachbereich | | |
| Verzögerungen durch Informatik | | |

**Forts. Tabelle 3.26.** Beispiel für einen standardisierten Statusbericht

**Aufwand**

| Phase | Beginn tt.mm.jj | Ende tt.mm.jj | geplanter Aufwand BT | geleisteter Aufwand BT | Fertigstellung % |
|---|---|---|---|---|---|
| Projektvorbereitung | ... | ... | ... | ... | ... |
| Konzeption | ... | ... | ... | ... | ... |
|   externer Aufwand | | | | | |
|   interner Aufwand | | | | | |
| Spezifikation | | | | | |
|   externer Aufwand | | | | | |
|   interner Aufwand | | | | | |
| sonstiger Aufwand | | | | | |
| Summe | | | | | |

a. Zusätzliche Aufwände

**a) Änderung und Abstimmung**

| | |
|---|---|
| – ... | ... BM |
| – ... | ... BM |
| – ... | ... BM |
| | Teilsumme: ... € |
| | Gesamtsumme ... € |

**b) Kapazitätsbereitstellung**

| | Monat 1 (...BT) | Monat 2 (...BT) | Monat 3 (...BT) |
|---|---|---|---|
| Frau ... | ... | ... | ... |
| Herr ... | | | |
| Herr ... | | | |
| Summe | ... BT | ... BT | ... BT |

**c) Darstellung Restaufwand:**

| | |
|---|---|
| Geplanter Gesamtaufwand | ... BM |
| abzügl. Geleisteter Aufwand (... – ...) | ... BM |
| Vorauss. Restaufwand Stand ... | ... BM |
| zuzügl. Mehraufwand | ... BM |
| Gesamtaufwand ... | ... BM |
| noch zu leistender Aufwand ... | ... BM |

**Forts. Tabelle 3.26.** Beispiel für einen standardisierten Statusbericht

| d) Restaufwandsverteilung auf die Monate | |
|---|---|
| Monat ... | ... BM |
| Personelle Verfügbarkeit: abzügl. Gesamtaufwand | ... BM |
| Restaufwand (Monat ...) | ... BM |
| Monat ... | |
| Personelle Verfügbarkeit: | ... BM |
| abzügl. Gesamtaufwand | ... BM |
| Endtermin für die Phase ist Woche ... | |
| (BT = Bearbeitungstage, BM = Bearbeitungsmonate) | |

## 3.10 Rentabilitätsanalyse

### Methodische Grundlagen

Die ökonomische Vorteilhaftigkeit einer Lösung kann anhand verschiedener Kriterien, Merkmale oder Parameter gemessen werden.

Die Rentabilität ist ein Parameter, der das Verhältnis einer Erfolgsgröße (Gewinn) und einer Bezugsgröße (Kapitaleinsatz, Umsatz) ausdrückt (vgl. Aggteleky u. Bajna 1992, S. 85 f.).

Die Ermittlung schließt die Annahme mit ein, dass Finanzmittel zu einem Zinssatz in Höhe der vom Entscheidungsträger vorgegebenen Mindestrendite unbegrenzt angelegt oder aufgenommen werden können (vgl. Biethahn et al. 1990, S. 225 ff.).

Es gibt verschiedene, miteinander kombinierbare Methoden zur Analyse der Rentabilität:

- die Amortisationsrechnung
- der Return-on-Investment
- die Interne Zinsfußmethode
- der Kapitalwert
- die Kosten-Nutzen-Analyse sowie
- die Payback-Methode.

Da jedes Unternehmen in erster Linie gewinnorientiert ist, muss es sich auf solide Finanzen stützen. Bei jeder Reorganisation sollte daher zumindest langfristig ein bestimmter Return-on-Investment in Aussicht stehen. Folglich muss jedes Mal die voraussichtliche und die tatsächliche Rentabilität ermittelt werden (vgl. Probst 1992, S. 361).

## Ablauf

Bei der Rentabilitätsanalyse kombiniert man verschiedene Methoden der Rentabilitätsermittlung. Im Folgenden sollen einige dieser Methoden kurz vorgestellt werden.

Die Amortisationsrechnung errechnet innerhalb welchen Zeitraums der Anschaffungswert einer Investition aus den Erträgen wiedergewonnen werden kann. Hierbei wird die Dauer der Kapitalverwendung nicht berücksichtigt. erfasst werden lediglich die Risiken sowie die liquiden Mittel (vgl. Probst 1992, S. 361).

Als Pay-off-Periode bezeichnet man dabei den Zeitraum, in dem es möglich ist, die Anschaffungsauszahlungen einer Investition wiederzugewinnen, d. h. die Anlage hat sich amortisiert, sobald die Erlöse die Anschaffungsauszahlungen und die laufenden Betriebskosten decken (vgl. Wöhe u. Döring 1993, S. 802 ff.).

$$\text{Pay-off-Periode} = \frac{IA}{E\ddot{U}}$$

IA = Investitionsauszahlung; EÜ = Einzahlungen abzüglich laufender Betriebskosten und Gewinnsteuern

Beim Return-on-Investment (ROI) wird der mögliche jährliche Ertrag mit der Investitionssumme verglichen. Auf diese Weise lässt sich die Investitionsrendite berechnen. Zusätzlich muss jedoch der zeitliche Aspekt mit einkalkuliert werden.

Der Return-on-Investment bestimmt sich aus dem Quotienten des Gewinns einschließlich der Zinsen auf das Fremdkapital durch das Gesamtkapital (vgl. Ewert u. Wagenhofer 1995, S. 174).

$$ROI = \frac{\text{Gewinn}}{\text{Umsatz}} \cdot \frac{\text{Umsatz}}{\text{invest. Kapital}} \cdot 100$$

(vgl. Wöhe u. Döring 1993, S. 800)

Bei der Internen Zinsfußmethode ermittelt man auf der Grundlage eines vorgegebenen Nutzungszeitraums, bei welcher Verzinsung sich die Investition lohnt. Der für ein geplantes Projekt prognostizierte Zins kann mit dem für andere Investitionen gültigen Zinsfuß verglichen werden. Daraufhin wird die Entscheidung für oder gegen das Projekt getroffen.

$$0 = \sum_{t=1}^{n}(E_t - A_t) \cdot (1+i)^{-t}$$

$E_t$ = (laufende) Einzahlung am Ende der Periode $t$; $A_t$ = (laufende) Auszahlung am Ende der Periode $t$; $\sum (Et - At)$ = Summe der in der Periode 1 bis $n$ erzielbaren Einzahlungsüberschüsse; $i$ = Kalkulationszinsfuß = Rendite aus Alternative $a_x$ (vgl. Wöhe u. Döring 1993, S. 806 f.).

$$i = \left(\frac{IA}{\sum(E_t - A_t)}\right)^{1/t} - 1$$

Aus der obigen Gleichung wird ersichtlich, dass nach dem Diskontierungszinsfuß gesucht wird, der zu einem Kapitalwert von Null führt, d. h. bei dem die Barwerte der Einzahlungs- und der Auszahlungsreihe gleich groß sind (interner Zinsfuß). Der Vergleich mehrerer Investitionen erfolgt durch Vergleich der jeweils errechneten internen Zinsfüße. Das Investitionsprojekt mit dem höchsten internen Zinsfuß wird als das Vorteilhafteste angesehen (vgl. Wöhe u. Döring 1993, S. 806 ff.).

Bei der Kapitalwertmethode vergleicht man die zu einem bestimmten Zeitpunkt erwarteten Einnahmen und Ausgaben. Diese Methode gibt Aufschluss über den Gewinn, den ein bestimmtes Projekt abwirft. Bei dieser Methode werden alle Einnahmen (laufende Einnahmen + Restwert) und Ausgaben (laufende Ausgaben + Anschaffungswert) auf den Kalkulationszeitpunkt mit einem gegebenen Zinsfuß – dem Kalkulationszinsfuß – abgezinst. Die Differenz der Gegenwartswerte ergibt den Kapitalwert der Investition

$$K = \sum_{t=0}^{n}(E_t - A_t) \cdot (1+i)^{-t}$$

$K$ = Kapitalwert; $E_t$ = Einzahlung am Ende der Periode $t$; $A_t$ = Auszahlungen am Ende der Periode $t$; $i$ = Kalkulationszinsfuß; $t$ = Periode ($t$ = 0, 1, 2, ... , $n$); $n$ = Nutzungsdauer des Investitionsobjektes

Nach der Kapitalwertmethode ist eine Investition vorteilhaft, wenn ihr Kapitalwert gleich Null oder positiv ist (vgl. Wöhe u. Döring 1993, S. 804 ff.).

Die Kosten-Nutzen-Analyse stellt dem zu erwartenden Gewinn die Projektkosten gegenüber, wobei den qualitativen Kriterien, soweit wie möglich Rechnung getragen werden sollte. Diese Berechnung wird auch im Rahmen der Wertanalyse durchgeführt.

Bei der Payback-Methode wird ermittelt, wie oft die Anfangsinvestition während der voraussichtlichen Projektdauer aus den Erträgen wiedergewonnen wird. Die Anwendung erfolgt vor allem bei kurzfristigen Projekten (vgl. Probst 1992, S. 361).

## Regeln

Voraussetzungen für diese Rechnungen sind isolierbare, d. h. den einzelnen Varianten zurechenbare Leistungen und die Bewertung in Geldeinheiten.

Voraussetzung für die Anwendung der Rentabilitätsrechnung ist ein für jede Periode des Planungszeitraumes gleich bleibender Gewinn, wobei die zukünftigen wertmäßigen Schwankungen der Rückflüsse, der Kosten und des gebundenen Kapitals nicht berücksichtigt werden. Grundsätzlich ist anzumerken, dass zeitliche Unterschiede im Anfall der Gewinne keinen Eingang in das Kalkül finden (vgl. Biethahn et al. 1990, S. 223 ff.).

## Einsatzmöglichkeiten, Chancen und Risiken

Ihre Einsatzmöglichkeiten sind sehr begrenzt, da die Leistungen organisatorischer Lösungen nur selten in Geldeinheiten quantifiziert werden können (vgl. Schmidt 1991, S. 251).

Die *Vorteile* der Rentabilitätsanalyse sind darin zu sehen, dass
- sie Projekte verhindert, die nur deshalb durchgeführt werden, weil das zur Zeit alle Firmen machen
- sich der Projektverlauf in jeder Phase mit den Erwartungen vergleichen lässt
- es ein wichtiges Auswahlkriterium zur Sicherung des Fortbestandes des Unternehmens ist
- es leicht anwendbar ist und ein unmissverständliches Entscheidungskriterium darstellt.

Die *Nachteile* liegen darin, dass
- die qualitativen Aspekte eines Vorschlags unberücksichtigt bleiben
- die „Nebenwirkungen" des Projektes nicht bewertet werden können und
- sich die Situation während des Projektverlaufs nicht mit den ohne das Projekt eingetretenen Entwicklungen vergleichen lässt (vgl. Probst 1992, S. 361).

*Beispiel*

**Tabelle 3.25.** Beispiel für eine Rentabilitätsvergleichsrechnung:

|  | Variante A | Variante B |
|---|---|---|
| Gewinn | 1.000 | 800 |
| Kapitaleinsatz | 10.000 | 7.000 |
| Rentabilität | 10 % | 11,4 % |

## 3.11 Projekt-Controlling

Unter Controlling ist die Gesamtheit jener Aufgaben zu verstehen, die die Koordination der Unternehmensführung sowie die Informationsversorgung der Führungskräfte zur optimalen Erreichung der Unternehmensziele zum Gegenstand haben. Es zielt auf eine umfassende Versorgung der Führungskräfte mit aufgaben- und zielrelevanten Informationen sowie auf eine systematische Entscheidungskoordination ab. Somit stellt es eine führungsunterstützende Aufgabe dar, die sich auch auf die Führungsinstrumente der Planung und Kontrolle bezieht.

Die Zwecke des Controllings sind im Prinzip dieselben wie die der Planung (vgl. Bea et al. 1993, S. 90 f.):

- Zielausrichtung,
- Frühwarnung,
- Koordination von Teilplänen,
- Entscheidungsvorbereitung,
- Mitarbeiterinformation und Mitarbeitermotivation.

Projekt-Controlling kann in sechs Teilschritte unterteilt werden (vgl. Keßler u. Winkelhofer 2004, S. 265 ff.). Dies sind das Strategische Controlling, das Operative Controlling, das Ziel-Controlling, das Qualitative Controlling, das Ergebnis-Controlling sowie das Prozess-Controlling (Abb. 3.24.).

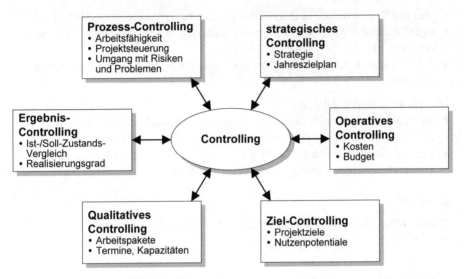

**Abb. 3.24.** Teilschritte des Projekt-Controlling

Auf das Operative Controlling und Ergebnis-Controlling, das Ziel-Controlling und das Qualitative Controlling wird in den nachfolgenden Kapiteln näher eingegangen.

### 3.11.1 Operatives Controlling und Ergebnis-Controlling

*Methodische Grundlagen*

Das Operative Controlling umfasst alle Planungs-, Überwachungs- und Steuerungsaufgaben für eindeutig, zeitlich sowie aufwands- und kostenmäßig definierte Ziele. Gleichzeitig muss es einen fixierten, funktionalen und technischen Leistungsumfang einschließlich der erforderlichen Rahmenbedingung beinhalten.

Die phasenorientierte Strukturierung eines Projekts liefert unter anderem eine wesentliche Voraussetzung für ein effektives und effizientes Projekt-Controlling, wodurch die Transparenz für die Projektabwicklung gefördert wird.

Ein Projekt umfasst alle für einen ordnungsgemäßen, planungskonformen Projektablauf notwendigen personellen und sachlichen Regelungen. Diese Regeln haben verbindlich zu sein und Standards, Verfahren und den Ablauf der Projektarbeit vorzugeben. Dadurch werden die Voraussetzungen für eine operative Planung, Überwachung und Steuerung zur Einhaltung der Termin- und Kostenvorgaben geschaffen.

## Ablauf

1. Projektorganisation und -planung von Projekten
Der Projektleiter sollte für ein operatives Controlling mindestens in einer Matrixstruktur eingebunden sein und über die fachliche Weisungsbefugnis über die ihm zeitlich befristet unterstellen Mitarbeiter verfügen. Nur so kann er für die Termin- und Kostenentwicklung verantwortlich gemacht werden. Wichtig ist, dass der Projektleiter zur Erfüllung seiner Aufgaben über die notwendigen Kompetenzen verfügt.

Neben einer präzisen Aufwandskalkulation müssen auch alle Projektfehlzeiten mit in die Planung einfließen. Projektfehlzeiten können projektfremde Tätigkeiten, Urlaub, Schulungen, Krankheit oder sonstige Fehlzeiten sein. Zusätzlich sollte in die Planung ein ausreichender aufwandsmäßiger und zeitlicher Sicherheitspuffer mit einfließen.

2. Projektfortschrittskontrolle
Eine Projektfortschrittskontrolle verfolgt das Ziel, mit möglichst geringem Aufwand jederzeit transparente und aktuelle Projektstatus-Aussagen treffen zu können, damit Projektplanabweichungen so früh wie möglich erkannt werden und rechtzeitig mit entsprechenden Maßnahmen gegengesteuert werden kann. Die Vorgehensweise orientiert sich an den geplanten mitarbeiterbezogenen Aktivitäten, die in der Größenordnung von 5 bis 10 Mitarbeiter- oder Bearbeitungstagen liegen sollten. Neben der täglichen Ist-Aufschreibung des Mitarbeiters über die geleisteten Stunden zur Plan-Aktivität wird täglich eine Aussage zum Projektfortschritt verlangt.

Die Zusammenführung aller mitarbeiterbezogenen Projektfortschrittskontrollaussagen ergibt den tatsächlichen Projektfortschritt im Vergleich zum geplanten Fortschritt.

3. Der Projektausschuss als Projekt-Controlling-Instrument
Ein Projektausschuss ist ein projektbezogenes Kontroll- und Entscheidungsgremium für mittlere und größere Projekte. Es setzt sich zusammen aus den Management-Verantwortlichen der Querschnittsbereiche (z. B. Organisation und IT) sowie der Fachbereiche. Es kontrolliert einerseits Termine und Aufwände, genehmigt Änderungen des Leistungsumfangs (fachinhaltliche Ergänzungen) und entscheidet über Termine und/oder Aufwandsänderungen. Außerdem unterstützt es die Projektleiter bei Entscheidungen, die außerhalb ihres Kompetenz-Bereichs liegen. Die Tagungshäufigkeit hängt von der Größe (gemessen in Bereichsmonaten), der Bedeutung und von den kritischen Projektphasen eines Projekts ab. Sie bewegt sich in der Regel in Intervallen von 4 bis 8 Wochen. Der Projektleiter berichtet dem Projektausschuss über den Projektstatus zum Betrachtungszeitpunkt bezüglich des

- Soll-Aufwands,
- Ist-Aufwands und
- der Abweichungen.

Der Bericht bezüglich der Abweichungen gliedert sich in Aufwand, Fortschritt und Ursachen.
Der Projekt-Status wird über die Projekt-Fortschrittskontrolle ermittelt.

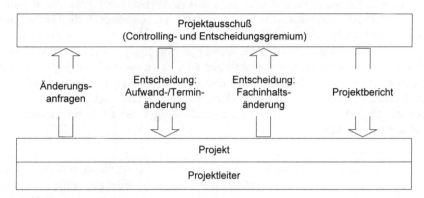

**Abb. 3.25.** Projektausschuss als Controlling- und Entscheidungsgremium

4. Kostenträgerrechnung
Die Kostenträgerrechnung ist ein geeignetes, ergänzendes Instrument zur kostenmäßigen Kontrolle von Projekten. Sinnvoll sind die Nutzung dieses Instruments zur Abweichungsanalyse von Leistungsarten auf der Kostenträger-Ebene sowie die Nutzung als Berichtswesen in der flexiblen Zusammenfassung von Kostenträgern nach unterschiedlichen Kriterien.

Die Wiedergabe eines DV-Projekts in Form einer Kostenträgerstruktur ergibt sich somit über die Leistungsarten und Gruppen, wie z. B.

- Kosten Entwicklungsaufwand/Montage je Phase
- Hardware-Kosten
  usw.

Zum Zeitpunkt der Planung des Projekts werden die Sollwerte und Mengen der korrespondierenden Leistungsarten in den Kostenträger übernommen. Dem gegenüber stehen die periodischen (z. B. monatlichen) Mengen und €-Werte. Als Ergebnis erhält man periodisch einen Überblick über die erwirtschaftete Über- und Unterdeckungen je Leistungsbereich bzw. Aussagen darüber, ob der Auftrag mit dem geplanten Leistungsvolumen abgewickelt werden konnte und die geplanten Erlöse realisiert werden.

Die Verdichtung von Kostenträgern ermöglicht Aussagen auf der jeweiligen Verdichtungsstufe.

## *Regeln*

Regeln für das Projekt-Controlling sind von der Unternehmens- oder Verwaltungsanforderungen sowie der Projektorganisation abhängig.

## Einsatzmöglichkeiten, Chancen und Risiken

Die speziellen Aufgaben, Einsatzmöglichkeiten, der Umfang der Überwachung sowie die Chancen und Risiken sind je nach Art des Wirtschaftszweiges und der Betriebsgröße unterschiedlich. In einem Bank- oder Handelsbetrieb tauchen beispielsweise andere Kontrollprobleme auf als in einem Industriebetrieb. Eine laufende Überwachung muss beim Einsatz der betrieblichen Produktionsfaktoren in sämtlichen betrieblichen Funktionsbereichen und in Projekten erfolgen (vgl. Wöhe u. Döring 1993, S. 200). Das bedeutet, dass das Controlling nicht nur auf einzelne Bereiche oder Funktionen beschränkt sein, sondern sich durch das gesamte Unternehmen ziehen sollte.

## Beispiel

Ein allgemeines Beispiel würde aufgrund von Projekt- und Unternehmensspezifika nur ein sehr verkürztes Bild des operativen Controllings geben. Aus diesem Grund wurde auf ein Beispiel verzichtet.

### 3.11.2 Ziel-Controlling

## Methodische Grundlagen

Projekte benötigen mindestens die Kapazitäten von Personen (Projektleiter, Projektteammitglieder, Führungskräfte der Linie etc.), häufig jedoch auch zusätzliche Budgets, und damit ist die Frage nach dem Nutzen immer gerechtfertigt.

Durch das Ziel-Controlling soll gewährleistet werden, dass das Nutzenpotential des Projektes von der Projektvorbereitung über alle Projektphasen bis zur Nutzung des Projektergebnisses systematisch definiert, verfolgt und gegebenenfalls angepasst bzw. verändert werden kann.

Ferner wird mit dem Ziel-Controlling die zielorientierte Projektarbeit ganz wesentlich unterstützt und umgesetzt.

## Ablauf

1. Zunächst ist das Projekt in Haupt- und Teilprozesse zu gliedern (Abb. 3.26.). Eine Ist-Analyse in der Projektvorbereitung oder Konzeptionsphase liefert dieses Teilergebnis bereits.

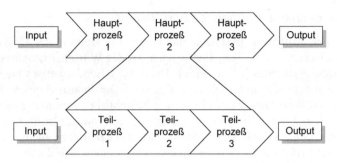

**Abb. 3.26.** Prozesskette

2. Anschließend sind die einzelnen zu optimierenden Prozesse in ein Formblatt zu übertragen (Tabelle 3.27.). Zunächst ist der Nutzen zu beschreiben bzw. das Einsparungspotential zu benennen. Danach ist eine Kennzahl für die Beschreibung dieses Nutzens zu definieren.

**Tabelle 3.27.** Formblatt für das Ziel-Controlling

| | | | | | | |
|---|---|---|---|---|---|---|
| Nutzen | | | | | | |
| Beschreibende Kennzahl | | | | | | |
| Formel für die Kennzahl | | | | | | |
| Quantitative Beschreibung der einzelnen Messgrößen | | | | | | |
| Kennzahl | | | | | | |
| Anteil Abteilung 1 | | | | | | |
| Anteil Abteilung 2 | | | | | | |
| ... | | Ist bei Projektdefinition | Soll nach Implementierung | Soll mit vorliegender Konzeption oder Spezifikation | Ist nach Implementierung | Delta Ist vor / Ist nach |

Da es keine allgemeingültigen Nutzenkennzahlen gibt, müssen die Kennzahlen projektspezifisch erarbeitet werden.

Die Erarbeitung von Nutzenkennzahlen ist demnach ein „kreativer" Vorgang. Es hat sich gezeigt, dass es effektiv ist, dies in einem eintägigen Workshop (Projektteam/Projektteammitglied und Fachbereich) zu tun.

3. Nach der Erarbeitung der Kennzahlen sind die jeweiligen Messgrößen, aus denen sich die Kennzahlen errechnen, zu messen. Des Weiteren sind bei jeder Messgröße die erwarteten Sollwerte anzugeben (Nutzenpotentiale).

4. Im Laufe des Projekts ist das Nutzenpotential in den Projektphasen Konzeption und Spezifikation sowie in der Implementierung zu überprüfen. Bei problemloser Realisierung des Nutzens kann nach Abstimmung mit allen Beteiligten auf ein Nachmessen der Kennzahlen und die Durchführung eines abschließenden Soll-Ist-Vergleichs verzichtet werden.

### *Regeln*

Bei der Erarbeitung der Nutzenkennzahlen sollten folgende Punkte berücksichtigt werden:

- Pro Projekt nicht mehr als 5–10 Kennzahlen.
- Einfachheit und Transparenz.
- Leichte Messbarkeit, da der Aufwand für das Messen nicht zu groß sein darf.
- Projektnutzen, der sich auf zu viele Kostenstellen verteilt, erfordert einen hohen Messaufwand und sollte daher nicht berücksichtigt werden.
- Es sollten auch Einsparungen dokumentiert werden, die kleiner als 1 Messeinheit sind.
- Orientierung an dem vom Prozess zu unterstützenden Ablauf bzw. Arbeitsprozess und dessen Teilprozessen, da der Projektnutzen und nicht die Kostenstelle beurteilt werden soll.
- Dokumentation von organisatorischen und technischen Voraussetzungen für die Nutzenrealisierung.
- Die zum Zeitpunkt der Kennzahlenermittlung zugrunde liegenden Mengengerüste/ Geschäftsvorfälle müssen in der Bearbeitung der Kennzahlen dokumentiert sein.
- Wenn es möglich ist, sollten „qualitative" Nutzenaussagen quantitativ dargestellt werden (z. B. Qualitätsindex, Zufriedenheitsindex etc.).

### *Einsatzmöglichkeiten, Chancen und Risiken*

Für den Einsatz des Ziel-Controllings ist keine Mindestprojektgröße notwendig.

Der *Vorteil* liegt in der Sichtbarmachung der Ist-Zustände und der Möglichkeit der Optimierung bei zu großen Sollabweichungen. Erst mit einer klaren Zieldefinition und noch besser mit einer Zielhierarchie – also priorisieren Projektzielen – kann das Projekt effektiv und effizient gesteuert werden.

### *Beispiel*

Ein bearbeitetes Formblatt mit der Definition einer Kennzahl ist in Tabelle 3.28. dargestellt.

**Tabelle 3.28.** Teilprozess „Falscheingaben korrigieren"

| Nutzen | Reduzierung von Falscheingaben | | | | |
|---|---|---|---|---|---|
| Beschreibende Kennzahl | Anteil der Falscheingaben an Gesamteingabesätzen | | | | |
| Formel für die Kennzahl | $\frac{\#Falscheingaben}{\#Eingaben} \cdot 100$ | | | | |
| Quantitative Beschreibung der einzelnen Messgrößen | Anzahl der Falscheingaben im Teilprozess pro Monat<br>Anzahl der Eingabesätze im Teilprozess pro Monat | | | | |
| Kennzahl | 30 % | 10 % | | | |
| Anteil Abteilung 1 | | | | | |
| Anteil Abteilung 2 | | | | | |
| ... | Ist bei Projektvorbereitung | Soll nach Systemeinführung | Soll nach Konzeption | Ist nach Systemeinführung | Abweichung Ist bei Projektvorbereitung und Ist nach Systemeinführung |

### 3.11.3 Qualitatives Controlling

**Methodische Grundlagen**

Eine weitere Projekt-Controlling-Ebene ist das Thema Qualität. Qualitätskriterien können hierfür sein: Transparenz, Vollständigkeit, Korrektheit, Realisierbarkeit, Genauigkeit, Durchschaubarkeit, Einheitlichkeit, Selbsterklärbarkeit, etc.

Das Qualitative Controlling sollte permanent bzw. zumindest an den Meilensteinen des Projektes vom Projektleiter oder von einer von ihm beauftragten Person durchgeführt werden.

Als eine mögliche Dokumentationstechnik hat sich eine Qualitätsmatrix gut bewährt (Abb. 3.27.).

**Ablauf**

1. Bestimmen der Teilergebnisse, die einem Qualitäts-Check unterzogen werden sollen. Dies kann bereits in den Arbeitsschritten Projektvorbereitungsplanung, Konzeptionsvorbereitung oder Spezifikationsvorbereitung vorbereitet werden.
2. Qualitätskriterien für die Teilergebnisse bestimmen.
3. Skala für die Bewertung der einzelnen Teilergebnisse mit den Qualitätskriterien definieren.
4. Soll-Qualität definieren (vgl. Abb. 3.27.).

Die Schritte 1 bis 4 sollten im Vorfeld vor dem eigentlichen Start einer Projektphase oder spätestens im ersten Arbeitsschritt durchgeführt werden.

|  | Qualitätskriterien | | | | | |
|---|---|---|---|---|---|---|
|  | Transparenz | Vollständigkeit | Korrektheit | Realistisch | ... | ... |
| Sachliche Projektziele | | | | | | |
| Sachliche Projektbedingungen | | | | | | |
| Terminplan | | | | | | |
| Kapazitätsplan | | | | | | |
| Kostenplan | | | | | | |
| Aufgaben-Kompetenz-Verantwortungs-Verteilung | | | | | | |
| Dokumentation und Berichtswesen | | | | | | |
| Projektorganisation | | | | | | |
| ... | | | | | | |

Legende: Bewertung: 100% = sehr gut  80% = mittel  60% = unzureichend
90 % = gut  70% = weniger

**Abb. 3.27.** Qualitätsmatrix

5. Ist-Qualität ermitteln. D. h., die jetzt vorliegenden Teilergebnisse werden hinsichtlich der Qualitätskriterien analysiert und bewertet.
6. Handlungs- und Nachbesserungsbedarf festlegen. Weicht der Ist-Zustand vom Soll-Zustand ab oder zeigen sich weitere Schwächen in den Teilergebnissen, so ist der Handlungs- und Nachbesserungsbedarf zu bestimmen, dokumentieren und an die jeweilgen Aufgabenträger zu kommunizieren. In Extremfällen ist der Projektauftraggeber zu informieren. Gleichzeitig ist die Fertigstellung des Handlungs- und Nachbesserungsbedarfs zu terminieren.
7. Wenn in Punkt 6 ein Handlungs- und Nachbesserungsbedarf erkannt wurde, ist dieser nach Fertigstellung erneut einem Qualitäts-Check zu unterziehen.

## *Regeln*

keine

## *Einsatzmöglichkeiten, Chancen und Risiken*

Ein qualitatives Controlling sollte in keinem Projekt fehlen. Die Bedeutung und Wichtigkeit steigt mit zunehmender Projektgröße.

## Vorteile

- Die Nützlichkeit der Qualitätsmatrix ist am besten zu erkennen, wenn die Matrix in Abb. 3.27. für ein aktuelles Projekt gefüllt wird. Oft kommen bei einer prozentualen Bewertung erschreckend niedrige Prozentwerte für die einzelnen Teilergebnisse „sachliche Projektziele", „sachliche Projektbedingungen" oder Aufgaben-Kompetenz-Verantwortungs-Verteilung" heraus.

### *Beispiel*

| | Qualitätskriterien | | | | | Handlungsbedarf |
|---|---|---|---|---|---|---|
| | Transparenz | Vollständigkeit | Korrektheit | Realistisch | ... | |
| Sachliche Projektziele | 70% | 100% | 90% | 90% | | Projektziele sind zu priorisieren |
| Sachliche Projektbedingungen | 100% | 70% | 80% | 100% | | Mit Experten Stand d. Möglichkeiten klären |
| Terminplan | 90% | 90% | 70% | 70% | | Einzelne Arbeitspakete beschreiben |
| Kapazitätsplan | | | | | | |
| Kostenplan | | | | | | |
| Aufgaben-Kompetenz-Verantwortungs-Verteilung | | | | | | |
| Dokumentation und Berichtswesen | | | | | | |
| Projektorganisation | | | | | | |
| ... | | | | | | |

Legende: Bewertung:  100% = sehr gut   80% = mittel   60% = unzureichend
                    90 % = gut        70% = weniger

**Abb. 3.28.** Ist-Qualitätsmatrix

# 4 Methoden IT, Organisation und Unternehmensentwicklung

## 4.1 Einführung

Zunächst werden die Methoden zu den drei Hauptthemen dieses Buches (IT, Organisation und Unternehmensentwicklung) vorgestellt (Kap. 4.2 bis 4.4). Daran schließen sich allgemeinere Methoden wie sonstige Dokumentations- und Darstellungsmethoden (Kap.4.5), Kreativitätsmethoden (Kap. 4.6), Aufwandschätzungsmethoden (Kap. 4.7), Test- und Abnahmemethoden (Kap. 4.8), Aufnahme- und Erhebungsmethoden (Kap. 4.9) sowie Qualitätssicherungsmethoden (Kap. 4.10) an. Ingesamt werden in diesem Kapitel 32 Methoden dargestellt und beschrieben.

## 4.2 Analyse- und Designmethoden für IT

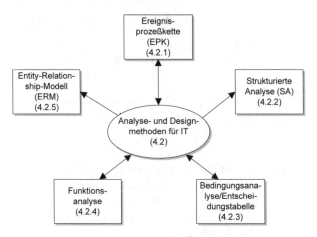

**Abb. 4.1.** Analyse- und Designmethoden für IT im Überblick

## 4.2.1 Ereignisprozesskette (EPK)

### Methodische Grundlagen

Die Ereignisprozesskette (EPK) wird für die Erstellung von Ablaufmodellen und die Darstellung von Ist- und Soll-Zuständen bzw. Ablaufanforderungen verwendet.

Mit einem Ablaufmodell werden die zeitlichen oder organisatorischen Abhängigkeiten betrieblicher Elementarfunktionen oder der Funktionen untereinander dargestellt. Ein Ablaufmodell konstituiert sich aus den Elementen:

- Ablaufdiagramm
- Funktion/Vorgang
- Ereignisse
- Elementarfunktionen
- Schnittstellenfunktionen
- Verknüpfungsoperatoren

Die Ereignisprozesskette verwendet dafür verschiedene Symbole (Abb. 4.2.).

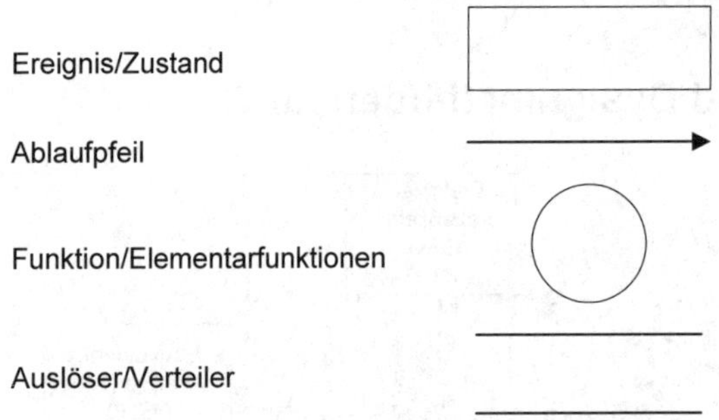

| | |
|---|---|
| Ereignis/Zustand | ▭ |
| Ablaufpfeil | ⟶ |
| Funktion/Elementarfunktionen | ◯ |
| Auslöser/Verteiler | ___ |

**Abb. 4.2.** Symbole der Ereignisprozesskette

Funktion/Vorgang
Unter einer Funktion versteht man eine zeitverbrauchende, ziel- und zweckgerichtete, betriebliche Tätigkeit oder einen Tätigkeitskomplex unter Verwendung betrieblicher Objekte. Eine Funktion muss aus mindestens einer betrieblich sinnvollen Tätigkeit bestehen. Die Funktion/der Vorgang wird durch ein Ereignis gestartet und durch ein Ereignis beendet.

Das Element Funktionstyp erhält man durch Abstrahieren der konkreten Ausprägungen.

Beispiel:  Funktion     = Rechnung Nr. 413 erstellen
          Funktionstyp = Rechnung erstellen

Elementarfunktion
Darunter versteht man eine betriebliche Funktion, die fachlich nicht weiter (sinnvoll) zu verfeinern ist, ohne dass fachliche Einheiten zerteilt oder aus ihrem Kontext gelöst werden.
Beispiel für eine Elementarfunktion = Auftragsannahme

Schnittstellenfunktion für den Teilvorgang/-funktion
Sie verweist oder bezieht sich auf einen Teilvorgang, unter dem ein fachlich wieder verwendbares Ablaufdiagramm verstanden wird.

Ereignis/Zustand
Ein Ereignis ist ein zeitbezogenes Geschehen, das weder Ressourcen noch Zeit verbraucht. Es repräsentiert eine passive Komponente im Informationssystem. Das Ereignis determiniert den weiteren Ablauf im Informationssystem. Wenn ein Ereignis das Resultat von Funktionen ist, spricht man von Zustand.

Merkmale von Ereignissen:
- sie können Funktionen auslösen
- sie stellen einen eingetretenen betrieblichen Zustand dar
- sie spezifizieren betriebswirtschaftliche Bedingungen
- sie können das Resultat von Funktionen sein
- sie können auf Informationsobjekte des Datenmodells Bezug nehmen
- sie können Schnittstellen zu Fremdsystemen darstellen

Das Element Ereignistyp erhält man auf der Fachkonzeptebene durch Abstrahieren der konkreten Ausprägungen. Unter Ereignistyp wird eine eindeutig benannte Sammlung von Ereignissen verstanden.
Beispiel: Ereignis = Ware ist an den Kunden XY ausgeliefert
Ereignistyp = Ware ist ausgeliefert

Verknüpfungsoperatoren und -art
Verknüpfungsoperatoren, auch Auslöser und Verteiler genannt, geben an, auf welche Weise Elemente (Ereignis- oder Funktionstypen) miteinander verknüpft werden.
Es sind drei Verknüpfungsoperatoren zu unterscheiden:

1. die konjunktive Verknüpfung („und")
2. die disjunktive Verknüpfung („entweder oder")
3. die adjunktive Verknüpfung („und/oder")

Die Verknüpfungsart macht Aussagen darüber, welche Elemente, d. h. Ereignistypen und Funktionstypen in den Modellen verknüpft werden.

- Ereignistypenverknüpfung: mehrere Ereignistypen mit einem Funktionstyp (Auslöser) verknüpft
- Funktionstypenverknüpfung: mehrere Funktionstypen mit einem Ereignis (Verteiler) verknüpft

Wird eine Funktion jedoch genau von einem Ereignis gesteuert, ist kein Auslöser erforderlich.

## *Ablauf*

Für die Erstellung eines Ablaufdiagramms oder -modells kann man auf zwei Vorgehensweisen zurückgreifen – je nachdem, ob ein Datenflussmodell bzw. -diagramm bereits vorliegt oder nicht.

1. Vorgehensweise bei vorliegendem Datenflussmodell
   1.1. Aus dem Datenflussmodell bzw. -diagramm werden die Elementarfunktionen übernommen. Anhand der Richtung der Datenflüsse lassen sich erste grobe zeitliche Funktionsgruppierungen vornehmen.
   1.2. Zu den jeweiligen Elementarfunktionen werden die Beschreibungen der Minispezifikationen ausgewertet. Die Inhalte können auf die Elemente Ereignis, Auslöser und Verteiler übertragen und abgebildet werden.
   1.3. Anhand der Resultate erfolgt die Erstellung des Ablaufes der Elementarfunktionen.

Bedingung für diese Vorgehensweise: Im Datenflussmodell müssen die Elementarfunktionen vollständig beschrieben sein.

2. Vorgehensweise ohne ein vorliegendes Datenflussmodell
   2.1. Die Ablaufmodellierung beginnt zunächst mit der Erfassung der Teil-Geschäftsprozesse.
   2.2. Darauf aufbauend werden die ersten groben Funktionen dieser Prozesse modelliert. Zu diesem Zeitpunkt könnte auch bereits ein erstes grobes Ablaufdiagramm erstellt werden.
   2.3. Im weiteren Verlauf kommt es zu einer Verfeinerung der Funktionen der Teilprozesse als Ablaufdiagramm bis auf die Ebene der Elementarfunktionen. Zur Erkennung von Teilfunktionen greift man bei Abläufen häufig auf die vier Gliederungskriterien der Funktionsanalyse zurück - Objektzerlegung und
   -klassifizierung/ Verrichtungszerlegung und -klassifizierung. Auf diese Weise lassen sich schließlich die Elementarfunktionen finden. Diese sind in der Minispezifikation vollständig zu beschreiben.

Empfehlung für die Verfeinerung der Abläufe: Bei der Verfeinerung wendet man häufig die Verrichtungszerlegung an, d. h.: „Welche Tätigkeiten sind notwendig, um die Funktion auszuführen?"

## Regeln

Regeln für das Ablaufmodell
- Ein Ablaufmodell kann hierarchisch dargestellt werden. Die Verfeinerung einer Funktion erfolgt bis zur Ebene der Elementarfunktionen
- Jede Funktionsablauf-Verfeinerungsebene muss in einem separaten Diagramm dargestellt werden
- Jedes Ablaufdiagramm sollte, wenn möglich, auf einer DIN A4 Seite darstellbar sein
- Ein Ablaufdiagramm hat stets einen definierten Ausgang
- Abläufe, die sich wiederholen, werden über eine Schleife (Ablaufpfeil) dargestellt
- Sequentielle Abläufe sind am besten vertikal zu zeichnen
- Parallele Abläufe sollten nebeneinander dargestellt werden
- Ablaufpfeile sollten so gezeichnet werden, dass sie von oben auf das Objekt zeigen
- Ablaufpfeile sollten sich nicht kreuzen
- Einheitliche Ablaufpfeile sind empfehlenswert (entweder rechtwinklig oder schräg)

Regeln für Ereignisse
- Sie werden nicht hierarchisch verfeinert
- Sie sind Funktionen zugeordnet
- Die Durchführung der Ablaufmodellierung erfolgt auf der Ebene der Ereignistypen
- Die Unterscheidung von Ereignis und Ereignistyp wird in der Projektarbeit häufig nicht vorgenommen

Regeln für die Funktion/den Vorgang
- Mit Funktionen lassen sich Abläufe von Elementarfunktionen zusammenfassen und verdichten
- Jedem Ereignis wird eine Funktion zugeordnet. Diese Funktion beschreibt die Reaktion auf dieses Ereignis
- Jede Funktion entspricht einem Ablaufdiagramm und endet mit einem Zustand
- Die Durchführung der Ablaufmodellierung erfolgt auf der Ebene der Funktionstypen

Regeln für die Elementarfunktion
- die fachlichen Beschreibungen der Elementarfunktionen erfolgen in der Minispezifikation des Datenflussdiagramms oder des EPK
- die Beschreibungen erfolgen immer in dem Modell, mit dem gestartet wird.

## Einsatzmöglichkeiten, Chancen, Risiken

Die praktische Analyse und das Design kann auf mehreren Ebenen aufgeteilt werden. Abb. 4.3. zeigt eine EPK-Entwicklung über drei Stufen.

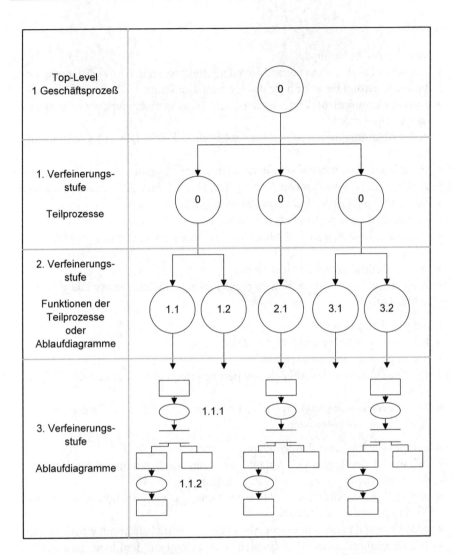

**Abb. 4.3.** Aufbauhierarchie der EPK

Die Gegenüberstellung von Verknüpfungsarten und Verknüpfungsoperationen sind in Abb. 4.4. dargestellt.

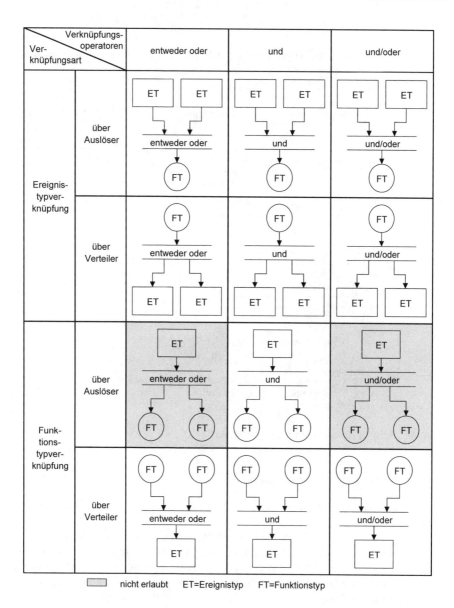

**Abb. 4.4.** Verknüpfungsarten und Verknüpfungsoperationen

Ereignisprozessketten ergänzen die Analyse und Designinformationen bezüglich des Ablaufs. EPKs stehen in engem Zusammenhang mit Datenflussplänen.

## Beispiel

Die Abb. 4.5. zeigt einen Auszug aus einer Ereignisprozesskette zur Vertragsprüfung.

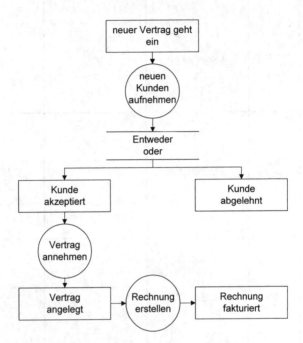

**Abb. 4.5.** Beispiel für ein eine Ereignisprozesskette

### 4.2.2 Strukturierte Analyse (SA)

*Methodische Grundlagen*

Die Mitte der siebziger Jahre von DeMarco entwickelte Strukturierte Analyse (SA) „... ist eine Methode zur Analyse von vorhandenen Informationssystemen und zur Modellierung von neu zu entwickelnden Systemen" (Steinweg 1995, S. 270). Durch ihre hierarchische Gliederung können große und komplexe Systeme auf unterschiedlichen Abstraktionsebenen dargestellt werden.

Die Strukturierte Analyse beschreibt „das fachliche WAS und nicht das dv-technische WIE einer Anwendung" (Steinweg 1995, S. 270). Aufgrund der übersichtlichen graphischen Darstellung des Modells ist eine hohe Verständlichkeit für alle Gruppen von Anwendern erreichbar.

Die Methode findet vornehmlich in der Modellierungs-Phase zur Ist-Analyse und zur Erstellung eines fachlichen Soll-Modells Einsatz und kann folgenden Zwecken dienen:

- Systemabgrenzungen:
Durch das so genannte „Kontextdiagramm" lassen sich die Grenzen eines existierenden oder geplanten Systems festlegen. Dies ist vorteilhaft, weil damit zu Projektbeginn alle Beteiligten ein gemeinsames Verständnis vom Umfang eines Systems besitzen.
- Funktionsbeschreibung:
Mit Modellen der Strukturierten Analyse lassen sich die Zusammenhänge zwischen den fachlichen Funktionen eines Systems übersichtlich darstellen.
- Organisationsbeschreibung:
SA-Modelle werden auch zur Beschreibung von Organisationen um ein DV-System herum eingesetzt. Fasst man die Organisationseinheiten als Funktionen auf, dann beschreibt das Modell die Kommunikation und die Abhängigkeiten zwischen den einzelnen Organisationseinheiten.

Ferner können SA-Modelle auch zur fachlichen Nachdokumentation von bestehenden DV-Systemen eingesetzt werden (vgl. Steinweg 1995, S. 270).

Mit der SA werden vorliegende Gedanken bezüglich eines zu entwickelnden Systems gesammelt, strukturiert und einem breiten Interessentenkreis vermittelt (vgl. Schönthaler u. Németh 1990, S. 59 ff.). Um diesen Ansprüchen zu genügen, muss die „verwendete Sprache" einfach und natürlich zu gebrauchen, zu lesen und zu verstehen sein. Datenflussdiagramme genügen diesen sprachlichen Anforderungen, da sie eine geringe Anzahl an Sprachelementen aufweisen, die dennoch große Aussagekraft besitzen. Mit Datenflussdiagrammen kann man die funktionale Architektur sowohl existierender als auch noch zu entwickelnder Systeme darstellen. Funktionale Architektur wird hierbei verstanden als Hierarchie von Systemaktivitäten, sowohl mit ihren Schnittstellen untereinander als auch zur Systemumgebung. Datenflussdiagramme liefern so ein anschauliches Systemabbild aus der Sicht der Daten.

Neben der DeMarco-Datenflussdiagramm-Technik, auf die im folgenden Bezug genommen und die auch von E. Yourdon und L.L Constantine (1979) verwendet wird, bieten C. Gane und T. Sarson (1979) dazu eine Alternative (vgl. Schönthaler u. Németh 1990, S. 72 f.). Sie arbeiten mit so genannten logischen Datenflussdiagrammen. Zur Beschreibung der Zusammenhänge stellen sie auf logischer Ebene Symbole und Konzepte zur Verfügung. Die logischen Datenflussdiagramme unterscheiden sich von denen DeMarcos durch die verwendeten Symbole und den Aufbau des Data Dictionaries. In den grundlegenden Konzepten liegen keine erheblichen Unterschiede vor. Für die Data Dictionaries haben Gane und Sarson deutlich mehr Informationen zu den Datenelementen vorgesehen als z. B. DeMarco, was bei der späteren Implementation bedeutsam ist.

Bei der Beschreibung der Methode wird auf die grafische Notation von DeMarco Bezug genommen. Seine Notation sieht vier verschiedene graphische Elemente (Abb. 4.6.) vor.

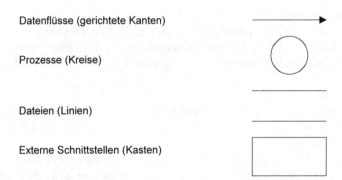

**Abb. 4.6.** Symbole für Datenflussplan

Mit diesen Elementen lassen sich Netzwerke aufbauen, die als Datenflussdiagramme bezeichnet werden.

Datenflüsse
- Sie stellen Schnittstellen zwischen den Komponenten eines Systems dar.
- Sie werden als Pfade verstanden, auf denen in ihrer Zusammensetzung bekannte Informationseinheiten transportiert werden.
- Die Richtung des Datenflusses ergibt sich aus der Richtung der für ihn gezeichneten Kante.
- Sie tragen eindeutige Namen, die auf den Typ der fließenden Daten Bezug nehmen.

Prozesse
- Sie sind die aktiven Elemente eines Systems.
- Prozesse transformieren die eingehenden Datenflüsse in ausgehende.
- Ihre Namensbezeichnung soll dem Benutzer eine Vorstellung von der Bedeutung der Prozesse vermitteln.
- Oft werden ihnen zusätzlich noch eindeutige Nummern zugewiesen

Dateien
- Sie werden als Ablage von Daten verstanden, wobei das Spektrum von der Datenablage in einem Ordner bis zu Ablage in einer Datenbank reichen kann.
- Die Richtung des mit einer Datei verknüpften Datenflusses zeigt, ob Daten gelesen oder geschrieben werden

Externe Schnittstellen
- Sie repräsentieren eine Person, Organisation oder generell ein System
- Sie senden Daten an das im Datenflussdiagramm beschriebene System. Datensenken sind zu verstehen als ein außerhalb des Systems angesiedelter Datenempfänger

Bei der Gestaltung von Diagrammen sollte beachtet werden, dass Menschen nur relativ wenig graphische Symbole simultan erfassen können (vgl. Schönthaler

u. Németh 1990, S. 66 ff.). Will man Datenflussdiagramme auch auf mittlere und große Systeme anwenden und gleichzeitig dem eingeschränkten symbolischen Erfassungsvermögen der Menschen Rechnung tragen, benötigt man eine Technik, mit der Systeme hierarchisch beschrieben werden können. Als geeignet erweist sich die Top-down-Vorgehensweise. Dabei wird zunächst ein so genanntes Kontextdiagramm angefertigt, das

- nur einen Prozess (das zu spezifizierende System) und
- die Systemschnittstellen zur Umgebung aufzeigt.

Das Kontextdiagramm enthält den Prozess auf der „obersten Ebene", der die Systemgrenzen festlegt; er wird nun Schritt für Schritt in Subsysteme zerlegt (daher Top-down-Vorgehensweise), die jeweils durch auf ihrer Ebene liegende Datenflussdiagramme beschrieben werden. Als Resultat erhält man eine Hierarchie von Diagrammen, die von oben nach unten entwickelt und gelesen werden können.

Die Verfeinerung endet, wenn die unterste Ebene nur noch Prozesse/Funktionen aufweist, die logisch zusammengehörig sind und keiner weiteren Zerlegung bedürfen. Daran anschließend werden die Funktionen hierarchisch in einem Funktionsbaum dargestellt. Für jede auf der untersten Ebene dargestellte Funktion im Funktionsbaum ist dann eine Prozessspezifikation zu erstellen.

Wie dargestellt, ist das Resultat eine strukturierte Spezifikation, die

- eine Hierarchie von Datenflussdiagrammen mit Prozessspezifikation und
- ein so genanntes Data Dictionary aufweist.

Prozessspezifikation
Prozesse werden entweder durch Datenflussdiagramme oder Minispezifikationen beschrieben. Die Minispezifikationen ermöglichen die Darstellung der Details für einen Prozess oder eine Funktion, die in der graphischen Repräsentation bislang vernachlässigt wurden. Damit meint man die Regeln, wie Eingangsdaten in Ausgangsdaten transformiert werden. Mit der Prozessspezifikation werden die Aufgaben einer Funktion kurz und präzise dargestellt.

Datenspezifikation
Das Data Dictionary ist der hierarchisch strukturierte Aufbewahrungsort für die Informationen über die Zusammensetzung der für das System relevanten Daten.

Für die Spezifikation von Datenflüssen ist das Data Dictionary sicherlich hilfreich, problematisch ist jedoch, dass sich Dateien nur als eine Menge von Datenelementen beschreiben lassen. Die Abbildung zusätzlicher Beziehungen zwischen den Datenelementen ist nicht möglich, was jedoch bei Datenbanken z. B. notwendig wäre. Dazu eignet sich das Entity-Relationship-Modell (Kap. 4.2.5).

*Ablauf*

DeMarco gliedert die Strukturierte Analyse in sieben Schritte (vgl. Schönthaler u. Németh 1990, S. 59 ff.):

1. Ist-Analyse
   Bei der Entwicklung eines neuen Systems geht man meist von einem bereits bestehenden System aus. In einem ersten Schritt analysiert man daher zunächst den Ist-Zustand und dokumentiert diesen in einem Datenflussdiagramm (physisches Datenflussdiagramm).
2. Entwurf einer logischen Sicht
   Die aus der Ist-Analyse resultierende Sicht wird auf eine logische Ebene transformiert und in einem logischen Ist-Datenflussdiagramm dargestellt.
3. Logischer Entwurf des neuen Systems
   In einer der Analyse vorausgehenden Vorstudie wurden Verbesserungen gefordert. Diese werden nun im aktuellen logischen Datenflussdiagramm berücksichtigt. Das Festhalten des neuen spezifizierten Systems erfolgt im logischen Soll-Datenflussdiagramm.
4. Bestimmung physischer Eigenschaften
   Die Spezifikation des neuen Systems wird in automatisierbare und manuelle Bestandteile zerlegt. Dazu muss das logische Soll-Datenflussdiagramm modifiziert werden. Aus dieser Modifikation resultiert schließlich das vorläufige physische Soll-Datenflussdiagramm bzw. eine Menge solcher Diagramme, falls mehrere Lösungsalternativen aufgezeigt werden sollen.
5. Kosten/Nutzen-Analyse
   Die vorgeschlagenen Lösungsmöglichkeiten unterzieht man einer Kosten/Nutzen-Analyse.
6. Auswahl einer Option
   Auf der Basis dieser Kosten/Nutzen-Analyse wählt man eine der aufgezeigten Lösungsmöglichkeiten aus. Als Resultat erhält man das physische Soll-Datenflussdiagramm.
7. Dokumentation
   Anschließend bereitet man das physische Soll-Datenflussdiagramm und alle dazugehörigen Dokumente auf und Fasst sie in der Strukturierten Spezifikation zusammen.

*Regeln*

Die aus der Strukturierten Analyse resultierende Spezifikation setzt sich, wie oben erwähnt, aus

- Kontextdiagramm,
- Subsystemen (Datenflussdiagrammen auf den verschiedenen Ebenen),
- Prozessspezifikationen und
- Funktionsbaum
  zusammen.

Regeln für das Kontextdiagramm
- Das Kontextdiagramm beschreibt den obersten Prozess und enthält genau eine Funktion.

- Jede außerhalb des Systems befindliche Stelle ist mit dem System durch mindestens einen ausgehenden und einen eingehenden Datenfluss zu verbinden.
- Verbindung des gesamten Systems mit sämtlichen außerhalb gelegenen Stellen durch Datenfluss.

Regeln für das Datenflussdiagramm
- Der oberste Prozess im Datenflussdiagramm ist das Kontextdiagramm.
- Da der Mensch nur relativ wenig graphische Symbole gleichzeitig wahrnehmen kann, sollte ein Datenflussdiagramm nie mehr als sieben Funktionen aufzeigen.
- Das erste auf das Kontextdiagramm folgende Datenflussdiagramm sollte aus Gründen der Übersichtlichkeit nur wenige, aber globale Funktionen enthalten, weil im ersten Datenflussdiagramm sämtliche Datenflüsse zu und von den außerhalb des Systems liegenden Stellen enthalten sind.
- Nimmt in einer Prozessspezifikation die Darstellung der Funktionen ca. 1–2 Seiten ein, sollten die Prozesse nicht mehr durch neue Diagramme verfeinert werden.
- Ein- und ausgehende Datenflüsse müssen, wenn sie mit einer Funktion in einem übergeordneten Datenflussdiagramm verbunden sind, auch mit der in einem untergeordneten Datenflussdiagramm verbunden sein. Nur dann ist das Diagramm hierarchisch ausgeglichen.

Regeln für die Prozessspezifikation
- Für alle Funktionen sollte beschrieben sein, wie Eingabedaten in Ausgabedaten transformiert werden
- Für die Funktionen der unteren Ebene muss eine Prozessspezifikation formuliert werden
- Gleiche Benennung der Prozessspezifikation und der dazugehörigen Funktion ist erforderlich
- Die Beschreibung sollte höchstens 1–2 Seiten DIN A4 umfassen
- im Vordergrund steht das fachliche WAS und nicht das dv-technische WIE.

### *Einsatzmöglichkeiten, Chancen und Risiken*

Durch den Einsatz der Strukturierten Analyse versucht man, ein System in vollem Umfang und voller Tiefe zu beschreiben. Dies hat jedoch meist eine explosionsartige Zunahme von verschiedenen Diagrammen zur Folge, die kaum mehr überblick- und wartbar sind.

## Beispiel

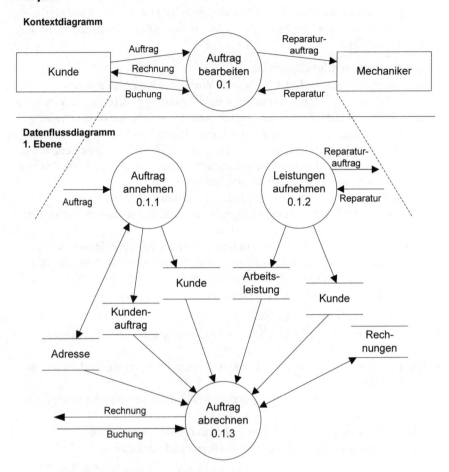

**Abb. 4.7.** Beispiel für eine Strukturierte Analyse

Steinweg (1995, S. 275 ff.) empfiehlt daher einen pragmatischen Einsatz, an die Vorstellung gekoppelt, dass die Strukturierte Analyse die Rolle einer Kommunikations- und Visualisierungstechnik übernehmen kann. Für feinere Systembeschreibungen hält er ihren Einsatz für ungeeignet, da sie keine formale Methode für Systementwickler sei. Seine Vorstellungen zum Einsatz der Strukturierten Analyse gehen in die Richtung einer Moderationsmethode in der Kommunikation mit dem Fachbereich/der Organisationsabteilung. Da die essentiellen Systemzusammenhänge auf überschaubare Weise dargestellt werden können, kann er sich auch gut einen Einsatz in der Managementinformation vorstellen.

Im Rahmen einer Modellierung oder Nachdokumentation wird die Strukturierte Analyse meist nicht allein eingesetzt, sondern findet stets Verwendung in einem Methodenverbund. Die anderen Methoden im Verbund sind das Entity-

Relationship-Modell und die Geschäftsvorfallbeschreibung. In ihrem Vorgehen erfüllen diese drei Methoden das fachliche Modell eines Systems.

Zusammenfassend:
- Datenflussdiagramme (nach DeMarco) zeichnen sich durch eine leichte Erlernbarkeit aus.
- Datenflussdiagramme geben allerdings nur Auskunft über Datentransformationen, aber nicht über die Datenorganisation.
- Datenflussdiagramme geben keine Information über das dynamische Verhalten des Softwaresystems.

### 4.2.3 Bedingungsanalyse/Entscheidungstabelle

1957 wurde von einer Projektgruppe der General Electric Company die Technik der Entscheidungstabellen entwickelt (vgl. Frick 1995, S.141). 1979 wurden die Entscheidungstabellen nach DIN 66 241 genormt.

Anlass für die Entwicklung der Entscheidungstabellen war das immer wiederkehrende Problem, dass in der Softwareentwicklung die Ausführung von Aktionen gleichzeitig von mehreren Bedingungen abhängig ist. Hier finden Entscheidungstabellen ihren Einsatz. In ihnen fasst man die an der Entscheidungssituation beteiligten Bedingungen, die auszuführenden Aktionen und die Entscheidungsregeln zusammen und setzt sie schließlich zueinander in Beziehung.

***Methodische Grundlagen***

Entscheidungstabellen werden in den frühen Phasen der Softwareentwicklung eingesetzt. Sie helfen bei der Umsetzung der informellen, widersprüchlichen und unvollständigen Anwendungsbeschreibungen und bringen sie in eine formale Form. Mit der Technik der Entscheidungstabellen können komplexe Entscheidungssituationen, d. h. die Beziehungen, die zwischen den Bedingungen und den Aktionen liegen, übersichtlich und kompakt dargestellt werden.

Unter Entscheidungstabelle soll in Anlehnung an Heinrich u. Burgholzer (1986, S. 83) verstanden werden: „Eine übersichtliche Zusammenfassung von Entscheidungsregeln, die angeben, welche Bedingung oder Kombination von Bedingungen erfüllt sein müssen, wenn eine genau definierte Aktion oder Aktionsfolge ausgelöst werden soll."

**Aufbau von Entscheidungstabellen**

Eine Entscheidungstabelle besteht aus vier Darstellungselementen. Die linke Hälfte der Tabelle nehmen der Bedingungs- und der Aktionsteil ein. In der rechten Hälfte werden die Regeln festgehalten, die den Bedingungs- mit dem Aktionsteil verbinden. Die rechte Hälfte gliedert sich folglich in einen Bedingungsanzeigenteil und einen Aktionsanzeigenteil auf. Die Seite, auf der die Regeln notiert werden, bezeichnet man auch als Operandenfeld (vgl. Frick 1995, S. 142 f.).

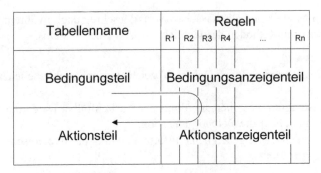

**Abb. 4.8.** Prinzipieller Aufbau einer Entscheidungstabelle

Ein prinzipieller Aufbau einer Entscheidungstabelle (Abb. 4.8) ist aufgeteilt in

- Bedingungsteil: Hier werden alle für die Entscheidungssituation relevanten Bedingungen aufgelistet.
- Aktionsteil: Hier werden alle in Abhängigkeit von den Bedingungen auszuführenden Aktionen aufgelistet.
- Bedingungsanzeigenteil: Hier werden die Regeln notiert und angegeben, welche Bedingungskonstellationen eintreten müssen, damit die über den Aktionsanzeigenteil referenzierten Aktionen ausgelöst werden können.
- Aktionsanzeigenteil: Hier wird angegeben, welche Aktionen in welcher Reihenfolge ausgeführt werden müssen.

Für die Interpretation der Entscheidungstabelle gilt, dass die Bedingungen des Bedingungsteils auf die Regeln im Bedingungsanzeigenteil hin untersucht werden. Sobald eine Regel zutrifft, werden die auszuführenden Aktionen über den Aktionsanzeigenteil referenziert.

Entscheidungstabellen lassen sich in eine begrenzte und eine erweiterte Entscheidungstabelle unterscheiden.

- begrenzte Entscheidungstabelle: jede Bedingung ist im Bedingungsteil vollständig beschrieben, so dass im Bedingungsanzeigenteil nur noch in Form eines „X" oder „J" angegeben werden muss, ob eine Bedingung zutrifft oder nicht.
- erweiterte Entscheidungstabelle: hier sind die Bedingungen im Bedingungsteil nur unvollständig beschrieben. Im Bedingungsanzeigenteil muss die jeweilige Ergänzung zur Bedingung aufgeschrieben werden.

In der Praxis werden verschiedene Verfahren angewandt, mit deren Hilfe die Arbeit mit umfangreichen Entscheidungstabellen vereinfacht und ihre Gestaltung übersichtlicher wird. Dazu werden große Entscheidungstabellen auf mehrere kleinere aufgeteilt. Eine Möglichkeit der Vereinfachung besteht z. B. in der Hierarchisierung von Entscheidungstabellen.

## Ablauf

Die wesentlichen Schritte bei der Vorgehensweise sind:

1. Im Bedingungsteil werden die relevanten Bedingungen festgelegt. Liegen mehr als vier Bedingungen vor, setzt man gegebenenfalls die Strukturierungstechnik von Entscheidungstabellen ein.
2. Anschließend werden im Aktionsteil die möglichen Aktionen festgelegt.
3. Im Bedingungsanzeigenteil werden die Bedingungskonstellationen festgelegt.
4. Die Bedingungskonstellationen werden auf ihre Widerspruchsfreiheit und Vollständigkeit hin überprüft.
5. Im Aktionsanzeigenteil werden die auszuführenden Aktionen bestimmt.
6. Abschließend erfolgt die Zusammenfassung von Regeln mit derselben Menge an Aktionen.

## Regeln

Die Entscheidungstabellen-Technik ermöglicht die Anwendung verschiedener Analysemethoden, die sowohl während der Tabellenerstellung als auch nach ihrer Beendigung Aussagen über deren Korrektheit zulassen.

- Vollständigkeitsanalyse: Überprüfung der Entscheidungstabellen hinsichtlich ihrer inhaltlichen und formalen Vollständigkeit. Die Prüfung nach der inhaltlichen Vollständigkeit untersucht, ob alle Aktionen und Bedingungen der jeweiligen Aufgabenstellung erfasst wurden. Die formale Vollständigkeitsprüfung ermittelt, ob alle durch die Bedingungskonstellationen möglichen Regeln erfasst wurden.
- Redundanzanalyse: Durch sie wird ermittelt, ob in der Entscheidungstabelle Regeln enthalten sind, die inhaltlich identische Einträge aufweisen oder nicht. Sind für bestimmte Aktionen mehrere Regeln vorhanden, so muss aufgezeigt werden, dass diese inhaltlich nicht identisch sind.
- Widerspruchsfreiheit: Die Widerspruchsprüfung soll zeigen, dass keine inhaltlich identischen Regeln bestehen, die verschiedene Aktionen steuern, d. h. Regeln mit gleicher Aussage, die aber auf verschiedene Aktionen referenzieren.

## Einsatzmöglichkeiten, Chancen und Risiken

Die Einsatzfähigkeit von Entscheidungstabellen ist universell.

- In den frühen Phasen des Software-Entwicklungsprozesses werden sie zur Spezifikation von Softwaresystemen eingesetzt. Verwendung finden sie ferner für den Modulentwurf. Vor allem in den Bereichen, in denen Aktionen unter Berücksichtigung verschiedener Bedingungen gesteuert werden, können mit ihrer Hilfe informelle Anforderungen in formale Systemspezifikationen umgesetzt werden.

- Die Spezifikation des Systems wird wesentlich erleichtert durch die systematische und konsequente Anwendung der Entscheidungstabellen-Technik auf die ermittelten Anforderungen. Komplexe Beziehungszusammenhänge lassen sich übersichtlich und transparent darstellen.
- Entscheidungstabellen sind in Bezug auf ihre Semantik nicht eindeutig und machen beispielsweise keine Aussagen über die Reihenfolge der Bedingungsprüfungen. Für eine genauere Interpretation empfiehlt es sich, Entscheidungstabellen mit Zusatzinformationen auszustatten.
- Damit Entscheidungstabellen nicht unübersichtlich und schwer analysierbar werden, sollten sie eine bestimmte Größe nicht überschreiten. Als Faustregel für Entscheidungstabellen kann gelten: 4–6 Bedingungen, 6–10 Aktionen und 6–10 Regeln.
- Entscheidungstabellen sind relativ leicht in einen Entwurf und weiter in eine Implementation zu überführen.

*Beispiel*

**Tabelle 4.1.** Beispiel für eine Entscheidungstabelle

| Bedingungen | Regeln | | | | | |
| --- | --- | --- | --- | --- | --- | --- |
| | R1 | R2 | R3 | R4 | R5 | R6 |
| Antragsteller ist Gewerblicher | 1 | – | – | – | – | |
| Vertragstyp sieht keine maschinelle Genehmigung vor | – | 1 | – | – | – | |
| Antragsteller hat sehr gute Risikoklasse | – | – | – | 1 | – | |
| Antragsteller hat gute oder default Risikoklasse | – | – | – | – | 1 | |
| Antragsteller hat keine gute Risikoklasse | – | – | 1 | – | – | |
| Aktionen | | | | | | |
| Maschinelle Genehmigung abbrechen | x | x | x | | | |
| Ablehnungskommentar: Kunde ist gewerblicher Kunde | x | | | | | |
| Ablehnungskommentar: Dieser Vertragstyp sieht keine maschinelle Genehmigung vor | | x | | | | |
| Ablehnungskommentar: Keine gute Risikoklasse | | | x | | | |
| Antragssummenprüfung aufrufen | | | | x | x | |
| Objektprüfung | | | | | | |

### 4.2.4 Funktionsanalyse

*Methodische Grundlagen*

Funktionen im Sinne der Wertanalyse sind einzelne Wirkungen des Objektes. Diese sind durch ein nach Möglichkeit quantifizierbares Substantiv mit einem dazugehörigen Verb im Infinitiv zu beschreiben. Beispiele hierfür sind: Aufträge erfassen, Aufträge prüfen, Aufträge löschen, Fertigungsaufträge erstellen, Fertigungsaufträge planen etc. Mit Hilfe der Funktionen gelangt man zu einer lösungsunabhängigen (abstrakten) Definition des Wertanalyse-Objektes, für das vielfältige konkrete Lösungsansätze denkbar sind (vgl. Zentrum Wertanalyse 1995, S. 18).

Die Funktionsanalyse von Systemen lässt deren Wesensgehalt klar erkennen. Der Einsatz der Funktionsanalyse zum Erfassen eines Produktsystems vertieft das Verstehen des Systems, ermöglicht jedem, das Wesentliche des Systems zu erfassen, indem die Produktkonzepte und -kennzeichen aufgedeckt werden, enthüllt die Bedeutung der Produktstruktur, der Materialien, der Abmessungen etc. und ermöglicht das Aufdecken von Verschwendung. Die Funktionsanalyse eines Verwaltungssystems und immateriellen innerbetrieblichen Dienstleistungssystems vertieft das Verstehen des Systems, ermöglicht jedem das Erfassen der Struktur und den Zweck derartiger Systeme und gestattet das Auffinden von Verschwendung in der Struktur von und bei Abläufen in derartigen Systemen (vgl. Akiyama 1994, S. 165 f.).

*Ablauf*

Der Ablauf einer Funktionsanalyse mit der Entwicklung eines Funktionsbaums kann in folgende Schritte unterteilt werden:

1. Sammeln der Funktionen.
2. Funktionsbezeichnung möglichst stark verallgemeinern.
3. Strukturieren Einordnen der Funktionen in einen Baum / Funktionsbaum.
4. Suchen solcher Funktionen, die als Ziel von anderen Funktionen auf anderen Karten dienen und Herausarbeiten der gegenseitigen Beziehungen.
5. Überprüfen der Funktionenfolge.
6. Überprüfen des Funktionsbaumes auf seine logische Richtigkeit
7. Aufstellen von Kriterien für die Bewertung der einzelnen Funktionen hinsichtlich ihrer Bedeutung und Wichtigkeit.
8. Benutzen von Spezifikationen, Daten verschiedenster Art etc., um Kriterien zu jeder Funktion des Funktionsbaumes aufzustellen (vgl. Akiyama 1994, S. 71).
9. Gewichten der einzelnen Funktionen bzgl. Kostenanteil, Priorität oder einer anderen zielrelevanten Mess- oder Kennzahl (vgl. Abb. Abb. 2.22).

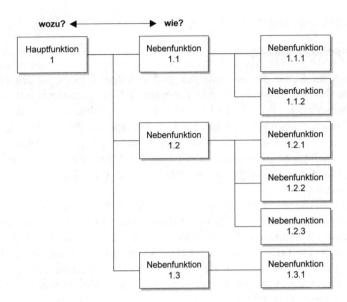

**Abb. 4.9.** Aufbau einer Funktionsanalyse

## Regeln

Das Arbeiten mit Funktionen im Rahmen der Wertanalyse soll Folgendes berücksichtigen:

- Der Zusammenhang zwischen Funktionsträger und Funktion ist herzustellen.
- Die von der Aufgabe und den Zielsetzungen betroffenen Funktionen sind zu definieren.
- Die Funktionen sind entsprechend der Aufgabe und den Zielsetzungen zu gliedern, um Wechselbeziehungen erkennbar zu machen.
- Informationen sind dem Funktionsbegriff mit dem Ziel zuzuordnen, Aussagen über Art und Wirkungsweise der betreffenden Funktion und über das Aufwand/ Nutzen-Verhältnis zu erhalten (vgl. Zentrum Wertanalyse 1995, S. 114).

## Einsatzmöglichkeiten, Chancen und Risiken

Ein unzulängliches Erfassen von Systemen gibt Anlas für vielfältige Probleme. Das Lösen dieser Probleme kann mittels der Funktionsanalyse erfolgen. Vielfältige Probleme können im Produktionsprozess, im Produktionssystem, in Produktionseinrichtungen, in der Organisation und im Dienstleistungsbereich auftreten. In all diesen Systemen kann die Funktionsanalyse zum Tragen kommen (vgl. Akiyama 1994, S. 165 ff.).

## Beispiel

Das Beispiel in Abb. 4.10. soll eine Funktionsanalyse im immateriellen innerbetrieblichen Dienstleistungsbereich anhand eines Funktionsbaumes darstellen (vgl. Akiyama 1994, S. 142).

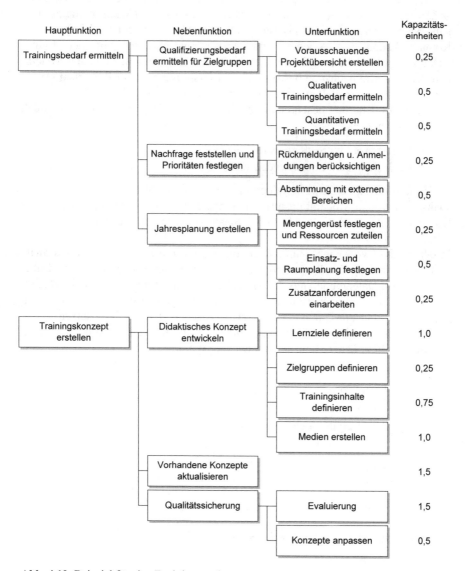

**Abb. 4.10.** Beispiel für eine Funktionsanalyse

## 4.2.5 Entity-Relationship-Modellierung (ERM)

### Methodische Grundlagen

Die Entity-Relationship-Modellierung ist eine in der Software-Entwicklung weit verbreitete Methode zur Datenanalyse und -modellierung. (vgl. Steinweg 1995, S. 256 ff.). Sie ist sowohl als formale Designmethode für technische datenbanknahe Sachverhalte als auch als Darstellungstechnik für fachliche Inhalte in der Kommunikation mit Kunden und Anwendern nutzbar. Mit der Entity-Relationship-Modellierung lassen sich die Daten eines zu realisierenden Systems und deren Zusammenhänge beschreiben. Ihr Ursprung geht auf P.P. Chen (1976) zurück. Im Phasenmodell nimmt sie eine zentrale Bedeutung ein.

In der Modellierung beschreibt man ein fachliches Ist- oder Soll-Datenmodell unter den Aspekten:

- welche Instanzen im System bearbeitet werden und
- welche Beziehungen zwischen den Instanzen berücksichtigt werden müssen.

Die Entity-Relationship-Modellierung wird in dieser Phase vorwiegend als Visualisierungs- und Moderationsmethode eingesetzt, d. h. zur Kommunikation mit Kunden und Anwendern über fachliche Inhalte (konzeptuelles Datenmodell).

In der Analyse verwendet man die Entity-Relationship-Modellierung als formale Methode, um logische Datenmodelle zu erarbeiten und zu beschreiben. Dabei wird das Soll-Datenmodell aus der Modellierung unter Einbezug formaler Regeln der Datenmodellierung verfeinert, normalisiert und präzisiert. Ferner kann man die Methode auch zur Dokumentation des physischen Datenmodells nutzen.

Das Modell wird hauptsächlich in Form eines Entity-Relationship-Diagramms dargestellt. Diese Diagramme verwenden vier Symbole (Abb. 4.11).

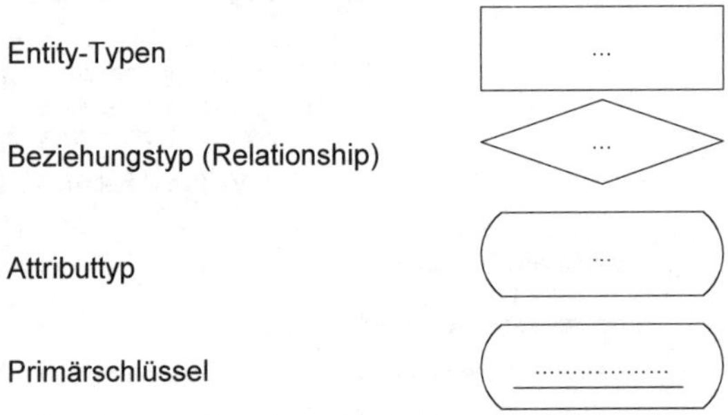

**Abb. 4.11.** Symbole für ein Entity-Relationship-Modell

**Entity** bezeichnet ein eigenständiges, eindeutig benennbares Objekt, dessen Existenz prinzipiell unabhängig von anderen Objekten ist (vgl. Schönthaler u. Németh 1990, S. 163 ff.). Ein Entity ist real oder begrifflich existent.

- „real existent" meint die Welt der Dinge, z. B. „Aufträge" oder „Kunde".
- „begrifflich existent" meint die Welt der Begriffe, die sich sprachlich herausgebildet haben, um Sachverhalte zu beschreiben, z. B. die Zahlungskondition „zahlbar rein netto".

Für die Modellierung werden gleichartige Entities zu Klassen oder Entity-Typen zusammengefasst. Die Klassifikation ihrer Gleichartigkeit erfolgt nach den Kriterien

- gleichartige Bedeutung
- gleichartige Attribute
- gleichartige Beziehungen zu anderen Entities.

Man bezeichnet ein Entity auch als Ausprägung eines Entitätstyps. So kann die Entität „Maurer" oder „Peter" oder „Bauer" beispielsweise dem Entity-Typ „Mitarbeiter" zugerechnet werden.

**Relationship** bezeichnet eine Verknüpfung von zwei oder mehreren Entities. Sie werden graphisch durch Rauten repräsentiert. Wie Entities werden auch Relationships zwischen Entities zu Klassen zusammengefasst. Dann spricht man von Relationship-Typen.

In vielen Fällen ist es sinnvoll, durch die Verwendung von „Rollennamen" (als Kantenbeschriftungen) die Aussagekraft der Diagramme zu steigern. Eine Rolle ist eine Aufgabe, die ein Entity im Zusammenhang mit einer Beziehung zu einem oder mehreren Entities übernimmt.

In Entity-Relationship-Diagrammen wird im Allgemeinen auch die Komplexität von Beziehungen angegeben. Dafür können unterschiedliche Notationen eingesetzt werden. Bei der Min-Max-Notation wird z. B. angegeben, in wie viel konkret vorhandenen Beziehungen ein Entity im Minimum oder Maximum vorkommt.

**Attribute** sind beschreibende Merkmale einer Entity bzw. Relationship. Alle zu einer Entity gehörenden Instanzen müssen ein Attribut besitzen. In Entity-Relationship-Diagrammen werden sie beschrifteten Ellipsen dargestellt. Zur Definition eines Attributes gehört neben seinem Namen der Wertebereich (Domäne), damit ihre Werte auf Plausibilität geprüft werden können. Unter Domäne versteht man den Wertebereich, aus dem Attribute ihre Werte beziehen können.

**Primärschlüssel** eines Entity-Typen ist ein Attribut oder eine Gruppe von Attributen. Bei der Festlegung sollte berücksichtigt werden, dass sich der Wert eines Attributes/der Attribute während der Lebensdauer eines Entitys nicht ändert. Man könnte allerdings auch einen synthetischen Primärschlüssel wählen, jedoch geht damit die Semantik verloren.

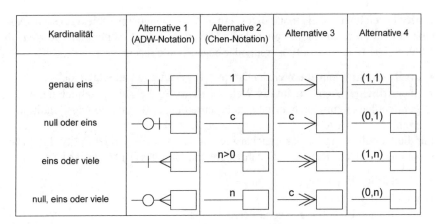

**Abb. 4.12.** Verschiedene Darstellungen der Beziehungskardinalitäten

Ein Grund für die weite Verbreitung des Entity-Relationship-Modells ist, dass es Konzepte des Netzwerk- und des Relationenmodells kombiniert und erweitert und sich deshalb auch gut mit diesen klassischen Modellen verwenden lässt (vgl. Schönthaler u. Németh 1990, S. 107 ff.). In der Praxis wird es meist zur konzeptuellen Modellierung verwandt und dann das sich ergebende konzeptuelle Schema in ein entsprechendes logisches Schema auf der Basis des Relationenmodells transformiert.

Da das Entity-Relationship-Modell im Vergleich zu semantisch-hierarchischen Datenmodellen einige Schwächen aufweist, z. B. bezüglich der Möglichkeiten zur Abstraktion, verwendet man in der Praxis selten die oben geschilderte Grundform, sondern nimmt Erweiterungen wie die „Modellierung von Teilmengen-Beziehungen" oder die „Bildung von Subtypen" vor.

Ziel der „Bildung von Subtypen" ist die Definition von Teilmengen eines Entity-Typs, vorausgesetzt, Entities dieser Teilmengen weisen unterschiedliche Beziehungen zu anderen Entities oder unterschiedliche Attributmengen auf. Diese Entity-Subtypen lassen sich immer weiter in Subtypen zerlegen, so dass man ganze Subtyp-Hierarchien erhalten kann.

Für die graphische Präsentation dieser zusätzlichen Konzepte verwendet man die so genannte „Krähenfuß-Notation". Die Krähenfuß-Notation unterscheidet sich im Wesentlichen nur geringfügig von der Min-Max-Notation und wird im Folgenden daher nur in groben Zügen angedeutet. Die Entity-Typen werden ebenfalls als Rechtecke dargestellt und die Relationship-Typen durch Kanten repräsentiert, lediglich die Ausgangs- und Endpunkte der letzteren können mit speziellen Symbolen, so genannten Komplexitätszeichen, nach der Komplexität der Beziehungen versehen werden.

Für die Relationships gilt, dass bei horizontalen Kanten die Bezeichnung oberhalb der Kanten sich auf die links stehenden Entity-Typen bezieht, die Bezeichnung unterhalb auf den rechts stehenden Typ. Bei vertikalem Kantenverlauf bezieht sich die links von der Kante angegebene Bezeichnung auf den oben stehenden Entity-Typ, die rechts von der Kante angegebene Bezeichnung auf den unten stehenden Typ. Auf Attribute wird aus Gründen der Übersichtlichkeit oft verzichtet. Wenn Attribute erwünscht sind, können sie als beschriftete Ellipsen angegeben werden.

Möglichkeiten für die „Modellierung von Beziehungen zwischen Relationships" sind die Modellierung von Teilmengen-Beziehungen oder die Verknüpfung von Beziehungstypen durch eine Disjunktion, wobei man bei letztgenanntem sowohl ein inklusives als auch ein exklusives Oder modellieren kann.

### Ablauf

Das Vorgehen bei der logischen Datenmodellierung (Ist- oder Soll-Zustand) umfasst folgende Schritte:
1. Die wichtigsten Entitätstypen werden festgelegt und verbal beschrieben
2. Festlegen der identifizierenden Attributtypen
3. Zuordnung der bekannten Attributtypen zu den Entity-Typen
4. Untersuchung der Entity-Typen auf mögliche Beziehungstypen
5. Festlegen der Beziehungskardinalitäten
6. Mehrmaliger Durchlauf der Schritte 1–5 und Vervollständigung des Entity-Relationship-Modells. Anwendung von Verfeinerungstechniken wie Generalisierung / Spezialisierung, Rekursionen etc. Darstellung der Punkte 1, 4, 5 in einem Entity-Relationship-Diagramm und Beschreibung der Entity-, Attributs- und Beziehungs-Typen in einem Datenlexikon.
7. Normalisierung durchführen
8. Ermittlung der Mengenverhältnisse für Entity- und Beziehungs-Typen
9. Integritätsbedingungen festlegen
10. Erstellung der Zugriffspfadmatrix

In der Grobkonzeption laufen die Schritte 1–6 ab, die angedeuteten Verfeinerungstechniken sowie die Schritte 7–10 in der Phase der Feinkonzeption.

### Regeln

Für die in den methodischen Grundlagen aufgeführten Elemente lassen sich zusammenfassend folgende Regeln anführen:

Entity/Entity-Typ
- Bei Unkenntnis des funktionalen Zusammenhangs definiert man zunächst die wesentlichen Entity-Typen
- Sind die in Funktionen benötigten Daten bereits bekannt, können sie zunächst modelliert und später in einen größeren Kontext eingebettet werden (Bottom up)
- Die definierten Entity-Typen sind so zu benennen und zu beschreiben, dass die Entities eindeutig einem Entity-Typ zugeordnet werden können
- Der Entity-Schlüssel, der für eine eindeutige Unterscheidung notwendig ist, darf nicht mehrfach oder gar nicht belegt sein
- Der Entity-Schlüssel kann aus einem oder mehreren Attributtypen oder aus Nummern bestehen.

Beziehung/Beziehungstyp
- Alle definierten Entity-Typen müssen auf die Existenz eines Beziehungstyps untersucht werden und daraufhin, ob ein Beziehungstyp beschrieben werden muss
- Beziehungstypen, die bereits indirekt dargestellt sind, müssen nicht nochmals direkt dargestellt werden
- Zwischen zwei Entity-Typen können auch mehrere Beziehungstypen bestehen
- Beziehungstypen existieren nur zwischen Entity-Typen

Attributtyp/Attributwert/Domäne
- Alle Attributtypen müssen verbal beschrieben werden
- Für die Attributtypen ist die Domäne sowie die logische Länge anzugeben
- Wenn möglich, sollten beschreibende Attributtypen nur in einem Entity-Typ vorkommen

## *Einsatzmöglichkeiten, Chancen und Risiken*

Mit dem Einsatz der Entity-Relationship-Modellierung soll ein logisches Datenmodell erstellt werden, das

- alle zur Abbildung des jeweiligen Realitätsausschnitts relevanten Aussagen erfasst,
- zur Klärung der gewachsenen Begriffe und ihrer Abhängigkeiten in dem jeweils fokussierten Realitätsausschnitt und
- zum Erkennen und Beschreiben der existenten Geschäftsregularien beiträgt.

Ferner bildet das logische Datenmodell die grundsätzlichen Regularien ab, zeigt unterschiedliche Sichtweisen auf und dokumentiert diese hinsichtlich ihrer Begriffe und logischen Abhängigkeiten. Diese unterschiedlichen Sichtweisen finden sich schließlich mehr oder weniger in einem gemeinsamen Datenmodell integriert.

Aufgrund der gemachten Erfahrungen erweist sich das Entity-Relationship-Modell im Rahmen der Modellierung (fachliches Modell) als abstrakteste Darstellungsmethode. Steinweg (1995, S. 265) empfiehlt daher, dass die Entity-Relationship-Modellierung von einem so genannten Kernmodell ausgehend entwickelt werden sollte. Ferner sollte sie erst nach dem GV-Modell und Funktionsmodell erarbeitet werden, da man aus der Beschreibung der Geschäftsvorfälle und der Funktionen, Indikatoren auf mögliche Entities und Attribute erhalten kann.

Bezogen auf die Informationsbedarfsanalyse, eine der Schlüsselaktivitäten in Entwicklungsprojekten, lässt sich für die Einschätzung der Entity-Relationship-Modellierung folgendes festhalten (vgl. Schönthaler u. Németh 1990, S. 119 ff.):

- Sie ist dort überlegen, wo ein Top-down-Vorgehen möglich ist, und zwar aufgrund bereits vorhandenen Grundwissens im Anwendungsbereich.
- Bei der Formularanalyse zeigt sich, dass aufgrund der hierarchischen Struktur von Formularen semantisch-hierarchische Datenmodelle ebenfalls Vorteile gegenüber den Entity-Relationship-Modellen haben.

## Beispiel

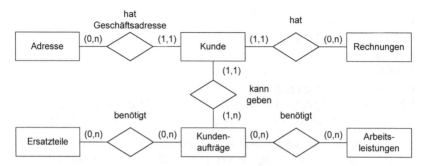

**Abb. 4.13.** Beispiel für ein einfaches Entity-Relationship-Modell

## 4.3 Analyse- und Designmethoden für Organisation

### 4.3.1 Situationsanalyse

*Methodische Grundlagen*

Die Situationsanalyse ist eine Art „Lagebeurteilung", bei der den Umweltfaktoren des Projekts eine besondere Rolle zukommt (vgl. Aggteleky u. Bajna 1992 S. 131).

Eine Situationsanalyse ist die systematische Durchleuchtung oder Untersuchung einer intuitiv als problematisch empfundenen Gegebenheit oder eines im Projektauftrag angegebenen Sachverhaltes (Situation) zu Beginn der Planungstätigkeit.

Zweck ist es, den betrachteten Bereich mit der für die Problemdefinition notwendigen Transparenz abzubilden und die Möglichkeiten und Grenzen der für den Lösungsprozess in Frage kommenden Handlungseinheiten zu analysieren.

Die Betrachtungsfelder müssen folglich so strukturiert werden, dass die Problemsituation erkennbar und eine entsprechende Definition ermöglicht wird. Um dies zu erreichen, müssen zunächst Fakten gesammelt, gegliedert und zueinander in Beziehung gesetzt werden. Des Weiteren müssen Ursachen und Ursachenketten sichtbar gemacht werden. Von der herkömmlichen Ist-Aufnahme unterscheidet sich die Situationsanalyse durch Einbeziehung von Zukunfts- und Umweltaspekten.

*Ablauf*

Eine Situationserfassung kann in drei Schritten durchgeführt werden (vgl. Keßler u. Winkelhofer 2004, S. 223 f.):

1. Stellen Sie eine Gruppe zur Situationserfassung zusammen, die möglichst heterogen zusammengesetzt ist, damit viele unterschiedliche und auch kontroverse Sichtweisen auf die Ausgangssituation deutlich werden können.

2. Legen Sie eine Struktur fest, nach welcher die Informationen gesammelt und gegliedert werden sollen, z. B.:
   - Zahlen, Daten, Fakten,
   - Ereignisse, Vorkommnisse,
   - Veränderungen, die eingetreten sind,
   - Meinungen, Wertungen,
   - Probleme, Schwierigkeiten
3. Die Gruppe sammelt und ordnet die vorhandenen Informationen den einzelnen Gliederungspunkten zu.

Eine daran anschließende Situationsstrukturierung kann in folgenden fünf Schritten organisiert werden (vgl. Keßler u. Winkelhofer 2004, S. 224 f.):

1. Klären: Welche Aussagen der Situationsbeschreibung (Zahlen, Daten, Fakten, Ereignisse, Veränderungen, Meinungen, Schwierigkeiten) stehen in einem thematischen Zusammenhang?
2. Bilden Sie aus diesen zusammenhängenden Aussagen Themenfelder (Segmente, Cluster). Formulieren Sie für jedes Themenfeld eine zusammenfassende Aussage (kein Schlagwort!).
3. Wiederholen Sie die Schritte 1 und 2 bis alle Aussagen strukturiert sind.
4. Überprüfen Sie, ob nach der jetzt sichtbaren Struktur wichtige Sichtweisen, Zahlen Daten, Fakten, Ereignisse, Veränderungen fehlen. Wenn ja, wiederholen Sie die diesbezüglichen Schritte (Situationserfassung und Situationsstrukturierung).
5. Legen Sie fest, zu welchen Feldern Sie ihre Informationsbasis verbessern wollen und wie dies geschehen wird. (Wer beschafft welche Information in welcher Qualität bis zu welchem Termin?)

## *Regeln*

Die Analyse ist aus dem Blickfeld des übergeordneten Systems, z. B. der Unternehmensstrategie, vorzunehmen und beruht auf einer vorausschauenden ganzheitlichen Betrachtungsweise.

Die Aufgaben der Situationsanalyse sind das Erkennen und Ableiten der eigentlichen Problematik aus dem deklarierten Bedarf, die Abgrenzung des Problemfeldes und das Erstellen einer stichhaltigen Problemdefinition. Die primär empfundenen Mängel und der Bedarf, die die Projektidee ausgelöst haben, erweisen sich dabei oft lediglich als Symptome, aus denen die eigentlichen Ursachen und Ansatzpunkte zu ermitteln sind (vgl. Aggteleky u. Bajna 1992, S. 131 f.).

## Beispiel

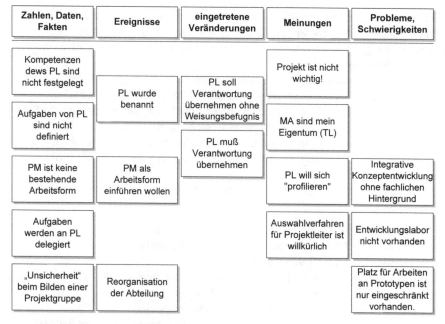

**Abb. 4.14.** Beispiel einer Situationsanalyse

### 4.3.2 Problemanalyse

**Methodische Grundlagen**

Ein Problem lässt sich allgemein als die Abweichung der angestrebten Sollzustände (Planziele) von der gegenwärtigen oder zukünftigen Realität beschreiben. Vergangenheits- oder Gegenwartsinformationen können durch eine Lagediagnose über die Unternehmung und über das Umsystem gewonnen werden. Es erfolgt eine Zustandsbeschreibung und -analyse der Stärken und Schwächen der Unternehmung einerseits und eine Identifikation und nähere Untersuchung der unternehmungsrelevanten Einflussgrößen andererseits. Bezogen auf Planungsebenen stehen operativ interne Informationen im Mittelpunkt. Als wichtige Quellen können Ergebnis-, Planfortschritt- und Prämissenkontrollen angesehen werden. Umfeldinformationen spielen dagegen bei der strategischen Planung die entscheidende Rolle. Die Lageprognose dient zur Aufdeckung zukünftiger Schwierigkeiten bzw. Gefahren und Risiken, aber auch sich bietender Chancen.

Die Problemerkenntnis erfolgt durch eine Gegenüberstellung vom Zielsystem und Prognoseergebnissen, wobei mögliche Ziellücken aufgedeckt werden sollen (vgl. Hentze et al. 1993, S. 72 f.).

## Ablauf

Das hier beschriebene Verfahren der Problemanalyse ist Teil der zielorientierten Projektplanung. Mittels Problemanalyse werden für eine gegebene Situationsstrukturierung die wichtigsten Probleme identifiziert und auf ein bzw. mehrere Kernprobleme hin ausgerichtet.

Das Verfahren kann sich der Techniken der Kartenabfrage und Clusterung mit anschließender themenorientiert-analytischer Kleingruppenarbeit bedienen. Ergebnis der Problemanalyse ist eine Problemhierarchie, in deren Zentrum ein Kernproblem benannt wird, dem zum einen Ursachenkomplexe, zum anderen Folgekomplexe eindeutig zugeordnet werden können. Methodisch ist die Problemanalyse Grundlage der Zielbildung. Gleichzeitig dient sie aber auch dazu, die Problematik kommunizierbar zu machen.

Die Vorgehensweise für eine Problemanalyse und -strukturierung kann in acht Schritte unterteilt werden:

1. Kartenabfrage nach erkannten, erlebten, empfundenen Problemen.
2. Clustern nach Themengruppen und Überschriftensuche.
3. Identifikation eines Clusters als Kernproblem.
4. Zuordnung der anderen Cluster als Ursachen oder Wirkung des Kernproblems.
5. Vervollständigen von Ursachen und Wirkungen
6. Bildung von Arbeitsgruppen (je Cluster eine Gruppe).
7. Kausale Strukturierung und Ergänzung der Teilprobleme durch die Arbeitsgruppen.
8. Zusammenführen und Abgleichen der Ergebnisse im Plenum (vgl. Mees et al. 1993, S. 155 f.).

## Regeln

Zur Lösung des Problems muss zunächst eine möglichst exakte Problemformulierung aufzeigen, was zur Lösung des Problems erreicht werden muss, ohne bereits bestimmte Lösungswege vorzuzeigen oder auszuschließen.

Für einzelne, neuartige und besonders komplexe Probleme mit einem weiteren Planungshorizont empfiehlt sich eine frühzeitige Schätzung des Kosten- und Zeitaufwands (vgl. Hentze et al. 1993., S. 74).

## Einsatzmöglichkeiten, Chancen und Risiken

Das Verfahren der Problemanalyse und -strukturierung kann bei allen auftretenden Problemen eingesetzt werden.

*Vorteile*
- Gibt das Problembild der Beteiligten wieder.
- Ergibt ein unmittelbar in einen Zielbaum umdefinierbares Ergebnis.
- In der Struktur übersichtlich, gute Orientierung möglich.

## 4.3 Analyse- und Designmethoden für Organisation

*Nachteile*
- Zeitaufwendiges Verfahren.
- Das Ergebnis ist eine auf ein bestimmtes Problem zentrierte Sichtweise.
- In der Ausdehnung unübersichtlich (vgl. Mees et al. 1993, S. 156).

### Beispiel

Die Abb. 4.12. zeigt ein Problemnetz aus dem Bereich.

**Abb. 4.15.** Problemanalyse bei einem Standard-Software-Anbieter

### 4.3.3 Prozesskettenanalyse

#### Methodische Grundlagen

Prozessketten bilden die grundlegende Einheit des Unternehmens, da die eigentliche Tätigkeit im Rahmen von Prozessen abgewickelt wird.

Die Prozesskettenanalyse ist eine einfache und pragmatische Methode, mit der es möglich ist, Zusammenhänge der einzelnen Arbeitsabläufe und den Informationsfluss zwischen den Abläufen bildhaft darzustellen. Dadurch werden die Gesamtzusammenhänge deutlich.

Die Ziele der Prozesskettenanalyse sind:

- den Ist-Zustand visualisieren,

- Prozesstransparenz schaffen,
- die Komplexität der Prozessketten sichtbar machen,
- lernen, in Prozessketten zu denken,
- Doppelarbeiten erkennen und beseitigen,
- Reibungsverluste erkennen und beseitigen,
- Schnittstellen dokumentieren,
- den Informationsfluss darstellen,
- Veränderungsbereitschaft bei den Mitarbeitern erzeugen und verbessern und
- eine Basis für die Konzeption schaffen.

Im Rahmen der weiteren Ausführungen sind einige zentrale Begrifflichkeiten zu klären:

- Gesamtprozess: Summe aller Prozessketten im Unternehmen.
- Kernprozess: Kernprozesse sind die wichtigsten Prozessketten in einem Unternehmen.
- Prozesskette: Aneinanderreihung von Arbeitsabläufen in der Reihenfolge der Bearbeitung.
- Arbeitsablauf: Aneinanderreihung von Arbeitsgängen in der Reihenfolge der Bearbeitung.
- Arbeitsgang: Einzelne Tätigkeit innerhalb eines Arbeitsablaufs, wie z. B. zeichnen, planen, buchen, prüfen etc.
- Datenelement: Kleinste Informationseinheit bei der Abwicklung von Arbeitsgängen wie z. B. Belegnummer, Betrag, Teilenummer, Zeichnungsnummer etc.
- Schnittstelle: Verbindungen zwischen den Arbeitsabläufen.

## *Ablauf*

1. Erstellung der Kernprozessübersicht
   - Erfassung aller Arbeitsabläufe pro Abteilung in einem Formular. Dafür verantwortlich ist der Abteilungsleiter. Die Festlegung der Abläufe erfolgt in Zusammenarbeit mit dem Abteilungsleiter, Teamleiter, Meister, Prozessberater, Prozessunterstützer und Mitarbeiter. Anhaltspunkte für die Definition der Arbeitsabläufe bieten die Tätigkeitsauflistungen aus der Arbeitsplatzanalyse.
   - Priorisierung der Arbeitsabläufe
     – Priorität 1: Abläufe, die zur Erfüllung der Aufgaben einer Abteilung unbedingt notwendig sind.
     – Priorität 2: Abläufe, die zur Erfüllung der Aufgaben einer Abteilung wichtig sind.
     – Priorität 3: Abläufe, die zur Erfüllung der Aufgaben einer Abteilung unterstützenden Charakter haben.
   - Zuordnung der Arbeitsabläufe zu den Kernprozessen. Nicht zuzuordnende Arbeitsabläufe sind als solche zu kennzeichnen.

- Ist die Arbeitsablaufübersicht vollständig, so ist diese offen und für alle Mitarbeiter sichtbar in der Abteilung auszuhängen. Alle Mitarbeiter haben so die Möglichkeit, die Aufstellung der Arbeitsabläufe einzusehen und Ergänzungen sowie Korrekturen vorzunehmen.
- EDV-mäßige Erfassung der Arbeitsablaufübersicht. Die Erfassung dient zur Steuerung und Koordination der weiteren Vorgehensweise.

2. Dokumentation der Schnittstellen
   - Ausfüllen des Schnittstellenblatts
     Die Informationen im Schnittstellenblatt bilden die Grundlage zur Bildung der Prozessketten. Die Informationen ermöglichen die Verbindung der Arbeitsabläufe in der Reihenfolge der Bearbeitung.
   - EDV-mäßige Erfassung des Schnittstellenblatts
     Die Erfassung dient zur Steuerung und Koordination der weiteren Vorgehensweise.

3. Prozesskettenworkshop
   In einem Workshop werden die Arbeitsabläufe pro Kernprozess zu Prozessketten verbunden und visualisiert.
   - Vorbereitung des Workshops
     Die Vorbereitung findet pro Abteilung statt.
     Die zuständigen Prozessberater koordinieren die Workshops. Zu klären sind: Termin des Workshops, Teilnehmer, Protokollant sowie Vorbereitung der Visualisierungshilfen.
   - Durchführung des Workshops
     Ziele der Moderation sind die Visualisierung der Prozessketten, Darstellung der Zusammenhänge der Arbeitsabläufe, Erarbeiten von Sofortmaßnahmen, Ableitung von Ideen zur Konzeption sowie das Festlegen der Abläufe, die mit der Methodik und Systematik der Arbeitsablaufanalyse dargestellt werden.
     Der Teilnehmerkreis wird mittels der dv-technisch verwalteten Arbeitsablaufübersichten und Schnittstellenblätter festgelegt.
   - Die Abläufe werden in der Reihenfolge ihrer Bearbeitung aneinandergereiht. Hinweise auf Störungen, Doppelarbeit, Engpässe, Fehlerquellen und Probleme werden gekennzeichnet.
   - Sofortmaßnahmen und Ideen zur Konzeption werden abgeleitet und festgehalten.
   - Die Sofortmaßnahmen sind offen in der Abteilung auszuhängen.
   - Festlegen der Abläufe, die ausführlich zusammen mit der Methodik und Systematik der Arbeitsablaufanalyse graphisch darzustellen sind.
   - Die darzustellenden Abläufe sind in der Prozesskette zu kennzeichnen und in der Ablaufübersicht zur Aufnahme zu markieren.
   - Kriterien zur detaillierten Darstellung der Arbeitsabläufe sind die Priorität des Ablaufs, besondere Probleme und Störungen, Qualität des Ablaufs, häufige Durchführung des Ablaufs und lange Durchlaufzeit des Ablaufs.
   - Am oberen Rand einer jeden Prozesskette wird der Name des betreffenden Kernprozesses, der Name der Prozesskette, der Name des Paten, der Name

des Kernprozess-Verantwortlichen, der Name des zuständigen Prozessberaters und das Datum der Erstellung eingetragen.

## Regeln

Die Symbolik der Prozesskettenanalyse kann mittels Metaplankarten dargestellt werden (Abb. 4.16.).

**Abb. 4.16.** Symbole für Prozessanalyse

## Einsatzmöglichkeiten, Chancen und Risiken

Die Prozesskettenanalyse kann in jedem Bereich bzw. in jeder Abteilung im Unternehmen zum Einsatz kommen.

Die *Vorteile* sind darin zu sehen, dass sie
- die Komplexität eines Prozesses sichtbar macht,
- Schnittstellen dokumentiert,
- den Informationsfluss darstellt und
- dass sie Probleme offen legt.

Somit trägt die Prozesskettenanalyse zur Verbesserung der Wettbewerbsfähigkeit bei.

*Nachteilig* ist, dass unter Umständen Informationen in die Analyse einfließen, die unvollständig oder verfälscht sind. Somit ist der Aussagegehalt nur begrenzt brauchbar.

## Beispiel

Im Folgenden werden beispielhaft Formblätter zu den einzelnen Schritten dargestellt. Die weiteren Punkte können der obigen Ablaufbeschreibung entnommen werden.

**Tabelle 4.2.** Kernprozess

| Rangfolge | Kernprozess | Prozesspate | Kernprozessverantwortlicher | zuständige Prozessberater |
|---|---|---|---|---|
| | | | | |

**Tabelle 4.3.** Prozesskettenanalyse: Schnittstellen

| Ablauf-Nr. | Bezeichnung des Ablaufs | Priorität | Zuordnung zum Kernprozess | Darstellung fertig bis | O. K. |
|---|---|---|---|---|---|
| | | | | | |

Kurzbeschreibung des Ablaufs

### 4.3.4 Ablaufanalyse

#### Methodische Grundlagen

Die Ablaufanalyse ist ein Verfahren der Arbeitswissenschaften. Sie bezweckt die Untersuchung und rationelle Gestaltung des Arbeitsablaufs, d. h. das Zusammenwirken von Mensch und Betriebsmittel sowie den Arbeitsgegenstand unter

- zeitlichen,
- logischen,
- räumlichen,
- menschlichen und
- technischen Aspekten.

Für die Beschreibung des Ablaufs ist die Zerlegung in Ablaufabschnitte erforderlich (vgl. Gabler-Wirtschafts-Lexikon, S. 172).

Die Arbeitssituation eines Mitarbeiters ist zum einen durch die gestellte Aufgabe, die angewandten Arbeitsverfahren und die dabei eingesetzten Hilfsmittel gekennzeichnet, zum anderen aber auch durch eine Vielzahl weiterer situativer Faktoren, wie z. B. das betriebliche Umfeld, Arbeitskontakt-Personen (Vorgesetzte, gleichgestellte und unterstellte Mitarbeiter sowie Kunden, Lieferanten etc.).

Bei der Ablaufanalyse geht es darum, wer was, wann, wie, wo, mit wem und mit welchen Methoden macht. Ausgangspunkt der Ablaufanalyse ist eine Aufgabenanalyse unter organisatorischen Gesichtspunkten. Dazu können unterschiedliche Analyse-Merkmale herangezogen werden:

- der Zweckaspekt:
  - Leistungsaufgaben
  - Verwaltungsaufgaben
- der Substanzaspekt:
  - materielle Aufgaben
  - informelle Aufgaben
- der Phasenaspekt:
  - Planungsaufgaben
  - Realisierungsaufgaben
  - Kontrollaufgaben

Zu diesen Beschreibungsmerkmalen treten die Erfüllungsmerkmale Zeit, Ort, Hilfsmittel und Träger (vgl. Berthel 1989, S. 113 f.).

Die Ablaufanalyse richtet sich an die Gliederung der Erfüllungsvorgänge (Arbeitsverfahren), der Arbeitsbedingungen und der Mittel zur Aufgabenerledigung.

### *Ablauf*

Die Durchführung einer Ablaufanalyse setzt zweierlei voraus:

1. Kenntnisse von Verfahren (Heuristiken), mit denen es möglich ist, die mit einer Aufgabe verbundenen Anforderungen herauszuarbeiten.
2. Kenntnisse von begrifflichen Kategorien, in denen Arbeitsprozess-, und Arbeitssituations- sowie Persönlichkeitsaspekte erfasst, beschrieben und einander zugeordnet werden können und zwar in der Art und Weise, dass die Summe im Ergebnis die „notwendige Leistungsvoraussetzung" ausmacht.

Diese verschiedenen Darstellungsformen werden einzeln oder kombiniert eingesetzt (vgl. Berthel 1989, S. 114 f.).

### *Regeln*

Als Instrumente der Ablaufanalyse werden eingesetzt:

- unstandardisiert:
  - vorliegende Aufgabenbeschreibungen
  - Berichte über bereits bearbeitete Teilaufgaben
  - Berichte aus der Aufgabenanalyse
  - Dokumentenanalyse
- halbstandardisiert:
  - Methode der kritischen Ereignisse
  - Arbeitstagebücher
  - Beobachtungen
  - Interviews
- standardisiert:
  - Fragebögen
  - Beobachtungsinterviews
  - Checklisten.

## *Einsatzmöglichkeiten, Chancen und Risiken*

Die Ablaufanalyse sollte bei allen größeren Projekten zum Einsatz kommen, da diese eine klare Strukturierung der Abläufe erfordern.

Die Ablaufanalyse stößt dort auf ihre Grenzen, wo eine vollständige, d. h. eine alle relevanten Merkmale umfassende und über eine längere Zeit gültige Erfassung der Abläufe kaum möglich erscheint. Zu dem sind insbesondere geistige Tätigkeiten nur schwer analysier- und beschreibbar, so dass ein Ablauf nur schwerlich analysiert werden kann. Dies hat zwei Gründe:

1. Die Zweckbestimmung ist nicht immer eindeutig operational definierbar. Dies ist nämlich davon abhängig, wie viele und welche Determinanten des Prozesses oder Ablaufs in die Analyse mit einbezogen werden.
2. Im weiteren Verlauf des Projekts können sich die zu fordernden Determinanten verändern (vgl. Berthel 1989, S. 114).

Die *Vorteile* der Ablauf- bzw. Prozessanalyse liegen in der Strukturierung von Abläufen und der damit verbundenen Planung von Ressourcen. Durch die Planung dieser wird ein gezielter Einsatz möglich, was hilft, Kosten zu senken.

## *Beispiel*

Für die Ablaufanalyse können Kriterien wie in Tabelle 4.4. herangezogen werden.

**Tabelle 4.4.** Beispiel für eine Ablaufanalyse (vgl. Berthel 1989, S. 117)

| | | |
|---|---|---|
| 1. | Kenntnisse der Mitarbeiter | Ausbildung<br>Erfahrung<br>Denkfähigkeit |
| 2. | Verantwortung der Mitarbeiter | für die eigene Arbeit<br>für die Arbeit anderer<br>für die Sicherheit anderer |
| 3. | Geistige Belastbarkeit | Aufmerksamkeit<br>Denkfähigkeit |
| 4. | Umgebungseinflüsse | Klima, Nässe, Lärm, Erschütterung<br>Blendung oder Lichtmangel<br>Unfallgefährdung etc. |
| 5. | Ergebnisse aus der Aufgabenanalyse | Teilaufgaben<br>übergeordnete Aufgaben<br>Ziele |
| 6. | Dokumentenanalyse | schriftliche Berichte von bereits bearbeiteten Teilaufgaben |

### 4.3.5 Informationsbedarfsanalyse

*Methodische Grundlagen*

Generell wird unter „Information" eine Auskunft, Aufklärung oder Belehrung verstanden. Zur Vorbereitung wirkungsvoller Handlungen gehört ein spezifisches Wissen. Je mehr man über bestimmte Handlungsalternativen weiß, desto besser wird im Allgemeinen das Handeln bezüglich der verfolgten Ziele sein. Demzufolge lässt sich der Begriff Information definieren als eine „... handlungsbestimmende Kenntnis über historische, gegenwärtige und zukünftige Zustände der Realität und Vorgänge in der Realität." (vgl. Heinrich u. Burgholzer 1988a, S. 5)

Dagegen ist der Informationsbedarf die Nachfrage nach Information, die für eine bestimmte Aufgabe von einem Aufgabenträger zur Aufgabenerfüllung gebraucht wird (vgl. Heinrich u. Burgholzer 1988a, S. 140).

Die Informationsbedarfsanalyse beschäftigt sich im Rahmen der Wertanalyse mit den Informationsflüssen im Unternehmen (vgl. Zentrum Wertanalyse 1995, S. 367). Vorrangiges Ziel der Informationsbedarfsanalyse ist die Reduzierung der Informationsdurchlaufzeiten. Der wesentliche Anteil der Informationsdurchlaufzeit wird von Warte- und Liegezeiten bestimmt, während Bearbeitungs- und Transportzeit nur etwa 10 % der gesamten Durchlaufzeit ausmacht.

## Ablauf

1. Funktionen ermitteln.
   Bei der Informationsbedarfsanalyse ist zunächst der Funktionsermittlung besondere Aufmerksamkeit zu schenken. Hierbei ist problemorientiert zu unterscheiden, ob die Funktionen des Informationsträgers oder des Informationsberaters erfasst werden müssen.
   Die wichtigsten Funktionen eines Informationsträgers bzw. Informationsberaters sind in Tabelle 4.5. aufgelistet.
2. Informationselemente bzw. -einheiten sammeln
   Jede Funktion braucht zu ihrer Bearbeitung Input-Informationen und hat als Ergebnis Output-Informationen.
3. Informationselemente auf ihre Nützlichkeit bewerten.
   In Abb. 4.17. wird zwischen Informationsangebot, subjektivem Informationsbedarf und objektivem Informationsbedarf sowie vier Schnittbereichen unterschieden. Wird auf Basis dieser Grafik die Information bewertet, so ergeben sich daraus sieben verschiedene Informationsklassen (Tabelle 4.6.).
4. Informationsmedium bestimmen
   Darunter versteht man, wie diese Informationen von einer Funktion zur anderen gelangen. Das kann in Papierform, in Mail-Form, in einer Datenbank, etc. erfolgen.
5. Handlungsbedarf dokumentieren.
   Um den Soll-Zustand festzulegen, ist es unter anderem erforderlich, alle verfügbaren Informationen auszuwerten, um Unterscheidungspunkte zu finden (Abb. 4.17. und Tabelle 4.6.).

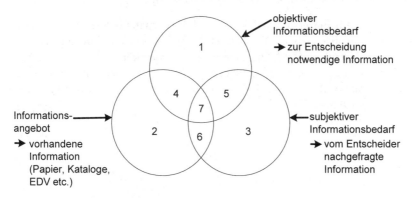

**Abb. 4.17.** Felder der Informationsbedarfsanalyse

**Tabelle 4.5.** Funktionen eines Informationsträgers und -bearbeiters

| Funktionen eines Informationsträgers | Informationsbezogene Funktionen eines Bearbeiters |
|---|---|
| Informationen aufnehmen | Informationen erstellen |
| Informationen speichern | Informationen aufbereiten |
| Informationswiedergabe ermöglichen | Informationen aufnehmen |
| Informationstransport ermöglichen | Informationen anwenden |
|  | Informationsträger handhaben |

## *Regeln*

Die Abgrenzung des Untersuchungsrahmens kann unter Umständen große Schwierigkeiten bereiten. Zu beachten ist, dass

- das zu lösende Problem tatsächlich im Analysefeld liegt.
- das Analysefeld genügend Potential beinhaltet, um das Ziel zu erreichen.
- das Analysefeld in ein inneres und äußeres Analysefeld sowie ein Analyseumfeld gegliedert wird.

Für das innere Analysefeld werden bei der Lösungssuche mittelbare Problemlösungen gesucht, während für das äußere Analysefeld eventuelle Auswirkungen dieser Maßnahmen betrachtet werden müssen (vgl. Zentrum Wertanalyse 1995, S. 369 f.).

## *Einsatzmöglichkeiten, Chancen und Risiken*

Häufig ist es für die erste Analyse sinnvoll, Informationsflüsse- bzw. -netze als Analysefeld heranzuziehen. Dies hat den Vorteil, dass sie mit gängigen Hilfsmitteln wie der Netzplantechnik leicht dargestellt werden können.

Sollen dagegen Organisationseinheiten untersucht werden, müssen zuerst relevante Informationsflüsse und ihre Schnittstellen ermittelt werden (vgl. Zentrum Wertanalyse 1995, S. 370).

*Beispiel*

**Tabelle 4.6.** Tabelle zur Bewertung bei der Informationsbedarfsanalyse

| Feld | Bezeichnung | Erklärung |
|---|---|---|
| 1 | Notwendige Informationen zur optimalen Entscheidung, die jedoch weder angeboten noch nachgefragt werden. | „Betriebsblindheit" |
| 2 | Vorhandene Informationen, die zur Entscheidungsfindung nicht notwendig sind; vom Entscheider auch nicht nachgefragt werden. | „Zahlenfriedhof" |
| 3 | Nachgefragte Informationen, die zur Entscheidungsfindung nicht notwendig sind und vom Informationssystem auch nicht zur Verfügung gestellt werden. | „Persönlicher oder bereichsspezifischer Egoismus" |
| 4 | Vorhandene und entscheidungsnotwendige Informationen, die jedoch nicht vom Entscheider nachgefragt werden. | „Betriebsblindheit" |
| 5 | Nachgefragte und entscheidungsnotwendige Information, die jedoch nicht verfügbar sind. | Fachkompetenz |
| 6 | Vorhandene Informationen, die nachgefragt werden, obwohl sie nicht entscheidungsnotwendig sind. | „Persönlicher oder bereichsspezifischer Egoismus" |
| 7 | Entscheidungsnotwendige Informationen, die vom Entscheider nachgefragt werden und verfügbar sind. | Fachkompetenz |

## 4.4 Analyse- und Designmethoden für Unternehmensentwicklung

### 4.4.1 Umweltanalyse

Die Analyse und Prognose von Umwelt ist neben anderen ein wichtiges Element der Informationsbeschaffung im Rahmen der strategischen und operativen Planung von Unternehmen (vgl. Hammer 1991, S. 37 f.). Umwelt- und Unternehmensanalyse werden zusammen auch als strategische Analyse bezeichnet.

Jede Unternehmung ist von einer Umwelt umgeben, die sowohl Chancen als auch Risiken bietet. Zweck der Umweltanalyse ist es, diese Chancen und Bedrohungen rechtzeitig zu identifizieren.

Der Gedanke, die Umwelt in die Unternehmensplanung mit einzubeziehen, hat eine starke Aufwertung durch den so genannten Outside-In-Approach erfahren. Dieser Ansatz wird – in Abgrenzung zur traditionellen Sicht – von der Grundidee „Wie sieht die Umwelt die eigene Unternehmung?" geleitet (Bea u. Haas 1995, S. 73).

Dieser Positionswechsel lässt sich anhand folgender Entwicklungslinie nachzeichnen (vgl. Bea u. Haas 1995, S. 73 ff.):

1. Produktionstheoretischer Ansatz (Gutenberg, 1897–1984): Bei diesem Ansatz richtet die Unternehmung ihren Blick zunächst nach innen, d. h. auf die Produktion, und dann nach außen.
2. Marketingorientierte Betrachtungsweise: In dieser Betrachtungsweise findet eine stärkere Hinwendung zur Unternehmensumwelt statt, aber der Blick geht immer noch von innen nach außen.
3. Umwelt-Strategie-Struktur-Ansatz: Dieser Ansatz ist von Ansoff (1976) in Anlehnung an Chandlers Strategie-Struktur-Hypothese (1962) entwickelt worden. Ausgangspunkt ist die Hypothese, dass die Strategiewahl auf die Bedingungen der Umwelt abzustimmen ist, damit ein Unternehmen erfolgreich ist.
4. Stakeholder-Ansatz: In diesem Ansatz wird die Unternehmensumwelt als sehr weit und einflussreich interpretiert. Allein die Betroffenheit von einer Unternehmensaktivität genügt für das Herstellen einer Relation zwischen Umsystem und Unternehmung. Das heißt konkret, dass Personen, Gruppen etc. in die Umweltanalyse mit einbezogen werden, die bei einer Beschränkung auf die Aufgabenumwelt als nicht relevant betrachtet werden würden.

***Methodische Grundlagen***

Resultate einer Umweltanalyse sind Informationen über bestimmte Entwicklungen bzw. Trends in der Umwelt eines Unternehmens oder einer Organisation. Damit ein Unternehmen offen für Neuerungen bleibt und potentielle Gefahren rechtzeitig erkennt, ist die Beobachtung von Entwicklungen in der Umwelt von großer Bedeutung.

Der Ausgangspunkt einer Umweltanalyse liegt meist in der Abgrenzung von Unternehmen und Umwelt. Zur Lösung dieses Abgrenzungsproblems gibt es recht unterschiedliche Vorschläge. Eine weite Fassung des Unternehmensbegriffes liegt vor, wenn man die Lieferanten und Kunden als Mitglieder des Systems „Unternehmen" ansieht. Betrachtet man lediglich die Unternehmensführung als Teil des Systems „Unternehmen" und somit die Arbeitnehmer als Teil der Unternehmensumwelt, liegt eine enge Fassung des Unternehmensbegriffes vor.

Eine weitere wesentliche Frage in diesem Zusammenhang ist die nach der Ordnung der Umwelt. Mintzberg (1995) unterscheidet die Umwelt nach den Kriterien Komplexität und Dynamik und erhält so vier Typen der Umwelt (Abb. 4.18).

1. einfache-statische Umwelt
2. einfache-dynamische Umwelt
3. komplexe-statische Umwelt
4. komplexe-dynamische Umwelt

zung die Möglichkeit, dass neue Standpunkte, Ideen, wertvolles Wissen über die Konkurrenz etc. in das Unternehmen eingebracht werden.

## Regeln

Es können keine expliziten Regeln dazu angegeben werden.

## Einsatzmöglichkeiten, Chancen und Risiken

Die Umweltanalyse findet vor allem in Unternehmen Anwendung, deren strategische Position durch den harten Wettbewerb ständig in Frage gestellt wird oder werden könnte. Beobachtet ein Unternehmen konsequent seine Umwelt und seine Beziehungen zur Umwelt, reduziert es die Gefahr, vom Markt verdrängt zu werden. Die Frage, wie ein Unternehmen auf Umweltveränderungen reagieren soll und kann, lässt sich nur beantworten, wenn man weiß, welche Potentiale einem Unternehmen zur Verfügung stehen.

*Vorteile*
- Althergebrachte Meinungen werden in Frage gestellt.
- Langfristige Überlegungen werden begünstigt.
- Die Innovation wird gefördert.
- Es werden alternative Standpunkte aufgezeigt, was aufgrund der Komplexität der Probleme unabdingbar ist

*Nachteile*
- Umweltanalysen können die Unternehmensidentität und unternehmerische Initiativen untergraben, wenn aufgrund der Resultate der Umweltanalyse, eine Anpassung um jeden Preis forciert wird.
- Umweltanalysen liefern eine solche Fülle an Informationen, so dass es sehr mühsam und zeitaufwendig ist, die momentan für das Unternehmen bedeutsamen Informationen herauszufiltern.

## Beispiel

Eine Umweltanalyse kann sich aus einer Expertenanalyse, einer Meinungsumfrage und einer Marktanalyse zusammensetzen.

### 4.4.2 Kundenanalyse

## Methodische Grundlagen

Nur wer seiner Zielgruppe langfristig gute Problemlösungen anbietet, kann auf Dauer am Markt existieren. Kunden können in externe und interne Kunden unterschieden werden. Von externen Kunden spricht man dann, wenn man Nachfrager, Lieferanten, Joint Venture Partner und ehemalige oder potentielle Mitarbeiter betrachtet. Aber auch Gewerkschaften, Politik oder Staat können im weitesten Sinne als externe Kunden mit in den Betrachtungshorizont aufgenommen werden. Sie nehmen auf ihre Weise Einfluss auf die unternehmerischen Aktivitäten. Bei den internen Kunden handelt es sich beispielsweise um Mitarbeiter, Abteilungen oder Bereiche aus dem eigenen Unternehmen, die eine spezielle Leistung nachfragen.

### Ablauf

In Gruppendiskussionen lässt sich viel über die Belange der internen und externen Kunden erfahren. Dabei wird in kleinen Gruppen (bis zu 10 Personen) über Fragen wie

- Produktnutzen,
- Pro und Kontra verschiedener Produkte oder Dienstleistungen,
- Likes oder Dislikes etc.

nachgedacht.
Konkrete Problemlösungen sind nicht zu erwarten. Es muss vielmehr „zwischen-den-Zeilen-gelesen" werden (vgl. Weissman 1995, S. 109).

### Regeln

- Wünsche oder Klagen der Kunden stehen immer im Vordergrund.
- In die Zukunft orientieren.
- Das Ziel ist die ständige Optimierung der angebotenen Leistung.
- Aus jeder Kritik des Kunden Nutzen ziehen.

### Einsatzmöglichkeiten, Chancen und Risiken

Die Kundenanalyse kann bei internen Kunden in den Abteilungen und Bereichen des Unternehmens eingesetzt werden. Dabei hat das vorrangige Ziel die optimale Bereitstellung von Informationen, Produkten und Dienstleistungen zu sein.

Bei externen Kunden ist die Kundenanalyse bei Nachfragern, Lieferanten, potentiellen und ehemaligen Mitarbeitern sowie Joint Venture Partnern sinnvoll. Primär sollen Einkaufsdaten, Mediaverhalten, demographische Struktur und Wünsche bzw. Bedürfnisse der Kunden ermittelt werden (vgl. Gabler-Wirtschafts-Lexikon 1993, S. 2001).

Vorteil der Kundenanalyse ist, dass sie die relative Bedeutung der einzelnen internen und externen Kunden, im Hinblick auf erzielte Umsätze, Deckungsbeiträge und Erreichung der Zielvorgaben, zeigt (vgl. Bruhn 1990, S. 128).

### Beispiel

Ausgewählte Fragen zur Kundenanalyse:

- Bei welchen Gelegenheiten verwenden Ihre Kunden das Produkt oder die Dienstleistung?
- Welchen Grundnutzen bieten Ihre Produkte oder Dienstleistungen?
- Welchen Zusatznutzen?

- Erfüllen Ihre Produkte oder Dienstleistungen eine notwendige Funktion?
- Leisten Ihre Produkte oder Dienstleistungen mehr oder sind sie besser als nötig?
- Können durch Weglassen unnötiger Leistungen Preisreduzierungen erreicht werden, die den Gesamtnutzen erhöhen?
- Werden alle Eigenschaften benötigt?
- Welche zusätzlichen Verbesserungen würden Ihre Produkte/Dienstleistungen noch attraktiver machen?
- Gibt es irgendetwas, das die Funktion besser erbringen kann, auch wenn es derzeit vielleicht noch nicht realisierbar ist?
- Welche Verbesserung würde der Zielgruppe den wahrscheinlich größten Nutzen bringen?
- Wären Sie selbst Kunde, würden Sie Ihr Produkt oder Ihre Dienstleistung kaufen? Wenn ja: Was wäre das Hauptargument? Wenn nein: Warum nicht?
- Wie sieht innerhalb Ihres Marktsegments das Idealprodukt aus Kundensicht aus?
- Welche Funktionsstufe könnte bei der Nutzung verbessert werden?
- Kann ein anderer Lieferant die Funktion zu einem günstigeren Preis liefern, ohne die Qualität und Zuverlässigkeit zu beeinträchtigen?
- Gibt es weitere Kriterien, mit denen Sie den Nutzen Ihrer Produkte oder Dienstleistungen erhöhen können? (vgl. Weissman 1995, S. 105 ff.).

### 4.4.3 Produktanalyse

**Methodische Grundlagen**

Der Lebenszyklus eines Produkts spiegelt den zu erwartenden typischen Verlauf der Umsatz- und Deckungsbeitrags- bzw. Gewinnkurve wieder, und zwar ab dessen Einführung bis zu dessen Entfernung aus dem Angebot eines Unternehmens (vgl. Bea et al. 1994, S. 164 f.).

Idealtypisch gliedert sich der Produktlebenszyklus in die Einführungs-, Wachstums-, Reife- und Sättigungsphase eines Produkts, aus denen sich unterschiedliche Konsequenzen für die absetzbare Menge ergeben.

Ziel der Analyse ist es, die zu erwartenden Ressourcen in solche Geschäftsfelder zu lenken, in denen die Marktaussichten günstig erscheinen und die Unternehmen relative Wettbewerbsvorteile nutzen können.

Basierend auf empirischen Studien entwickelte die Boston Consulting Group dazu eine Vier-Feld-Matrix, aus der sich zwei typische Determinanten für die Erfolgspotentiale herauskristallisierten, nämlich der Marktanteil und das Marktwachstum. Die Matrix ergibt sich aus einer Einteilung der Determinanten in niedrig und hoch.

Der relative Marktanteil wird durch die Relation des eigenen Marktanteils zu dem des größten Konkurrenten bestimmt. Die Marktwachstumsrate kann aus statistischen Untersuchungen abgeleitet werden. Da beide Größen quantifizierbar sind, ist es möglich, die Position, die die strategischen Geschäftsfelder (Produkte) in der

Vier-Feld-Matrix einnehmen, durch Kreise zu fixieren. Der auf die strategischen Geschäftsfelder entfallende Umsatzanteil wird zusätzlich durch eine Variation des Durchmessers der Kreise ausgedrückt.

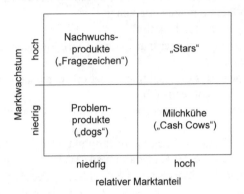

**Abb. 4.19.** Produktportfolio

Entsprechend ihrem Standort in der Vier-Feld-Matrix können die strategischen Geschäftsfelder in vier Kategorien eingeteilt werden (Abb. 4.19.):

1. Cash Cows
   Zu dieser Kategorie zählen strategische Geschäftsfelder, die zwar einen hohen Marktanteil besitzen, deren Wachstumsaussichten allerdings gering sind. Sie tragen in hohem Maße zur Bildung des derzeitigen Cash flows bei und stellen somit für die Weiterentwicklung des Unternehmens durch finanzielle Unterstützung anderer Geschäftsfelder die wichtigste Grundlage dar. Die entsprechenden Produkte sollen „gemolken" werden, ohne dass hohe Investitionen erforderlich sind.
2. Stars
   Weist ein Produkt einen hohen Marktanteil mit günstigen Wachstumsaussichten auf, zählt es zur Kategorie der Stars. Stars ermöglichen das Unternehmenswachstum und entwickeln sich, sobald das Wachstum nachlässt, zu „Cash Cows". Folglich repräsentieren sie die Geschäftsfelder, die zukünftig zur Erwirtschaftung des Cash flows beitragen.
3. Nachwuchsprodukte
   Die weitere Entwicklung der in diese Kategorie einzuordnenden strategischen Geschäftsfelder ist noch offen. Sie besitzen zwar ein erhebliches Wachstumspotential, der derzeitige Marktanteil ist jedoch noch zu gering, als dass sie Stars werden könnten. Ihr Beitrag zum Cash flow ist aufgrund der noch relativ hohen Kosten gering.
4. Problemprodukte
   Zu dieser Kategorie sind die strategischen Geschäftsfelder zu zählen, deren Markt nur noch geringfügig wächst oder sogar schrumpft und die selbst nur relativ gering wachsen oder sogar schrumpfen. Zudem haben sie nur einen relativ geringen Marktanteil und eine schwache Wettbewerbsstellung. Obwohl sie oft

noch große Umsatzanteile haben, können sie wegen ihrer sachlichen Kostenposition zu einer erheblichen Verschlechterung des Cash flows führen (vgl. Wöhe u. Döring 1993, S. 146 ff.; sowie Henderson 1995b, S. 286 ff.).

Zur Illustration des Produktlebenszyklus wird der idealtypische Lebenszyklus eines Produkts herangezogen. Dabei wird die Entwicklung des Erlöses und ergänzend des Gewinns im Zeitablauf betrachtet. Die Zeitachse wird in sechs Phasen unterteilt, deren zeitliche Ausdehnung aus dem Lebenszyklus selbst, d. h. aus der Erlös- und Gewinnkurve abgeleitet wird (Abb. 4.20.):

1. Einführungsphase: Reicht von der Markteinführung bis zum Erreichen der Gewinnschwelle.
2. Wachstumsphase: Erstreckt sich von der Gewinnschwelle bis zum Zeitpunkt des maximalen Gewinns.
3. Reifephase: Beginnt im Zeitpunkt des maximalen Gewinns und endet vor dem Zeitpunkt des Erlösmaximums.
4. Sättigungsphase: Ist nicht exakt definiert. Sie endet nach dem Zeitpunkt des Erlösmaximums.
5. Verfallsphase: Ist nicht exakt definiert.
6. Absterbephase: Ist nicht exakt definiert. Endet mit der Herausnahme des Produkts aus dem Markt (vgl. Berndt 1992, S. 28 f.).

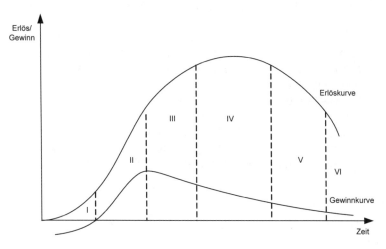

**Abb. 4.20.** Produktlebenszyklus mit Erlös- und Gewinnkurve (vgl. Wöhe u. Döring 1993, S. 679)

Die beiden Instrumente sind anschließend zu kombinieren (Abb. 4.21.). Dies ist möglich, da der relative Marktanteil lediglich einen Indikator für das aus der Erfahrungskurve abgeleitete Kostensenkungspotential darstellt. Das Marktwachstum kann als Steigungsmaß des Produktlebenszyklus gedeutet werden.

## Ablauf

Hier wird auf die Ausführungen von Wöhe u. Döring (1993) verwiesen.

## Regeln

- Viele strategische Geschäftseinheiten benötigen mehr Geld als sie jemals freisetzen.
- Einige strategische Geschäftseinheiten erzeugen mehr Erlös, als man in sie reinvestieren sollte.
- Einige strategische Geschäftseinheiten haben einen ausgeglichenen Cash flow. Sie wachsen und sind die Cash-Erzeuger der Zukunft.
- Die meisten strategischen Geschäftseinheiten verbrauchen wenige Mittel. Sie setzen aber auch wenig frei. Der ausgewiesene Gewinn muss vollständig reinvestiert werden. Diese Geschäfte sind „Cash Fallen".
- Zwischen diesen Kategorien liegt eine Zone der Instabilität. Gleich große Wettbewerber in einem Geschäft bleiben selten lange gleich groß (vgl. Henderson 1995b, S. 286).

## Einsatzmöglichkeiten, Chancen und Risiken

Die Produktanalyse kann für alle Produkte eines Unternehmens herangezogen werden.

Gelingt es, für ein Produkt seine derzeitige Lage im Produktlebenszyklus zu fixieren, so können die Wachstumschancen für die absetzbare Menge geschätzt werden. Folglich kann eine entsprechende Ausrichtung der langfristigen Produktprogrammplanung erfolgen.

Ein wesentlicher Nachteil dieses Instruments besteht darin, dass empirisch ermittelte Produktlebenszyklen oftmals erheblich von dem idealtypischen Verlauf abweichen, und dass es vorwiegend bei Produkten mit einem sehr langen Produktlebenszyklus häufig nicht gelingt, kurzfristige Schwankungen von einem langfristigen Abwärtstrend zu unterscheiden (vgl. Berndt 1992, S. 30 f.).

## Beispiel

Das Beispiel in Abb. 4.21. stellt die Kombination von Produktlebenszyklus und Portfolio dar.

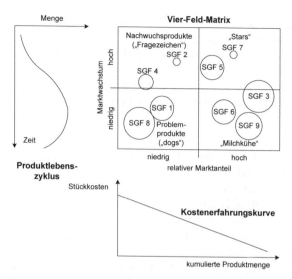

**Abb. 4.21.** Kombination von Produktlebenszyklus und Produktportfolio (vgl. Wöhe u. Döring 1993, S. 147)

### 4.4.4 Portfolioanalyse

Die Portfolioanalyse kam gemeinsam mit der strategischen Planung in den 70er Jahren auf und hat seitdem in vielen Unternehmen einen festen Platz (vgl. Reibnitz von 1992, S. 16).

Der Begriff des Portfolios stammt aus der Kapitaltheorie und bezeichnet dort die Zusammenstellung eines Wertpapier-Portefeuilles unter Risiko- und Gewinnerwartungsgesichtspunkten (vgl. Mag 1995, S. 160), wobei das Gesamtrisiko der Wertanlage als Summe der Einzelrisiken durch Ausgewogenheit minimiert werden soll. Dieser Grundgedanke einer Risikostreuung wurde auf die Problematik des strategischen Managements übertragen und in der Portfolioanalyse konkretisiert.

Die Portfolio-Matrix der Boston Consulting Group ist die erste und bekannteste Darstellung alternativer Geschäftsfelder.

Aufbauend auf empirischen Studien, aus denen sich zwei typische Determinanten für die Erfolgspotentiale herauskristallisieren, nämlich der Marktanteil und das Marktwachstum, entwickelte die Boston Consulting Group eine Vier-Feld-Matrix.

*Methodische Grundlagen*

Die Portfolioanalyse versucht, in einer mehrdimensionalen Darstellung einen Überblick über die Marktsituation strategischer Geschäftseinheiten (strategic business unit) zu geben, um daraus Schlussfolgerungen für eine Neuorientierung zu ziehen (vgl. Bruhn 1990, S. 65). Sie stellt den Zusammenhang zwischen Rentabilität, Cash flow, Verschuldungskapazität, Wachstums- und Dividendenpotential und

Wettbewerbsfähigkeit dar. Grundsätzlich kann man sagen, dass das Portfolio ein Diagnoseinstrument ist (vgl. Henderson 1995a, S. 281 f.).

Die Abgrenzung der strategischen Geschäftseinheiten ist der erste Schritt einer Portfolioanalyse. Die strategischen Geschäftseinheiten (SGE) sollen Produktgruppen mit eigenen Chancen, Risiken und Ertragsaussichten definieren. Nach der Abgrenzung der SGEs werden diese in eine Portfolio-Matrix positioniert.

## Ablauf

1. Festlegung der Dimensionen (Achsen) des üblicherweise zweidimensionalen Portfolios. Die Abszisse stellt eine unternehmensgesteuerte Größe, die Ordinate eine marktbezogene Größe dar.
2. Erhebung von Informationen über die Lage der SGE im zweidimensionalen Raum und graphische Positionierung. Die SGE können dabei als Kreise dargestellt werden, wobei ihre Größe einen Hinweis auf die Marktbedeutung gibt. Dies stellt das Ist-Portfolio dar.
3. Je nach Zuordnung der SGE im Ist-Portfolio können dann unterschiedliche Normstrategien ausgearbeitet werden. Dabei sind die Unternehmensressourcen, Konkurrenzsituation etc. zu berücksichtigen.
4. Die Soll-Position wird für den betrachteten Planungshorizont erstellt. Auf diese Weise erhält man das Soll-Portfolio, das die zukünftig angestrebte Lage der SGE wiedergibt.
5. Die Normstrategien und das Soll-Portfolio werden konkretisiert (vgl. Bruhn 1990, S. 66).

## Regeln

Im Folgenden sollen Kriterien zur Festlegung des relativen Marktanteils, des Wachstums und der Einteilung der SGE in die vier Kategorien der Matrix aufgezeigt werden.

Im Portfolio wird der relative Marktanteil dargestellt (Abb. 4.22.).

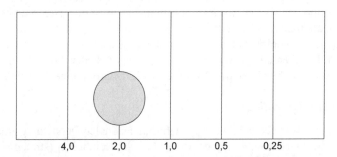

**Abb. 4.22.** Verhältnis zum Marktanteil des größten Wettbewerbers

Das Portfolio-Konzept ist direkt von der Erfahrungskurve abgeleitet. Die Erfahrungskurve misst Kostendifferentiale zwischen den Wettbewerbern. Ein doppelt so großer Marktanteil sollte ein Kostendifferential von mindestens 20% oder mehr auf die Wertschöpfung ausmachen. Das entspricht je nach Vermögensumschlag und Wertschöpfungsanteil einem Renditenunterschied von 5 bis 25%. Das Cashflow-Verhalten hängt vom größten Wettbewerber ab (Abb. 4.23.).

Abb. 4.23. Relative Kosten und relativer Marktanteil

Nur ein einziger Wettbewerber kann sich links von 1,0 befinden. Alle anderen müssen einen kleineren relativen Anteil haben.

Das Wachstum kann in Form alternativer Kapitaleinsatzmöglichkeiten dargestellt werden (Abb. 4.24.):

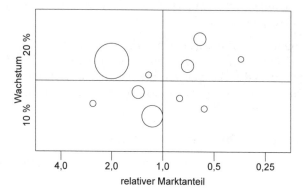

Abb. 4.24. Portfolio zu Marktanteil und Wachstum

Liegt das Wachstum unter dem Schwellenwert der Investitionsverzinsung, dann hat die gegenwärtige Cash-Erzeugung einen höheren Barwert als die zukünftige und umgekehrt. Die Kreisgröße entspricht der Größe des investierten Kapitals (vgl. Henderson 1995b, S. 286 ff.).

Cash Cows sind Geschäftseinheiten, deren Kapitalrendite die Wachstumsrate übersteigt. Sie finanzieren ihr eigenes Wachstum, bezahlen die Dividende und die Gemeinkosten, decken die Zinsen, liefern Investitionsmittel und bestimmen die Verschuldungskapazität. Der wirkliche Wert einer Cash Cow ist ihre Eigenkapitalrendite unter der Annahme, dass das Verhältnis von Fremd- zu Eigenkapital so hoch ist, dass die Kosten in Prozent vom Umsatz genau so hoch sind wie die des nächsten Wettbewerbers. Der Wert der Cash Cow wird durch die Kapitalrendite

alternativer Investitionsmöglichkeiten im Portfolio bestimmt. Sie ist der Zinssatz zur Bestimmung des Barwertes der Cash Cow (vgl. Henderson 1995c, S. 292 ff.).
Der Marktführer in einem schnell wachsenden Markt ist ein Star. Er zeigt ausgezeichnete Gewinne. Der eigentliche Wert jedes Produktes oder jeder Dienstleistung misst sich am Barwert der Cash-Rückflüsse abzüglich der Reinvestitionen. Für den Star liegen diese Cash-Rückflüsse in der Zukunft. Um den echten Wert zu ermitteln, müssen diese Rückflüsse mit dem Zinssatz alternativer Anlagemöglichkeiten abgezinst werden. Beim Star zählt nur der künftige Cash-Rückfluss und nicht der gegenwärtig ausgewiesene Gewinn (vgl. Henderson 1995d, S. 295 f.).

In schnell wachsenden Märkten wird jedes Geschäft des Portfolios als Fragezeichen bezeichnet, das einem oder mehreren Konkurrenten unterlegen ist. Zwischen Cash-Erzeugung und Wettbewerbsposition besteht ein direkter Zusammenhang. Es müssen große Investitionen getätigt werden, nur um mit dem Marktwachstum Schritt zu halten. Ein Fragezeichen in einer unveränderten Position zu halten ist sehr teuer: Der Cash flow ist stark negativ.

In der Regel ist es ratsam, sich aus diesen Kategorien des Portfolios zurückzuziehen, wenn

- die Ressourcen für eine langfristig aggressive Strategie nicht ausreichen und
- eine Spezialisierung nicht möglich ist.

Die Problemprodukte verbrauchen mehr Cash als sie erwirtschaften. Investitionen in diese Produkte führen meist zu weiteren Cash-Verlusten. Um dem zu entgehen, muss man entweder alle weiteren Investitionen einstellen oder den Cashflow maximieren bzw. so hohe Investitionen tätigen, dass das Produkt zum Marktführer wird (vgl. Henderson 1995e, S. 297 ff.).

### *Einsatzmöglichkeiten, Chancen und Risiken*

Das Portfolio kann praktisch in jedem diversifizierten Unternehmen eingesetzt werden (vgl. Henderson 1995a, S. 281).

Die *Vorteile* der Vier-Feld-Matrix sind darin zu sehen, dass sie leicht zu handhaben und ihr Informationsbedarf leicht zu bewältigen ist. Außerdem stellt die Portfolio-Methode ein hervorragendes Instrument dar, um die derzeitige Situation eines Unternehmens mit seinen verschiedenen strategischen Geschäftseinheiten in Relation zum Wettbewerb darzustellen.

*Nachteil*
- Beschränkung auf zwei Faktoren
- Fixierung der Grenzen zwischen „niedrig" und „Hoch"; viele Geschäftsfelder nehmen nur Mittelpositionen in der Einteilung ein. Sie liegen also auf der Grenze zwischen zwei Kategorien. Für solche Geschäftsfelder gibt es keine Normstrategien (vgl. Wöhe u. Döring 1993, S. 149).
- Der Zukunfts- oder Soll-Portfolio wird nur aus dem Ist-Portfolio abgleitet. Häufig werden Soll-Portfolios nach dem Prinzip Hoffnung „geschönt", ohne sie mit einer entsprechenden Strategie zu versehen.

Beispiel: mehrere Geschäftsfelder sind in einem Ist-Portfolio in ungünstigen Feldern; um das Soll-Portfolio besser aussehen zu lassen, werden Fragezeichen in die „Star"-Ecke verschoben, ohne dass ein konkreter Plan vorliegt, dieses zu verwirklichen.
- Die Portfolioanalyse zielt darauf, Normstrategien abzuleiten, z.B. Investition oder Desinvestition. Für eine solche Entscheidung benötigt man aber weit fundiertere Zukunftsinformationen (vgl. Reibnitz von 1992, S. 16 f.).

*Beispiel*

Ein erstes Beispiel stellt die Abb. 4.24 dar.

## 4.5 Sonstige Dokumentations- und Darstellungsmethoden

In jeder Phase, jedem Arbeitsschritt sowie in einer Vielzahl von Steuerungs- und Führungsaufgaben fallen Ergebnisse an. Diese Informationen müssen ausgetauscht, abgestimmt, festgeschrieben und archiviert werden, müssen also möglichst leicht erstellbar, lesbar und verstehbar sein. Soweit sich keine andere Methode aufdrängt, bleibt nur die Text oder die Grafikform (Abb. 4.25.).

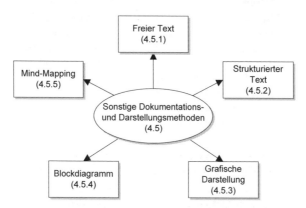

**Abb. 4.25.** Methodenübersicht zur Dokumentation und Darstellung

### 4.5.1 Freier Text

*Methodische Grundlagen*

Durch einfache und sachliche Formulierungen werden Sachverhalte, wie z. B. der Inhalt eines Besprechungsprotokolls, verbal dargestellt. Für die Verständlichkeit ist eine einfache Formulierung, Wortwahl und Grammatik notwendig. Dies gilt sowohl für einfache als auch für komplexe Zusammenhänge.

## Regeln

Gut gestaltete Freie Texte sind gekennzeichnet durch einfache sprachliche Formulierungen (Einfachheit), eine transparente Gliederung, kurze prägnante Sätze und vorsichtig dosierte stimulierende Merkmale, die den Leser motivieren sollen. In Tabelle 4.7. sind die Kriterien eines Freien Textes aufgelistet sowie die positiven den negativen Merkmale gegenübergestellt.

## Einsatzmöglichkeiten, Chancen und Risiken

Der Freie Text ist bei Sachverhalten geeignet, die einfach zu strukturieren, eindeutig und nicht zu komplex sind. Bei der Beschreibung von fachlichen Funktionen und Abläufen im Rahmen der Grob- und Feinkonzeption ist der Freie Text nicht immer allein der geeignetste.

**Tabelle 4.7.** Kriterien, Positive und negative Merkmale des Freien Textes

| Kriterien | Positiv | Negativ |
|---|---|---|
| Einfachheit | konkret | abstrakt |
| | kurze Sätze | lange verschachtelte Sätze |
| | geläufige Wörter | unbekannte Wörter, Fremdwörter |
| | Fachbegriffe klären | Wortschöpfungen |
| | Beispiele | doppelte Negationen |
| Gliederung | Übersichtlich | unübersichtlich |
| | logisch gegliedert | ungegliedert, wirr |
| | Wesentliches gut erkennbar | ohne „roten Faden" |
| | Top-down-Vorgehen | Hintereinanderreihung von Details |
| | optische Hervorhebungen | |
| | Inhaltsverzeichnis | |
| | Stichwortverzeichnis | |
| | Abbildungsverzeichnis | |
| | ggf. Literaturverzeichnis | |
| Prägnanz | keine Wiederholungen | viel Redundanz |
| | auf das Wesentliche beschränkt | ausschweifend |
| | | breit |
| Stimulanz | persönliche Anrede | unpersönlich |
| | Abwechslung | langweilig |
| | Interessant | farblos, nüchtern |
| | | Umgangssprache |

## 4.5.2 Strukturierter Text

### *Methodische Grundlagen*

Der Strukturierte Text ist eine Spezifikationssprache mit einer begrenzten Syntax und begrenzten Möglichkeiten zur Verknüpfung von Anweisungen. Die Syntax der strukturierten Sprache ist angelehnt an einen Formalismus.

Die grundlegenden Darstellungselemente sind:

- Segment
- Wiederholung
- mit vorausgehender Bedingungsprüfung
- mit nachfolgender Bedingungsprüfung
- mit feststehender Anzahl
- Bedingte Verarbeitung
- ohne Alternative
- einfache Alternative
- mehrfache Alternative

Diese Elemente sind beliebig untereinander kombinierbar, wodurch die logisch richtige und eindeutige Darstellung auch von komplexen Sachverhalten möglich ist.

### *Regeln*

Voraussetzungen zur Anwendung dieser einfachen Darstellungstechnik sind:
- Die Adressaten der Beschreibung sollten mit der Syntax vertraut sein.
- Weniger geeignet ist diese Methode, wenn globale Aussagen, Zusammenfassungen, Protokolle oder ähnliches beschrieben werden. Der Strukturierte Text wird vorwiegend auf der operationalen Ebene verwandt.

### *Einsatzmöglichkeiten, Chancen und Risiken*

Die Methode des Strukturierten Textes wird vorwiegend bei der Beschreibung von fachlichen Inhalten in der Konzeption von IV-Systemen eingesetzt. Sie ist geeignet, wenn der zu beschreibende Sachverhalt detailliert und exakt dargestellt werden muss; insbesondere, wenn der Sachverhalt komplex ist und logische Abhängigkeiten beschrieben werden müssen.

Grundsätzlich kann man sagen, dass sie immer dann zum Einsatz kommt, wenn nicht die sprachlich-grammatikalische Korrektheit wichtig ist, sondern die

- Eindeutigkeit,
- knappe Darstellung und
- Vollständigkeit.

*Vorteil*
- Komplexe Sachverhalte werden in einer übersichtlichen Form dargestellt.

*Nachteil*
- Die Syntax und die Formalismen müssen bekannt sein, sonst ist die Darstellungsform nicht verständlich.

### 4.5.3 Graphische Darstellungstechniken

#### Methodische Grundlagen

Graphische Darstellungstechniken werden bei Analyse, Spezifikation und Entwurf eingesetzt. Statistischer Ergebnisse werden in Strecken oder Kurven, Flächen, dreidimensionalen Gebilden abgebildet und vergleichbar gemacht. In Tabelle 4.8. finden sie eine Übersicht über die wichtigsten Darstellungstechniken.

**Tabelle 4.8.** Graphische Darstellungstechniken

| Ellipsendiagramm | Kastendiagramm |
|---|---|
|  | |
| Das Ellipsendiagramm vermittelt die Einbettung der Teile in das Gesamtsystem. | Das Kastendiagramm vermittelt in kompakter Form eine in sich abgeschlossene Situation. |
| *Einsatzmöglichkeiten, Chancen und Risiken* Geeignet, die Ganzheitlichkeit komplexer Systeme aufzuzeigen. Einfache Strukturen können gut überschaubar dargestellt werden. Werden jedoch die Strukturen oder darzustellenden Systeme sehr komplex, wird diese Darstellungsart sehr schnell unübersichtlich. | *Einsatzmöglichkeiten, Chancen und Risiken* Eignet sich, um Strukturen übersichtlich darzustellen. |
| **Baumdiagramm** | **Links-Rechts-Baumdiagramm** |
|  | 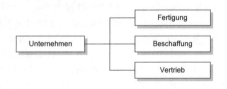 |
| Das Baumdiagramm zeigt sehr gut hierarchische Beziehungen und Systemübersichten. | Das Links-Rechts-Baumdiagramm ist ein um 90° gedrehtes Baumdiagramm. |
| *Einsatzmöglichkeiten, Chancen und Risiken* Mit Baumdiagrammen können hierarchische Strukturen sehr gut veranschaulicht werden. | |

**Forts. Tabelle 4.8.** Graphische Darstellungstechniken

| Ursache-Wirkungs-Diagramm (Fischgrät- oder Ishikawa-Diagramm) | Häufigkeitsverteilung |
|---|---|
| 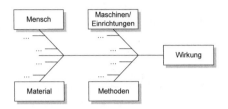 | 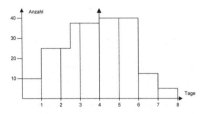 |
| Mit einem Ursache-Wirkungs-Diagramm kann man sehr übersichtlich die Abfolge von Problemen/Ursachen und Wirkungen/Symptomen darstellen (vgl. Kap. 4.3.3) | Ein Häufigkeitsdiagramm zeigt die Verteilung von Werten um einen Schwerpunkt oder Sollwert. |
| *Einsatzmöglichkeiten, Chancen und Risiken* Das Ursache-Wirkungs-Diagramm findet hauptsächlich seinen Einsatz, wenn es darum geht, Probleme oder Schwierigkeiten zu lösen. | *Einsatzmöglichkeiten, Chancen und Risiken* Die Häufigkeitsverteilungen lassen sich sehr schön anwenden, um zu zeigen, inwieweit die Ist-Werte von den vorgegebenen Soll-Werten abweichen. Der Vorteil liegt in der Übersichtlichkeit und Transparenz. |
| **Flächendiagramm** | **Streudiagramm** |
| 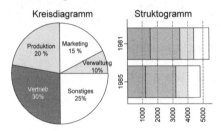 | 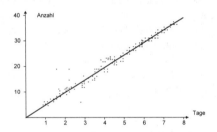 |
| Mit Flächendiagrammen können Größenordnungen einer oder mehrerer Grundgesamtheiten in Relation gesetzt werden. Dabei werden am häufigsten Kreisdiagramme oder Struktogramme eingesetzt. | Anhand eines Streudiagramms kann man für eine Anzahl von Einzelwerten (eingetragen in ein Koordinatensystem = Punktwolke) einen Trend ermitteln. |
| *Einsatzmöglichkeiten, Chancen und Risiken* Diese Variante wird sehr häufig bei der Darstellung von prozentualen Verteilungen verwendet. Sie ist eine anschauliche Methode und eignet sich sehr gut für die Präsentation. | *Einsatzmöglichkeiten, Chancen und Risiken* Mit Hilfe des Streudiagramms kann man Zahlenmaterial statistisch aufbereiten und einen Trend darstellen. Problem: Die Trendermittlung erfordert die Berechnung des Minimalabstands zwischen Gerade und den Punkten der Punktewolke. |

**Forts. Tabelle 4.8.** Graphische Darstellungstechniken
**Histogramm**

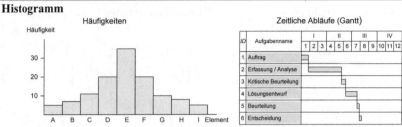

Häufigkeiten lassen sich mit Flächen angemessen darstellen – am bekanntesten sind das Histogramm und das Polygon. Mit einem Histogramm lässt sich ferner der zeitliche Ablauf aufeinander folgender Arbeitsschritte darstellen (Gantt-Diagramm). Im Rahmen eines Projekts oder einer Unternehmensaktivität ist bei der Erstellung eines Histogramms wichtig: „Wie sollen die Arbeitsschritte in logischer Abfolge und unter Berücksichtigung des Zeitablaufs auf die verschiedenen Arbeitsstellen verteilt werden, ..."? (Probst 1992, S. 123).

Ebenso kann mit einem Histogramm auch die Mindestdauer eines Prozesses („kritischer Weg") dargestellt werden. Als Planungsinstrument sind Histogramme zur Früherkennung von Fehlentwicklungen geeignet; Abweichungen zwischen Soll- und Ist-Zustand können daraus schnell ermittelt werden.

*Einsatzmöglichkeiten, Chancen und Risiken*
Neben der Darstellung von Häufigkeitsverteilungen eignen sich Histogramme auch für die Darstellung bzw. Gestaltung von zeitlichen Abläufen. Man kann damit schnell Abweichungen von Soll- und Ist-Zustand ermitteln.
Jedoch sind Histogramme leicht zu manipulieren und können daher falsch interpretiert werden. Sie zeigen keine Beziehungen oder Auswirkungen zwischen einzelnen Schritten einer Ablaufdarstellung. Im Falle komplexer Projekte oder Abläufe sind Histogramme nur begrenzt präsentationsfähig.

### 4.5.4 Blockdiagramm

Das Blockdiagramm (Block-Fluss-Diagramm) hat seinen Ursprung in der Praxis des IT-Einsatzes. Dort wird es zur analytischen Aufbereitung der logischen Struktur eines Problems oder Ablaufs verwendet. Mit Hilfe von Blockdiagrammen können komplexe Prozesse dargestellt werden (vgl. Bronner 1989, S. 51).

### *Methodische Grundlagen*

Blockdiagramme sind als Planungs-, Steuerungs- und Entscheidungsinstrument zu verstehen, d. h., mit Blockdiagrammen können Problemstellungen, die die Planung oder Analyse umfangreicher, logisch konsistenter Abläufe erfordern, in der Regel gut gelöst werden.

Blockdiagramme finden vor allem in der Systemplanung häufigen Einsatz. Nach DIN 66001 gehören dazu die Datenflussplantechnik und der Programmablaufplan (vgl. Heinrich u. Burgholzer 1987, S. 93).

## Ablauf

Blockdiagramme weisen einen dynamischen Charakter auf und in Abhängigkeit vom Erfahrungshorizont können mit ihnen komplizierte Problemstrukturen im Detail verdeutlicht werden. Dies ist möglich aufgrund der praktisch unbeschränkten Verfügbarkeit an Problemelementen, allerdings nur unter Einbezug so genannter Konnektoren (Verknüpfungsziffern).

Blockdiagramme ermöglichen sowohl die Erarbeitung von Problemlösungen in arbeitsteiliger, kollektiver Form als auch eine allein erarbeitete Problemlösung.

## Regeln

Folgende Bedingungen müssen für den Einsatz von Blockdiagrammen erfüllt sein:
- relativ einfach strukturierte Abläufe
- lineare Abläufe ohne mehrfache Rückkoppelungen
- Aktivitäten müssen verbal zu beschreiben sein

Blockdiagramme arbeiten mit folgenden Symbolen (vgl. Bronner 1989, S. 51):

Aktivität, Aufgabe, Operation

Funktions-Richtung, Kausalität etc.

**Abb. 4.26.** Symbole für Blockdiagramme

## Einsatzmöglichkeiten, Chancen und Risiken

Blockdiagramme finden Anwendung,
- wenn es um eine genaue Beschreibung der Aktivitäten geht,
- wenn gleich bleibende oder wiederkehrende Abläufe beschrieben werden,
- als Gedächtnisstütze und Lernhilfe und
- bei einer Analyse zeitlich inkohärenter Abläufe.

*Vorteile*
- Sie sind allgemein und leicht verständlich, auch von Abläufen.
- Sie geben einen Gesamtüberblick über eine sequentielle Prozessanordnung.
- Sie ermöglichen kurze erklärende Zusätze.
- Alternativen können bewertet werden.

*Nachteile*
- Beziehungsverhältnisse können nicht sichtbar gemacht werden.
- Sie lassen nur minimale Erläuterungen zu, da die Aktivitäten möglichst kurz beschrieben werden müssen.
- Sie weisen beschränkte Verknüpfungsmöglichkeiten auf.
- Es können keine Alternativen ermittelt werden.

## Beispiel

Ein Beispiel erübrigt sich aufgrund der Einfachheit dieser Technik.

### 4.5.5 Mind-Mapping

#### Methodische Grundlagen

Mind-Mapping ist, vereinfacht gesagt, eine Art strukturiertes Brainstorming mit sich selbst, das durch Visualisierung auch andere in diesen Prozess einbinden kann (vgl. Fuchs u. Krägen 1990, S. 97).

Entscheidend ist die Verwendung eines Ausgangsbildes statt eines Begriffs. Im weiteren Verlauf wird, sofern möglich, mit Bildern statt Worten gearbeitet (vgl. Buzan u. Buzan 1994, S. 83 f.). Demzufolge ist ein Mind-Map eine bildhafte Darstellung organisierter und methodisch strukturierter Schlüsselworte.

Grundlage der Methode ist die Überlegung, dass das Gehirn bei kreativen Prozessen sehr schnell und vor allem sprunghaft, eher assoziativ statt linear, arbeitet. Dadurch sind wir nicht mehr in der Lage, mittels unseres linearen Schreibsystems diese Gedankenflut auch nur annähernd schriftlich zu verarbeiten (vgl. Fuchs u. Graichen 1990, S. 97).

#### Ablauf

1. Zu Beginn muss man das Ausgangsbild (Basic Ordering Ideas, kurz: BOIs) festlegen. Das BOI ist der Ausgangspunkt des Konzepts, auf dem alle weiteren Schritte aufbauen.
2. Ausgehend von diesem zentralen Begriff werden in einem kreativen, assoziativen Suchprozess Unterkategorien dieses Begriffs gesucht und schriftlich fixiert. Um die assoziativen Prozesse des Gehirns auf ein Problem bezogen ablaufen zu lassen, muss man die Gedanken strukturieren und das Mind-Map in Hierarchieebenen und Kategorien einteilen (vgl. Buzan u. Buzan 1994, S. 84 f.).

#### Regeln

- Thema/Problem: Das zentrale Thema wird wie ein Baumstamm als Kreis oder Ellipse in die Mitte eines Blattes positioniert.
- Hauptgedanken zweigen wie Äste vom zentralen Thema ab.
- Zweige sind die zu einem Hauptgedanken weitergeführten Gedanken, die ihrerseits wiederum in weitere Verästelungen unterteilt werden können.
- Substantive: Anfangs sollten nach Möglichkeit nur Substantive benutzt werden. Kernaussagen sollten so an die jeweiligen Zweige und Äste geschrieben werden, dass sie leicht lesbar sind.
- Blockschrift: Lesbarkeit ist eine Voraussetzung, um den Überblick zu behalten. Deshalb ist es sinnvoll, Druck- statt Schreibschrift zu verwenden.

- Pfeile und Farbe: Mit Pfeilen werden Abhängigkeiten oder Verbindungen verdeutlicht, mit Farbe werden wichtige Teile hervorgehoben.
- Einkreisung: Lassen sich einzelne Astgruppen zur Weiterverarbeitung für bestimmte Projekte oder bestimmte Personen auswählen, so sollte man diese durch Einkreisung oder mittels anderer Symbole kennzeichnen.
- Nummerierung: Symbole oder einzelne Äste lassen sich in eine Rangordnung bringen; indem sie nummeriert werden. Das hilft bei der Aufgabenverteilung und Weiterverarbeitung.
- Ideen festhalten: Spontane Gedanken und Eingebungen, die nicht sofort irgendeinem vorhandenen Ast zugeordnet werden können, werden am Ast „Sonstiges" festgehalten.
- Symbole: Können Symbole oder Bilder für gezielte Hinweise eingebaut werden, sollte man davon Gebrauch manchen (vgl. Fuchs u. Graichen 1990, S. 98 f.)

*Einsatzmöglichkeiten, Chancen und Risiken*

Bei allen kreativen, assoziativen Such- und Problemlösungsprozessen kann Mind-Mapping eingesetzt werden.

Schlüsselworte entlasten die linke Gehirnhälfte von der Suche nach passenden Satzkonstruktionen. Die Möglichkeit, Inspirationen sofort zuzuordnen, wird der sprunghaften und assoziativen Arbeitsweise des Gehirns gerecht. Dadurch kommt man schneller an Informationen heran. Die Fülle der Informationen steht in der Regel in viel kürzerer Zeit und wesentlich umfangreicher zur Verfügung (vgl. Fuchs u. Graichen 1990, S. 101).

*Vorteile*
- Mind-Mapping kann zu erheblichen Zeiteinsparungen führen.
  - 50 bis 95 % bei der schriftlichen Ausarbeitung (da man sich nur auf die Begriffe/Stichworte beschränkt)
  - über 90 % beim Lesen der relevanten Begriffe und
  - über 90 % beim nochmaligen Überblicken der Mind-Map-Notizen
  - Konzentration auf die tatsächliche Steigerung des Ergebnisses.
- Die wichtigen Schlüsselbegriffe machen die Zusammenhänge leichter sichtbar.
- Das Mind-Map arbeitet bei der Ergänzung oder Ganzheitlichkeit ähnlich wie die natürliche Gehirnstruktur (vgl. Buzan u. Buzan 1994, S. 89 f.).

*Nachteile*
- Mitarbeiter müssen sich zunächst an die ungewohnte Vorgehensweise gewöhnen.
- Beim Übertragen des Mind-Maps in ein schriftlich ausformuliertes Dokument können evtl. Schwierigkeiten auftreten.

*Beispiel*

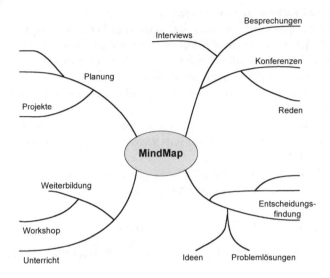

**Abb. 4.27.** Beispiel für Mind-Mapping

## 4.6 Kreativitätsmethoden

Die Anzahl von Kreativitätsmethoden wird in der Literatur mit etwa 80 bis 100 Methoden angegeben. Oft ist der Unterschied zwischen den einzelnen Methoden nur marginal.

Im vorliegenden Buch werden die zwei Methoden Brainstorming und Methode 635 beschrieben. Sie haben sich bei einer Vielzahl von Projekten in ganz unterschiedlichen Situationen bewährt. Darüber hinaus können auch Methoden der Dokumentation und Darstellung für die Kreativität gute Dienste leisten, insbesondere Mind-Mapping. Rund achtzig Kreativitätsmethoden mit praktischen Beispielen aus Projekten sind im Buch Winkelhofer: Kreativitätsmethoden für Management und Projekte (2004) zusammengestellt.

| Anmerkung: | Beim Einsatz von Kreativitätsmethoden werden in der Regel bei einem Team von 8 bis 12 Personen und 10 bis 15 Problemen in wenigen Stunden oft 400 bis 500 Ideen gesammelt, entwickelt und dokumentiert. |
|---|---|
| | Es ist meist ausreichend, wenn etwa 10 bis 20 Ideen als besonders interessant bewertet werden. |
| | Daneben ermöglicht der Einsatz von Kreativitätsmethoden, dass alle Ideen einfach dokumentiert und anderen Ideen gegenüber gestellt werden. |

## 4.6.1 Brainstorming

Brainstorming wurde Ende der dreißiger Jahre von A. Osborn entwickelt. Nach dem zweiten Weltkrieg galt es als die schöpferische Methode in der Industrie.

### *Methodische Grundlagen*

Brainstorming ist die bekannteste und am häufigsten angewandte Technik des Lösungsversuchs. Es handelt sich dabei im Wesentlichen um eine Art Konferenztechnik der Ideenfindung, die sowohl auf Zufallsbasis als auch aufgrund von - Analogien durchgeführt werden kann. Die Ideenfindung erfolgt durch Teamarbeit in einer interdisziplinär zusammengesetzten Arbeitsgruppe, deren Einfälle, Gedanken und Lösungsvorschläge gesammelt und aus unterschiedlicher Sicht beleuchtet werden. Dabei steigert das Zusammenwirken verschiedener Wissensgebiete das Leistungsverhalten und die gegenseitige Motivation der Teilnehmer (vgl. Aggteleky u. Bajna 1992, S. 55).

### *Ablauf*

Der Ablauf des Brainstormings kann in folgende Teile gegliedert werden:

1. Vorstellung des Problems, der Bedingungen und der Kriterien
   - Eine positive Formel der Problemformulierung kann beispielsweise lauten:
     – Welche Lösungen sind für das Problem denkbar?
     – Wie kann man erreichen, dass ...?
   - Eine negative Formulierung des Problems kann beginnen mit:
     – Warum ...?
     – Welche Fehler können gemacht werden?
     – Was stört mich an dem gegebenen Zustand?
2. Sammlung der Ideen
   Nennung und Sammlung von Ideen auf einem Ideen-Chart oder auf einer Pinnwand. Auf der Pinnwand können die Teilnehmer die Ideen sehen und dadurch leichter Verknüpfungen herstellen, die zu neuen Ideen führen können.

   Die Pinnwand hat den Vorteil, dass die Teilnehmer die Ideen selbst auf die Pinnwand schreiben können, die durch den Moderator dann vorgelesen und an die Pinnwand angepinnt werden. Das Ergebnis ist eine Ideenkette (Abb. 4.28.).

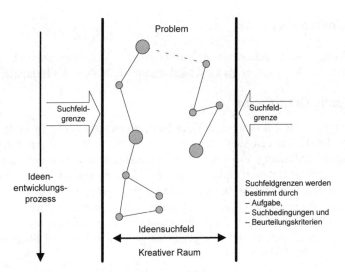

**Abb. 4.28.** Suchfeld und Suchfeldgrenze im Brainstorming (vgl. Freitag u. Kaniowsky 1986, S. 39)

3. Auswertung und Bewertung von Ideen.
Die während der Brainstormingsitzung gesammelten Ideen sind anschließend auszuwerten und zu bewerten. Der Grund dafür ist, dass die logische Vorgehensweise der Bewertung den Ablauf der Brainstormingsitzung nicht stören und behindern soll.

## *Regeln*

Bei einer Brainstormingsitzung sind folgende Regeln unbedingt einzuhalten:

- Der Teilnehmerkreis einer Brainstormingsitzung sollte zwischen 5 und 12 Personen liegen, bei möglichst unterschiedlichem Erfahrungshintergrund. Auch sollte man darauf achten, dass keine allzu großen hierarchischen Unterschiede zwischen den Teilnehmern bestehen, da sonst eventuell der Ideenfluss gebremst werden könnte.
- In der Einladung sind Ort, Zeit, Teilnehmer und Themenkreis, nicht aber das zu behandelnde Problem oder Thema bekannt zu geben.
- Störungen während der Phase der Ideenfindung sind zu vermeiden.
- Kritik oder Beurteilung der genannten Ideen ist untersagt. Vor allem negative Kritik darf auf keinen Fall erfolgen, da sonst eine Atmosphäre geschaffen wird, in der die Beteiligten sich nicht mehr frei äußern und der Ideenfluss unterbrochen wird. Kommt es zur Kritik, egal ob in verbaler oder nonverbaler Form, so ist das Brainstorming sofort abzubrechen.
- Freie Assoziationen sind erlaubt und erwünscht. Dabei sind alle spontanen Äußerungen gemeint, die in irgendeinem Zusammenhang mit dem Problem in Verbindung stehen. Es spielt keine Rolle, wie phantastisch oder unpassend ein

Vorschlag erscheint. Denn gerade aus scheinbar nutzlosen Äußerungen können sich besonders neue, originelle und konstruktive Ideen entwickeln.
- Quantität vor Qualität. Es ist empirisch nachgewiesen, dass durch die Hervorbringung einer hohen Anzahl von Alternativen die Wahrscheinlichkeit, auf eine „gute Idee" zu stoßen, erhöht wird.
- Anknüpfen an die Ideen anderer. Durch die Gruppe erreicht das Brainstorming seine hohe Leistungsfähigkeit. Die Teilnehmer stimulieren sich wechselseitig und kreieren neue Beiträge und Ideen.

Der Moderator hat auf die Einhaltung der Regeln zu achten, die Teilnehmer zu aktivieren und die Ideen zu visualisieren. (vgl. Schmidt 1991a, S. 233).

### Einsatzmöglichkeiten, Chancen und Risiken

Die Durchführbarkeit des Brainstormings ist relativ einfach, jedoch lassen sich Schwierigkeiten nicht ausschließen. Denn ein freies und ungehemmtes Äußern der Phantasie fällt nicht immer leicht und bedarf oftmals großen Mutes.

Trotz dieser Schwierigkeit erfreut sich das Brainstorming in der Industrie großer Beliebtheit. Vor allem im Bereich Marketing, wo es um Innovationen geht, kommt diese Kreativitätstechnik häufig zur Anwendung. Auch im Bereich Unternehmensentwicklung und Organisation gibt es viele Anwendungsfelder für das Brainstorming.

### Beispiel

Ein Abteilungsleiter bespricht mit seinem Team allmorgendlich die anstehenden Aufgaben. Für jede Aufgabe erstellt er spontan ein Flipchart-Blatt und beginnt – ohne Erwähnung – mit Fragen der Art:

- Wie kann der Sachverhalt unterteilt werden?
- Zu welcher Reihenfolge kann dies geschehen?
- Was ist dabei zu beachten?

So kann jeder aus dem Team seine Anregungen dem zukünftigen Aufgabenträger mit auf die Bearbeitung geben und der Aufgabenträger erhält die Ideen seiner Kollegen.

## 4.6.2 Methode 635

### Methodische Grundlagen

Die Methode 635 hat ihre Ursprünge im Brainstorming und wurde von Rohrbach entwickelt. Die Bezeichnung 635 steht für sechs Probleme zusammenstellen, drei Ideen zu jedem Problem suchen und fünf Weitergaben je Problem.

Mittels dieser Methode soll in einer Gruppe die Kreativität gesteigert werden. Die Teilnehmer sollen dabei die Ideen der einzelnen Gruppenmitglieder aufgreifen, verarbeiten und neue Ideen entwickeln. Die Ideen werden schriftlich fixiert und an den nächsten Sitzungsteilnehmer weitergegeben. Das schriftliche Festhalten der Ideen auf einem Formblatt (Abb. 4.30.) fördert die Konzentration auf die Weiterentwicklung bereits vorhandener Einfälle. Gerade die systematische Vertiefung führt sehr häufig zu besonders guten Ergebnissen.

## *Ablauf*

Der Ablauf einer 635-Sitzung kann in folgenden Schritten erfolgen (Abb. 4.29.) (vgl. Schmidt 1991a, S. 233):

1. Es wird eine Gruppe mit 6 Teilnehmern gebildet.
2. Zu Beginn einer Sitzung werden die Regel und das Thema bzw. das sich stellende Problem bekannt gegeben.
3. Das (Gesamt-)Problem wird in sechs (Teil-)Probleme bzw. Problemkreise aufgeteilt.
4. Jedes (Teil-)Problem bzw. jeder Problemkreis wird auf ein Formblatt übertragen.
5. Jedes Mitglied der Gruppe erhält ein Formblatt, mit dem die Ideen zu jeweils einem Problem gesammelt werden.
6. Jedes Mitglied erhält Gelegenheit, 3 Ideen in das Formblatt einzutragen. Nach 5 Minuten wird das Blatt an den nächsten Teilnehmer weitergegeben.
7. Aufbauend auf den vorliegenden Ideen sollen die Teilnehmer jeweils drei weitere Ideen ergänzen. Die Ideen sollen sich möglichst an die vorhandenen anlehnen und diese Ideen weiterentwickeln.
8. Das jeweilige Formblatt wird insgesamt fünfmal weitergereicht.

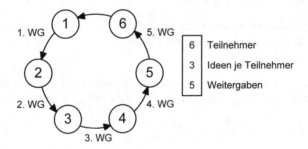

**Abb. 4.29.** Weitergabe eines Formblattes

## *Regeln*

Für eine konsequente Durchführung dieser Methode gelten folgende Regeln:

- Die Teilnehmer sprechen während der kreativen Zeit nicht miteinander.
- Die Zeitvorgaben sind unbedingt einzuhalten.
- Je Formular nur ein Thema/Problem, möglichst schlagwortartig und gut lesbar.
- Skizzen einfachster Natur sind, wenn nötig, gefordert.

- Wenn ein Vorgänger ein oder zwei Felder frei gelassen hat, werden immer zuerst die eigenen Felder mit Ideen gefüllt.
- Da bei der Methode 635 wenig Kontakt der Teilnehmer untereinander besteht, ist auch eine hierarchisch inhomogene Zusammensetzung der Gruppe möglich.
- Grundsätzlich ist es möglich, dass der Auftraggeber mitarbeiten kann.

### Einsatzmöglichkeiten, Chancen und Risiken

Wegen der vertiefenden Wirkung eignet sich die Methode 635 insbesondere auch als Folgeaktion auf das Brainstorming. Die attraktivsten Vorschläge aus dem Brainstorming werden z. B. in die Kopfzeile der Blätter eingetragen. Die Methode 635 baut dann auf diesen Ideen auf und vertieft sie. Auf diese Art und Weise können die Vorteile des Brainstormings, insbesondere die wechselseitigen Anregungen während der Sitzung, genutzt werden (vgl. Schmidt 1991a, S. 233 f.).

Weitere *Vorteile* liegen in der
- vorwiegend logisch analytischen Vorgehensweise
- raschen interaktiven Ideenproduktion

*Nachteilig* können sich auswirken:
- eine ungenaue Aufgabenstellung
- eine völlig ungesteuerte Ideenproduktion

### Beispiel

Die nachfolgende Abb. 4.51. zeigt ein unbenutztes Formblatt:

| Wie kann man erreichen, dass | | |
|---|---|---|
| 1.1 | 1.2 | 1.3 |
| 2.1 | 2.2 | 2.3 |
| 3.1 | 3.2 | 3.3 |
| 4.1 | 4.2 | 4.3 |
| 5.1 | 5.2 | 5.3 |
| 6.1 | 6.2 | 6.3 |

**Abb. 4.30.** Formblatt für Methode 635

## 4.7 Aufwandschätzungsmethoden

Für die Aufwandsermittlung haben sich vor allem drei Methoden in den betrachteten Bereichen etabliert. Die am meisten verbreitete Methode ist in der Praxis sicherlich die Expertenschätzung.

### 4.7.1 Expertenschätzung

***Methodische Grundlagen***

Bei der Expertenschätzung handelt es sich um ein qualitatives Prognoseverfahren, das das Wissen eines ausgewählten Personenkreises nutzt. Diese besitzen aufgrund ihrer Kenntnisse und Erfahrungen ein spezielles Fachwissen. Die Experten werden veranlasst, die Schätzgrößen subjektiv zu prognostizieren. Aus den vorliegenden Einzelprognosen wird eine aggregierte Gesamtprognose erstellt (vgl. Wöhe u. Döring 1993, S. 665).

***Ablauf***

In der Praxis haben sich die nachfolgenden acht Arbeitsschritte als vorteilhaft bestätigt:

1. Projektleiter plant und definiert die Arbeitspakete der abzuschätzenden Einheit.
2. Der Projektleiter wählt die geeigneten Experten aus.
3. Die zulässigen Grenzwerte der Schätzabweichungen vom Mittelwert der einzelnen Schätzungen werden gemeinsam von Projektleiter und Experten festgelegt.
4. Die Experten schätzen jeder für sich den Aufwand für jedes Arbeitspaket.
5. Aus den Schätzungen der Experten werden die Mittelwerte gebildet.
6. Falls mindestens einer der Schätzwerte in einer Größenordnung vom Mittelwert abweicht, die den vereinbarten zulässigen Grenzwert überschreitet, muss das entsprechende Arbeitspaket nochmals in kleinere Arbeitspakete zerlegt werden.
7. Für diese neu gebildeten Arbeitspakete muss der Schätzprozess neu durchgeführt werden, bis die Abweichungen die gesetzte Grenze nicht mehr überschreiten.
8. Der Mittelwert wird als Schätzwert für den Aufwand eines Arbeitspaketes genommen.

***Regeln***

Die wichtigsten drei Regeln sind:

- Voraussetzung ist die Planung der Arbeitspakete.
- Mittels der Expertenschätzung werden die Aufwandswerte für die einzelnen Arbeitspakete möglichst genau geschätzt. Dabei wird keine Termin- und Kapazitätsplanung durchgeführt.
- Ratsam für die Nachvollziehbarkeit der Schätzung ist, dass ein Protokoll über die Annahmen zu den einzelnen Arbeitspaketen gemacht wird.

## Einsatzmöglichkeiten, Chancen und Risiken

Die Expertenschätzung ist ein heuristisches Verfahren, das in allen Phasen des Projekts einsetzbar ist. Es kann sowohl für Entwicklungs- als auch für Wirkungsprognosen herangezogen werden (vgl. Wöhe u. Döring 1993, S. 665).

Die Erfahrungen mit der Expertenschätzung zeigen, dass diese Methode stark von subjektiven Einflüssen bestimmt und schlecht nachvollziehbar ist. Als Ergänzung zu anderen Verfahren ist sie jedoch gut geeignet.

## Beispiel

Eine mögliche Protokollierungsform für die Expertenschätzung mit drei Schätzern ist in Tabelle 4.9 dargestellt

**Tabelle 4.9.** Tabelle zur Expertenschätzung

| Arbeitspakete, Systemkomponenten | Annahmen | Schätzungen | | | |
|---|---|---|---|---|---|
| | | Schätzer 1 | Schätzer 2 | Schätzer 3 | Mittelwert |
| ... | | | | | |
| ... | | | | | |
| ... | | | | | |
| ... | | | | | |
| Summe | | | | | |

### 4.7.2 Analogieverfahren

**Methodische Grundlagen**

Die Grundlagen für das Analogieverfahren bilden bereits abgeschlossene Projekte. Für das zu schätzende Projekt wird ein Leistungsprofil erstellt, das mit den Profilen der bereits abgeschlossenen Projekte verglichen wird. Dabei baut man auf bisher gemachten Erfahrungen auf und versucht, Abweichungen, die durch andere Voraussetzungen und Anforderungen entstehen, aufzuzeigen und die Ergebnisse des abgeschlossenen Projekts entsprechend zu modifizieren (vgl. Biethahn et al. 1990, S. 208).

**Ablauf**

Die Aufwandschätzung baut auf Erfahrungswerten, die bei ähnlichen Projekten gewonnen wurden, auf. Dabei geht man von einem Leistungsprofil für ein geplantes Projekt aus und arbeitet in folgenden Schritten (vgl. Heinrich u. Burgholzer 1988a, S. 270):

1. Suche nach bereits abgeschlossenen, ähnlichen Projekten
2. Ermittlung des neuen Leistungsprofils

3. Ermittlung der Abweichungen zwischen dem neuen und dem bereits abgeschlossenen Projekt
4. Bewertung der Abweichungen und Ermittlung der zu erwartenden Projektkosten (vgl. Biethahn et al. 1990, S. 208).

### Regeln

- Grundsätzlich wird auf die Erfahrung ähnlicher Projekte zurückgegriffen. Dabei wird der tatsächliche Aufwand (Ist-Werte) eines bereits zu einem früheren Zeitpunkt realisierten Projekts für die Aufwandschätzung herangezogen.
- Voraussetzung ist also immer das Vorhandensein vergleichbarer Projekte und das Vorliegen des Aufwands für die Vergleichsprojekte.
- Mit dem Grad der Vergleichbarkeit nimmt die Qualität der Schätzung zu.

### Einsatzmöglichkeiten, Chancen und Risiken

Dieses Verfahren kann bei Existenz von genügend Aufwandswerten abgeschlossener und vergleichbarer Projekte eingesetzt werden.

Als *Vorteil* ist der geringe Zeitaufwand zu nennen.

Da dieses Verfahren jedoch auf Werten der Vergangenheit basiert, ist Vorsicht bei neuen Technologien und Techniken, neuen Systemkomponenten oder neuen Umgebungen geboten.

### Beispiel

Auf ein Beispiel wird hier verzichtet.

### 4.7.3 Prozentsatzverfahren

### Methodische Grundlagen

Das Prozentsatzverfahren geht davon aus, dass sich der Gesamtaufwand eines Projekts aus der Addition der Aufwendungen in den einzelnen Phasen eines Phasenkonzeptes ergibt und die Aufwendungen in den einzelnen Phasen in einem festen Verhältnis zueinander stehen.

Der prozentuale Anteil einer Phase an den Gesamtkosten eines Projekts lässt sich z. B. aus einer statistischen Analyse beendeter Projekte ermitteln. Sind die Kosten für eine Phase bekannt, so kann man die Gesamtkosten ermitteln. Bei neu zu schätzenden Projekten nimmt man eine Schätzung der Gesamtkosten dann vor, wenn die Kosten für eine Phase bereits angefallen sind und interpoliert über den prozentualen Anteil (vgl. Biethahn et al. 1990, S. 210).

Der Gesamtaufwand kann deshalb auf zwei Arten prognostiziert werden:

- Eine Phase des Projekts wird abgeschlossen und von dem dort angefallenen Aufwand wird der Gesamtaufwand hochgerechnet.

- Eine Phase wird detailliert geschätzt und von diesem Teilaufwand wird auf den zu erwartenden Gesamtaufwand geschlossen (vgl. Litke 1991, S. 88).

*Ablauf*

1. Ermittlung der relevanten Aufwände pro Phase.
2. Die zugrunde gelegte Verteilung muss den vergleichbaren Projekten entsprechen.
3. Zuordnen des Aufwands, der für die Phase Grobkonzeption des zu schätzenden Projekts erforderlich war.
4. Wenn gelegentlich phasenübergreifend gearbeitet wird, dann ist es notwendig, für dieses Schätzverfahren eine exakte Abgrenzung des Aufwands zu den Phasen vorzunehmen.
5. Extrapolieren des Aufwands für die restlichen Phasen.

*Regeln*

- Will ein Unternehmen eine Schätzung vornehmen, so sollte es nicht versuchen, die dafür nicht vorhandenen Informationen zu schätzen, sondern vielmehr bestrebt sein, die Menge der vorhandenen Informationen zu nutzen und systematisch auszuwerten (vgl. Biethahn et al. 1990, S. 212). Dabei erleichtert eine exakte Phasenabgrenzung die Anwendung des Verfahrens.
- Voraussetzung ist jedoch die durchschnittliche Verteilung des Aufwands über die einzelnen Phasen.

*Einsatzmöglichkeiten, Chancen und Risiken*

Die Ergebnisse der einzelnen Schätzverfahren variieren erheblich. Es gibt bis jetzt noch kein Verfahren, das firmen- und anwendungsproblemunabhängig genaue Prognosen liefert (vgl. Biethahn et al. 1990, S. 212).

Ein großer *Nachteil* ist, dass die möglichen Interpretations- und Entscheidungsspielräume dieses Verfahren manipulierbar machen.

Der *Vorteil* liegt jedoch darin begründet, dass es geeignet ist, den zeitlichen Bedarf für die restlichen Projektphasen zu überprüfen. Die exakte Phasenabgrenzung erleichtert die Anwendung des Verfahrens.

*Beispiel*

Tabelle 4.10. Beispiel für die relative Aufteilung des Aufwands

| Phasen | Projektvorbereitung | Konzeption | Spezifikation | Realisierung | Implementierung | Summe |
|---|---|---|---|---|---|---|
| Relativer Anteil in % | 3–5 % | 10–15 % | 20–30 % | 20–40 % | 10–40 % | 100 % |

## 4.8 Test- und Abnahmemethoden

### 4.8.1 Testplanung

***Methodische Grundlagen***

Ein Test besteht im Allgemeinen aus mehreren Testfällen, die über unterschiedliche Testdatenkombinationen verfügen. Die Ausprägungen von Datenfeldern, beispielsweise „17.09.1946" für das Datenfeld „Geburtsdatum eines Mitarbeiters" werden Testdaten genannt.

Ein Testfall beinhaltet alle für einen fachlichen Vorgang erforderlichen Datenfelder, die richtige oder falsche Werte enthalten können.

Bei einem Test ist wie folgt vorzugehen:

Man legt die Testfälle zu den fachlichen Vorgängen (Mehrarbeitsvergütung, Krankmeldung eines Mitarbeiters etc.) fest. Anschließend sind die Testdaten zu den entsprechenden Testfällen zu bestimmen. Es ist zu beachten, dass die bei einem fachlichen Vorgang beteiligten Datenfelder unterschiedliche Werte annehmen können, so dass zu einem fachlichen Vorgang unterschiedliche Datenkonstellationen – beispielsweise richtige Daten, falsche Daten, unvollständige Daten – zu mehreren Testfällen führen können.

***Ablauf***

Die Testplanung kann in folgende Teilaktivitäten unterteilt werden, in denen mehrere Fragen zu berücksichtigen sind:

1. Testkonzeption erstellen
   - In welchen Schritten laufen die Tests ab?
   - Wie werden die Tests (Modul-, Programm-, Komponenten-, Systemtests) untereinander abgegrenzt?

2. Testfälle definieren
   - Welche Prozesse werden mit diesem System unterstützt?
   - Welche Geschäftsvorgänge werden mit diesem System unterstützt?
   - Welche unterschiedlichen Abwicklungsarten werden durchgeführt?
   - Wo werden die Daten verändert?
   - ...

3. Testdaten definieren
   Auf welche Testdaten können die fachlichen Funktionen
   - mittels normal falscher Daten,
   - mittels logisch falscher Daten und
   - mittels Daten im Grenzbereich
   reagieren?

4. Testverfahren/-methoden auswählen
- In welcher Reihenfolge sind die Testfälle durchzuführen?
- Wo werden die Daten für die Testfälle erzeugt?
- Wo werden die Daten für die Testfälle verändert?

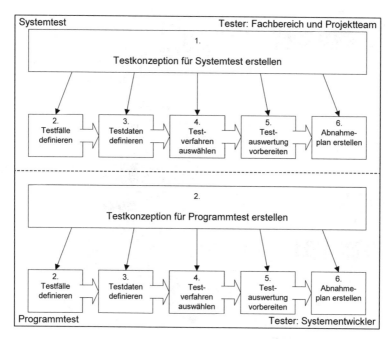

**Abb. 4.31.** Beispiel für eine Testkonzeption

5. Testauswertung vorbereiten
- Identifikation der getesteten Geschäftsfälle
- Strukturierte Dokumentation der Testergebnisse (evtl. Formblatt)
- Fehler und Mängel protokollieren.

6. Abnahmeplan erstellen
Ziel der Systemabnahme wie auch aller vorausgegangenen Tests ist es, festzustellen, ob die erstellte Software „fehlerfrei" ist und die geforderte Funktionalität und Eigenschaften erfüllt sind. Die Fehlerfreiheit von größeren, sehr komplexen Systemen ist praktisch nicht komplett prüfbar. Es ist daher wichtig, festzustellen, ob die Software einen Stand erreicht hat, der sinnvoll eingesetzt werden kann.

Der Umfang des Systemtests sollte hierbei auch unter wirtschaftlichen Gesichtspunkten gewählt werden. Ein weiteres Ziel der Systemabnahme ist es, den geforderten Lieferumfang auf Vollständigkeit zu prüfen. Dies umfasst alle geforderten Dokumente und, wenn erforderlich, auch Hardware.

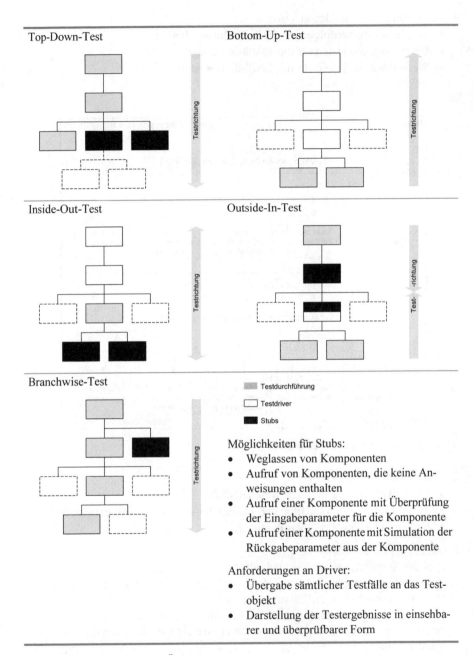

**Abb. 4.32.** Testverfahren im Überblick

## 4.8 Test- und Abnahmemethoden

**Tabelle 4.11.** Vor- und Nachteile der Testverfahren

| Top-Down-Test | Bottom-Up-Test |
|---|---|
| *Vorteile*: <br> • Stubs sind nicht sehr aufwendig <br> • oberste Ebene der Hierarchie wird öfter getestet als die unteren Ebenen <br> • Schnittstellentest ist sehr gut durchführbar <br> • Testdaten der höheren Ebene können für die unteren Ebenen verwendet werden, ergänzt um Zusätze <br> *Nachteile*: <br> • Für den Benutzer sinnvolle Ergebnisse sind oft erst spät sichtbar <br> • Für die unteren Ebenen sind oft viele Testläufe erforderlich <br> • Die Laufzeit für die unteren Ebenen ist oft erheblich lange, da die darüber liegende Hierarchie mitgetestet wird. | *Vorteile*: <br> • Besonders zeitkritische Teile des Systems können unabhängig voneinander parallel entwickelt werden. <br> • Testresultate sind früh erkennbar <br> • es sind tendenziell weniger Testläufe erforderlich als bei der Top-down-Vorgehensweise <br> *Nachteile*: <br> • Erstellung der Driver kann sehr aufwendig sein <br> • Aufbau der Testdaten ist für jedes Testobjekt individuell <br> • Integrationstest ist sehr wichtig, da Testdriver die Realität häufig nicht zu 100 % abbilden. |
| Inside-Out-Test | Outside-In-Test |
| *Vorteile* <br> • Besonders zeitkritische, komplexe Teile des Systems können unabhängig voneinander und parallel entwickelt werden. <br> *Nachteile* <br> • der Aufbau einer Testumgebung ist aufwendig, da Stubs und Driver benötigt werden <br> • der Integrationstest ist umfangreicher | *Vorteile* <br> • es liegen sehr früh vorzeigbare Testergebnisse vor <br> • die Testdriver können bei geeignetem Aufbau für die endgültige Steuerung weiterverwendet werden. <br> *Nachteile* <br> • die Entwicklung der Testdriver ist aufwendig |
| Branchwise-Test | |
| *Vorteile* <br> • es sind keine Testdriver erforderlich <br> • es sind keine Stubs erforderlich <br> *Nachteile* <br> • bei Strukturen mit vielen Hierarchiestufen gibt es lange Zweige | |

Endprodukte der Systemabnahme sind die drei Abnahmen:

- funktionelle Abnahme,
- systemtechnische Abnahme und
- fachlich-organisatorische Abnahme.

Funktionelle Abnahme
Es ist zu prüfen, ob das System die fachlichen dokumentierten Anforderungen korrekt erfüllt und umfasst die Punkte:
- was abgenommen wurde,
- von wem abgenommen wurde,
- wann die Abnahme erfolgte,
- wo Differenzen zum Pflichtenheft in welcher Art bestehen und
- welche Maßnahmen bei Differenzen erfolgen.

Systemtechnische Abnahme
Hier sind die geforderten hard- und softwarespezifischen Sachverhalte auf Korrektheit zu prüfen. Diese umfasst in der Regel:
- was abgenommen wurde,
- von wem abgenommen wurde,
- wo Differenzen zum Pflichtenheft in welcher Art bestehen und
- welche Maßnahmen bei Differenzen erfolgen.

Fachlich-organisatorische Abnahme
Es werden die Pilotinstallationen und die durchgeführten organisatorischen Maßnahmen am Pilotstandort auf Korrektheit geprüft und dokumentiert. Sie umfasst:
- was abgenommen wurde,
- von wem abgenommen wurde,
- wann die Abnahme erfolgte.

Wer was prüft, ist projektspezifisch und/oder konzeptspezifisch zu definieren.

## *Regeln*

1. Äquivalenzklassenmethode
   Aus der gesamten Vielzahl möglicher Ein- und Ausgabedatenkonstellationen werden Äquivalenzklassen gebildet. Aus jeder dieser Klassen werden einige Repräsentanten ausgewählt und getestet. Die einfachste Äquivalenzklassenbildung wäre z. B. die Bildung von gültigen und ungültigen Verarbeitungsfällen. Stellt man fest, dass die zu einer Äquivalenzklasse gehörenden Fälle unterschiedlich bearbeitet werden, dann werden weitere Äquivalenzklassen gebildet und so die Testdaten strukturiert.

2. Grenzwertmethode
   Bei der Grenzwertmethode werden die Eingabedaten für Testfälle an den Grenzen des Gültigkeitsbereiches festgelegt. Gültige und ungültige Werte, positive und negative Werte unmittelbar an der Grenze sind von besonderem Interesse. Dies gilt insbesondere bei numerischen Daten. Hintergrund ist die Überlegung und Erfahrung, wenn das Testobjekt mit den Grenzdaten funktioniert, dann ist die Wahrscheinlichkeit groß, dass es auch mit den übrigen Daten funktioniert.
   Die Grenzwertmethode lässt sich auch sehr gut mit der Äquivalenzklassenmethode kombinieren.

## Einsatzmöglichkeiten, Chancen und Risiken

Eine Testplanung ist überall dort zu erstellen, wo Leistungen erstellt und entwickelt werden, insbesondere wenn die Leistung einen gewissen Komplexitätsgrad überschreitet.

## Beispiel

An dieser Stelle wird aufgrund des reduzierten Platzbedarfs für jede Methode auf die Fachliteratur verwiesen.

### 4.8.2 Abnahmeverfahren

## Methodische Grundlagen

Die korrekte Durchführung der Abnahmeprüfungen ist sowohl aus betrieblichen als auch aus juristischen Gründen notwendig. Dabei soll die Erfüllung aller Leistungsverpflichtungen einer Kontrolle unterzogen und die Ergebnisse in einem Protokoll festgehalten werden. Abnahmeprüfungen sind unter voller betrieblicher Belastung vorzunehmen; dabei sind Menge und Qualität der Leistung zu erfassen. Demzufolge müssen Abnahmeprüfungen mit einem ausgedehnten Probebetrieb verknüpft werden (vgl. Aggteleky u. Bajna 1992, S. 283).

Unter Abnahmetests werden Testverfahren verstanden, die die Auftraggeber und Auftragnehmer vereinbaren, um zu überprüfen, ob die übergebenen Produkte die zugesicherten Eigenschaften bezüglich der Funktionen und der Leistungen auch erbringen (vgl. Heinrich u. Burgholzer 1988b, S. 179).

Ziel der Systemabnahme wie auch aller vorausgegangener Tests ist es, festzustellen, ob die erstellte Software „fehlerfrei" arbeitet und die geforderte Funktionalität und Eigenschaften erfüllt sind. Der Umfang des Systemtests sollte dabei unter wirtschaftlichen Gesichtspunkten gewählt werden. Ein weiteres Ziel der Systemabnahme ist es, den geforderten Lieferumfang auf Vollständigkeit zu prüfen. Dies umfasst alle geforderten Dokumente und, falls erforderlich, auch die Hardware.

Bei der Systemabnahme von Endprodukten unterscheidet man drei Abnahmearten:

1. Funktionelle Abnahme
   Dabei ist zu prüfen, ob das System die fachlichen dokumentierten Anforderungen korrekt erfüllt. Das Endprodukt ist das funktionelle Abnahmeprotokoll, aus dem hervorgeht
   – was abgenommen wurde,
   – von wem abgenommen wurde,
   – wann die Abnahme erfolgte,
   – wo Differenzen zum Pflichtenheft in welcher Art bestehen und
   – welche Maßnahmen bei Differenzen erfolgen.

2. Systemtechnische Abnahme
   Bei der systemtechnischen Abnahme sind die geforderten hard- und softwarespezifischen Sachverhalte auf ihre Korrektheit zu prüfen. Das Endprodukt ist das systemtechnische Abnahmeprotokoll, aus dem hervorgeht
   - was abgenommen wurde,
   - von wem abgenommen wurde,
   - wo Differenzen zum Pflichtenheft in welcher Art bestehen und
   - welche Maßnahmen bei Differenzen ergriffen werden.
3. Fachlich-organisatorische Abnahme
   Hierbei werden die Pilotinstallationen und die durchgeführten organisatorischen Maßnahmen am Pilotstandort auf Korrektheit geprüft und dokumentiert. Das Endprodukt ist das fachlich-organisatorische Abnahmeprotokoll, aus dem hervorgeht
   - was abgenommen wurde,
   - von wem abgenommen wurde und
   - wann die Abnahme erfolgte.

## *Ablauf*

Der Ablauf der Testdurchführung gliedert sich in
1. Vorgespräch über die Systemabnahme
   Das Vorgespräch dient der Abstimmung des Auftraggebers mit dem Auftragnehmer über Inhalt, Umfang und Termine für die Systemabnahme. Bei diesem Gespräch dient der Abnahmeplan als Grundlage.
2. Testdurchführung
   Der Umfang der Testdurchführung ist vom jeweiligen System abhängig. Systeme oder Systemteile, deren falsche Ergebnisse zu größeren Schäden führen können, sind ausgiebiger und genauer zu prüfen.
3. Fehlerprotokoll
   Pro gefundenem Fehler sollte ein Fehlerprotokoll erstellt werden. Im Fehlerprotokoll sollte der Fehler und, wenn möglich, die Entstehungsursache beschrieben sein. Der Projektleiter hat zu entscheiden, ob die gefundenen Fehler nur aufgelistet oder ob pro Fehler ein Protokoll zu erstellen ist. Es ist jedoch zu empfehlen, pro Fehler ein Protokoll zu erstellen, da es die Fehlerbehebung erleichtert.
4. Abnahmeprotokoll
   Das Abnahmeprotokoll sollte mindestens
   - die Art der Abnahme (funktionell, systemtechnisch, fachlich-organisatorisch)
   - den Projektnamen und die Auftragsnummer
   - bei Teilabnahme auch den abgenommenen Teilumfang
   - den Auftragnehmer
   - das Abnahmegremium
   - das Ist-Abnahmedatum
   - das Soll-Abnahmedatum

- die Aussage über den Abnahmeerfolg, gegebenenfalls die protokollierten Mängel sowie
- bei nicht erfolgter Abnahme eine Begründung für die Ablehnung beinhalten.
5. Schlussbesprechung über die Abnahme
Der Auftraggeber teilt dem Auftragnehmer das Ergebnis der Systemabnahme mit. Unklare Sachverhalte werden von beiden Seiten abgestimmt. Außerdem müssen das weitere Vorgehen und, im Fehlerfall, neue Termine abgestimmt werden.

## Regeln

Der Systemabnahmeplan sollte folgenden Mindestinhalt umfassen:

1. Voraussetzung für die Systemabnahme
   - welches System/Teilsystem wird abgenommen?
   - wann beginnt die Systemabnahme?
   - was sind die Voraussetzungen für den Systemabnahmeplan?
2. Zeitplan für die Systemabnahme
   - wann wird getestet?
   - wer nimmt an den Tests teil?
   - was wird getestet?
3. Testfälle
   - Testmatrix als Übersicht der Testfälle
   - Detailbeschreibung der Testdaten pro Testfall
   - die erwarteten Ereignisse
4. Einsatzmöglichkeiten, Chancen und Risiken

Abnahmeverfahren sollten bei jedem einzuführenden System durchgeführt werden. Bei größeren Projekten sind Teilabnahmen durchzuführen.

Je früher ein Systemfehler erkannt wird, desto geringer sind die bereits entstandenen und vor allem die Folgeschäden.

## Einsatzmöglichkeiten, Chancen und Risiken

Ein Abnahmeverfahren sollte grundsätzlich bei jeder Software-Entwicklung vorgenommen werden, um zu prüfen, ob die erstellte Software „fehlerfrei" arbeitet und die geforderten Funktionalitäten und Eigenschaften erfüllt sind.

*Vorteil* eines Abnahmeverfahrens ist, dass die Software vor Annahme und Bezahlung auf ihre Fehlerhaftigkeit, Funktionalität und geforderten Eigenschaften geprüft werden kann. Mögliche Fehler oder fehlende Eigenschaften und Funktionen können somit aufgedeckt und beseitigt werden. Außerdem ermöglicht ein Abnahmeverfahren, den geforderten Lieferumfang auf Vollständigkeit zu prüfen.

*Nachteilig* kann sich ein unpassendes Abnahmeverfahren auswirken, da dieses nicht die erforderlichen Eigenschaften und Funktionen in geeignetem Maße prüfen kann. Außerdem kann ein falsches Abnahmeverfahren erhöhte Kosten verursachen.

*Beispiel*

**Tabelle 4.12.** Teilnehmer der Systemabnahme

| Teilnehmer an der Systemabnahme | funktionelle Abnahme | systemtechnische Abnahme | fachlich-organisatorische Abnahme |
|---|---|---|---|
| Projektleiter (Auftraggeber) | muss | muss | muss |
| betroffener Fachbereich | muss | muss | muss |
| DV/Org.-Bereich | kann | kann | Kann |
| Projektgruppenmitglieder | kann | kann | Kann |
| Spezialisten | kann | kann | Kann |
| Projektleiter (Auftragnehmer) | kann | kann | Kann |

**Tabelle 4.13.** Beispiel für Fehler- und Mängelprotokoll

| Pflichten-heftpunkt | Qualitäts-merkmal | Mängel keine 1 | geringe 2 | 3 | 4 | viele 5 | Fehler keinen 1 | ein 2 | mehrere 3 | Bemer-kungen | Anhang |
|---|---|---|---|---|---|---|---|---|---|---|---|
| ... | ............ | ☐ | ☐ | ☐ | ☐ | ☐ | ☐ | ☐ | ☐ | ............ | ............ |
| ... | ............ | ☐ | ☐ | ☐ | ☐ | ☐ | ☐ | ☐ | ☐ | ............ | ............ |
| ... | ............ | ☐ | ☐ | ☐ | ☐ | ☐ | ☐ | ☐ | ☐ | ............ | ............ |
| ... | ............ | ☐ | ☐ | ☐ | ☐ | ☐ | ☐ | ☐ | ☐ | ............ | ............ |
| ... | ............ | ☐ | ☐ | ☐ | ☐ | ☐ | ☐ | ☐ | ☐ | ............ | ............ |
| ... | ............ | ☐ | ☐ | ☐ | ☐ | ☐ | ☐ | ☐ | ☐ | ............ | ............ |
| ... | ............ | ☐ | ☐ | ☐ | ☐ | ☐ | ☐ | ☐ | ☐ | ............ | ............ |
| ... | ............ | ☐ | ☐ | ☐ | ☐ | ☐ | ☐ | ☐ | ☐ | ............ | ............ |

## 4.9 Aufnahme- und Erhebungsmethoden

Eine systematische Analyse der organisatorischen, technischen und sozialen Wirklichkeit lässt sich u. a. anhand der Methoden Befragung, Beobachtung, Selbstaufschreibung, Multimomentaufnahme, Inhaltsanalyse, Experiment etc. durchführen (vgl. Atteslander 1993, S. 78 f.). Die ersten vier Methoden werden in den nachfolgenden Kapiteln näher dargestellt.

Aufnahme- und Erhebungstechniken werden in der fachlichen Diskussion derzeit leider wenig Aufmerksamkeit geschenkt. Unabhängig davon sind wir in jeder Prozess, Informations- oder Kundenanalyse – bewusst oder unbewusst – auf sie angewiesen und sie leisten uns gleichzeitig große Dienste.

Anzumerken bleibt, dass in diesem Kapitel auf Beispiele der einzelnen Methoden verzichtet wurde. Der Grund liegt in der mangelnden Aussagekraft eines kurzen Beispiels.

**Abb. 4.33.** Methodenübersicht für Aufnahme und Erhebung

## 4.9.1 Befragung

### Methodische Grundlagen

Die Befragung basiert auf der Annahme, dass der Einzelne seine Probleme besser kennt als Außenstehende. Die Befragung gibt Mitarbeitern Gelegenheit, Missstände, Ideen, Anforderungen, Erfahrungen oder Symptome aus ihrer Sicht zu schildern.

Objektive Eigenschaften oder Merkmale der Befragten – z. B. demographische Daten wie Alter, Geschlecht, … – werden dabei ebenso wie subjektive Eigenschaften (Einstellungen, Meinungen, Bewertungen) nicht direkt, sondern nur mittelbar über die mündlichen oder schriftlichen Äußerungen der Befragten erfasst.

Der Einsatz der Befragung als Datenerhebungsverfahren ist dann angemessen, wenn im Rahmen einer Untersuchung „organisatorische Tatbestände" erfasst werden sollen, die von den Befragten auch verbalisiert werden können.

Es können vier verschiedene Formen der Befragung unterschieden werden:

1. Fragebogen bzw. Meinungsumfrage
   Die zu befragende Person füllt eigenständig einen Fragebogen nach vorausgegangener Instruktion aus.
   
   Der Fragebogen wird an alle Mitarbeiter der anvisierten Abteilungen verteilt und soll z. B darüber Aufschluss geben, wie sie ihr Verhältnis zum Unternehmen in bestimmten Fragen empfinden. Regelmäßige Umfragen zeigen außerdem Veränderungen der Mitarbeitermentalität sowie des Betriebsklimas auf und deuten rechtzeitig auf Probleme in den zwischenmenschlichen Beziehungen oder in der Organisation hin.

2. Interview bzw. mündliche Befragung
   Der Befragte antwortet verbal auf Fragen, die vom Interviewer verlesen oder frei formuliert werden.
   
   Interviews werden mit einer repräsentativen Auswahl von Mitarbeitern geführt und ermöglichen eine ausführlichere Diskussion über wichtige Aspekte. Interviews ermöglichen in der Regel keine quantitativen oder statistischen Schlussfolgerungen. Dafür sind die Ergebnisse aber qualitativ weitaus wertvoller als die aus den Fragebogen gewonnenen Erkenntnisse.

3. Direkter Draht
Der „direkte Draht" ist eine Möglichkeit des freiwilligen Interviews. Der Befragte antwortet auf telefonisch gestellte Fragen. Der Vorteil dieser Methode liegt in der Überschaubarkeit der Feldsituation und somit auch in der besseren Kontrolle der Interviewer.

Jeder Mitarbeiter kann sich am Telefon zu einem, eventuell vorgegebenen, Punkt äußern oder einfach darlegen, was ihm Probleme bereitet, womit er zufrieden ist und wo er Bedenken hat. Da diese Methode eine Fülle wertvoller Informationen liefert, aber nicht immer zuverlässig funktioniert, dient sie vor allem als thematische Anregung für Fragebogen oder Interviews.

4. Andere Formen
Neben den schriftlichen Anfragen an die Unternehmensleitung zählen hierzu Gespräche zwischen Angehörigen der Führungsspitze und Mitarbeitern sowie offene Briefe in Unternehmenspublikationen. Mit diesen Möglichkeiten der Mitarbeiterbefragung lassen sich ebenfalls Sachverhalte analysieren.

Jede Befragung stellt eine soziale Situation dar. Dazu zählt neben den Menschen, die miteinander kommunizieren, auch die jeweilige Situation. Eine soziale Situation liegt selbst dann vor, wenn eine Person für sich allein einen Fragebogen beantwortet oder telefonisch befragt wird. In alle Befragungssituationen fließen gegenseitige Erwartungen, Wahrnehmungen aller Art ein, die wiederum das Verhalten und die verbale Reaktion beeinflussen. Die Umgebung ist deshalb nie vollständig zu beobachten und zu kontrollieren.

**Tabelle 4.14.** Befragungstypen

| Kommunikationsart \ Kommunikationsform | wenig strukturiert | teil-strukturiert | Stark Strukturiert | |
|---|---|---|---|---|
| Mündlich | informelles Gespräch<br><br>Experteninterview<br><br>Gruppendiskussion | Leitfadengespräch<br><br>Intensivinterview<br><br>Gruppenbefragung<br><br>Expertenbefragung | Einzelinterview<br><br>Gruppeninterview<br><br>Panelbefragung | mündlich und schriftlich kombiniert |
| Schriftlich | informelle Anfrage bei Zielgruppen | Expertenbefragung | Postalische Befragung<br><br>Persönl. Verteilung und Abholung<br><br>Gemeinsames Ausfüllen von Fragebogen<br><br>Panelbefragung | |

Der Grad der Standardisierung wird unterschieden in:

- nichtstandardisierte Befragung: Der Befragte bekommt ein Rahmenthema genannt und hat die Möglichkeit, sich frei dazu zu äußern. Es ist freigestellt, ob Themen vertieft oder neue Themen hinzugefügt werden. Eine nichtstandardisierte Befragung hat eine rein explorative Funktion und wird daher meist zur Gegenstandssondierung eingesetzt (vgl. Tiefen- oder Intensivinterview).
- halbstandardisierte Befragung: Der Themenkreis ist festgelegt, die Gestaltung der Fragenfolge und -formulierung ist jedoch freigestellt. Einsatz vorwiegend in der Erkundungsphase.
- standardisierte Befragung: Bei einer standardisierten Befragung sind der Wortlaut und die Reihenfolge der Fragen vorgegeben. Aufgrund dessen ist die Vergleichbarkeit und Quantifizierung der Ergebnisse möglich sowie eine höhere Zuverlässigkeit gegeben.

Die Art der Befragungssituation wird unterschieden in:

- mündliche Befragung
- schriftliche Befragung und
- telefonische Befragung

Die mündliche Befragung ist eine sehr kostenintensive Form der Erhebung und bringt starke Interviewereffekte mit sich. Bei der schriftlichen Befragung ist der geringere Kostenaufwand von Vorteil, ferner tritt kein Interviewereffekt auf. Negativ fällt ins Gewicht, dass die Rücklaufquote meist sehr gering ist und dass die Feldsituation nicht kontrolliert werden kann. Bei der telefonischen Befragung bereitet vor allem das kognitive Niveau Schwierigkeiten.

Die Zahl der befragten Personen kann unterschieden werden in:

- Einzelbefragung und
- Gruppenbefragung

Die Häufigkeit oder zeitlichen Erstreckung der Befragung wird unterschieden in:

- Querschnittsbefragung: d. h. einmalige Befragung einer Untersuchungspopulation
- Längsschnittbefragung: d. h. mehrmalige Befragung einer Untersuchungspopulation

## *Ablauf*

Wie bei allen Vorgehensweisen in der empirischen Sozialforschung lässt sich der Ablauf der Befragung in fünf Phasen unterscheiden (vgl. Atteslander 1993, S. 32 ff.):

1. Problembenennung als Formulierung des zu untersuchenden Problems in wissenschaftliche Fragestellungen, d. h. Abgrenzung des Problems, Nachweis der Erklärungsbedürftigkeit etc.

2. Gegenstandsbenennung als grobe Hinweise für diese Phase können gelten
   - die Zeitabschnitte, die Gruppen von Erscheinungen oder Personen, die erfasst werden sollen sowie
   - die Bereiche, die einer Befragung zugänglich sind, d. h. die Wahl der Feldsituation.
   
   Die Gegenstandsbenennung ist der Vorgang, bei dem beobachtbare Erscheinungen oder abstrakte Vorstellungen in einen Zusammenhang gebracht werden. Dieser Prozess wird meist nur verbal vorgenommen.
3. Durchführung der Befragung als Phase der Anwendung der Forschungsmethoden. Je nach Gegenstandsbereich werden unterschiedliche Methoden in Betracht gezogen. Hat man das Erhebungsinstrument, z. B. einen Fragebogen, ausgewählt und konkretisiert, wird er in einem nächsten Schritt einem Tauglichkeitstest (Pretest) unterzogen. Bei der Durchführung und Auswertung des Pretests muss das Befragungsinstrument auf seine Zuverlässigkeit und Gültigkeit, die Verständlichkeit von Fragen, die Eindeutigkeit der gewählten Kategorien und die konkreten Erhebungsprobleme hin untersucht werden. Nach der möglicherweise notwendigen Korrektur des Fragebogens erfolgt schließlich die Haupterhebung.
4. Analyse der Befragungsergebnisse: Nach der Datenerhebung kommen Auswertungsverfahren zum Einsatz. Dazu zählen sämtliche Arbeiten, die mit der Aufbereitung, Analyse und Interpretation der Befragungsergebnisse zu tun haben.
5. Verwendung von Ergebnissen: Damit die erhobenen Ergebnisse auch eine „Außenwirkung" – im Sinne eines Beitrages zur Problemlösung – erzielen können, ist es notwendig, die Ergebnisse in einem Bericht zusammenzufassen und der Öffentlichkeit zugänglich zu machen.

*Regeln*

Die Aussagekraft der Ergebnisse einer Befragung ist von der Erfüllung folgender Kriterien abhängig:

- Systematische Vorbereitung dessen, was man fragen will
- Absicht/Zweck der Befragung
- Die theoriegeleitete Kontrolle der gesamten Befragung, um den Einsatz der Befragung als wissenschaftliche Methode zu gewährleisten
- Die Kontrolle der einzelnen Schritte, um festzustellen, inwieweit die Befragungsergebnisse von (unerwünschten) Bedingungen beeinflusst worden sind

  Die sprachliche Form sollte folgende Regeln beachten:

- Die Befragung sollte möglichst wie ein alltägliches Gespräch ablaufen
- Auf bestimmte Formulierungen (Fremdwörter, abstrakte Begriffe, doppelte Negationen etc.) ist zu verzichten
- Suggestive Formulierungen sind ebenfalls zu vermeiden
- Begriffe wie „häufig", „selten" etc. sind relativ. Deswegen muss dem Befragten ein Bezugsrahmen gegeben werden

- Die Fragen sollten kurz formuliert und konkret sein
- Die Fragen sollten neutral und nicht hypothetisch formuliert werden
- Es sollte nicht zu oft nach Vergangenem gefragt werden

Der unterschiedliche Informationsstand der Befragten ist z. B. durch eine Einleitung zum Thema zu berücksichtigen.

Bei der Anordnung von Fragen sollte die Spannungskurve, d. h. die Veränderung der Motivation, berücksichtigt werden. In der Regel werden zu Beginn der Befragung interessante Fragen gestellt, um die Befragten zu motivieren. Anschließend stellt man komplexere Fragen und zum Schluss hin wieder einfachere wie z. B. nach demographischen Daten.

Damit eine Befragung zu gültigen bzw. sachgerechten Antworten führt,

- müssen Interviewer und Befragter motiviert sein
- den Befragungsprozess kognitiv beherrschen können und
- beide müssen erwarten können, dass ihnen keine Nachteile oder negativen Folgen aus ihrer Beteiligung am Befragungsprozess erwachsen.

### Einsatzmöglichkeiten, Chancen und Risiken

*Vorteile*
- Erfassung qualitativer Probleme
- Wertvoller Ausgangspunkt für eine gründlichere Studie
- Die aufgedeckten Probleme können mit dem üblichen Kontroll- und Analyse-Instrumentarium nicht erfasst werden
- Mitarbeiter sind bereit, zur Problemlösung beizutragen
- Eine große Zahl von Personen
  - je nach Umfang der Befragung und
  - je nach Bereitschaft der Befragten zur Mitarbeit
- sehr viele Informationen.

*Nachteile*
- Die Aussagen von Individuen lassen nur sehr bedingt Schlüsse über Organisationen etc. zu
- Gefahr voreiliger Schlussfolgerungen auf der Basis von Umfragen ohne statistische Gültigkeit
- Hoher Zeit- und Arbeitsaufwand
- Einbeziehung der Mitarbeiter weckt Hoffnungen, die kaum alle zu erfüllen sind
- Die sprachliche Basis der Erhebung ist problematisch („Schichtgebundenheit der Sprache") – z. B. weisen Mitarbeiter im Produktionsbereich eines Unternehmens einen anderen Sprachcode auf als Mitarbeiter im Organisationsbereich. Personen mit höherem Bildungsniveau zeigen meist Ablehnung gegenüber vorformulierten Antworten, Mitarbeiter mit niedrigerem Bildungsstand zeigen hingegen Probleme bei der Formulierung der Antworten

Die Befragung eignet sich in Situationen, in denen der Befragte verunsichert ist nicht, z. B. im Rahmen der Reorganisation eines Unternehmens, da der Mitarbeiter aufgrund des Gefühls „sich auszuliefern" meist ein anderes Verhalten zeigen und andere Antworten geben wird als in Situationen, in denen seine Kreativität und seine Ideen gefragt sind (vgl. Probst 1992, S. 322 f.). In solchen Zusammenhängen sind eher Methoden zu bevorzugen, in denen der Mitarbeiter sich selbst beobachten kann und in denen er auf der Basis von Resultaten verschiedener Analysen an der Problemlösung teilhaben kann (Selbstaufschreibungen etc.).

Mit der Befragung lässt sich selten die „Wahrheit" über eine Situation, ein Verhalten, eine Person etc. herausfinden, doch liefert sie dennoch Vorgesetzten, Projektteams etc. wertvolle Informationen zur Ergänzung ihrer eigenen Sichtweise bezüglich der Veränderungen von Unternehmen und Umwelt.

### 4.9.2 Beobachtung

*Methodische Grundlagen*

Mit der Beobachtung versucht man verbales und nicht-verbales Verhalten systematisch zu erfassen. Die Beobachtung umfasst die Aufnahme und Interpretation der beobachteten Vorgänge, d. h. der sinnlich wahrgenommenen Tatbestände und Prozesse.

Das Beobachtungsverfahren ist eine der ältesten Erhebungsmethoden. Aber aufgrund seiner „Generalisierungs-Problematik" wird es im Vergleich zur Befragung nur relativ selten eingesetzt.

Die Formen der Beobachtung lassen sich nach folgenden Kriterien klassifizieren:

- Position des Beobachters im Beobachtungsprozess
- Grad der Strukturierung der Beobachtung
- Mittelbarkeit (z.B. Videoaufzeichnungen) bzw. Unmittelbarkeit der Beobachtung
- Erkennbarkeit der Beobachtung als solche für die Betroffenen
- Ort der Beobachtung

Nach den Kriterien zur Klassifizierung der Beobachtung lassen sich folgende vier Formen unterscheiden:

1. Teilnehmende und nichtteilnehmende Beobachtung
Im Rahmen der teilnehmenden Beobachtung übernimmt der Forscher zusätzlich zu seiner eigentlichen Rolle als Wissenschaftler noch die Rolle des Mitglieds im Beobachtungsprozess. Er ist also Teil des zu untersuchenden sozialen Gefüges.

Als Voraussetzungen müssen gegeben sein:

- die Zugänglichkeit des Beobachtungsfeldes
- die Rolle muss so gestaltet werden, dass die üblichen Interaktionen nicht beeinflusst werden
- der Beobachter darf sich nicht zu sehr ins Handlungsgefüge integrieren, da er sonst zum Beobachtungsobjekt keine Distanz mehr besitzt.

Innerhalb der nichtteilnehmenden Beobachtung nimmt der Forscher nur die Rolle des Wissenschaftlers wahr und steht so außerhalb des Untersuchungsbereiches. Ein Problem kann hierbei sein, dass aufgrund der Distanz zum Feld sinngemäße Interpretationen schwer zu gewährleisten sind.

2. Offene und verdeckte Beobachtung
Bei der offenen Beobachtung teilt der Beobachter im Gegensatz zu der verdeckten Beobachtung den Betroffenen seine Aktivitäten mit. Bei der offenen Beobachtung kennen die zu beobachtenden Personen den Zweck der Anwesenheit des Forschers. Deswegen besteht auch die Gefahr, dass es aufgrund der Kenntnisnahme der Beobachtung zu Verhaltensänderungen, d. h., Abweichungen vom üblichen Verhalten, bei den Beobachteten kommen kann (Reaktivität). Bei der verdeckten Beobachtung liegen wiederum rechtliche Probleme vor.

3. Strukturierte und nichtstrukturierte Beobachtung
Bei der strukturierten Beobachtung wird mit einem detaillierten Beobachtungsschema gearbeitet. Dieses Schema entspricht ungefähr dem Fragebogen im Rahmen einer Befragung. Der Beobachter zeichnet seine Beobachtungen in dem im Voraus festgelegten Schema auf. Mit einem Beobachtungsschema ist eine systematische Beobachtung möglich und somit auch die Vergleichbarkeit der Ergebnisse gesichert. Bei der nichtstrukturierten Beobachtung liegt kein Beobachtungsschema zugrunde. Meist wird nur ein grober Leitfaden mit zentralen Beobachtungskategorien eingesetzt. Die nichtstrukturierte Beobachtung wird vor allem bei der Erkundung noch weitgehendst unbekannter Felder eingesetzt.

4. Feld- und Labor-Beobachtung

*Ablauf*

Die Vorgehensweise im Rahmen der Beobachtung eines Arbeitsprozesses kann folgendermaßen vonstatten gehen (vgl. Probst 1992, S. 329):

1. Vorbereitungsphase
   grobe Definition der Aufgabeninhalte und des Arbeitsplatzumfeldes
2. Ausarbeiten eines Beobachtungsschemas
   beispielsweise anhand der 5 „W"-Fragen
3. Eigentliche Beobachtung, die beinhalten kann:
   - den Entwurf des Arbeitsplatzes und seines Umfeldes
   - ein Schema für die Vorgehensweise des ausführenden Mitarbeiters
   - die Beobachtung mehrerer Arbeitszyklen
   - die Aufgliederung der Arbeit in einzelne Schritte
   - eine Liste der qualitativen Leistungskriterien
   - die statistische Erfassung von Zwischenfällen, Unregelmäßigkeiten etc.
4. Aufbereitung und Auswertung der erhobenen Daten
   die erhobenen Ergebnisse werden einer statistischen Analyse und Auswertung unterzogen und anschließend interpretiert. Anhand der Auswertung lassen sich

dann Konsequenzen für Veränderungen ableiten z. B. für die Erstellung von Stellenbeschreibungen.

## Regeln

Als Voraussetzung für die Beobachtung muss zunächst gegeben sein, dass die zu beobachtenden Tätigkeiten, das Verhalten, die Personen etc. möglichst leicht mit dem Auge zu erfassen sind. Diese Voraussetzung ist manchmal z. B. bei der Analyse des Arbeitsklimas in einer Werkhalle nicht gegeben.

Generell gilt: Damit eine Beobachtung nicht blind und empirisch irrelevant abläuft, muss immer sowohl der jeweilige subjektive Sinn eines beobachteten Verhaltens, d. h. das Warum des Verhaltens, berücksichtigt werden als auch die objektive Bedeutung, die diesem Verhalten zukommt. Meist werden jedoch aus dem Spektrum der Wahrnehmungen nur Teile bewusst, die in Abhängigkeit von den Beobachtern variieren.

Problembereiche der Beobachtung:
- Der Beobachter steht in seinen eigenen kulturellen und sozialen Kontext eingebettet und dies beeinflusst seine Fähigkeit, wahrzunehmen („man sieht, was man sehen will").
- Selbstverständlichkeiten werden leicht übersehen, z. B. gilt Pünktlichkeit oft als so selbstverständlich, dass sie gar nicht mehr protokolliert wird.
- Psycho-physische Faktoren können ebenfalls die Wahrnehmung beeinflussen.

Neben einer sorgfältigen Auswahl und Schulung der Beobachter und einer ständigen Reflexion des eigenen Standpunktes durch die Beobachter kann vor allem über die Verwendung strukturierter Beobachtungsschemata die selektive Wahrnehmung gemildert werden.

Problematisch bleibt, dass die Beobachtung nur sehr schwierig Aussagen über die Zuverlässigkeit und Gültigkeit der Ergebnisse liefern kann, da eine gleiche Wiederholung der Beobachtung meist nicht mehr möglich ist. Die Faktoren dieser Beeinflussung können dabei sowohl auf Seiten der Beobachter als auch auf Seiten der Beobachteten liegen.

## Einsatzmöglichkeiten, Chancen, Risiken

*Vorteile*
- Es wird das tatsächliche Verhalten erfasst und nicht nur Aussagen über dieses
- Unbewusstes Verhalten wie z. B. Mimik, Gestik etc. kann erfasst werden
- Die Beobachtung liefert auch Informationen über Personen, die ein eingeschränkteres Verbalisierungsvermögen haben (vgl. Befragung)
- Informationen über soziale Prozesse sind möglich
- Die Daten gelangen unverfälscht ohne Einschaltung einer anderen Person zum Beobachter
- Die Resultate entsprechen bei systematischer Gestaltung des Beobachtungsprozesses qualitativ und quantitativ ziemlich genau der Wirklichkeit.

*Nachteile*
- Latente Eigenschaften sind nicht erfassbar (Religionszugehörigkeit, politische Einstellung etc.)
- Die Beobachtung liefert keine Informationen über vergangene und nicht wiederholbare Ereignisse
- Sie ist eine sehr zeitaufwendige Methode
- Die Beobachtung kann sehr subjektiv und einseitig verlaufen
- Die Beobachter können die beobachteten Personen in ihrem Verhalten beeinflussen
- Die Beobachtung kann nur stattfinden, wenn das relevante Verhalten auftritt. Dieser Zeitpunkt ist jedoch meist nicht vorab bestimmbar
- Verdeckte Beobachtungen verstoßen gegen die menschlichen Grundrechte und sind somit abzulehnen.

Im Rahmen von Datenerhebungen in Unternehmen ist das Beobachtungsverfahren ein geeignetes Instrument, wenn es darum geht, sich Informationen über einen bestimmten Arbeitsplatz, über Arbeitsabläufe oder die Reaktion von Mitarbeitern auf bestimmte Störungen zu verschaffen.

### 4.9.3 Selbstaufschreibung

*Methodische Grundlagen*

Im Rahmen der Selbstaufschreibung werden von den Mitarbeitern bzw. den Betroffenen selbst alle gewünschten Informationen zusammengetragen und anschließend von ihnen in einen extra für diesen Zweck angefertigten Vordruck eingetragen (vgl. Probst 1992, S. 324).

Die Selbstaufschreibung eignet sich immer dann als Erhebungstechnik, wenn ein sehr großer Kreis von Mitarbeitern betroffen ist oder wenn ein kleineres oder mittleres Unternehmen nur über wenig speziell ausgebildete Organisatoren verfügt (vgl. Rosenkranz 1990, S. 1.13). Selbstaufschreibungen werden vorwiegend bei der Definition der Arbeitsinhalte, bei zeitlichen Angaben, der Ermittlung von Tätigkeiten oder zur Bewertung der eigenen Leistung eingesetzt.

*Ablauf*

Selbstaufschreibungen können sich in der Regel nur auf einen oder zumindest sehr wenige Daten beziehen. Aufgrund dessen werden sie nur für die Ermittlung solcher Sachverhalte eingesetzt, die eindeutig abgrenzbar sind und sich wiederholen. Ein Tagesbericht ist ein typisches Beispiel für eine Selbstaufschreibung.

Die erledigten Tätigkeiten werden neben einem vertikalen Zeitbalken eingetragen. In Tagesberichten werden nicht die Aufgaben erfasst, sondern die Mitarbeiter sind aufgefordert, ihre Tätigkeiten anzugeben. Diese Forderung resultiert aus der Erfahrung, dass es Mitarbeitern leichter fällt, ihre Tätigkeiten zu nennen als die zugrunde liegenden Aufgaben. Ein weiterer Grund liegt darin, dass alle Aktivitäten erfasst werden sollen, die keine Aufgaben sind, aber dennoch die Arbeitszeit der Mitarbeiter in Anspruch nehmen. Neben der Tätigkeitsspalte können noch weitere Spalten eingerichtet werden, in denen sich durch bestimmte Symbole Zwischentätigkeiten (Anrufe, Besprechungen etc.) eintragen lassen. Durch Einbezug dieser zusätzlichen Informationen können Störungen, deren Häufigkeiten und/oder deren zeitliche Verteilung abgebildet werden. Auch Spalten mit der Angabe „mit wem zusammengearbeitet wurde" oder mit „Verbesserungsmöglichkeiten" sind vorstellbar. Über die Aufforderung an die Mitarbeiter, Verbesserungsvorschläge zu machen, sollen diese zum Mitdenken angeregt und ihnen bekannte Wege zur Zielerreichung genannt werden. Meist haben die Ausführenden der jeweiligen Ebenen die beste Kenntnis über die Einzelheiten der Aufgabenerfüllung und können somit die wichtigsten Anregungen geben.

Solche Tagesberichte sind jedoch nur dann ausreichend aussagekräftig, wenn sie über einen längeren Zeitraum hinweg erstellt werden.

## *Regeln*

Der Einsatz der Selbstaufschreibung macht das Vorhandensein bestimmter Voraussetzungen notwendig. Als Voraussetzungen für den Einsatz müssen gegeben sein:

- Einverständnis und Vorbereitung der betroffenen Mitarbeiter
- Die betroffenen Mitarbeiter benötigen ausreichend Motivation und Ausdauer beim Ausfüllen der Formulare
- Die Mitarbeiter dürfen nicht das Gefühl haben, sich ausliefern zu müssen

## *Einsatzmöglichkeiten, Chancen und Risiken*

Der Einsatz der Selbstaufschreibung bringt folgende *Vorteile* mit sich:
- Personenbezogenheit
- Eine Fülle von Informationen wird geliefert
- Leichte Auswertbarkeit

Die Selbstaufschreibung zieht folgende *Nachteile* nach sich:
- Das Ausfüllen der Formulare ist mit großem Aufwand verbunden
- Die Selbstaufschreibung ist reduktionistisch und vor allem rein quantitativ
- Die betroffenen Mitarbeiter können sich unter Druck gesetzt fühlen und z. B. dazu neigen, bewusst falsche Angaben zu machen, falls sie die Erhebung als Produktivitätskontrolle auffassen.

Vor allem die Verlässlichkeit der Aufschreibungen erweist sich als problematisch, da in Frage gestellt ist, inwieweit die gemachten Angaben vertrauenswürdig sind. Jeder verspürt bei solchen „Befragungen" die Neigung, sich besser darzustellen, als es den Tatsachen entspricht. Dennoch können diese Verzerrungen durch ein so genanntes Korrektiv einigermaßen vermieden werden. Die erstellten Beschreibungen werden dem jeweiligen Vorgesetzten vorgelegt, der sie dann, allerdings nur in Abstimmung mit dem jeweils betroffenen Mitarbeiter, korrigieren kann. Allein das Wissen, dass die Beschreibungen dem Vorgesetzten vorgelegt werden, hilft, extreme Verfälschungen zu verhindern. Allerdings bleibt auch fraglich, inwieweit der Vorgesetzte in der Lage ist, unverfälschte, einigermaßen objektive Angaben zu machen und in die Bewertung nicht Sympathie oder Antipathie einfließen lässt. Hingegen lässt sich die Richtigkeit zeitlicher Angaben durch so genannte Rundgänge überprüfen.

### 4.9.4 Multimoment-Aufnahme

*Methodische Grundlagen*

Multimoment-Aufnahmen stützen sich auf eine Vielzahl von Stichprobenbeobachtungen zur Analyse des Ist-Zustands einer Person, Abteilung etc. (vgl. Probst 1992, S. 330). Die Multimoment-Studie ist also ein Stichprobenverfahren, welches Aussagen über die prozentuale Häufigkeit und somit über die Dauer permanent wiederkehrender Vorgänge oder Größen beliebiger Art mit einer statistischen Sicherheit von 95 % gibt (vgl. Rosenkranz 1990, S. 1.10 f.).

Dieses Verfahren eignet sich folglich für die Analyse von Systemen, in denen sich bestimmte Situationen mehr oder weniger oft wiederholen. Multimoment-Aufnahmen sind z. B. sehr nützlich für Stellenbeschreibungen.

Sinn der Multimoment-Aufnahmen ist es, von einer begrenzten Anzahl beobachteter Fälle (Stichproben) auf die Gesamtheit aller Ereignisse zu schließen. Unter Einhaltung bestimmter Regeln kann die Stichprobe ein brauchbares Abbild der Grundgesamtheit liefern.

*Ablauf*

Indem der Beobachter bei jeder Augenblicksbeobachtung den Ist-Zustand protokolliert, erhält er schließlich eine Menge von Einzeldaten, mit denen er z. B. den Auslastungsgrad im Rahmen einer Tätigkeit ermitteln kann.

Nach Probst (1992, S. 330) ist folgendes Vorgehen zu empfehlen:

1. Zielbestimmung
2. Festlegung der Beobachtungsmodalitäten
3. Ermittlung der erforderlichen Anzahl an Beobachtungen und Rundgängen
4. Festlegung des Weges für den Rundgang und der Beobachtungsorte
5. Aufstellung einer zeitlichen Vorgabe für den Beginn des Rundganges
6. Entwurf des Formulars für die Stichprobenbeobachtungen
7. Information der Betroffenen, des Betriebsrates etc.
8. Eintragung der Ergebnisse in das Formular
9. Auswertung der Ergebnisse

Der Zeitplan für die Beobachtung lässt sich z. B. mittels einer Reihe von Zufallszahlen zwischen 1 und 60 festlegen. Jede zufällig ermittelte Zahl bestimmt dann die jeweilige Zeitspanne zwischen den Rundgängen. Zieht man die Zahl 54, so bedeutet das, dass zwischen dem Beginn von Rundgang $X$ und $Y$ eine Zeitspanne von 54 Minuten zu liegen hat.

| Beginn des Rundgangs | 8:36 | Uhr |
|---|---|---|
| Zufallszahl 54 | 0:54 | |
| Ende des Rundgangs | 9:30 | Uhr |

### *Regeln*

Als Voraussetzungen für den Einsatz der Multimoment-Aufnahmen müssen gegeben sein:

- Die zu beobachtenden Personen müssen über Sinn und Zweck der Multimoment-Aufnahmen informiert sein.
- Die Betroffenen dürfen die Beobachtungen nicht als Leistungskontrolle empfinden.
- Der Beobachter muss sich so diskret wie möglich verhalten.
- Die Beobachteten dürfen in ihrem „normalen" Arbeitsablauf nicht gestört werden.

### *Einsatzmöglichkeiten, Chancen und Risiken*

Als *Vorteile* der Multimoment-Aufnahmen können angeführt werden:
- Da jede Stichprobenaufnahme nur einen Moment dauert, können zahlreiche Systeme simultan beobachtet werden.
- Diese Erhebungstechnik ermöglicht relativ genaue, quantifizierbare Ergebnisse.
- Wenn sich der Beobachter diskret verhält, werden die beobachteten Personen in ihrem Arbeitsablauf nicht gestört, da sie selbst keine Angaben machen müssen.
- Die Ergebnisse sind rasch auszuwerten, da sie direkt in den Computer eingegeben werden können.

*Negativ* fallen folgende Aspekte ins Gewicht:
- Es werden nur sichtbare Tätigkeiten und Zustände erfasst
- Die Tatsache, dass die Mitarbeiter beobachtet werden, kann bei ihnen Abwehrhaltungen entstehen lassen
- Außergewöhnliche Ereignisse, die einen großen Einfluss auf die Arbeitsatmosphäre innerhalb einer Mitarbeitergruppe ausüben könnten, können in die Analyse nicht mit einbezogen werden, da ihr Auftreten auch nie vorab bestimmt werden kann.

Da es praktisch unmöglich ist, z. B. den Zeitverbrauch sämtlicher Fälle zu erheben, ist die Multimoment-Aufnahme aus Gründen der Zeit- und Kostenersparnis eine vorteilhafte Methode, um über die Untersuchung einer begrenzten Anzahl von Personen, Abteilungen etc. auf Ergebnisse zu kommen, von denen ausgehend dennoch Aussagen über die Grundgesamtheit möglich sind.

## 4.10 Qualitätssicherungsmethode

### 4.10.1 Qualitätssicherungsplanung

*Methodische Grundlagen*

Dokumentation ist die Grundlage für jedes Arbeiten mit einer Anwendung (insbesondere Entwicklung, Änderung, Prüfung). Für eine Anwendung bedeutet dies, dass sie nur dann ordnungsgemäß entwickelt und angewandt werden kann, wenn sie ausreichend dokumentiert ist. Eine ordnungsgemäße Dokumentation liegt im Gesamtinteresse des Unternehmens und im Eigeninteresse des Mitarbeiters.

Generell besteht das Problem, Qualitätseigenschaften zu quantifizieren und zu messen. Unabdingbare Voraussetzung dafür ist die Definition von Standards. Erst wenn die Anforderungen definiert sind, können Abweichungen ermittelt werden. In diesem Sinne dienen die strukturellen und inhaltlichen Definitionen von Standarddokumenten als Maßstäbe für die Qualität der erstellten Dokumentation.

Wichtiger als das Messen und Kontrollieren von Qualitätskriterien ist allerdings die Schaffung eines Bewusstseins für Qualität bei allen an der Programmentwicklung Beteiligten. Für ein Software-Produkt heißt die Devise nicht in erster Linie nur „Null Fehler" sondern auch „Klarheit, Wartbarkeit und Änderungsfreundlichkeit", was z. B. in der Programmierung einen defensiven, risikolosen Programmierstil verlangt.

Das Prinzip der frühzeitigen Fehlererkennung (die Fehlerbehebung ist umso billiger, je früher der Fehler entdeckt wird) erfordert eine projektbegleitende und in die Software-Entwicklung integrierte Qualitätssicherung. Sämtliche Phasenergebnisse im Software-Entwicklungsprozess, insbesondere also alle weiteren in diesem Handbuch aufgeführten Dokumentationen, sind zu testen – ob sie mit Tool-Unterstützung erstellt worden sind oder nicht. Analog zu Programmen müssen Dokumente und Teildokumente jeweils nach der Erstellung der vollständigen Beschreibung getestet werden. Tests von Dokumentationen werden anhand von definierten Testfällen (Geschäftsvorfällen) durchgeführt. Grundsätzlich gilt:

- Die repräsentativen Geschäftsvorfälle, aus denen die Testfälle abgeleitet werden, sind durch den Auftraggeber, nicht durch den Ersteller der Dokumentation zu definieren.
- Auch der Test selbst ist von einem anderen als dem Ersteller der Dokumentation durchzuführen.
- Die Dokumentation ist anhand der definierten Testfälle insbesondere auf formale und inhaltliche Vollständigkeit und Richtigkeit zu überprüfen

In der Testplanung sind vorab folgende Aktivitäten vom Projektleiter durchzuführen:

- zu testende Objekte bestimmen
- Testdaten benennen
- Anzahl der Testfälle bestimmen

- jeweils Verantwortlichen benennen für die Ausarbeitung der Testdaten, die Überwachung der Testdurchführung, die Testdokumentation sowie die Testauswertung
- Testtermin und Reihenfolge der Tests definieren

**QS-Methoden**

1. Formaler Test – Abnahme
Nach Fertigstellung eines Phasenproduktes steht jeweils die Abnahme des erstellten Phasenergebnisses an. Dabei wird das Phasenergebnis auf die Einhaltung von festgelegten Normen überprüft. Je nach Phase existieren unterschiedliche Begriffe für die Abnahmeaktivität.

Die wesentlichen Phasenergebnisse werden vom Projektleiter präsentiert. Die übrigen Teilnehmer an der Abnahme überprüfen jeweils die Einhaltung der definierten phasenspezifischen Kriterien. Die Prüfer können aus einer speziellen Qualitätssicherungsgruppe kommen oder auch aus anderen, nicht unmittelbar Projektphasenbeteiligten aus den Fachabteilungen, der Organisation oder auch der Datenverarbeitung bestehen (z. B. potentielle User bei der Abnahme des funktionalen Konzepts, Programmierer beim Qualitätssicherungsmeeting), die aber gewisse Bezüge zum Projekt haben.

2. Formaler Test – Code-Inspektion
Eine spezielle Form der Abnahme – von Produkten bzw. Teilprodukten der Phase Programmierung – ist die Code-Inspektion. Dabei geht es um die formale Prüfung, dass die Regelungen gemäß Handbüchern und den Grundsätzen ordnungsgemäßer Programmierung befolgt (z. B. dass keine 'Programmiertricks' angewendet wurden) und die allgemeinen Routinen gemäß Vorgabe eingesetzt wurden.

Die Code-Inspektion wird vom Teamleiter veranlasst und durchgeführt. Sie muss insbesondere bei Anfängern und Fremdprogrammierern eingesetzt werden und ist stichprobenartig bei allen übrigen Programmierern erforderlich, um Nachlässigkeiten bei der Einhaltung von Programmierrichtlinien entgegenzuwirken.

3. Informale Tests – Walk-Through
Anhand der objektiv einzuhaltenden Qualitätskriterien wird das Projekt im aktuellen Zustand der gerade in Arbeit befindlichen Phase untersucht. Eine kleine Gruppe von nicht direkt am Projekt Beteiligten mit annähernd gleichem Knowhow und auf derselben Hierarchieebene (Peer Group) prüft die Ergebnisse anhand der vorhandenen Unterlagen. Die Unterlagen werden vorab an die Beteiligten verteilt.

Der Ersteller stellt sein Teilergebnis auf dem aktuellen Stand vor. Fehler und Abweichungen von Qualitätskriterien werden in der Diskussion aufgedeckt und vom Moderator dokumentiert. Jedoch werden während des Walk-Throughs keine Fehler beseitigt oder Verbesserungsvorschläge erarbeitet. Das passiert anschließend anhand des Protokolls durch den Ersteller des Teilergebnisses.

Regelmäßige Walk-Throughs bewirken:

- Aufwandssenkung durch Fehlerfrüherkennung
- Qualitätserhöhung durch Überprüfung von Qualitätskriterien
- Sicherheit im Entwicklungsprozess
- Einheitlichkeit der Ergebnisse
- Qualifizierung (Lernprozess) der Entwickler
- Einstellungswandel gegenüber Fehlern
- Vereinbarung von Termin, Ort, Testobjekt, Testschwerpunkten, individuelle Einarbeit.
- Der Ersteller erklärt, die Prüfer fragen, Mängel werden protokolliert, nicht behoben.
- Der Ersteller beseitigt die protokollierten Mängel.

Der Zeitaufwand für ein Walk-Through sollte nicht länger als ein bis zwei Stunden betragen. Für die Vorbereitung ist zwei- bis dreimal soviel anzusetzen.

Wichtig ist, dass die Beteiligten im Walk-Through offen und teamorientiert arbeiten. Es geht nicht um die Verteidigung des Zwischenergebnisses, sondern um die Präsentation, die Klärung der unklaren Punkte und das Aufdecken der Abweichungen, die gegenüber den objektiven Qualitätskriterien existieren sowie deren Dokumentation in einer Mängelliste. Der Präsentator darf nicht in die Defensive gedrängt werden, die Prüfer dürfen keine unqualifizierten oder abwertenden Äußerungen von sich geben.

Für den Walk-Through gibt es keine Einschränkungen bzgl. der zu untersuchenden Teilergebnisse, der Projektphasen oder des Vorgehensmodells. Ein Problem ergibt sich derzeit noch daraus, dass nicht für jedes Phasenergebnis oder Teilergebnis ausreichend detaillierte Qualitätskriterien existieren, so dass die Gefahr besteht, dass die Prüfer subjektive Maßstäbe an das Untersuchungsobjekt anlegen.

Der Walk-Through wird üblicherweise vom Präsentator veranlasst, nachdem der Walk-Through als allgemein verpflichtend für jede relevante Projektphase definiert wurde.

Die Projekt-/Teamleitung wird vorab über die Durchführung von Walk-Throughs informiert. Das Protokoll wird anschließend an die Projekt-/Teamleitung verschickt.

4. Kontrolltest – Audit
   Unter Auditing versteht man eine von außen initiierte Kontrolle eines Projekts zu einem beliebigen Zeitpunkt im Projektverlauf. Es liefert so eine Momentaufnahme des Projekts. Gegenstand der Kontrolle ist der Soll-Ist-Vergleich von Leistungsumfang, Ergebnisform, Termin und Qualität anhand von Checklisten und vorgegebener Kriterien. Zweck der Kontrollen ist das rechtzeitige Erkennen notwendiger steuernder Eingriffe.
   
   Nicht der Mitarbeiter, sondern das Projekt wird kontrolliert. Terminkontrolle und Qualitätskontrolle dürfen nicht voneinander getrennt werden.

## Ablauf

Basis für die Kontrollaktivitäten des Projektmanagements sind die Feinplanung der aktuellen Phase sowie die Aufgabenpläne für die einzelnen Mitarbeiter. Sie erfolgen kontinuierlich.

Gegenstand der Kontrollen ist der Soll-Ist-Vergleich von Leistungsumfang, Ergebnisform, Termin und Qualität. Zweck der Kontrollen ist das rechtzeitige Erkennen notwendiger steuernder Eingriffe.

Die Einordnung der einzelnen Qualitätssicherungsmaßnahmen ist in der nachfolgenden Abb. 4.34. aufgezeigt.

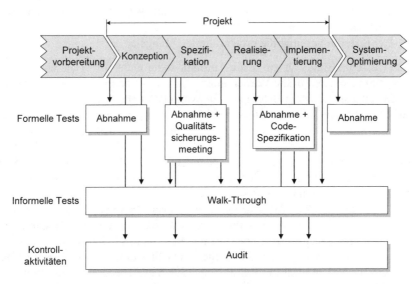

**Abb. 4.34.** Beispiel für einen Qualitätssicherungsprozess

In der Phase Realisierung sind insbesondere im Zusammenhang mit relationalen Datenbanken Beratungsaktivitäten definiert. Sie betreffen insbesondere das physische Datenbank-Design.

## Regeln

Mit dieser Methode wird das Ziel verfolgt, die Qualität des Anwendungssystems, das im Rahmen des Projekts erstellt oder modifiziert wird, sicherzustellen. In diesem Sinne sollen auch die Grundlagen für eine gute Abstimmung der Programmentwicklung mit den Anforderungen der Auftraggeber (Nutzer) sowie der Produktion, der Datenbank-Administration, Methoden und Standards gelegt werden. Damit soll ein reibungsloser Rechenzentrums-Service durch bessere Planbarkeit des Mitarbeitereinsatzes in diesen Bereichen sichergestellt werden. Rückfragen bei der Anwendungsentwicklung und Nachkontrollen können vermieden werden. Damit kann schließlich ein hoher Service-Grad für den Anwender gewährleistet werden.

Qualität ist die Menge von Eigenschaften und Merkmalen eines Produkts oder eines Vorgangs zur Erfüllung vorgegebener Anforderungen. Qualitätsmerkmale von Dokumenten sind z. B.:

- Aktualität
- Identifizierbarkeit
- Verständlichkeit
- Eindeutigkeit
- Vollständigkeit

### Einsatzmöglichkeiten, Chancen und Risiken

Eine Qualitätssicherungsplanung ist bei jedem Projekt zu erstellen. Häufig ist es sogar bei projekthaften Aufgaben notwendig, Qualitätsschritte in der Vorgehensweise zu berücksichtigen.

### Beispiel

**Tabelle 4.15.** Zuordnung der QS-Methoden zu den Phasen

| Phase | Audit | Consulting | Walk-Through | Projektmanagement | Abnahme |
|---|---|---|---|---|---|
| Konzept | x | X | x | x | x |
| Konzept | x | DBA | x | x | QSM |
| Realisierung | x |  | x | x | x |
| Realisierung | x |  | x | x | Code-Inspektion |
| Systemtest | x |  |  | x | x |

**Tabelle 4.16.** Rollentypen

| | |
|---|---|
| **R**esponsible | Erstellt das Ergebnis der Aktivität |
| **A**ccountable | Ist **V**erantwortlich für das Ergebnis der Aktivität |
| **C**onsulted | Ist **B**eratend tätig |
| **I**nformed | Wird **I**nformiert |

### 4.10.2 Fehlermöglichkeits- und -einflussanalyse (FMEA)

#### Methodische Grundlagen

Die Fehlermöglichkeits- und -einflussanalyse ist eine Methode der präventiven Qualitätssicherung, die sich den Verfahren der qualitativen Sicherheitsanalysen zuordnen lässt. Bedingt durch die ständig steigenden Qualitätserwartungen seitens der Kunden sowie neuen gesetzlichen Vorschriften, wie z. B. das Produkthaftungsgesetz, findet diese Methode verstärkt Anwendung.

Die Methode basiert auf dem Gedanken, dass Fehler, die nicht auftreten, auch nicht behoben werden müssen. Dadurch wird es möglich, die an ein Produkt gestellten Qualitätsanforderungen zu erfüllen und die durch die Beseitigung der Fehler und Fehlerfolgen entstehenden Kosten zu senken.

Die FMEA wird im Vorfeld der Produktentwicklung angewandt. Demnach muss die FMEA in den organisatorischen Ablauf eingegliedert werden. Die FMEA-Untersuchung wird in interdisziplinären Gruppen, der an der Produktentwicklung beteiligten Abteilungen, unter Leitung eines Moderators durchgeführt. Im Allgemeinen sind bei der FMEA-Erstellung Mitarbeiter der Konstruktion oder Entwicklung, der Fertigungsplanung, der Fertigung und der Qualitätssicherung beteiligt. Die Teamgröße sollte dabei 6 bis 8 Personen nicht überschreiten.

Das Produkt wird systematisch durch einen Verlauf in einer Top-down-Vorgehensweise in seine einzelnen Bausteine und Funktionen unterteilt und bezüglich der Erfüllung der konstruktiven Forderungen bzw. der Einhaltung dieser Forderungen während der Herstellung untersucht. Die systematische Vorgehensweise bei der Analyse wird durch die Verwendung eines entsprechenden Formblattes unterstützt.

Ziel der FMEA ist es, durch eine systematische Qualitätsplanung die Entwicklung qualitativ hochwertiger Produkte noch vor Serienbeginn sicherzustellen (vgl. Redtenbacher 1993, S. 23).

### *Ablauf*

Für den Ablauf eines FMEA-Prozess schlägt Redtenbacher (1993, S. 23) zwölf Schritte vor:

1. Risikoanalyse: Dazu werden zu den einzelnen Bauteilen bzw. Prozessschritten die möglicherweise auftretenden Fehler in ein Formblatt eingetragen, wobei davon ausgegangen wird, dass ein Fehler auftreten kann, aber nicht notwendigerweise auftreten muss.
2. Daran anschließend werden die Fehlerfolgen eingetragen. Bei der Ermittlung der Fehlerfolgen wird davon ausgegangen, dass der Fehler am Produkt oder Prozess aufgetreten ist. Die Folgen des Fehlers werden entweder bauteil- bzw. prozessbezogen beschrieben. Alternativ dazu kann auch eine systembezogene Beschreibung, die die Auswirkungen des aufgetretenen Fehlers auf den Benutzer des Produkts beschreibt, erfolgen. Maßgebend für die spätere Risikobewertung der Fehlerfolgen ist, in welcher Form der Benutzer die Auswirkungen empfinden würde. Dokumentationspflichtige Teile werden, unter Angaben der durch den potentiellen Fehler verletzten Vorschriften, vermerkt.
3. Als nächstes werden alle denkbaren Fehlerursachen, die zu dem betreffenden Fehler führen können, erfasst. Die Ursachen sind möglichst kurz und prägnant zu beschreiben, so dass anschließend gezielte Gegenmaßnahmen getroffen werden können.
4. Die vorgesehenen Maßnahmen zur Vermeidung und/oder Entdeckung des Fehlers oder der Fehlerursachen und/oder zur Auswirkungsbegrenzung der Fehlerfolge werden aufgelistet.

5. Risikobewertung: Alle potentiellen Fehler werden entsprechend ihrer Ursachen, Folgen und vorgesehenen Prüfmaßnahmen bezüglich der Wahrscheinlichkeit des Auftretens, der Auswirkungen auf den Kunden und der Wahrscheinlichkeit der Entdeckung bewertet.
6. Die Wahrscheinlichkeit des Auftretens einer potentiellen Fehlerursache wird geschätzt und anhand einer von 1 bis 10 reichenden Bewertungsskala bewertet. Dabei wird davon ausgegangen, dass der Fehler und die Ursache nicht entdeckt werden, bevor der Kunde das Produkt übernimmt bzw. der Fehler Störungen am weiteren Prozessverlauf verursacht. Die Bewertung orientiert sich entweder an verbalen Kriterien oder an einer Skala für mögliche Fehlerraten. Bei der FMEA für die Konstruktion wird für den Betrachtungszeitraum die Mindestlebensdauer des Produkts oder eines Verschleißteils herangezogen. Bei der Prozess-FMEA dient die Prozessfähigkeit als zusätzliches Kriterium zur Bewertung der Wahrscheinlichkeit des Auftretens.
7. Die Fehlerauswirkung wird anhand einer von 1 bis 10 reichenden Bewertungsskala bewertet.
8. Die Wahrscheinlichkeit, dass ein Fehler entdeckt wird, bevor das Produkt den Kunden erreicht, wird ebenfalls geschätzt und mittels einer von 1 bis 10 reichenden Bewertungsskala bewertet. Dabei geht man davon aus, dass die Fehlerursache aufgetreten ist und bewertet die Wirksamkeit der vorgesehenen Prüfmaßnahmen für die Entdeckung des Fehlers noch bevor das Teil oder das Produkt den Kunden erreicht.
9. Danach wird die Risikoprioritätszahl (RPZ) ermittelt. Diese ergibt sich aus der Multiplikation der einzelnen Bewertungsfaktoren für die Auftrittswahrscheinlichkeit (A), die Bedeutung (B) und die Entdeckungswahrscheinlichkeit (E).

$$RPZ = (A) \cdot (B) \cdot (E)$$

9. Aufgrund der Ergebnisse der Risikobewertung wird für besonders risikobehaftete Bauteile bzw. Prozesse eine Risikominimierung durchgeführt.
10. Die empfohlenen Verbesserungsmaßnahmen werden im FMEA-Formular erfasst. Grundsätzlich sind Fehler verursachende Maßnahmen den Fehler entdeckenden vorzuziehen.
11. Die letztlich durchgeführte Maßnahme wird dann erneut einer Risikobewertung unterzogen. Das Ergebnis der erneuten Risikobewertung gibt Auskunft über die Wirksamkeit der durchgeführten Maßnahmen.
12. Ebenfalls wiederholt werden muss das Verfahren der Risikominimierung, bis das Fehlerrisiko unter einem vertretbaren Wert liegt (vgl. dazu auch Redtenbacher 1993, S. 23).

## *Regeln*

Die zuvor detaillierte Beschreibung umfasst bereits die wichtigsten Regeln zum Einsatz einer FMEA-Analyse.

## Einsatzmöglichkeiten, Chancen und Risiken

Als *Vorteile* der FMEA wird die Förderung der innerbetrieblichen Kommunikation, das Verständnis der Abteilungen untereinander, die systematische und komplexe Risikobeschreibung und die Know-how-Dokumentation eines Produkts bzw. Prozesses genannt.

Die häufigsten Kritikpunkte an der FMEA stellen der große Zeitaufwand für die Erstellung und das für die manuelle Bearbeitung recht unhandliche Formblatt dar.

## Beispiel

Ein FMEA-Workshop kann in folgenden sechs Schritten ablaufen:

1. FMEA-Team: Teamzusammenstellung
   - Wer gehört zum Kernteam?
   - Wer unterstützt das Team situationsbedingt?
2. System/Baugruppe/Prozess/Arbeitsfolge: Strukturierung und Auswahl
   - Welche Systeme/Prozesse gibt es? (auflisten)
   - Welche Kriterien sind wichtig? (bewerten, Rangfolge bilden)
   - Welches sind die potentiellen Systeme/Baugruppen/Prozesse/Arbeitsfolgen? (auflisten und weiterbearbeiten)
   - Welche Funktionen/Aufgaben haben die Systeme/Prozesse zu erfüllen? (Funktionsanalyse)
3. Teil/Element/Arbeitsschritt: Untergliederung und Auswahl
   - Welche Teile/Elemente/Arbeitsschritte gibt es? (auflisten)
   - Welche Anforderungen sind wichtig? (bewerten, Rangfolge bilden)
   - Welches sind die potentiellen Teile/Arbeitsschritte? (auswählen und weiterbearbeiten)
   - Welche Aufgaben/Anforderungen sind zu erfüllen? (Fehleranalyse)
4. Ist-Zustand/Risikoanalyse: Fehlerbeschreibung je Teil/Arbeitsschritt
   - Welche Fehler sind denkbar/möglich? (Fehlerarten auflisten)
   - Welche Auswirkungen haben diese auf den Kunden? (Fehlerfolge innerhalb des Prozesses bzw. Systems auflisten)
   - Welche Ursachen bewirken die Fehler bzw. Fehlerfolgen? (Fehlerursachen auflisten)
   - Welche Fehlerverhütung und Prüfmaßnahmen bestehen? (auflisten)
   - Welche Risiken bzgl. Auftretens des Fehlers, dessen Bedeutung und Erkennbarkeit bestehen derzeit? (Risiken bewerten)
   - Welches sind die schwerwiegendsten Risiken? (Rangfolge bilden)
5. Verbesserter Zustand/Risikoanalyse: Lösungsvorschläge
   - Welche Lösungen/Maßnahmen werden empfohlen? (auflisten)
   - Wie würden sich die Risiken ändern? (Risikoveränderung abschätzen/ vermerken)

- Wer ist bis wann für die Klärung verantwortlich? (Name und Termin festlegen)
- Welche der vorgeschlagenen Maßnahmen wurden eingeführt? (Maßnahmen auflisten und zuordnen)
- Wie sehen die Risiken jetzt aus? (Risiken bewerten)

6. Erfolgskontrolle: Soll-/Ist-Vergleich
    - Wie hat sich das Risiko relativ verändert? (Auftreten, Bedeutung, Entdeckung vergleichen)
    - Welcher Aufwand/Nutzen hat sich eingestellt? (abschätzen)
    - Was ist noch zu tun? (überprüfen, ob weitere Verbesserungen machbar und sinnvoll sind)

# 5 Zusammenfassung und Ausblick

Das vorliegende Buch zeigt eine Auswahl der bewährtesten und am häufigsten in der Praxis eingesetzten Methoden für Management und Projekte. Von über 60 vorgestellten Methoden sind rund

- 30 Methoden aus dem Bereich Projektplanung und Projektorganisation (Kap. 3) sowie
- 30 Methoden aus dem Bereich IT, Organisation und Unternehmensentwicklung (Kap. 4)

Bei all diesen Methodenbeschreibungen wurde, soweit möglich, versucht die verwendete Systematik - methodische Grundlagen, Ablauf, Regeln, Einsatzmöglichkeiten, Chancen und Risiken sowie Beispiel - einzuhalten.

Den Höhepunkt dieses Buches bildet sicherlich die systematische Vorgehensweise mit definierten (Projekt- bzw. Arbeits-) Phasen, genau bestimmten Arbeitsschritten, der Beschreibung der einzelnen Arbeitsschritte sowie einer Zuordnung geeigneter Methoden zu den einzelnen Arbeitsschritten.

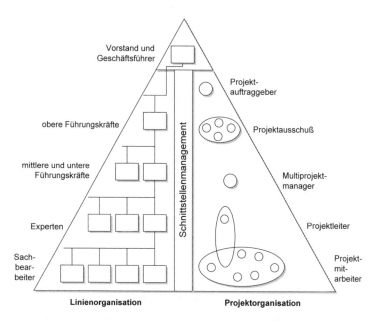

**Abb. 5.1.** Linien- und Projektorganisation (Keßler u. Winkelhofer 2004, S. 69)

Projektmanagement verlässt die reine Tool-Ebene, die reine Methoden-Ebene, die Methodik-Ebene, die Instrumenten-Ebene etc. immer stärker und entwickelt sich zu einer selbständigen Arbeitsweise. Damit ergänzt die Arbeitsweise Projektmanagement die Linienorganisation als ein selbständiger Partner. Beide sind durch das Schnittstellenmanagement miteinander verbunden (Abb. 5.1.).

Das heißt nicht, dass auf Methoden verzichtet werden kann oder dass sie nur der Systematik und der Qualität wegen eingesetzt werden. Vielmehr unterstützen die einzelnen Methoden in einer spezifischen Kombination die Erfolgsfaktoren für Projektmanagement (Abb. 5.2), wie

- PM als durchgängige Theorie,
- PM als klares Konzept,
- PM als verankerte Führungsphilosophie,
- PM als zweckdienliches Instrument der Unternehmensführung,
- PM als permanenten und umfassenden Entwicklungsprozess,
- PM als Lern- und Qualifizierungsprozess,

etc.

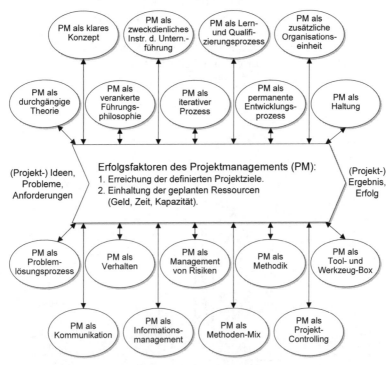

**Abb. 5.2.** Erfolgsfaktoren für Projektmanagement (vgl. Keßler u. Winkelhofer 2004, S. 16)

Zu bemerken bleibt an dieser Stelle, dass die hier beschriebene Information (Vorgehensmodell und Methoden), die Projektdokumentation und das Berichtswesen aller laufenden Projekte und aller abgeschlossenen Projekte in einer Projektdatenbank, z. B. einer Projekt-Infothek zu einem weiteren Schub in der Professionalisierung des Projektmanagements führen kann. Damit können die Theorie, die Konzepte, die Instrumente, die Methodik, die Methoden, die Werkzeuge, etc. zusammengeführt werden.

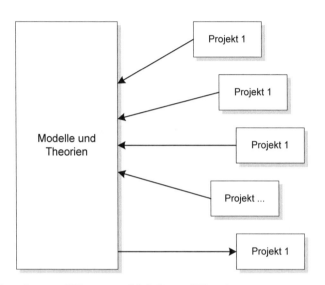

**Abb. 5.3.** Entstehung und Einsatz von Modellen und Theorien

Weiter bleibt zu bemerken, dass die meisten Modelle und Theorien aus der Analyse der Praxis (Erfahrungen aus vielen unterschiedlichen Projekten) abgeleitet und entwickelt werden. Im Umkehrschluss heißt dies, kein Modell und keine Theorie kann ohne Anpassung an die Praxis (aktuelle Projekte) übernommen werden. Die Folge ist, bevor ein neues Projekt gestartet wird, ist die Vorgehensweise und der Methodeneinsatz an die Gegebenheiten des neuen Projekts anzupassen.

Oder anders ausgedrückt: Wir brauchen nicht das Ziel des Projektes zu ändern, wenn die Vorgehensweise – unserer Meinung nach – nicht passt, sondern dürfen die Vorgehensweise so verändern, dass wir „mit dem kleinstmöglichen Aufwand und so schnell wie möglich von einem IST zu einem SOLL" gelangen.

# Literatur

Aggteleky, B., Bajna, N.: Projektplanung. Ein Handbuch für Führungskräfte. Grundlagen, Anwendung, Beispiele. München Wien: Hanser 1992
Akiyama, K.: Funktionsanalyse. Der Schlüssel zu erfolgreichen Produkten und Dienstleistungen. Landsberg/Lech: Verlag Moderne Industrie 1994
Altrogge, G.: Netzplantechnik. 2. Aufl., München Wien: Oldenbourg 1994
Atteslander, P.: Methoden der empirischen Sozialforschung. 7. Aufl., Berlin New York: de Gruyter 1993
Bachmann, W.: Das Neurolinguistische Programmieren (NLP) als pädagogisches Qualifizierungskonzept. In: Pallasch, W., Mutzeck, W., Reimers, H. (Hrsg.): Beratung, Training, Supervision. Eine Bestandsaufnahme über Konzepte zum Erwerb von Handlungskompetenz in pädagogischen Arbeitsfeldern. Weinheim München: Juventa 1992, S. 104–112
Balzek, A.: Projekt-Controlling. Denken und Handeln in Projekten zur Verwirklichung der Selbstkontrolle. 3. Aufl., Management Pocket, Bd. 6, Gauting bei München: Management Service 1990
Balzert, H.: Die Entwicklung von Software-Systemen. Prinzipien, Methoden, Sprachen, Werkzeuge. Mannheim Wien Zürich: Bibliographisches Institut 1982
Bauknecht, K.: Informatik – Anwendungsentwicklung – Praxiserfahrungen mit CASE. Probleme, Lösungen und Erfahrungen bei Einführung und Einsatz von CASE. Stuttgart: Teubner 1992
Bea, F. X., Dichtl, E., Schweitzer, M.: Allgemeine Betriebswirtschaftslehre. Bd. 1: Grundfragen, 6. Aufl., Stuttgart Jena: Gustav Fischer Verlag 1992
Bea, F. X., Dichtl, E., Schweitzer, M.: Allgemeine Betriebswirtschaftslehre. Bd. 2: Führung, 6. Aufl., Stuttgart Jena: Gustav Fischer 1993
Bea, F. X., Dichtl, E., Schweitzer, M.: Allgemeine Betriebswirtschaftslehre. Bd. 3: Leistungsprozeß, 6. Aufl., Stuttgart Jena: Gustav Fischer 1994
Bea, F. X., Haas, J.: Strategisches Management. Stuttgart, Jena: Gustav Fischer 1995
Becker, M., Haberfellner, R., Liebetrau, G.: EDV-Wissen für Anwender. Ein Handbuch für die Praxis. 9. Aufl., Hallbergmoos: AIT Verlagsgesellschaft 1990
Berndt, R.: Marketing 2. Marketing-Politik. 2. Aufl., Berlin Heidelberg New York: Springer 1992
Berthel, J.: Personalmanagement. Grundzüge für Konzeptionen betrieblicher Personalarbeit. 2. Aufl., Stuttgart: Poeschel 1989
Biethahn, J., Mucksch, H., Ruf, W.: Ganzheitliches Informationsmanagement. Bd. 1: Grundlagen. München Wien: Oldenbourg 1990
Böning, U., Oefner-Py, S.: Moderieren mit System. Besprechungen effizient steuern. Wiesbaden: Gabler 1991
Brenner, W.: Grundzüge des Informationsmanagements. Berlin Heidelberg New York: Springer 1994
Bronner, R.: Planung und Entscheidung. Grundlagen – Methoden – Fallstudien. 2. Aufl., München Wien: Oldenbourg 1989.

Bruhn, M.: Marketing. Grundlagen für Studium und Praxis. Wiesbaden: Gabler 1990
Bruhn, M.: Qualitätsmanagement für Dienstleistungsunternehmen. Grundlagen, Konzepte, Methoden. 2. Aufl., Berlin Heidelberg New York: Springer 1997
Brümmer, W.: Management von DV-Projekten. Praxiswissen zur erfolgreichen Projektorganisation in mittelständischen Unternehmen. Braunschweig Wiesbaden: Vieweg & Sohn 1994
Burger, A.: Kostenmanagement. 2. Aufl., München Wien: Oldenbourg 1995
Buzan, T., Buzan, B.: The Mind Map Book. How to Use Radiant Thinking to Maximize Your Brain's Untapped Potential. New York: Penguin Books USA Inc. 1994
Cohen, D.: Lexikon der Psychologie. Namen – Daten – Begriffe. München: Heyne 1995
Danzer, W. F., Huber, F. (Hrsg.): Systems engineering. Methodik und Praxis. Zürich: Verlag Industrielle Organisation 1994
Decker, F.: Gruppen moderieren – eine Hexerei? Die neue Team-Arbeit. Ein Leitfaden für Moderatoren zur Entwicklung und Förderung von Kleingruppen. München: Lexika 1988
Deyhle, A.: Controller-Praxis. Führung durch Ziele, Planung und Controlling. Bd. 1: Unternehmensplanung und Controller-Funktion. 8. Aufl., Management Pocket, Bd. 1, Gauting bei München: Management Service 1991
DIN (Hrsg.): DIN 69900 Netzplantechnik
DIN (Hrsg.): DIN 69901 Projektmanagement
Dittberner, H.: Wie wählt man einen Projektleiter aus? Stellenbeschreibung und Anforderungsprofil von Projektleitern vor dem Hintergrund veränderter Produktionsbedingungen. In: Stumbries, Ch. M. (Hrsg.): Projektleiter mit Profil. Hamburg: Dr. Landt + Henkel 1994
Dixius, D.: Simultane Projektorganisation. Ein Leitfaden für die Projektarbeit im Simultaneous Engineering. Berlin Heidelberg New York: Springer 1998
Dorsch, F. et al: Psychologisches Wörterbuch. 12. überarb. Aufl., Bern: Verlag Hans Huber 1994
Drumm, H. J.: Personalwirtschaftslehre. 3. Aufl., Berlin Heidelberg New York: Springer 1995
Edenhofer, B., Köster, A.: Systemanalyse. Die Lösung, FMEA optimal zu nutzen. In: QZ 36 (1991)12, München: Hanser 1991, S. 699–704
Ehrmann, H.: Planung. Ludwigshafen: Kiehl 1995
Ewert, R., Wagenhofer, A.: Interne Unternehmensrechnung. 2. Aufl., Berlin Heidelberg New York: Springer 1995
Fatzer, G. (Hrsg.): Supervision und Beratung. Ein Handbuch. 4. Aufl., Köln: Edition Humanistische Psychologie 1993
Fatzer, G.: Ganzheitliches Lernen. Humanistische Pädagogik und Organisationsentwicklung. Ein Handbuch für Lehrer, Pädagogen, Erwachsenenbildner und Organisationsberater. 2. Aufl., Paderborn: Junfermann 1987
Faust, A., Heyer, K., Schreuers, M.: Informationen im Unternehmen prozeßorientiert gestalten. Ein Weiterbildungskonzept für kleine und mittlere Unternehmen. Eschborn: RWK, 1997
Fendrich, J.: Ganzheitliches Team- und Projektmanagement. Führen und Leiten im Projekt. Hamburg 1992 (unveröffentlichtes Manuskript)
Fengler, J.: Wege zur Supervision. In: Pallasch, W., Mutzeck, W., Reimers, H. (Hrsg.): Beratung, Training, Supervision. Eine Bestandsaufnahme über Konzepte zum Erwerb von Handlungskompetenz in pädagogischen Arbeitsfeldern. Weinheim, München: Juventa 1992

Fittkau, B., Müller-Wolf, H.-M., Schulz von Thun, F.: Kommunizieren lernen (und umlernen). Trainingskonzeptionen und Erfahrungen. 6. Aufl., Aachen-Hahn: Hahner Verlagsgesellschaft 1989
Freitag, N.; Kaniowsky, H.: Das Arbeiten mit kreativen Methoden. Wien: Wirtschaftsförderungsinstitut der Bundeskammer der gewerblichen Wirtschaft 1986
Frick, A.: Der Software-Entwicklungsprozeß. Ganzheitliche Sicht. Grundlagen zu Entwicklungs-Prozess-Modellen. München Wien: Hanser 1995
Friedrichs, J.: Methoden der empirischen Sozialforschung. 14. Aufl., Opladen: Westdeutscher Verlag 1990
Fuchs, H., Graichen, W. U.: Bessere Lernmethoden. Effiziente Techniken für Erwachsene. München: mvg 1990
Gabler-Wirtschafts-Lexikon. 13. Aufl., Wiesbaden: Gabler 1993
Gassmann, O., Kobe, C., Voit, E. (Hrsg.): High-Risk-Projekte. Quantensprünge in der Entwicklung erfolgreich managen. Berlin Heidelberg New York 2001
Gemünden, H. G., Lechler, T.: Erfolgsfaktoren des Projektmanagements. Ergebnisbericht. IBU Institut für Angewandte Betriebswirtschaftslehre & Unternehmensführung. Universität Fridericiana zu Karlsruhe (TH) 1992
Götze, U.: Szenario-Technik in der strategischen Unternehmensplanung. Wiesbaden: Deutscher Universitäts-Verlag 1990
Gregor-Rauschenberger, B., Hansel, J.: Innovative Projektführung – Erfolgreiches Führungsverhalten durch Supervision und Coaching. Berlin Heidelberg New York: Springer 1993
Grupp, B.: Qualifizierung zum Projektleiter. DV-Management im Wandel. 2. Aufl., München: Computerwoche 1996
Hammer, R. M.: Unternehmungsplanung. Lehrbuch der Planung und strategischen Unternehmungsführung. 4. Aufl., München Wien: Oldenbourg 1991
Hansel, J., Lomnitz, G.: Projektleiter-Praxis. Erfolgreiche Projektabwicklung durch verbesserte Kommunikation und Kooperation. 3. Aufl., Berlin Heidelberg New York: Springer 2000
Harlander, N., et. al. (Hrsg.): Personalwirtschaft. 3. Aufl., Landsberg/Lech: Verlag Moderne Industrie 1991
Heeg, F.-J.: Projektmanagement. Grundlagen der Planung und Steuerung von betrieblichen Problemlöseprozessen. 2. Aufl., München Wien: Hanser 1993
Heinbokel, J., Schleidt, R.: Change Management. Berlin Offenbach: vde 1993
Heinrich, L. J.: Informationsmanagement. Planung, Überwachung und Steuerung der Informationsinfrastruktur. 5. Aufl., München Wien: Oldenbourg 1996
Heinrich, L. J., Burgholzer, P.: Systemplanung I. Die Planung von Informations- und Kommunikationssystemen. 2. Aufl., München Wien: Oldenbourg 1986
Heinrich, L. J., Burgholzer, P.: Systemplanung I. Die Planung von Informations- und Kommunikationssystemen. 3. Aufl., München Wien: Oldenbourg 1987
Heinrich, L. J., Burgholzer, P.: Systemplanung II. Die Planung von Informations- und Kommunikationssystemen. 3. Aufl., München Wien: Oldenbourg 1988a
Heinrich, L. J., Burgholzer, P.: Informationsmanagement. Planung, Überwachung und Steuerung der Informations-Infrastruktur. 2. Aufl., München Wien: Oldenbourg 1988b
Heintel, P., Krainz, E. E.: Projektmanagement. Eine Antwort auf die Hierarchiekrise? 2. Aufl., Wiesbaden: Gabler 1990
Henderson, B. D.: Cash-Fallen. In: Oetinger von, B. (Hrsg.): Das Boston Consulting Group Strategie-Buch. 4. Aufl., Düsseldorf Wien: Econ 1995, S. 301–304

Henderson, B. D.: Vom Portfolio zum Wertmanagement. In: Oetinger von, B. (Hrsg.): Das Boston Consulting Group Strategie-Buch. 4. Aufl., Düsseldorf Wien: Econ 1995, S. 281–285

Henderson, B. D.: Das Portfolio. In: Oetinger von, B. (Hrsg.): Das Boston Consulting Group Strategie-Buch. Die wichtigsten Managementkonzepte für den Praktiker. 4. Aufl., Düsseldorf Wien: Econ 1995, S. 286–291

Henderson, B. D.: Anatomie der Cash-Kuh. In: Oetinger von, B. (Hrsg.): Das Boston Consulting Group Strategie-Buch. Die wichtigsten Managementkonzepte für den Praktiker. 4. Aufl., Düsseldorf Wien: Econ 1995, S. 292–294

Hentze, J., Brose P., Kammel, A.: Unternehmungsplanung. Eine Einführung. 2. Aufl., Bern Stuttgart Wien: Haupt 1993

Hentze, J., Brose, P.: Unternehmungsplanung. Eine Einführung. Bern Stuttgart Jena: Haupt 1985

Higgins, J. M., Wiese, G. G.: Innovationsmanagement – Kreativitätstechniken für den unternehmerischen Erfolg. Berlin Heidelberg New York: Springer 1996

Horstmann, U.: Sind Werte gefährlich? In: der blaue reiter. Journal für Philosophie, Nr. 3 (1/1996), S. 18–19.

Immel, S.: Bedeutung und Möglichkeiten von unternehmensspezifischem Projektmanagement. Projekt- und Methoden-Handbücher. In: Schleiken, T., Winkelhofer, G. (Hrsg.): Unternehmenswandel mit Projektmanagement. Konzepte und Erfahrungen zur praktischen Umsetzung in Unternehmen und Verwaltung. Würzburg München: Lexika 1997, S. 245–254

James, T.: Time Coaching. Programmieren Sie Ihre Zukunft ... jetzt! Paderborn: Junfermann 1993

Kannheiser, W., Hormel, R., Aichner, R.: Planung im Projektteam. Bd. 1: Handbuch zum Planungskonzept Technik – Arbeit – Innovation (P-TAI). München Mering: Hampp 1993

Katzenbach, J. R., Smith, D. K.: Teams. Der Schlüssel zur Hochleistungsorganisation. Wien: Ueberreuter 1993

Keller, H.: Projekte konfliktfrei führen. Wie Sie ein erfolgreiches Team aufbauen. München Wien: Hanser 1996

Keller, H.: Die Posträuber-Methode. Erfolgsstrategien für Selbst- und Projektmanagement. Frankfurt am Main: Eichhorn 1996

Kellner, H.: Die Kunst, DV-Projekte zum Erfolg zu führen. Budgets – Termine – Qualität. München Wien: Hanser 1994

Keßler, H.: Dimensionen der Führung. Appenweier 1988 (unveröffentlichtes Manuskript)

Keßler, H.: Der Weg zum Organisations-Lernen mit Hilfe des Supervisings – Unternehmenssicherung durch kooperative Selbstqualifikation am Beispiel eines Kreditinstitutes. In: Heidack, D.: Lernen der Zukunft. Kooperative Selbstqualifikation – die effektivste Form der Aus- und Weiterbildung im Betrieb. München: Lexika 1989

Keßler, H.: Was ist ein Unternehmer? Appenweier 1991 (unveröffentlichtes Manuskript)

Keßler, H.: Informationsmanagement – eine neue Führungsaufgabe. In: Schleiken, T., Winkelhofer, G. (Hrsg.): Unternehmenswandel mit Projektmanagement. Konzepte und Erfahrungen zur praktischen Umsetzung in Unternehmen und Verwaltung. Würzburg München: Lexika 1997, S. 65–77

Keßler, H., Hönle, C.: Karriere im Projektmanagement. Berlin Heidelberg New York: Springer 2002

Keßler, H., Winkelhofer, G.: Projektmanagement im Umweltmanagement. In: Winter, G. (Hrsg.): Das umweltbewußte Unternehmen. Die Zukunft beginnt heute. 6. überarb. u. erw. Auflage, München: Vahlen 1998

Keßler, H., Winkelhofer, G.: Projektmanagement. Leitfaden zur Steuerung und Führung von Projekten. 4. Aufl. Berlin Heidelberg New York: Springer 2004

Kitzmann, A., Zimmer, D.: Grundlagen der Personalentwicklung. Die Antwort auf die technologische, wirtschaftliche und soziale Herausforderung. Weil der Stadt: Lexika 1982

Klebert, K., Schrader, E., Straub, W.: ModerationsMethode. Gestaltung der Meinungs- und Willensbildung in Gruppen, die miteinander leben und lernen, arbeiten und spielen. 2. Aufl., Rimsting am Chiemsee: Verlag für Psychologie und Kommunikation 1984

Klebert, K., Schrader, E., Straub, W. G.: Kurz Moderation. Hamburg: Windmühle 1987

Koch, G.: Die erfolgreiche Moderation von Lern- und Arbeitsgruppen. Praktische Tips für jeden, der mit Teams mehr erreichen will. 3. Aufl., Landsberg/Lech: Verlag Moderne Industrie 1992

Kolb, M.: Flexibilisierung als konzeptionelle Leitidee strategischen Personalmanagements. In: Weber, W., Weinmann, J. (Hrsg.): Strategisches Personalmanagement. Stuttgart: Poeschel 1989

König, E., Volmer, G.: Systemische Organisationsberatung. Grundlagen und Methoden. 2. Aufl., Weinheim: Deutscher Studien 1994

Kraus, G., Westermann, R.: Projektmanagement mit System: Organisation, Methoden, Steuerung. Wiesbaden: Westermann 1995

Kunz-Koch, C. M.: Geniale Projekte – Schritt für Schritt entwickeln. Zürich: Orell Füssli 1999

Kupper, H.: Zur Kunst der Projektsteuerung. Qualifikation und Aufgaben eines Projektleiters bei DV-Anwendungsentwicklung. 4. Aufl., München Wien: Oldenbourg 1986

Lehmann, R. G.: Weiterbildung und Management. Planung, Praxis, Methoden, Medien. Landsberg/Lech: Verlag Moderne Industrie 1994

Lehnert, U.: Der EDV-Dozent. Planung und Durchführung von EDV-Lehrveranstaltungen. Der Leitfaden für Dozenten, Trainer, Ausbilder, Instruktoren. 2. Aufl., München: Markt- und Technik 1992

Lewis, T. G., Lehmann, S.: Überlegene Investitionsentscheidungen durch CFROI. In: Oetinger von, B. (Hrsg.): Das Boston Consulting Group Strategie-Buch. Die wichtigsten Managementkonzepte für den Praktiker. 4. Aufl., Düsseldorf Wien New York Moskau: ECON 1995

Litke, H.-D.: Projektmanagement. Methoden, Techniken, Verhaltensweisen. München Wien: Hanser 1991

Lochridge, R. K.: Schaffung der adaptiven Organisation. In: Oetinger von, B. (Hrsg.): Das Boston Consulting Group Strategie-Buch. Die wichtigsten Managementkonzepte für den Praktiker. 4. Aufl., Düsseldorf Wien: Econ 1995

Looss, W.: Coaching für Manager. Problembewältigung unter 4 Augen. 3. Aufl., Landsberg/Lech: Verlag Moderne Industrie 1993

Lübeck, W.: Das Reiki Handbuch. Von der grundlegenden Einführung zur natürlichen Handhabung. Eine vollständige Anleitung für die Reiki-Praxis. 7. Aufl., Aitrag: Windpferd 1993

Madauss, B. J.: Handbuch Projektmanagement. Mit Handlungsanleitungen für Industriebetriebe, Unternehmensberater und Behörden. 4. Aufl., Stuttgart: Poeschel 1991

Mag, W.: Unternehmungsplanung. München: Vahlen 1995

Majaro, S.: Erfolgsfaktor Kreativität. London New York: McGraw-Hill 1993

Margulies, N.: Mapping Inner Space. Learning and Teaching Mind Mapping. Tucson: Zephyr Press 1991

Martiny, L., Klotz, M.: Strategisches Informationsmanagement. Bedeutung und organisatorische Umsetzung. Bd. 12.1. Handbuch der Informatik. München Wien: Oldenbourg 1989

McMenamin, S., Palmer, J. F.: Strukturierte Systemanalyse. München Wien: Hanser 1988

Mees, J., Oefner-Py, S., Sünnemann, K.-O.: Projektmanagement in neuen Dimensionen. Das Helogramm zum Erfolg. Wiesbaden: Gabler 1993

Meffert, H.: Marketingforschung und Käuferverhalten. 2. Aufl., Wiesbaden: Gabler 1992

Meyer, B.: Objektorientierte Softwareentwicklung. München Wien: Hanser Verlag 1990

Michel, R. M.: Know-how der Unternehmensplanung. Budgetierung, Controlling, Taktische Planung, Langfristplanung und Strategie. 2. Aufl., Heidelberg: Sauer 1991

Mohl, A.: Der Zauberlehrling. Das NLP Lern- und Übungsbuch. Reihe Pragmatismus & Tradition, Bd. 22, 2. Aufl., Paderborn: Junfermann 1993

Müller-Schwarz, U., Weyer, B.: Präsentationstechniken. Mehr Erfolg durch Visualisierung bei Vortrag und Verkauf. Wiesbaden: Gabler 1991

Neubauer, M.: Krisenmanagement in Projekten. Handeln, wenn Probleme eskalieren. Berlin Heidelberg New York 1999

Patzak, G., Rattay, G.: Projektmanagement – Leitfaden zum Management von Projekten, Projektportfolios und projektorientierten Unternehmen. 2. überarb. Aufl., Wien: Linde 1997

Pfeiffer, P.: Technologische Grundlage, Strategie und Organisation des Informationsmanagements. Studien zur Wirtschaftsinformatik, Bd. 4, Berlin New York: de Gruyter 1990

Pietsch, W.: Methodik des betrieblichen Software-Projektmanagements. Berlin New York: de Gruyter 1992

Probst, G. J. B.: Organisation. Strukturen, Lenkungsinstrumente und Entwicklungsperspektiven. 1. Aufl., Landsberg/Lech: Verlag Moderne Industrie 1992

Projektmanagement-Akademie Stuttgart GmbH (Hrsg.): Beratung und Training für Spitzenleistungen, Stuttgart 1996

Raasch, J.: Systementwicklung mit Strukturierten Methoden. Ein Leitfaden für Praxis und Studium. 2. Aufl., München Wien: Hanser 1992

Rappe-Giesecke, K.: Supervision. Gruppen- und Teamsupervision in Theorie und Praxis. 2. Aufl., Berlin Heidelberg New York: Springer 1994

Rechtien, W.: Angewandte Gruppendynamik. Ein Lehrbuch für Studierende und Praktiker. München: Quintessenz 1992

Redtenbacher, W.: Den Softwarefehlern auf der Spur. Ein multidisziplinäres Arbeitsteam bewertet die Mängel. In: VDI Nachrichten, Nr. 15, 16. April 1993, S. 23.

von Reibnitz, U.: Szenario-Technik. Instrumente für die unternehmerische und persönliche Erfolgsplanung. 2. Aufl., Wiesbaden: Gabler 1992

Reschke, H., Schelle, H., Schopp R. (Hrsg.): Handbuch Projektmanagement. GPM Gesellschaft für Projektmanagement, Bd. 1 und 2, Köln: Verlag TÜV Rheinland 1989

Rinza, P.: Projektmanagement. Planung, Überwachung und Steuerung von technischen und nichttechnischen Vorhaben. 4. Aufl., Berlin Heidelberg New York: Springer 1998

Rosenkranz, H.: Von der Familie zur Gruppe zum Team. Familien- und gruppendynamische Modelle zur Teamentwicklung. Paderborn: Junfermann 1990

Rosenstiel von, L.: Mitarbeiterführung und -motivation bei veränderten Wertorientierungen. In: wt-Produktion und Management, Bd. 84, 10/94, S. 500–503.

Rückle, H.: Coaching. Düsseldorf Wien New York: Econ 1992

Ruede-Wissmann, W.: Crash Coaching. Die C.-C.-Methode kreativen Streitens und der Problemlösung. München: Wirtschaftsverlag Langen-Müller/Herbig 1991

Schäfer, G., Wolfram, G.: FAOR-Methode zur Analyse und Bewertung von Kosten- und Nutzenfaktoren von Bürosystemen. In: HMD 131/1986, S. 54–65.

Scheer, A.-W.: Architektur integrierter Informationssysteme. Grundlagen der Unternehmensmodellierung. Berlin Heidelberg New York: Springer 1991
Schelle, H.: Projekte zum Erfolg führen. Projektmanagement systematisch und kompakt. 3. Aufl., München: dtv 2001
Schertler, W.: Strategieentwicklung und Human Resource Management. In: Hammer, R. M., et. al.: Strategisches Management in den 90er Jahren. Entwicklungstendenzen, Controlling, Human Resources. Wien: Manzsche Verlags- und Universitätsbuchhandlung 1990
Schiersman, C., Thiel, H.-U.: Projektmanagement als organisationales Lernen. Ein Studien- und Werkbuch (nicht nur) für den Bildungs- und Sozialbereich. Opladen: Leske+Budrich 2000
Schleiken, T., Winkelhofer, G. (Hrsg.): Unternehmenswandel mit Projektmanagement. Konzepte und Erfahrungen zur praktischen Umsetzung in Unternehmen und Verwaltung. Würzburg München: Lexika 1997
Schleiken, T.: Aspekte der Gruppendynamik im Projektmanagement. In: Schleiken, T., Winkelhofer, G. (Hrsg.): Unternehmenswandel mit Projektmanagement. Konzepte und Erfahrungen zur praktischen Umsetzung in Unternehmen und Verwaltung. Würzburg München: Lexika 1997, S. 180–200
Schleiken, T.: Organisatorische Implementierung von Projektmanagement-Systemen. In: Schleiken, T., Winkelhofer, G. (Hrsg.): Unternehmenswandel mit Projektmanagement. Konzepte und Erfahrungen zur praktischen Umsetzung in Unternehmen und Verwaltung. Würzburg München: Lexika 1997, S. 98–114
Schlicksupp, H.: Management Wissen. Ideenfindung. 2. Aufl., Würzburg: Vogel 1985
Schmidt, G.: Methode und Techniken der Organisation. Bd. 1, Schriftenreihe „Der Organisator", 9. Aufl., Gießen: Dr. Götz Schmidt 1991a
Schmidt, G.: Organisatorische Grundbegriffe. Bd. 3, Schriftenreihe „Der Organisator", 9. Aufl., Gießen: Dr. Götz Schmidt 1991b
Schmiel, M., Sommer, K.-H.: Lehrbuch Berufs- und Wirtschaftspädagogik. München: Ehrenwirth 1985
Schneider, U.: Kulturbewußtes Informationsmanagement. München: Oldenbourg 1990
Schönthaler, F., Németh, T.: Software-Entwicklungswerkzeuge. Methodische Grundlagen. Stuttgart: Teubner 1990
Schreyögg, A.: Supervision. Ein integratives Modell. Lehrbuch zu Theorie & Praxis. Paderborn: Junfermann 1991
Schulz von Thun, F.: Miteinander reden. Bd. 1, Störungen und Klärung, Allgemeine Psychologie der Kommunikation. Reinbek bei Hamburg: Rowohlt 1992a
Schulz von Thun, F.: Miteinander reden. Bd. 2, Stile, Werte und Persönlichkeitsentwicklung, Differentielle Psychologie der Kommunikation. Reinbek bei Hamburg: Rowohlt 1992b
Schulz, A.: Software-Entwurf. Methoden und Werkzeuge. München Wien: Oldenbourg 1988
Schwarz, G.: Kulturelle Einflußgrößen des Projektmanagements. Problemfelder und Gestaltungsansätze. Ergebnisse einer Befragung. In: zfo 4/1987, S. 241–248.
Seifert, J. W.: Visualisieren – Präsentieren – Moderieren. 4. Aufl., Blaue Reihe Lehren und Lernen, Bd. 36, Speyer: Gabal 1992
Sell, R., Schimweg, R.: Probleme lösen. In komplexen Zusammenhängen denken. 6. Aufl., Berlin Heidelberg New York: Springer 2002
Sneed, H. M.: Software-Aufwandsschätzung mit DATA-Point. Programm- und funktionsbezogene Schätzmethoden reichen nicht mehr aus. ComputerMagazin 11–12/91, S. 41–46

Sommer, K.-H., Grosser, H.: Erschließung von Kreativitätspotentialen. In: Bullinger, H.-J., Warnecke, H.-J.: Neue Organisationsformen in Unternehmen. Ein Handbuch für das moderne Management. Berlin Heidelberg New York: Springer 1996
Staehle, W. H.: Handbuch Management. Die 24 Rollen der exzellenten Führungskraft. Wiesbaden: Gabler 1991
Stein, W.: Objektorientierte Analysemethoden. Vergleich, Bewertung, Auswahl. Mannheim Leipzig Wien Zürich: BI Wissenschaftsverlag 1994
Steinbuch, P. A.: Organisation. 8. Aufl., Ludwigshafen: Kiehl 1990
Steinweg, C.: Praxis der Anwendungsentwicklung. Wegweiser erfolgreicher Gestaltung von IV-Projekten. Braunschweig Wiesbaden: Vieweg & Sohn 1995.
Stern, C. W., Burnside, W. H. L.: Idee und Umsetzung. In: Oetinger v., B. (Hrsg.): Das Boston Consulting Group Strategie-Buch. Die wichtigsten Managementkonzepte für den Praktiker. 4. Aufl., Düsseldorf Wien New York: Econ 1995, S. 607–610.
Stobbe, A.: Mikroökonomik. 2. Aufl., Berlin Heidelberg New York: Springer 1991
Stumbries, C. M. (Hrsg.): Projektleiter mit Profil-Qualifizierung durch Methode Projektmanagement. Hamburg: Dr. Landt + Henkel 1994
Thomann, C., Schulz von Thun, T.: Klärungshilfe. Handbuch für Therapeuten, Gesprächshelfer und Moderatoren in schwierigen Gesprächen. Theorien, Methoden, Beispiele. Reinbek bei Hamburg: Rowohlt 1992
VDI Zentrum Wertanalyse (Hrsg.): Wertanalyse. Idee – Methode – System. 4. Aufl., Düsseldorf: VDI 1991
Wack, O., et. al.: Kreativ sein kann jeder. Hamburg: Windmühle 1993
Wallmüller, E.: Software-Qualitätssicherung in der Praxis. München Wien: Hanser 1990
Watzlawick, P.: Wie wirklich ist die Wirklichkeit. Wahn, Täuschung, Verstehen. 20. Aufl., München: Piper Verlag 1995
Weber, W.: Wege zum helfenden Gespräch. Gesprächspsychotherapie in der Praxis. Ein Lernprogramm mit kurzen Lernimpulsen, praxisnahen Hinweisen und vielen praktischen Übungen. 10. Aufl., München Basel: Reinhardt 1994
Weber, W., Mayrhofer, W., Nienhüser, W.: Grundbegriffe der Personalwirtschaft. Stuttgart: Schäffer-Poeschel 1993 (Sammlung Poeschel, Bd. 127)
Weber, W., Weinmann, J.: Strategisches Personalmanagement. Stuttgart: Poeschel 1989
Weissmann, A.: Management-Strategien. 5. Faktoren für den Erfolg. 3. Aufl., Landsberg/Lech: Verlag Moderne Industrie 1994
Weissmann, A.: Marketing-Strategie. 10 Stufen zum Erfolg. 4. Aufl., Landsberg/Lech: Verlag Moderne Industrie 1995
Weissmann, A.: Erfolgreiche Unternehmensentwicklung. Seminarunterlage zum ZfU-Seminar. Thalwil: Zentrum für Unternehmensführung 1996
Welge, M. K., Al-Laham, A.: Planung. Prozesse – Strategien – Maßnahmen. Wiesbaden: Gabler 1992
Wermter, M.: Strategisches Projektmanagement. Der Weg zum Markterfolg. Zürich Köln: Orell Füssli Verlag 1992
Winkelhofer, G.: DV-Berufe. Qualifikationsanforderungen und deren Auswirkungen auf die berufliche Aus- und Weiterbildung. Mering: Hampp 1989
Winkelhofer, G.: Qualifikationsanforderungen in DV-Berufen und deren Auswirkungen auf die berufliche Aus- und Weiterbildung. In: Sommer, K.-H.: Berufliche Bildungsmaßnahmen bei veränderten Anforderungen. Esslingen: Deugro 1989
Winkelhofer, G.: Information Engineering als Wertanalyse der Informationsverarbeitung - Ein Methoden-Vergleich. In: VDI-Zentrum für Wertanalyse-Kongress, 9. - 10.10.1991, München. Düsseldorf: VDI 1991

Winkelhofer, G.: Projektmanagement-Training entscheidet über den Erfolg. In: Computerwoche (Hrsg.): DV-Schulung und Weiterbildung. Anbieter, Themen, Orte, Entscheidungshilfen. München: Computerwoche 1995

Winkelhofer, G.: Projektmanagement im Wandel der Zeit: von der Aufgabenplanung zu lernenden Organisation. In: Schleiken, T., Winkelhofer, G. (Hrsg.): Unternehmenswandel mit Projektmanagement. Konzepte und Erfahrungen zur praktischen Umsetzung in Unternehmen und Verwaltung. Würzburg München: Lexika 1997, S. 11-27

Winkelhofer, G.: Planung der betrieblichen Weiterbildung dargestellt am Beispiel des Informationsverarbeitungsbereichs (IV-Bereich). Lohmar: Eul 1998a

Winkelhofer, G.: DV-Projektmanagement. Daten, Fakten, Zusammenhänge. CW-Studie. München: Computerwoche 1998b

Winkelhofer, G.: Kreativitätsmethoden für Management und Projekte. In Vorbereitung (vorraussichtliche Erscheinung Ende 2004)

Winkelhofer, G.: Führungsmethoden für Management und Projekte. In Vorbereitung (voraussichtliche Erscheinung Anfang 2005)

Wirfs-Brock, R., Wilkerson, B., Wiener, L.: Objektorientiertes Software-Design. München Wien: Hanser 1993

Wischnewski, E.: Modernes Projektmanagement. 2. verb. Aufl., Braunschweig: Vieweg & Sohn Verlagsgesellschaft 1992

Wöhe, G., Döring, U.: Einführung in die Allgemeine Betriebswirtschaftslehre. 18. Aufl., München: Vahlen 1993

Wolf, M., Mlekusch, R.: Projektmanagement live. Prozesse in Projekten durch Teams gestalten. 4. Aufl., Renningen-Malmsheim: expert 2002

Zentrum Wertanalyse (Hrsg.): Wertanalyse. Idee, Methode, System. 5. Aufl., Düsseldorf: VDI 1995

Zentrum Wertanalyse (Hrsg.): Wertanalyse. Idee, Methode, System. 4. Aufl., Düsseldorf: VDI 1991

Ziegler, A.: Die 27 wichtigsten Trends. Eine Sonderveröffentlichung. Bonn: Verlag Norman Rentrop 1996

# Stichwortverzeichnis

ABC-Analyse 32, 132, 133, 134
Abhängigkeitsmatrix 168
Ablaufanalyse 235, 236, 237
Ablaufmodell 202, 204, 205
Abnahmeprotokoll 115, 280
Abnahmeverfahren 279, 281
Amortisationsrechnung 189
Analogieverfahren 271, 272
Analysefeld 240
Änderungsbedarf 72
Anforderungskatalog 52
Angebotsauswertung 75, 119, 120, 121, 122
Anwenderschulung 94
Äquivalenzklassenmethode 278
Arbeitsergebnisse 5
Arbeitspaket 5, 149, 150, 151, 152, 159
Arbeitspaketbeschreibung 149
Arbeitspakete 33
Arbeitspaketplanung 148, 150
Arbeitsschritte 12
ARIS 47
Audit 297
Auftragsabnahme 115
Auftragsanalyse 21, 113, 114
Aufwandschätzungsmethoden 270
Ausschreibung 117
Ausschreibungsvorbereitung 117, 118
Balkendiagramm 153, 155, 156
Basic Ordering Ideas 262
Baumdiagramm 258
Bedingungsanalyse 215
Bedingungsdefinition 27, 127, 128
Bedingungsformulierung 126
Befragung 283, 285, 286, 288
Belastungsdiagramm 157, 158
Benutzerhandbuch 87
Beobachtung 288, 289, 290, 291
Berichtswesen 6, 33, 179, 184, 185
Berichtswesen 184
Besprechungsprotokoll 186

Betreuung 105
Betriebsmittelplanung 161
Blockdiagramm 260, 261
Block-Fluss-Diagramm 260
Bottom-Up-Test 276, 277
Bottom-Up-Vorgehen 123
Brainstorming 265, 266, 267
Branchwise-Test 276, 277
Cash Cows 248, 253
Cash flow 248, 249, 251
Chancen-Risiko-Analyse 136, 137, 138, 139
Code-Inspektion 296
Controlling 191
Data Description Language (DDL) 86
Data Dictionary 211
Data Requirement List (DRL) 181
Data Requirements Description (DRD) 181
Datenflussdiagramm 213
Datenflussplan 210
Datenmodell 71
DeMarco-Datenflussdiagramm-Technik 209
Dokumentations- und Darstellungsmethoden 255
Dokumentations-Anforderungsbeschreibung 181
Dokumentations-Anforderungsliste 181
Dokumentationsbaum 180, 182
Dokumentations-Nummernsystem 181, 182
Eigenentwicklung 59
Einfluss-Projektorganisation 34, 172, 173, 174, 175
Einführung 92
Einführungsplanung 81, 89
Einführungsvorbereitung 92
Einzelzieldefinition 25, 27
Ellipsendiagramm 258
Entity 223

Entity-Relationship-Modellierung 222, 226
Entscheidungstabelle 215, 216, 217, 218
Entwicklungstrends 24, 51
Ereignismodell 71
Ereignisprozesskette 202, 207, 208
Expertenanalysen 244
Expertenschätzung 59, 76, 270, 271
Fachlich-organisatorische Abnahme 98, 278, 280
Fehlerbehebung 6
Fehlermöglichkeits- und -einflussanalyse (FMEA) 299, 300, 302
Fehlerprotokoll 280
Fehlersuche 6
Feinkonzeption 71
Flächendiagramm 259
Fluktuation 244
Fragebogen 283
Freier Text 255, 256
Fremdlösung 59
Funktionelle Abnahme 90, 98, 278, 279
Funktionsanalyse 219, 220, 221
Funktionsbaum 47
Funktionsmodell 71
Gantt-Diagramm 260
Gesamtfunktionalität 57
Gesamtkonzeption 64
Gesamtprojektablauf 33
Gesamtprojektplanung 33, 61, 76, 77
Geschäftsprozessanalyse 25
Geschäftsprozessmodell 25, 27
Geschäftsvorfallbeschreibung 215
Graphische Darstellungstechniken 258
Grenzwertmethode 278
Hardware-Wartung 106
Häufigkeitsverteilung 259
Hilfsmittel 161
Hilfsmittelplanung 161, 162
Histogramm 260
Ideenbewertung 55
Ideensuche 54
Implementierung 14, 92
Informationsbedarf 238
Informationsbedarfsanalyse 238, 239, 241
Infothek 73, 307
Inside-Out-Test 276, 277
Interne Zinsfußmethode 189
Interview 283
Investitionsprojekt 37, 63, 79

Ishikawa-Diagramm 259
Ist-Analyse 23, 46, 48, 49, 50
Istkapazität 157
Ist-Zustand 22
K.O.-Kriterien 127
Kapazitätsplanung 157
Kapitalwertmethode 190
Kastendiagramm 258
Kennzahlenanalyse 135, 144, 145, 146, 147
Kick-off-Veranstaltung 36, 45, 67, 78
Kick-Off-Workshop 45
Kompetenzmatrix 19, 35, 171, 176, 177
Konjunkturprognosen 244
Konnektoren 261
Kontextdiagramm 209, 211, 212
Konzeption 13, 41, 44
Konzeptionsabnahme 64
Konzeptionsplanung 35
Konzeptionsvorbereitung 44
Kosten-Nutzen-Analyse 190
Kostenplanung 163, 164
Kostenrahmen 31
Kostenträger-Rechnung 194
Krähenfuß-Notat 224
Kreativitätsmethoden 264
kritischer Weg 154
Kundenanalyse 246
Leistungsentwicklung und -erstellung 85
Linienorganisation 34
Links-Rechts-Baumdiagramm 258
Lösungsalternativen 56
Lösungsentwürfe 56
Lösungsideen 54
Lösungskonzept 23, 57
Machtstrukturen 44, 66
Make-or-buy-Entscheidung 59
Marktanalysen 244
Maßnahmenkatalog 138
Matrix-Projektorganisation 34, 173, 174, 175
Meilenstein 152
Meinungsumfrage 283
Methode 635 267, 268, 269
Mind-Mapping 262, 263, 264
Minispezifikation 211
Mitteilungsschreiben 185
Morphologische Matrix 54, 56
Multimoment-Aufnahme 293, 294
mündliche Befragung 283

Muss-Ziele 127
Nachschulung 105
Netzplan 153, 155, 156
Netzplantechnik 153
Neuentwicklungsbedarf 71
Nutzenkennzahlen 196, 197
Nutzenpotential 26, 31
Nutzenüberprüfung 99
Nutzenüberprüfungsplanung 88
Nutzenverifizierung 81
Nutzwertanalyse 60, 140, 141, 142
Operatives Controlling 192
Organisationsmodell 19, 35, 171
Organisationsveränderung 97
Outside-In-Test 276, 277
Parallelbetrieb 96
Payback-Methode 190
Pay-off-Periode 189
Personalplanung 158, 160, 161
Phasenmodell 13, 110, 222
Piloteinführung 90
Portfolioanalyse 168, 251
Portfolio-Matrix 251
Primärschlüssel 223
Problemanalyse 23, 229, 230
Problembeschreibung 23
Problemhierarchie 230
Problemlösungsbesprechung 23
Problemnetz 231
Produktanalyse 247, 250
Produktlebenszyklus 247, 249, 250, 251
Produktportfolio 249, 251
Prognoseverfahren 270
Programm- und Moduldesign 84
Projektaufgabe 27
Projektaufgabenbeschreibung 131
Projektaufgabendefinition 29, 123, 131
Projektauftrag 18, 40
Projektausschuss 193
Projektauswertung 101
Projekt-Chancen-Analyse 137
Projekt-Controlling 191, 192, 194
Projektdefinition 20, 177
Projektdokumentation 35, 179
Projektdokumente 179
Projektfortschrittskontrolle 193
Projektgrenzen 30
Projektgruppe 102, 103
projekthafte Aufgaben 13
Projektkosten 100

Projektkostenabrechnung 100
Projektkurzbeschreibung 170
Projektleiter 178
Projektleitung 18, 102, 103
Projektmanagement
  Ebenen 17
Projektnutzenverifizierung 88, 99
Projektordner/-akte 179, 183
Projektorganisation 33, 34, 171, 174
Projektphasen 12, 13, 14, 15, 17, 18, 20,
  23, 41, 65, 79, 81, 92, 109, 110, 117,
  139, 148, 149, 179, 193, 195, 197, 273,
  297
Projektplanung 14, 113, 147, 148
Projektportfolio 39, 169
Projektrahmen 30
Projektrisiken 38
Projektrisikoanalyse 137
Projektstatusbericht 184
Projektsteuerung 38, 147
Projektstrukturplan 110, 148, 149, 150,
  151, 180
Projektstrukturplanung 148, 150
Projektteam 18, 178
Projektvorbereitung 18, 20, 39
Projektvorbereitung 20
Projekt-Workshop 36, 78
Projektzieldefinition 27, 123, 124
Projektziele 28, 29
Prozentsatzverfahren 272, 273
Prozessanalyse 235
Prozesskette 25, 27, 231, 232
Prozesskettenanalyse 231, 234, 235
Prozessspezifikation 213
Qualifikationsplanung 36
Qualität 69
Qualitätskontrolle 86
Qualitätssicherung 69
Qualitätssicherungsmeeting 64
Qualitätssicherungs-Meilenstein 36, 62
Qualitätssicherungsmethoden 296
Qualitätssicherungsplanung 295, 298, 299
Qualitätssicherungssystem 69
Qualitätsziele 69
Realisierung 13, 14, 81, 82
Realisierungsanalyse 83
Realisierungsdesign 84
Realisierungsplanung 78
Rechenzentrumshandbuch 87
Redundanzanalyse 217

Reine Projektorganisation 34, 172, 173, 174, 175
Relationship 223
Rentabilitätsanalyse 188, 189, 190, 191
Return on Investment (ROI) 189
Risikoanalyse 38, 138, 300
Risikobewertung 301
Risiko-Management 38, 63
Risikominimierung 37, 38, 63, 79
Risikoprioritätszahl 301
Risikoprojekt 37, 39, 63, 79
Risikoprojekte 38
Risikovariablen 38
Schulung und Information 94
Schulungsunterlagen 87
Selbstaufschreibung 291, 292
Situations- und Problemanalyse 23
Situationsanalyse 23, 227, 228, 229
Situationserfassung 227
Situationsstrukturierung 228, 230
Software-Wartung 106, 107
Soll-Anforderungen 23
Soll-Ist-Vergleich 123
Sollkapazität 157
Soll-Zustand 52, 57
Spezifikation 14, 65, 67
Spezifikationsabnahme 80
Spezifikationsanalyse 68
Spezifikationsplanung 62, 67
Spezifikationssprache 257
Spezifikationsvorbereitung 66
Stakeholder-Ansatz 242
Stärken-Schwächen-Analyse 135, 136
Startschuss 45
Statusbericht 186
Stichtag 152
strategisches Projekt 37
Strategisches Projektmanagement 167, 169
Streudiagramm 259
Strukturierte Analyse 208, 209, 211, 213, 214
Strukturierte Programmierung 85
Strukturierter Text 257
Systemabnahme 90, 98, 277
Systemarchitektur 71
Systemdokumentation 87
Systemfunktionalität 71
Systeminstallation 93
Systemoptimierung 104, 105
Systempflege 106

Systemtechnische Abnahme 90, 98, 278, 280
Systemtest 87
Systemübernahme 93
Teilprojektbildung 164, 166, 167
Teilprojekte 13, 29, 148, 164
Termin- und Meilensteinplanung 152
Terminleiste 153, 155, 156
Terminplanung 152, 153, 154
Testkonzeption 275
Testplanung 274, 279
Testspezifikation 74, 86
Tools 14, 15
top-down-Prinzip 57
Top-Down-Test 276, 277
Top-Down-Vorgehen 123
Top-down-Vorgehensweise 211
Umweltanalyse 241, 242, 245
Umwelt-Strategie-Struktur-Ansatz 242
Unternehmensanalyse 241
Ursache-Wirkungs-Diagramm 259
Verfahrensoptimierung 108
Vier-Feld-Matrix 247, 248, 254
Vollständigkeitsanalyse 217
Vorgehensmodell 12
Vorprojekt 20
Walk-Through 296, 297
Wartung 106
Wertanalyse 219
Widerspruchsfreiheit 217
Wirtschaftlichkeitsbetrachtung 31
Wirtschaftlichkeitsprüfung 58, 75, 88, 99
Wirtschaftlichkeitsrechnung 31
Wunschzustand 52
Zielbeziehungen 129
Zielbeziehungsanalyse 128, 130
Zielbeziehungsmatrix 130
Ziel-Controlling 27, 59, 99, 195, 196, 197
Zielerreichung 108
Zielformulierung 126
Zusammenarbeit 44

H. Keßler, Appenweier; C. Hönle, Radolfzell

## Karriere im Projektmanagement

Prozesse, Methoden und Werkzeuge für die Planung und Beurteilung eines Karriereweges im Projektmanagement werden in diesem Buch ausführlich dargestellt und beschrieben. Anhand des Projektindexes kann man rasch für jedes Projekt das Anforderungsprofil feststellen und dadurch Projekte untereinander vergleichbar machen. Wie dann Qualifikationslevel und Projekttypen gebildet werden, wird ebenso dargestellt wie die Ermittlung der Unternehmenskompetenz und der möglichen und erfolgversprechenden Karrierewege. Personalleiter werden die überzeugenden Instrumente und Konzepte sofort einsetzen, um für Projekte schneller und sicherer die richtigen Projektleiter zu finden. Projektleiter werden ihre Kompetenzen und Eignungen besser vermitteln können. Nachwuchskräfte erhalten Orientierung, ebenso alle, die Menschen bezüglich ihrer weiteren beruflichen Entwicklung beraten oder ihnen die Verantwortung einer Projektleitung übertragen wollen.

2002. XIX, 320 S. 92 Abb., 15 Tab. Geb. **€ 44,95**; sFr 76,50
ISBN 3-540-41843-1

## Standardwerk zum Projektmanagement

H. Keßler, Appenweier; G. Winkelhofer, Projektmanagement-Akademie Stuttgart GmbH, Stuttgart

## Projektmanagement

**Leitfaden zur Steuerung und Führung von Projekten**

Das Buch ist eine Anleitung zum praktischen Projektmanagement. Der Schwerpunkt liegt auf der Beschreibung der Erfolgsfaktoren für die professionelle Steuerung und Durchführung von Projekten. Die vielen Dimensionen des Projektmanagements und ihre Wechselbeziehungen werden ausführlich erläutert. In der 4. Auflage aktualisieren die Autoren insbesondere die Methodik des Projektmanagements. Das Buch bietet Projektleitern und Projektteammitgliedern ein praxisnahes Instrumentarium zur Gestaltung von Veränderungs- und Erneuerungsprozessen.

4., überarbeitete Aufl. 2004. XVII, 287 S. 93 Abb., 42 Tab. Geb. **€ 39,95**; sFr 68,00
ISBN 3-540-20444-X

Springer · Kundenservice
Haberstr. 7
69126 Heidelberg
Tel.: (0 62 21) 345 - 0
Fax: (0 62 21) 345 - 4229
e-mail: SAG-bookorder@springer-sbm.com

**springer.de**

Die €-Preise für Bücher sind gültig in Deutschland und enthalten 7% MwSt.
Preisänderungen und Irrtümer vorbehalten. d&p · 011292x

Druck: Strauss GmbH, Mörlenbach
Verarbeitung: Schäffer, Grünstadt